HOLZHAUSEN

Wien 1994
Umschlaggestaltung: Robert Kaitan
Druck: Adolf Holzhausens Nachfolger, Wien

ISBN 3-900518-15-7

Themen der Zeit

Band II

Madeleine Petrovic

Das Grüne Projekt

Zwischen Ernüchterung und Hoffnung

Verlag Holzhausen · Wien 1994

für Antun

in Gedenken an
Karl Gröger
ermordet 1943

Der in Wien geborene Karl Gröger war 25, als er auf Geheiß eines SS-Gerichtes ermordet wurde. Er, der angehende Arzt, hatte gemeinsam mit einigen anderen in einer exakt geplanten Aktion am 27. März 1943 das Amsterdamer Zentralmeldeamt vernichtet, in dem die Listen der zur Deportation bestimmten Juden auflagen.
Die Tat Grögers wird im Tagebuch der Anne Frank gleichsam mit einem Seufzer der Erleichterung erwähnt. Bei diesem Überfall, der keinerlei Blutvergießen kostete, wurden die Einwohnermeldelisten von Amsterdam vernichtet und somit die Nachforschung der NS-Behörden hinsichtlich jüdischer Einwohner erschwert. Dadurch wurden viele Menschen vor dem Tod gerettet.
Karl Gröger besuchte dasselbe Wiener Gymnasium, in dem auch ich Jahrzehnte später maturierte.

INHALT

VORWORT

Die Hoffnung auf eine bessere, eine friedlichere Welt ohne Zerstörung und Verletzung ist so alt wie die Auseinandersetzung der Menschen mit sich selbst und der Welt. Vorstellungen von der „guten alten Zeit" gehen ebenso auf die Anfänge der historisch faßbaren Menschheitsentwicklung zurück wie utopische Entwürfe einer idealen Zukunft. Probleme und Unzulänglichkeiten der Gegenwart haben immer schon nostalgische Phantasien einerseits und utopische Träumereien andererseits beflügelt.

Die Propagandisten einer guten alten Zeit hatten und haben anderes im Sinn als Verbesserung; ihre Intentionen sind auf Bewahrung und Ausbau etablierter Herrschaftsverhältnisse und auf gesellschaftlichen Rückschritt gerichtet. Vorstellungen einer organischen Volksgemeinschaft, einer natürlichen Ordnung, die jedem und vor allem jeder den rechten Platz in der Gesellschaft zuweist, zielen nicht auf Freiheit und Selbstbestimmung ab, sondern auf Zwangs- und Unterdrückungsmechanismen. Auf der individuellen Ebene bedeutet dies eine Absage an Selbstverwirklichung und Selbstbestimmung, auf der gesellschaftlichen Ebene hingegen Nationalismus und Abgrenzung gegenüber Fremden, gegenüber anderen Gesellschaften.

Der Gegenentwurf eines wirtschaftlich verstandenen Individualismus und Liberalismus hat Scheinfreiheiten geschaffen – Konsumwelten, die Menschen auf ihre Funktion als MarktteilnehmerInnen reduzieren. Warenmärkte, Arbeitsmärkte und Finanzmärkte fungieren als materielle Wohlstandsmaschinerie, deren Räderwerk nahezu ausschließlichen Charakter annimmt und immer mehr biologisch nicht verkraftbares Schmieröl benötigt. Welt und Gesellschaft als Wirtschaftsmaschine, die die Bedingungen des Handels diktiert: arme Zulieferanten, abhängige KonsumentInnen, ausufernde Verkehrsströme, ungelöste Müllprobleme, raffiniertes Marketing statt Problemlösung. Das alles ist Ausdruck eines nebulosen Grundprinzips der Wirtschaftsfreiheit, die lange schon die Freiheit, saubere Luft zu atmen, reines Wasser zu trinken und gesund zu bleiben, massiv bedroht.

Die alten Ideologien waren immer schon gefährlich, weil sie vor lauter Nostalgie oder eindimensionaler Utopie die Bedürfnisse der Gegenwart in den Hintergrund drängten. Das Grüne Projekt und die grüne Bewegung dürfen nicht der Versuchung unterliegen, die Niederung der Realität mit ihren sehr unvollkommenen und sehr unterschiedlichen gesellschaftlichen und wirtschaftlichen Strukturen als Übergangsphase einzustufen, die es nur zu kritisieren und anzuprangern gilt.

Es geht nicht primär um Ideologiekritik, es geht um Gesellschaftskritik, es geht vor allem aber um machbare Alternativen. Die Ziele einer nachhaltigen ökologischen Wirtschaftsordnung, eines weltweiten Ausgleichs im Sinne sozialer Gerechtigkeit, einer Beseitigung aller Diskriminierungen durch Geschlecht, Hautfarbe, Rasse oder Religion, einer multi-kulturellen, zivilen und basisdemokratisch organisierten Gesellschaft sind und bleiben die bestimmenden Inhalte grüner Politik. Doch diese Ziele genügen nicht für sich allein, um Handlungsrelevanz zu gewinnen und um Politik zu machen. Die globale Umweltkrise erfordert globales Denken, ein Erfassen von Zusammenhängen; es gibt keinen eindimensionalen Ausweg aus dem Szenario eines drohenden Kollapses. Es gibt nur viele kleine, holprige, verästelte und immer stärker vernetzte Wege. Ökologie kann nicht als abstraktes Prinzip einfach über alles gestülpt werden, sondern muß in den verschiedenen gesellschaftlichen und wirtschaftlichen Systemen der Realität nach und nach Einzug halten und vordringen. Es geht um die Ökologisierung der Wirtschaft; und es geht um die Ökologisierung aller gesellschaftlichen Lebensbereiche; in den Gemeinden, den Regionen, den Staaten und auf der internationalen Ebene. Es geht daher nicht um die Abschaffung dieser Systeme, sondern ganz im Gegenteil um die bestmögliche Nutzung der bestehenden Mechanismen im Sinne der Ökologisierung. Eine von unten gewachsene Ökologisierung in allen gesellschaftlichen Lebensbereichen und vor allem auch in der Wirtschaft wird dazu führen, daß auch die rechtlichen Systeme – die Verfassungen – schließlich eine grundsätzliche ökologische Orientierung aufweisen werden. Dieser Weg von unten ist der einzig gangbare demokratische Weg, hingegen nicht der andere – die aufgesetzte, die oktroyierte Ökologisierung.

Das ist die Aufgabe der Grünen; es geht um Überzeugungsarbeit und um positive Beispiele. Die Ökologisierung der einzelnen gesellschaftlichen und wirtschaftlichen Subsysteme hat dann eine Chance, wenn sie auf Akzeptanz stößt, wenn sie machbar erscheint und wenn die Schritte der Neuorientierung klar und transparent sind. Grüne müssen sich daher in die Wirtschafts- und Sozialpolitik stärker einmischen und zwar mit ganz konkreten Konzeptionen. Das ist kein Gegensatz zu den hohen Zielsetzungen, sondern der unerläßliche Schritt der Konkretisierung. In diesem Buch findet sich daher kein gesonderter Abschnitt über Umweltpolitik; umweltpolitische Maßnahmen müssen in der Wirtschafts- und in der Sozialpolitik zum Tragen kommen. Die Ökologisierung kann nur ihren Ausdruck finden in der Wirtschaftspolitik, in den einzelnen wirtschaftspolitischen Aktionsparametern und in einer Sozialpolitik, die ökologische Freiräume und Handlungsspielräume anstrebt. Ökologisierung ohne soziale Gerechtigkeit kann – national wie international – nicht funktionieren.

Dieses Buch kann nur in Ansätzen zeigen, was diese Ökologisierung der Wirtschafts- und Sozialpolitik im einzelnen bedeutet. Um die notwendige Verknüpfung globaler Zusammenhänge mit konkreten Schritten auf nationaler oder regionaler Ebene herzustellen, habe ich eine Art „Zoom-Technik" verwendet, denn es gibt Zusammenhänge zwischen dem weltweiten Klimaschutz und der Bürgerinitiative im Ennstal, zwischen dem Kampf für die weltweite Achtung der Menschenrechte und den Initiativen gegen das österreichische Aufenthaltsgesetz, zwischen der Abkehr von der Dominanz der Naturwissenschaften und Aktionen gegen Tierversuche. Alle, die bei derartigen Initiativen und den Aktionen mitwirken, alle, die in Umweltorganisationen arbeiten, haben oftmals das Gefühl, daß die Fortschritte zu langsam kommen, nur kleine Teilbereiche betreffen und auf nahezu übermächtige Sachzwänge stoßen. Nach mehr als zwei Jahrzehnten Umwelt- und Bürgerinitiativbewegung ist bei vielen, die im Rahmen konkreter Projekte mitarbeiten, gelegentlich Resignation zu verspüren oder zumindest Ernüchterung. Gerade deshalb ist es so wichtig, sich der großen Auswirkungen einer Veränderung auf den verschiedensten Ebenen bewußt zu sein und die Arbeiten in den kleinen Bereichen als einen Teil der globalen Umwelt- und Menschenrechtsbewegung zu verstehen.

Die Summe dieser Einzelbeiträge und das Wirken der Grünen auf nationaler und internationaler Ebene bereitet den Weg zu einer Ökologisierung der UN-Staatengemeinschaft und zur Transformation der Territorialstaaten zu ökologischen Rechtsstaaten. Die Zielvorstellung des ökologischen Rechtsstaates bedeutet den Vorrang der Lebensbedürfnisse der BürgerInnen vor traditionellen Wirtschaftskalkülen. Ohne Ökologisierung der Verfassungen unterliegen BürgerInnenrechte, aber auch Vermögenswerte einem schleichenden Prozeß der Aushöhlung und Enteignung. Diese Gesamtänderung der Verfassungen ist daher unerläßlich, um Grundwerte zu bewahren.

Daß Veränderungen nur von den verschiedenen gesellschaftlichen und wirtschaftlichen Subsystemen aus erfolgen können, bringt zwar die Mühsal der vielen Wege und Umwege mit sich, beinhaltet aber auch einen sehr positiven und hoffnungsvollen Aspekt: einmal erreichte Erfolge sind nicht leicht wieder umkehrbar. Es hat daher Sinn, sich in den verschiedenen Einzelinitiativen mit ihrem hohen Spezialisierungsgrad zu engagieren. Mein Weg in die Politik war genau dieser: einzelne Aktivitäten in verschiedenen, sehr unterschiedlichen Initiativen für die Rechte von Flüchtlingen und Fremden, für den Schutz von Tieren und gegen Tierversuche und für mehr Lebensqualität in einer vom Verkehr extrem belasteten Wohnumgebung, sind letztlich in einem politischen Gesamtengagement für die Grünen zusammengeflossen. Im Rahmen meines Grün-Engagements habe ich derart viele phantastische Menschen kennengelernt und so viel Neues erfahren, daß mir meine Ausbildung in Schule und Universität heute unglaublich eng und verkürzt vorkommt.

Die Gegenwart ist für mich die faszinierendste Epoche der Menschheit, und die sich real abzeichnenden Chancen einer Entwicklung in eine friedlichere und gerechtere Zukunft dürfen nicht ungenutzt verpaßt werden. Die Gefahren sind allerdings groß und nicht wegzudiskutieren. Doch die Summe der erkennbaren Anstrengungen, diese Gefahren zu überwinden, wird ständig größer. Der letzte Baum ist nicht gefällt, der letzte Fluß ist nicht vergiftet, und Geld muß nicht jener Selbstzweck sein, der jede Moral verdrängt. Viele kleine Hebel gilt es anzusetzen, um Schritt für Schritt, Stück für Stück, die Ökologisierung aller Lebensbereiche voranzutreiben. Ökologie bedeutet Vorrang für Lebensbedürfnisse, und dieser Vorrang muß errungen werden – demokratisch, entschlossen und gewaltfrei. Nur durch diese vielen Beiträge in vielen Subsystemen kann eine Ökologisierung erreicht werden. Das Hoffen auf das freie Spiel der Marktkräfte oder auf zentralistische Planungen und staatliches Oktroy sind gefährliche Ideologien, die von einer grünen Zukunft wegführen.

Die großen Wirtschaftsverträge und -bündnisse (wie GATT, EU und NAFTA) setzen nach wie vor auf das eine Prinzip der immer ungezügelteren Märkte. Die schrankenlose Beweglichkeit der Produktionsfaktoren ist das elementare Grundprinzip, Ökologie allenfalls Verbrämung, soziale Gerechtigkeit pure Utopie. Einem währungsmäßig gleichgeschalteten Markt mit staatlich und supranational forcierter Faktormobilität fehlt die Geldpolitik als Steuerungsinstrument. Die Fiskalpolitik des Staates als eigentlicher Wirtschaftsfaktor ist stark geschwächt und prinzipiell entwertet. Was bleibt, ist Öko- und Sozialabbau als Ventil des Ausgleichs unterschiedlicher wirtschaftlicher Leistungsniveaus. Die Gegensätze zwischen arm und reich wachsen.

Deshalb stehe ich einem weiteren Ausbau dieser Wirtschaftsbündnisse (wie aktuell der EU) kritisch gegenüber. Weiterer Öko- und Sozialabbau bei gleichzeitiger Absicherung traditioneller Wirtschaftsfreiheiten durch immer rigidere Polizeistaatspraktiken muß Nationalismus, regionalen Seperatismus und soziale Spannungen anheizen. Gepaart mit gigantischen europaweiten Medienkonzentrationen könnte uns nach Forza Italia bald schon eine Forza Europa drohen. Europa und seine Menschen haben sich eine bessere — eine ökologische, demokratische und soziale — Zukunft verdient.

Es geht aber nicht um die Zerschlagung von überkommenen Mechanismen, sondern um eine neue Grundlage. Die internationale Wirtschaft gleicht jenem Zirkuskunststück, in dem ein Jongleur Teller auf sich rasch drehenden Stöcken kreisen läßt. Die Zahl der Teller ist mittlerweile so groß, daß einige ins Trudeln kommen und die Akteure der Weltwirtschaft nicht mehr nachkommen, die Stöcke anzutreiben. Einige Teller sind schon zu Bruch gegangen – Atomkatastrophen, chemische Verseuchungen und pharmazeutische Unfälle liegen auf diesem Scherben- und Trümmerhaufen. Jetzt geht es darum, nicht auch noch den Rest zu gefährden, sondern die Teller abzufangen, sie auf sicheren Grund zu stellen und gleichzeitig mit dem Kitten der Scherben zu beginnen.

Dieses Buch wäre in der Hektik der Tagespolitik ohne die kontinuierliche Arbeit und die vielen Beiträge meiner MitarbeiterInnen nicht möglich gewesen. Ich danke ihnen allen für das große Engagement, mit dem sie mitdiskutiert und mitgewirkt haben – im besonderen Wilfried Graf und Markus Huber für die redaktionelle Bearbeitung des Manuskripts.

I. ZWISCHEN ERNÜCHTERUNG UND HOFFNUNG

1. BEDROHTE ERDE. BEDROHTE LEBENSGRUNDLAGEN

Marathon für den Regenwald

Vor einigen Monaten referierte ich auf Einladung von UmweltschützerInnen in einer österreichischen Pfarrgemeinde über die Tropenholzthematik. Ich berichtete über die langwierigen und harten Verhandlungen, die schließlich zu einem Kompromiß mit der Regierung geführt hatten: Statt eines Verbots oder Importstopps, wie die Grünen gefordert hatten, wurde zumindest eine Kennzeichnungspflicht für sämtliche Tropenhölzer und Tropenholzprodukte in Österreich eingeführt. Der Kompromiß beinhaltete auch den Auftrag an die Regierung, eine siebzigprozentige Zollerhöhung auszuverhandeln und gleichzeitig wirtschaftliche Kompensationsgeschäfte anzubieten.[1]

Die Freude über diesen zwar kleinen, aber weltweit ersten bedeutenden Schritt in Richtung konkreter Maßnahmen zum Schutz der Regenwälder war jedoch nur von kurzer Dauer. Im Rahmen der Budgetverhandlungen im Dezember 1992 wurde der Auftrag zu Verhandlungen in Richtung Zollerhöhung wieder zurückgezogen, und im März 1993 – nach massiven Protesten einiger Industrieanlagen-Exporteure aus Österreich, die Auftragseinbußen in den südostasiatischen Tropenholz-Staaten befürchteten – wurde die Kennzeichnungspflicht wieder abgeschafft. Trotzdem war in den kurzen Wochen nach dem Inkrafttreten des Gesetzes einiges passiert: Die Einrichtungsfirmen verspürten eine Änderung im Verhalten der KonsumentInnen. Die Umweltschutzorganisationen registrierten einen weit vorsichtigeren

---

[1] BGBl. Nr. 309/1992 zur Kennzeichnung von Tropenhölzern und Tropenholzprodukten sowie zur Schaffung eines Gütezeichens für Holz und Holzprodukte aus nachhaltiger Nutzung.

Umgang mit den zum Raubbau legitimierenden Tropenholz-Abbaukonzessionen. In mehreren Industriestaaten diskutierten die Parlamente über ähnliche Schritte der Gesetzgebung.

Die österreichische Regierung hingegen hatte beschlossen, angesichts drohender Auftragseinbußen für einige Firmen in die Knie zu gehen. Die Abgeordneten im parlamentarischen Tropenholz-Ausschuß wußten Bescheid über die offenkundige Tatsache von Menschenrechtsverletzungen in Osttimor, im Saravak. Sie kannten die Berichte der Menschenrechts- und Umweltschutzorganisationen über die brutale Unterdrückung und Ausrottung der eingeborenen Völker, die im und vom Regenwald lebten. Es war ihnen wohl bewußt, daß die Exportgeschäfte mit Österreich nicht der notleidenden Bevölkerung, sondern einer schmalen Oberschicht zugutekommen, die mit Familienpolitik und Korruption ihre Pfründe sichert. Sie wußten auch, daß die Einnahmen zu großen Teilen nicht im Land bleiben, sondern bei Banken in den Industriestaaten lukrativ veranlagt werden. Die Zerstörung der grünen Lungen der Erde konnte so bislang fast ungebremst vorangehen.

Die Abgeordneten der Regierungsparteien suchten Worte der Einsicht in das vermeintlich Notwendige. Manchmal sei es besser, kein Rückgrat zu haben, betonte der SP-Umweltsprecher. Er ist bezeichnenderweise gleichzeitig leitender Angestellter eines österreichischen Zellstoffunternehmens, das mit 42 Prozent an der South-Pacific-Viscose-Consulting (mit Sitz in Indonesien) beteiligt ist. Andere Abgeordnete berichteten von einer Fact-finding-Mission vor Ort, in deren Rahmen ein intensiver und befremdlich freundschaftlicher Kontakt mit Regierungsvertretern hergestellt worden war.

Der Aufschrei aller Umweltschutzorganisationen konnte die Regierenden von diesem Schritt der Rücknahme einer grundlegenden Gesetzesinitiative ebensowenig abhalten wie die Unterstützung einer allgemeinen Holzkennzeichnungspflicht durch Teile der österreichischen Holzwirtschaft in deren Bedrängnis durch Raubbau-Konkurrenten. Nicht einmal die Tatsache, daß österreichische Firmen Antidemonstrationsfahrzeuge nach Indonesien liefern, stoppte die Umwelt-Demontage.

Der verzweifelte politische Einsatz des Grünen Parlamentsklubs mit

Marathonreden konnte diesen symbolhaften Rückschritt in der Umweltpolitik nicht verhindern.[2] Auch das mutige Verhalten eines ÖVP- und eines SPÖ-Abgeordneten, die zu diesem Gesetz standen, brachte nicht deren KollegInnen zur Räson, sondern ihnen persönlich eine Fülle von Kritik.[3]

In der Frage des Schutzes der Regenwälder und der dort eingeborenen Menschen zeigt sich ein Grundprinzip grüner Politik: Es bedarf eines globalen Umdenkens und der politischen Realisierung in kleinen, aber entschlossenen Schritten. Wie kann es kommen, daß Sachzwänge die ersten kleinen Ansätze einer Neuorientierung im Keim ersticken? Was kann getan werden, um – so bald wie möglich! – dem Sterben der Regenwälder ein Ende zu bereiten? Wie kann der bereits vorhandenen Einsicht, daß jetzt sofort gehandelt werden muß, zum Durchbruch verholfen werden?

Die Kluft zwischen der Hoffnung auf einen ökologisch orientierten Umbau der Weltwirtschaft, der das langfristige menschliche Überleben auf der Erde gewährleistet, und der Ernüchterung angesichts der gewaltförmigen und weltweit beobachtbaren Selbstzerstörung, in die die postindustriellen Konsumgesellschaften und in ihrem Sog die ganze Welt geraten sind, wird größer. Darin liegt eine große Gefahr: Es wächst die gesellschaftliche Resignation und damit verringert sich die Chance eines wachsenden politischen Drucks in Richtung ökologischen Kurswechsels. Bislang ist es über einige kleine kosmetische Maßnahmen hinaus nicht gelungen, effiziente politische Strategien zu entwickeln, obwohl die Notwendigkeit des Kurswechsels durch die unermüdliche Arbeit von Grün- und Umweltgruppierungen ausreichend klargemacht wurde.

Bedrohte Kreisläufe

Spätestens seit dem Erdölpreis-Schock der frühen siebziger Jahre, seit den Aussagen des Club of Rome über die Grenzen des wirtschaftlichen

---

[2] Am 11. und 12. März 1993 hielten Marijana Grandits, Monika Langthaler und Madeleine Petrovic aus Anlaß der Rückgängigmachung der Kennzeichnungspflicht für Tropenhölzer insgesamt über 20 Stunden Reden im Plenum des Nationalrates.

[3] ÖVP-Abg. Heribert Steinbauer und SPÖ-Abgeordneter Günter Dietrich.

und technologischen Wachstums sowie der seither erfolgten Konkretisierung der Szenarien über den ökologischen Kollaps gibt es keine rationale Grundlage mehr für die Fortsetzung der gigantischen Ressourcenvergeudung von Naturgütern. Mittlerweile erreichen auch die evidenten wirtschaftlichen Schäden der Umweltzerstörung eine signifikante Größenordnung.

Das Weltwirtschaftswachstum hat sich seit 1950 verfünffacht und damit längst begonnen, die biologischen Systeme der Erde zu überfordern. Sie verlieren ihre Fähigkeit, Schadstoffe zu absorbieren, ohne selbst Schaden zu nehmen.[4]

Die Zerstörung der Wälder

„Bevor die Menschen vor 3000 bis 4000 Jahren die Landwirtschaft entwickelt haben, waren etwa 6 Milliarden Hektar der Kontinente mit Wäldern bedeckt. Heute gibt es noch etwa 4 Milliarden Hektar Wald, von denen sich noch etwa 1,5 Milliarden Hektar im Urzustand befinden. Die Hälfte aller verlorenen Waldflächen wurde erst zwischen 1950 und 1990 gerodet. In den Vereinigten Staaten (ohne Alaska) sind ein Drittel aller Waldungen und 85 Prozent aller Urwälder verschwunden. In Europa existieren praktisch keine Urwälder mehr. Die dort noch vorhandenen Wälder sind „kultivierte Plantagen" mit wenigen Arten von Nutzhölzern. China besitzt nur noch ein Viertel der vormals vorhandenen Waldflächen. Die größten noch vorhandenen Waldungen der gemäßigten Zone stehen in Kanada und in Rußland; insgesamt 1,4 Millarden Hektar...

Die Hälfte aller tropischen Wälder ist bereits verschwunden, und von den vorhandenen ist die Hälfte bereits einmal eingeschlagen und geschädigt worden. Niemand weiß genau, wie rasch die noch vorhandenen Wälder gerodet werden. Die FAO kam 1980 beim ersten Versuch, die Rodungen zahlenmäßig zu erfassen, auf eine Abholzungsrate von 11,4 Millionen Hektar jährlich. Bis etwa 1985 ist diese Rate auf über 20 Millionen Hektar jährlich gestiegen."[5]

---

[4] Lester R. Brown, Ein neues Zeitalter kündigt sich an, in: Zur Lage der Welt – 1993, Seite 15f. Der anhaltende Ressourcensog in die reichen industrialisierten Staaten in Verbindung mit dem Bevölkerungsanstieg seit 1950 von 2,6 Milliarden auf 5,5 Milliarden Menschen bewirken einen sich selbst verstärkenden Prozeß der ökonomischen und ökologischen Auszehrung, vor allem in der Dritten Welt.

[5] D. D. Meadows, Die neuen Grenzen des Wachstums. Seite 83f.

Am Beispiel des Tropenwaldes wird es besonders deutlich: Holzeinschlag und Rodung übertreffen die natürliche Regeneration und Wiederaufforstung so stark, daß weltweit jährlich fast zwanzig Millionen Hektar an Regenwald verlorengehen. Die Kahlschläge sind mit moderner Raumfahrttechnologie bereits vom Weltall aus deutlich sichtbar. Der Raubbau betrifft aber längst nicht allein die tropischen Wälder, sondern auch die riesigen Waldgebiete Kanadas und Sibiriens.

Doch nicht nur die Raubbau-Rodungen, auch die umweltbedingten Waldzerstörungen erreichen gigantische Größenordnungen. Das Internationale Institut für Angewandte Systemanalyse (IIASA) in Laxenburg nimmt an, daß zur Zeit Dreiviertel der europäischen Wälder in einer nicht mehr zu verkraftenden Intensität mit Schwefeldioxid-Emissionen belastet werden und daß dabei Schäden von über 30 Milliarden Dollar im Jahr entstehen.

Trotz dieser dramatischen Waldschäden durch Luftverschmutzung und Schadstoffanreicherung im Boden wird die ökologische Problematik der Industriestaaten oft noch immer nicht in ihrer vollen Dimension begreifbar, da die reichen Staaten der nördlichen Hemisphäre alle natürlichen Verarmungsprozesse durch internationale Wirtschaftsbeziehungen auszugleichen verstehen. Dessenungeachtet ist es ein Teil der Erklärung für den politischen Bereich, daß die amtsführenden Politiker bei weitem nicht genug über die Tragweite ihres Handelns wissen, als daß sie die Auswirkungen in anderen Bereichen voraussagen könnten, die sich ihrer unmittelbaren Wahrnehmung entziehen. Die Anpassungsfähigkeit des ökologischen Gesamtsystems benötigt jedoch eine breite Basis für eine gemeinsame Handlungsstrategie, weil die verschiedenen Bereiche in einem labilen Gleichgewicht wechselseitiger Abhängigkeiten zueinander stehen. Die Zerstörung der Böden macht sich bis zum heutigen Tage noch nicht in einem verringerten Angebot an Holz und Holzprodukten, geschweige denn in einer Verringerung des Nahrungsangebots oder in einer Verteuerung von Agrarprodukten bemerkbar. Der schlechte Zustand der europäischen Wälder drängt im Gegenteil die Eigentümer dazu, möglichst rasch greifende Verwertungsstrategien zu entwickeln[6]. Billiges europäisches Holz setzt

---

[6] Peter Schwarzbauer, Der österreichische Holzmarkt im Modell. EG — Waldsterben — Zellstoffmarkt, in: Schriftenreihe des Instituts für forstliche Betriebswirtschaft und Forstwirtschaftspolitik, Band 17, Wien 1993.

den internationalen Holzmarkt noch mehr unter Druck. Die Tropenwälder, die sibirischen Wälder und die kanadischen Forste werden Opfer einer noch schonungsloseren Raubbauwirtschaft, da der geringe Preis nur durch größere Mengen ausgeglichen werden kann. Das Sterben der europäischen Wälder wird also weder durch Angebotsverknappungen bei Holz- und Agrarprodukten, noch durch Preissteigerungen erkennbar. Selbst die unmittelbare Schadensfeststellung im Wald ist nur bedingt möglich, da auf Grund der flächendeckenden Forstwirtschaft in Europa abgestorbene oder schwer geschädigte Bäume rasch geschlägert werden und somit aus dem Gesichtskreis der Öffentlichkeit verschwinden.

„In Österreich wird die erosionsgefährdete Fläche derzeit auf 600.000 – 700.000 ha geschätzt. Die Menge abgetragenen Bodens kann mehr als 80 t/Hektar und Jahr erreichen, was einem jährlichen Bodenverlust von 5 mm pro Hektar und Jahr entspricht. Als Zeitraum für die Neubildung von 5 mm Boden wird jedoch eine Spanne von 250 – 500 Jahren angegeben! Auf Grund dessen können einmal erfolgte Erosionsschäden nur mehr unvollkommen ausgeglichen werden, weshalb dem vorbeugenden Erosionsschutz eine wichtige Aufgabe zukommt (z. B. Vermeidung von langem Offenliegen des Bodens, Umwandlung besonders hängiger Äcker in Grünland, Anbau von Untersaaten, Extensivierung der Bodenbearbeitung).“ [7]

Die Liste der „Schadensindikatoren“ ließe sich noch lange fortsetzen. Auch wenn in diesen Rechnungen manchmal grobe Unsicherheiten und Schätzungsfehler stecken, bleibt die Tendenz der Aussagen unbestreitbar. In jenen Teilen der Erde, wo ein Ausweichen auf Importgüter nicht möglich ist und wo die Möglichkeit, landwirtschaftliche Erträge zu erzielen, direkt mit dem Überleben der Menschen verknüpft ist, zeigen sich die Verluste noch viel unmittelbarer. Vor allem in Afrika und Asien werden die Bodenschäden am deutlichsten bemerkbar. Die jährlichen Verluste in der Produktivität landwirtschaftlich genutzter Flächen haben weltweit die astronomische Summe von über 42 Milliarden Dollar überschritten, wobei mehr als Dreiviertel dieser Verluste auf den afrikanischen und asiatischen Kontinent entfällt.

---

[7] Zweiter Umweltkontrollbericht, Hrsg. Bundesministerium für Umwelt, Jugend und Familie, Wien, September 1991, Seite 66.

Eine Art pro Stunde

Aber nicht nur die Nahrungsmittelproduktion der Landwirtschaft wird durch ökologische Schäden und Raubbaupraktiken beeinträchtigt, auch die exzessive Beanspruchung der Weltmeere in ökologischer und ökonomischer Hinsicht hat zu bedrohlichen Verknappungstendenzen geführt. Vier der siebzehn internationalen Fischereizonen sind laut der Welternährungsorganisation der Vereinten Nationen (FAO) überfischt. Die meisten der herkömmlichen Salzwasser-Fischbestände sind derart erschöpft, daß etwa die Fangzahlen der meistgefangenen Thunfischart im Atlantik um 94 Prozent zurückgegangen sind.[8] Das Abnehmen der internationalen Fischbestände hat gravierende soziale und ökonomische Auswirkungen für die betroffenen Branchen und ArbeitnehmerInnen.

Auch in Österreich, das viel auf seine angeblich intakte Umwelt hält und wirtschaftlich durch den Tourismus nicht schlecht damit verdient, ist ein dramatischer Verlust an Artenvielfalt festzustellen:[9]

„Gefährdete Pflanzenarten:

Insgesamt wurden in Österreich 2873 Farn- und Blütenpflanzenarten, 247 Lebermoosarten, 712 Laubmoosarten, 228 Flechtenarten, 211 Großpilzarten und 91 Algenarten in die „Rote Liste gefährdeter Pflanzen Österreichs“ aufgenommen und auf ihre Gefährdung beurteilt. Davon gelten mindestens:

- *100 Arten als ausgestorben, ausgerottet oder verschollen,*
- *258 Arten als vom Aussterben bedroht,*
- *1328 Arten als stark gefährdet, und*
- *420 Arten als potentiell gefährdet.*

Gefährdete Tierarten:

Insgesamt wurden in Österreich 409 Wirbeltierarten, etwa 9550 Insektenarten und ca. 150 Weichtiere und zehnfüßige Krebse in die „Rote Liste gefährdeter

---

8 UN Food and Agriculture Organization (FAO), zitiert aus World Resources Institute (WRI), World Resources 1992–1993, New York 1992; Angaben zum blauflossigen Thunfisch aus Donella Meadows et al.: Beyond the Limits, Postmills, Vermont 1992.

9 Zweiter Umweltkontrollbericht, Hrsg. Bundesministerium für Umwelt, Jugend und Familie, Wien, September 1991, Seite 65f.

Tiere Österreichs" aufgenommen und auf ihre Gefährdung beurteilt. Davon gelten mindestens:

- *144 Arten als ausgestorben, ausgerottet oder verschollen,*
- *340 Arten als vom Aussterben bedroht,*
- *2199 Tierarten als aktuell gefährdet, und*
- *mindestens 181 Arten als potentiell gefährdet.*

Eine dramatische Verschlechterung ist zu beobachten."

Weltweit wird davon ausgegangen, daß pro Stunde eine Tier- und Planzenart von unserem Globus verschwindet.

Beobachteter Rückgang ausgewählter Tierarten,

Anfang der neunziger Jahre[10]

Artengruppe	Beobachtungen
Amphibien*	In den letzten Jahren wurde ein weltweiter Rückgang beobachtet. Trockenlegung von Feuchtgebieten und eindringende Arten haben die Hälfte der einzigartigen Froschfauna Neuseelands ausgelöscht. Biologen führen europäische Nachfrage nach Froschschenkeln als eine Ursache der raschen landesweiten Verminderung der zwei häufigsten Ochsenfrösche Indiens an.
Vögel	Drei Viertel der Vogelarten der Welt gehen in ihrer Zahl zurück oder sind vom Aussterben bedroht.
Fische	Ein Drittel der nordamerikanischen Fischbestände ist bedroht oder gefährdet; die Bestände eines Drittels der Küstenfische der USA nahmen seit 1975 ab. Die Einführung des Nilbarsches hat dazu beigetragen, die Hälfte der 400 Arten im Viktoriasee, dem größten See Afrikas, bis an den Rand der Ausrottung zu bringen.

[10] Lester R. Brown (Hrsg.), Worldwatch Institute Report. Zur Lage der Welt – 1992, Daten für das Überleben unseres Planeten, Frankfurt am Main 1992.

Wirbellose	Rund 100 Arten gehen täglich durch Entwaldung verloren. Im Westen Deutschlands ist ein Viertel der 40.000 Wirbellosen amtlichen Angaben zufolge gefährdet. Etwa die Hälfte der Süßwasserschnecken der südlichen USA ist ausgerottet oder unmittelbar davon bedroht.
Säugetiere	Fast die Hälfte der überlebenden Säuger Australiens ist vom Aussterben bedroht. Frankreich, die alten Bundesländer, die Niederlande und Portugal melden jeweils mehr als 40 Prozent ihrer Säugetiere als gefährdet.
Raubtiere	Praktisch alle Katzenarten und die meisten Bären gehen bedrohlich zurück.
Primaten**	Mehr als zwei Drittel der 150 Arten der Welt sind vom Aussterben bedroht.
Reptilien	Von den 270 Schildkrötenarten der Welt sind 42 Prozent selten oder vom Aussterben bedroht.

* Zu dieser Klasse gehören Frösche, Kröten und Lurche.
** Zu dieser Ordnung gehören u. a. Affen und Lemuren.

Das Schwinden des Artenreichtums wie auch Verknappungstendenzen bei den Grundlagen der Ernährung haben bislang noch nicht zu radikalen Änderungen des Konsumverhaltens in den betroffenen Staaten geführt. Die Verbrauchsgewohnheiten in den Industriestaaten bewirken weiterhin eine rücksichtslose Ausnützung der Böden unter massivem Einsatz künstlicher Düngemittel und synthetischer Pflanzenschutzmittel, da die Nachfrage nach Fleisch und tierischen Lebensmitteln bei weitem nicht mehr durch traditionelle, mit Feldfrüchten integrierte Viehhaltungssysteme gedeckt werden kann.

Das Schwinden natürlicher Ressourcen, die Beeinträchtigung der Nutzungsmöglichkeiten der Ozeane und der Agrar- und Forstgebiete, die Übernützung der Böden sind mittlerweile hinreichend gut dokumentiert; die fallweise immer noch vorgebrachten Beschwichtigungsversuche sind durchsichtig, die Ansätze zu Gegenstrategien jedoch immer noch unterentwickelt.

„Viel wichtiger ist aber die Feststellung, daß seit 160.000 Jahren die Konzentrationen von Kohlendioxid und Methan nie auch nur annähernd so hoch waren, wie sie heute sind. Welche Folgen das auch immer haben mag: es kann nicht bestritten werden, daß in einem erdgeschichtlich kurzen Moment die atmosphärischen Senken der Treibhausgase sehr viel stärker belastet werden, als sie wieder entlastet werden können. Dadurch entsteht ein Zustand beträchtlichen Ungleichgewichts in der Atmosphäre, der exponentionell immer kritischer wird. Die dadurch in Gang gesetzten Prozesse laufen nach menschlichen Maßstäben langsam ab. Es kann viele Jahrzehnte dauern, bis sie sich womöglich direkt bemerkbar machen: durch Eisabschmelzung, veränderte Strömungen und Niederschläge, stärkere Ströme und Wanderungen von Insektenschwärmen, von Vögel- und Säugetierpopulationen. Und sogar Jahrhunderte könnten verstreichen, bis diese Folgen wieder rückgängig gemacht werden können.“ [11]

Der Treibhauseffekt führt sicherlich zu einer der größten globalen Begrenzungen, mit der die Menschheit in Konflikt geraten wird. Nach Ansicht vieler Wissenschaftler wird der Treibhauseffekt eine Klimaveränderung bewirken. Die vier bedeutendsten Treibhausgase Kohlendioxid, Methan, Stickoxide und FCKW 011 (Fluor-Chlor-Kohlenwasserstoff) sind seit 1800 ständig gestiegen.

Heute hat man bereits Gewißheit darüber, daß menschliche Aktivitäten, besonders die Nutzung fossiler Brennstoffe, die Konzentration der Treibhausgase in der Atmosphäre exponentiell erhöhen. Dieser Anstieg wird seit Jahrzehnten kontinuierlich verfolgt. Hauptverantwortlich für diesen Anstieg der Treibhausgase sind in erster Linie die Verbrennung fossiler Brennstoffe im Energie- und Verkehrssektor (50%), gefolgt von den Fluorchlorkohlenwasserstoffen (20%), der Vernichtung der Tropenwälder (15%) und der Intensivierung der Landwirtschaft (15%).

Nach wie vor stellt der Energie- und der Verkehrsbereich auf Grund der Verbrennungsvorgänge das größte Problem dar. Rund 80% der Kohlendioxid-(CO_2-)-Emissionen werden durch diesen Sektor verursacht, und weitere Verbrauchszuwächse werden prognostiziert. Im

[11] D. D. Meadows, Die neuen Grenzen des Wachstums, Seite 127.

Unterschied zu den FCKWs, die substituierbar sind und aus deren Produktion und Verbrauch ein Totalausstieg zumindestens denkbar ist, scheitert das althergebrachte Reaktionsmuster einer nachgeschalteten technischen Lösung an der CO_2-Problematik. Die Prognosen der Energie- wie auch der KlimaexpertInnen weisen steil nach oben.

Ungewiß sind jedoch die massiven globalen Auswirkungen, die als Folge einer weiteren verschärften Klimaerwärmung zu erwarten sind. Zahlreiche namhafte WissenschaftlerInnen rechnen mit einem Schmelzen der Gletscher, mit dem Ausdehnen der Wassermengen der Ozeane, mit einem Ansteigen des Meeresspiegels bis zum Ende des nächsten Jahrhunderts um 70 bis 100 cm. Die Folgen beschreibt die Enquetekommission des Deutschen Bundestages „Schutz der Erdatmosphäre" so: *„Durch diesen Anstieg werden viele küstennahe Gebiete und Inseln unter den Wassermassen verschwinden, Millionen Menschen aus ihrer Heimat vertrieben, Küstenstädte und fruchtbares Land überflutet, küstennahe Grundwasserspeicher versalzen. Als besonders gefährdet gelten die tiefliegenden Gebiete von Ägypten, Bangladesch, Thailand, China, Brasilien, Indonesien oder Argentinien."*

Überschwemmungen, Sturmfluten, Wirbelstürme, Millionen von Umweltflüchtlingen – wahrlich ein drastischer Ausdruck des Zusammenstoßes zwischen Mensch und Natur, der sich nicht länger fortsetzen läßt: *„Die absehbaren Klimaänderungen werden bisher überwiegend von den Industrieländern verursacht. Mit Blick auf die Folgen für das Klima ist die bisherige Wirtschaftsweise nicht verallgemeinerungsfähig; ihre Nachahmung durch die Entwicklungsländern würde die Risiken ökologischer Katastrophen erhöhen. Die internationale Gemeinschaft wird daher aufgefordert, klimaverträgliche Wirtschaftsformen zu finden und zu verwirklichen."* (Enquetekommission des Deutschen Bundestages „Schutz der Atmosphäre")

Nicht minder ist die Problematik der FCKW-Emissionen, die für das Ozonloch verantwortlich zeichnen. Die Produktion der wichtigsten FCKWs stieg bis zum Jahr 1974 stark an, bis die ersten Hinweise über die schädlichen Effekte in der Ozonschicht bekannt wurden. Daraufhin erfolgte ein Produktionsrückgang, der vor allem auf die Aktivitäten von Umweltschützern zurückzuführen war, die Stimmung gegen die Verwendung von FCKWs in Sprühdosen machten. Diese Anwendung wurde dann 1978 in den USA sogar verboten. Nach 1982 wurden jedoch andere FCKW-Arten vermehrt technisch eingesetzt, sodaß die Gesamtproduktion wieder gestiegen ist.

Wurde in den siebziger Jahren noch über die schädlichen Auswirkungen von FCKWs diskutiert, Ende der siebziger Jahre über ein mögliches Ozonloch spekuliert, Mitte der achtziger Jahre dessen Existenz bewiesen, ist es heute der ernüchternde Alltag für Millionen von Menschen in den südlichsten Gebieten der Hemisphäre. Kinder mit Sonnenbrillen, eingecremt mit Sonnenschutzfaktor 20, erblindete Schafe und viele andere Tiere, sowie die höchsten Hautkrebsraten der ganzen Welt sind in Ländern wie Australien, Neuseeland und den pazifischen Inseln zur „Normalität“ geworden. Das Verkünden der „burning time“, jener Zeit, in der man die Sonne meiden soll, erfolgt so regelmäßig wie die stündlichen Nachrichten im Radio.

Zwar wurden internationale Abkommen zur Reduktion der FCKWs wie auch zur Reduktion der Treibhausgase beschlossen (Montrealer Abkommen, Toronto Abkommen), wirkliche Schrumpfungstendenzen der Emissionen dieser Schadstoffe sind derzeit aber nicht erkennbar.

Die sogenannten „Entwicklungsländer“ sind nicht bereit, auf Wirtschaftswachstum und Zunahme des Wohlstandes aus ökologischen Gründen zu verzichten, und verweisen (zu Recht) auf die Industriestaaten, die mehr als 2/3 der Emissionen aller Luftschadstoffe verursachen. Die Industriestaaten neigen wiederum dazu, kosmetische Verbesserungen durchzuführen, und prangern gleichzeitig die zunehmende Problematik der Entwicklungsländer an. Nur allzu gern streicht man in den Industriestaaten die großen Erfolge bei der Reduktion der Emissionen von SO_2 (Schwefeldioxid) und NO^x (Stickoxid) hervor — Erfolge, die auf „end of the pipe“-Technologien zurückzuführen sind, keineswegs aber auf veränderte Produktion oder ökologisches Verbraucherverhalten. Daß technologische Gewinne durch nicht veränderte Produktions- und Verbrauchergewohnheiten wieder aufgehoben werden können, zeigt folgendes Beispiel. In einem bestimmten Zeitraum konnte der Schadstoffausstoß pro Kraftwagen in Kalifornien zwar um 80 bis 90% reduziert werden, die Zahl der zugelassenen Kraftfahrzeuge ist jedoch um 50% und die Fahrleistung jedes Fahrzeuges um 65% gestiegen.

„Aber der Begriff der Emissionsvermeidung hat sich in der industriellen Welt noch nicht durchgesetzt. In Europa setzen 80% der Investitionen zum Umweltschutz am Ende der Produktionskette an und fördern „Filtertechnologien“.

Nur 20% haben bislang Umgestaltungen der Herstellungsprozesse zum Ziel. Bei der Vermeidung von Schadstoffen beginnt sich das Potential menschlichen Einfallsreichtums gerade erst zu entfalten." [12]

Knappes Gut Wasser

Eine besonders prekäre Ressourcenverknappung zeichnet sich bei den Reserven des Trink- und Nutzwassers ab. Besonders dort, wo Industrie und Energiewirtschaft hohen Wasserverbrauch aufweisen und der Wald durch Umweltschäden oder Rodungen als Speicher ausgefallen ist, wird die Versorgung mit Wasser zum Problem werden. Die vor allem für große Teile der Dritten Welt, insbesondere die nördlichen und östlichen Regionen Afrikas, aber auch für den gesamten süd- und ostasiatischen Raum vorausgesagten Verknappungstendenzen sind heute in vielen Fällen tragische Realität geworden. Aber auch für weite Teile der USA, Mexikos, Argentiniens und Australiens sind die künftigen Probleme der Wasserversorgung erheblich.

In jüngster Zeit wird immer öfters auf internationalen Konferenzen darauf hingewiesen, daß einige Länder oder Regionen wegen akuten Wassermangels entweder ihr Wachstum einstellen müssen oder aber noch vor der Jahrtausendwende in „Wasserkriege" zu geraten drohen. Zwar gibt es global gesehen Wasser im Überfluß, Wasser stellt jedoch eine regionale und keine globale Ressource dar.

Das Wachstum der Bevölkerung führt generell zu einer exponentiellen Zunahme des Wasserbedarfs. Der Wasserbedarf ist schneller angestiegen als die durch Dammbauten vergrößerten Wassermengen. Hinzukommt, daß große Wassermengen ständig vergeudet werden. Wassermassen, die durch Schadstoffe vergiftet und unbenutzbar werden, haben bereits die Menge jener überschritten, die von der Menschheit insgesamt benötigt werden. Selbstverständlich sind auch hier in erster Linie die ärmsten Länder der Welt, wie etwa die Länder der Sahelzone, am stärksten betroffen. Aber selbst in Ländern, die wie Österreich auf Grund ihrer Wasserreservoirs als begnadet bezeichnet werden können, gibt es zahlreiche Gemeinden wie etwa im Leibnitzer Becken, die keine geeigneten Trinkwasserreserven mehr besitzen.

---

[12] D. D. Meadows, Die neuen Grenzen des Wachstums, Seite 129.

Soziale Not

Hand in Hand mit dem Ausufern ökologischer Probleme verschärfen sich die weltweiten sozialen Ungleichgewichte. Seit der Mitte der sechziger Jahre ist die Weltbevölkerung von 3,7 Milliarden Menschen auf 5,4 Milliarden gewachsen. Die UNO-Liste der sogenannten Least Developed Countries umfaßte 1964 sechsundzwanzig Staaten, heute sind es mehr als vierzig. Vier Fünftel der Menschheit müssen sich ein Fünftel des Weltbruttosozialproduktes teilen. Zugleich schulden diese Ärmsten der Armen dem reichsten Fünftel insgesamt 1200 Milliarden US-Dollar aus zwischenstaatlicher Kreditverschuldung. Als Rezept gegen die lebensbedrohende Armut im Süden setzen die klassischen Entwicklungshilfekonzepte nach wie vor auf die Industrialisierung und Modernisierung der Dritten Welt nach westlichem Modell. Die Entwicklungshilfegelder werden immer häufiger in Form von Krediten und nicht in Form von Zuschüssen gewährt. In den Kreditkonditionen ist stets auch die Akzeptanz der wirtschaftlichen Spielregeln der Industriestaaten enthalten. Diese Strategie einer Übertragung westlicher Fehlentwicklungen auf die gesamte Erde ist sowohl aus Gründen der Finanzierbarkeit als auch wegen der verheerenden sozialen Folgewirkungen zum Scheitern verurteilt.

Umweltverschmutzung gefährdet Arbeitsplätze

Die Übernutzung der landwirtschaftlichen Böden und der Ozeane gefährdet immer mehr traditionelle Arbeitsplätze bzw. die Nahrungsversorgung der betroffenen Bevölkerungen. Demgegenüber entsteht für die rapide wachsenden Bevölkerungen der „Entwicklungsländer" ein zusätzlicher Bedarf an Arbeitsplätzen, der seitens der internationalen Arbeitsorganisation der Vereinten Nationen für die beiden Dekaden zwischen 1980 und 2000 mit der unvorstellbaren Summe von fast 770 Millionen Arbeitsplätzen geschätzt wird.

Angesichts der begrenzten Finanzierungsmittel, der internationalen Verschuldungssituation und der pro Arbeitsplatz aufzuwendenden Kosten sind alle Absichtserklärungen, mittels Industrialisierung die Arbeitslosigkeit in diesen Ländern in absehbarer Zeit zu beseitigen, völlig unrealistisch. Aufgrund der Verschärfung der internationalen Konkurrenzbeziehungen ist davon auszugehen, daß auch in den „Entwicklungsländern" die Kosten pro neu geschaffenem industriellen Arbeitsplatz für die Zukunft stark steigen werden. Bereits heute zeichnet sich ab, daß eine Übertragung der durch die industrielle Revolution ausgelösten Prozesse in den heutigen Industriestaaten auf den Süden der Erde nicht möglich sein wird. Derartige Modernisierungskonzeptionen stellen keinen ernsthaften Beitrag zur Lösung sozialer Probleme der Entwicklungsländer wie auch der Weltgemeinschaft dar. Die Beschäftigungsstrategie muß in den heute schon extrem unterschiedlichen Regionen Afrikas, Lateinamerikas und Asiens der jeweiligen konkreten Ausgangslage angepaßt werden und vor allem weniger kapitalintensiv sein. Voraussetzung einer solchen angepaßten Industrialisierung wäre die Beendigung der strukturalen Zerstörung der traditionellen Arbeitsplätze sowie die Eindämmung ökologischer Großschäden. Die traditionellen Gewerbebereiche dürfen nicht länger durch sektoral einseitige Industrialisierungskonzepte gefährdet und verdrängt werden. Eine sinnvolle und nachhaltige Entwicklung erfordert die Bedachtnahme auf die ökologische Gesamtsituation und die gewachsenen sozialen Strukturen. Die Ursachen für diesen ökologischen und sozialen Prozeß der Zerstörung sind nicht zuletzt im reichen Norden zu suchen. Die Spirale von Umweltzerstörung, Armut, sozialer Segmentierung und rücksichtslosem Ressourcenverbrauch beginnt in den Industriestaaten der modernen Wohlstandszivilisation, die um ihre ökonomische Vorrangstellung ringen. In diesen Sog sind auch die Reformstaaten des ehemaligen Ostblocks geraten, die mit jeweils spezifischen Problemen – von wenigen Ausnahmen abgesehen – bislang ziemlich chancenlos und dementsprechend ökologisch rücksichtslos den Anschluß an die Entwicklung der reichen westeuropäischen Industriestaaten suchen.

Die Spirale dreht sich immer weiter

Die systematischen Zerstörungsprozesse gehen unvermindert weiter: Wüsten und Steppen dehnen sich aus, jährlich werden tropische Regenwälder von der Größe der Niederlande und Belgiens vernichtet, eine Fläche von der Größe Luxemburgs wird mit Beton versiegelt.[13] Die Fülle offizieller Studien zu Schadenserhebung und -bewertung ist

---

[13] Vgl. dazu Klaus Bosselmann, Im Namen der Natur. Der Weg zum ökologischen Rechtsstaat, Bern, München, Wien 1992.

kaum mehr zu überblicken. Ihre Evidenz ist trotz Ungenauigkeiten in der Erhebung und Bewertung von Schäden gegeben. Trotz der weltweit anerkannten und politisch auch verhandelten Erkenntnis der Endlichkeit und Bedrohtheit natürlicher Ressourcen ist jedoch keine globale Neuorientierung der Politik eingetreten. Selbst die auf internationalen Konferenzen erreichten Limitierungen zur Eindämmung der ökologischen Kernprobleme Treibhauseffekt, Ozonloch und Klimaveränderung sind heute nicht durchsetzbar und damit obsolet.

Darüberhinaus verfügen wir mittlerweile über neue und politisch sehr brisante Prognosen künftiger Gefahrenentwicklungen und Schäden: Wir wissen zum Beispiel, daß Österreich das von der Regierung akzeptierte Toronto-Abkommen von 1989 zur Schadstoffreduktion ohne einschneidende Maßnahmen[14] nicht mehr erreichen kann. Zwar wurden Luftschutz-Gesetze wie das Ozon-Gesetz 1992[15] verabschiedet, das an den Ozon-Vorläufer-Substanzen ansetzt und daher auch die CO_2-Emissionen berühren könnte. Zugleich wurde jedoch ein vollkommen unverbindlicher Maßnahmenkatalog aufgenommen, der de facto alles beim Alten beläßt. Die 1988 eingegangene Verpflichtung, effiziente Maßnahmen im Sinne der Erreichung des Toronto-Ziels zu setzen, also den CO_2-Ausstoß um 20 Prozent bis zum Jahr 2005 zu reduzieren, hat bis heute, fünf Jahre nach dem Abkommen, kaum zu Änderungen im Verhalten geführt. Die verkehrsbedingten CO_2-Emissionen haben allein in den vergangenen vier Jahren in Österreich dramatisch – um 24 Prozent – zugenommen.

Eine Studie der EU-Kommission zu den Umweltwirkungen des gemeinsamen Marktes[16] prognostiziert, daß der grenzüberschreitende Lastwagenverkehr und die dadurch verursachten Emissionen um 30 bis 50 Prozent anwachsen werden, wenn die Grenzen zwischen den EU-Staaten mit dem Binnenmarkt fallen werden. Für den Luftverkehr

---

[14] M. Cerveny, M. Heindler, A. Jöchlinger, Strategien zur Reduktion der CO_2-Emissionen, Wien, Juli 1993.

[15] Bundesgesetzblatt Nr. 210, 24. April 1992: Bundesgesetz über Maßnahmen zur Abwehr der Ozonbelastung und die Information der Bevölkerung über hohe Ozonbelastungen, mit dem das Smogalarmgesetz, BGBl. Nr. 38/1989, geändert wird („Ozongesetz").

[16] Task Force on Environment and the Internal Market 1992, The Environmental Dimension, Bonn 1990.

wird mit noch stärkeren Zunahmeraten gerechnet. Das dadurch ausgelöste Wirtschaftswachstum wird die Schwefeldioxid-Emissionen bis zum Jahr 2010 auf Basis bestehender Technologien um 8 bis 9 Prozent und die Stickstoffoxid-Emissionen um 12 bis 14 Prozent pro Jahr erhöhen.

Eine andere Studie der EU-Kommission zum Verkehrssystem[17] prognostiziert, daß in den nächsten zehn Jahren der Individualverkehr in Nordeuropa um 70 Prozent, in Südeuropa um 300 bis 500 Prozent und in Osteuropa um unvorstellbare 1000 Prozent ansteigen wird. Daraus läßt sich ableiten, daß eine Beibehaltung der derzeitigen EU-Verkehrspolitik selbst mit leicht verbesserten Technologien zu einer dramatischen Verschärfung der Emissionssituation in Europa führen wird.

Weltweit wird gegenwärtig ein System von internationalen Handelsbeziehungen ausgebaut und intensiviert, welches die ökologischen Belastungen und die sozialen Ungleichgewichte nur verschärfen kann — ein Befund, der durch empirische Studien evident geworden ist.

Ohne eine Neuorganisation von Produktions- und Austauschprozessen führt eine Steigerung des Handels notwendigerweise zu höherem Energieeinsatz und zu mehr Umweltverschmutzung.[18]

Die Gründung immer größerer Freihandelszonen wie etwa der NAFTA (North Atlantic Free Trade Association) wird entsprechend einer Studie der Universität Princeton zu einer drastischen Zunahme schädlicher Emissionen in Luft, Wasser und Boden führen; in Mexiko um etwa 5 Millionen Kilo, in den USA um 6 Millionen Kilo und in Kanada um 3,5 Millionen Kilo.

Die jahrelangen Verhandlungen der im April 1994 in Marrakesch unterzeichneten GATT-Uruguay-Runde, der Gespräche im Rahmen der weltweiten Handelsorganisation über weitere Liberalisierungs-

---

[17] Überlegungen zu der Vernetzung der Verkehrssysteme in Europa, Gruppe Verkehr 2000 plus, Studie im Auftrag der EG-Kommission/Karel van Miert, Brüssel, Dezember 1990.

[18] Hilary F. French, Versöhnung von Welthandel und Umwelt, in: Zur Lage der Welt – 1993, World Watch Institute Report, Frankfurt am Main 1993, Seite 231f.

schritte, spiegeln ein zähes Ringen um weltweite Kompromisse wider. Die Vereinigten Staaten streben die Beseitigung sämtlicher Handelshemmnisse auch für den Bereich der landwirtschaftlichen Produkte an. Dabei kommen sowohl die Interessen des Südens der Erde als auch die der globalen Ökologie zu kurz. Umweltorganisationen kritisieren zurecht, daß Handelsabkommen wie das GATT bislang keine Bewertung der Produkte nach der Produktionsart beinhalten. Auf Betreiben von Natur- und Artenschutzorganisationen kam ein gesetzliches Embargo für mexikanischen Thunfisch zustande, der ohne Rücksichtnahme auf mitgefangene und getötete Delphine gewonnen wurde. Es hielt aber einer gerichtlichen Anfechtung durch ein GATT-Gremium nicht stand. Das amerikanische Gesetz zum Schutz von Meeressäugetieren unterlag dabei den Bestimmungen des GATT. Das Gericht bewertete das US-Embargo als einen unzulässigen Versuch, ein US-Umweltgesetz einem anderen souveränen Staat, also Mexiko, aufzuoktroyieren. Umweltdumping, Raubbaupraktiken unter Ausrottung ganzer Arten werden noch immer nicht als ökonomischer Ausschlußgrund vom Freihandel gewertet. Die notwendige Verbindung von Ökologie und Ökonomie ist bei traditionellen Gerichts- und Behördeninstanzen noch kaum verankert.

Genau hier wird die Grün- und Umweltbewegung einhaken müssen. Erst wenn soziale und ökologische Raubbauprodukte, Pelze aus Fallenstellerei, tierische Produkte aus quälerischen Massenhaltungen, Teppiche aus Kinderarbeit, Produkte aus Sklavenarbeit, usw. als solche definiert und gekennzeichnet sind, bestehen Möglichkeiten, dem ökologisch fatalen Raubbau durch neue „grüne“ Handelsabkommen ein Ende zu setzen.

Zusammenfassend muß festgestellt werden, daß die globalen Phänomene ungebremster Ressourcenplünderung und Umweltzerstörung weltweit bereits heute meßbare oder zumindestens abschätzbare materielle Schäden hervorrufen. Besonders dramatisch sehen die Szenarien für die sogenannten „Dritte-Welt-Staaten“ aus. Die Abhängigkeit von einem oder wenigen Exportgütern, die hohen Bevölkerungskonzentrationen, die elenden Bedingungen in den Metropolen[19], die ex-

---

[19] Marcia D. Lowe, Gestaltung der Städte, in: Worldwatch Institute Report, Zur Lage der Welt – 1992. Daten für das Überleben unseres Planeten, Hrsg. Lester R. Brown, Frankfurt am Main, Mai 1992, Seite 168ff.

treme soziale Ungleichheit und nicht zuletzt die Folgen der Auslagerung gefährlicher Produktionsprozesse oder unerwünschter Rückstände aus den reichen Ländern lassen den Ausbruch immer komplexerer Katastrophen befürchten.[20]

Darin liegt ein enormes Gefahrenpotential für die künftige Entwicklung der Erde. Armut ist eben ein solcher Feind der Umwelt wie schrankenloses Wachstum . Wo es ums Überleben geht, ist nicht einmal jenes zweifelhafte Minimum an Umweltschutz in Reichweite, wie es in den Industriestaaten zumindest mit ihren „end of the pipe"-Technologien der Filter- und Entgiftungsanlagen mittlerweile üblich ist. Der Zwang zur Erwirtschaftung von Devisen und mangelnde soziale Sicherheit führen in eine Spirale von Naturzerstörung und immer weiter wachsender Armut.

„Atmen in Bombay heute entspricht dem Inhalieren von zehn Zigaretten täglich. Für die Squatter-Familien auf dem schmalen Mittelstreifen einer Verkehrsachse liegt dieser Wert freilich wesentlich höher. Dazu kommen Lärm, Stress, Gefahr. Mehr und mehr Menschen versuchen, diesen Lebensbedingungen zu entkommen. Die Zahl der Umweltflüchtlinge wird weltweit auf zehn bis fünfzehn Millionen geschätzt — mit steigender Tendenz.

Die Armen schlagen der Erde schwere Wunden. Die eigentliche Last, die der Blaue Planet zu tragen hat, sind aber die Reichen. Sie tragen auf Grund ihrer anspruchsvollen, verschwenderischen Lebensweise eindeutig am stärksten zur globalen Ökologiekrise bei. Ein vor wenigen Wochen herausgekommener Bericht des amerikanischen World Watch-Institutes teilt die Weltbevölkerung in drei ‚ökologische Klassen' ein: 1,1 Milliarden Menschen leben von weniger als 700 Dollar jährlich und damit unter dem Existenzminimum. Ihr Beitrag zur Naturzerstörung geschehe meist aus Mangel an Alternativen oder aus Unkenntnis. 3,3 Milliarden Menschen mit einem Jahreseinkommen zwischen 700 und 7500 Dollar machten die ‚Mittelklasse' aus. Sie lebten in relativem Einklang mit ihrer Umwelt. Sie ernährten sich vor allem von pflanzlichen Produkten, bewegten sich mit öffentlichen Verkehrsmitteln oder Fahrrädern fort und lebten in einfachen Häusern. Die ‚Verbraucherklasse' stellten die 1,1 Milliarden Menschen in den Industrieländern Europas, den USA, Australien und Japan dar. Innerhalb weniger Jahrzehnte hätte sich das reichste Fünftel

---

[20] Manfred Wöhlcke, Umweltzerstörung in der Dritten Welt, München 1987, Seite 32ff.

einer Schicht von Autofahrern, Fernsehzuschauern, Junk-Food-Essern, Supermarkteinkäufern und Verbrauchern von Wegwerfartikeln entwickelt. Dieses nenne sich Fortschritt und Entwicklung. Die übrige Welt sehne sich nach diesem konsumorientierten Lebensstil.“ [21]

Von der Ernüchterung zur Hoffnung

Bislang viele Gründe für Ernüchterung, wenig Anlaß zur Hoffnung – oder doch? Es wäre natürlich möglich, einzelne positive Ansätze als Kristallisationspunkte der Hoffnung darzustellen. Es gibt in manchen Bereichen durchaus Erfolge der „klassischen Umweltpolitik“. Man könnte für Österreich manche Bereiche der Luftreinhaltung nennen, etwa die Reduktion der Schwefeldioxidemissionen, oder die Verbesserung der Wasserqualität in nahezu allen österreichischen Seen durch die Inbetriebnahme von kommunalen Kläranlagen. Derartige Beispiele ließen sich für viele Industriestaaten und mittlerweile auch für einige Entwicklungsländer auflisten. Man darf die Bedeutung derartiger Ansätze nicht im geringsten schmälern. Ich halte sie für ganz wichtige Beweise dafür, daß ein ökologisches Umsteuern möglich ist und Schäden zumindestens teilweise wieder korrigierbar sind. Daran ändert auch nichts, wenn der Anlaß für solche Reformen nicht nur ökologische Einsicht war, sondern – wie im Fall der Rettungsmaßnahmen für die österreichischen Badeseen – auch die Erkenntnis, daß wirtschaftliche Interessen, etwa die Interessen der Fremdenverkehrswirtschaft, gefährdet waren.

Man kann jedoch nicht behaupten, daß diese regionalen oder lokalen Ansätze schon zu spürbaren globalen Veränderungen geführt hätten. Im Rahmen der internationalen Staatengemeinschaft gibt es bislang keinen allgemeinen Konsens betreffend die Generalisierung positiver Ansätze. Große Chancen wie die Konferenz in Rio wurden zuwenig genutzt.

Etwas aber sollte aus den Beispielen zu verschiedenen Aspekten der globalen ökologischen Bedrohung klargeworden sein: Es geht nicht

---

[21] Reinhard Hermle, Vor allem die Industrieländer sind gefragt. Perspektiven für eine Umwelt- und Entwicklungspolitik nach Rio, in: Herder-Korrespondenz, 46. Jahrgang, Nr. 9, September 1992, Seite 419ff.

einfach um „Umweltschutz“, sondern um die Menschen auf unserem Planeten, um ihre Lebensgrundlagen, um ihre Ernährung, um ihre Mitwelt. Diese Lebensgrundlagen werden heute immer sichtbarer und meßbarer beschädigt. Diese Schäden treffen in der Gegenwart und wohl auch noch in nächster Zukunft besonders unmittelbar, aber keineswegs ausschließlich, die Menschen in den Entwicklungsländern.

Aber gegen die damit verbundenen Gefahren lassen sich keine Mauern errichten, keine militärischen Abwehrsysteme formieren und keine bürokratischen Hürden aufbauen. Die Schäden an den Lebensgrundlagen können auch in den Industriestaaten immer weniger verdrängt und ignoriert werden. Die Ökonomen sprechen in diesem Zusammenhang von „externen Kosten“, also Kosten, die nicht direkt den Verursachern angelastet werden, sondern der Allgemeinheit und den künftigen Generationen. Bildhafter drückt ein bekannter Satz der internationalen Grünbewegung dasselbe aus: Wir haben die Erde von unseren Kindern nur geborgt. Dieser Satz gilt heute nicht mehr unverändert. Die Nachkriegsgesellschaften konnten in ihrem speziellen Denk- und Politikansatz grundlegender Modernität noch (Öko-)Schulden auf Kosten der künftigen Generationen machen. Es werden jedoch auch heute trotz drängender Probleme immer noch viele, teilweise nicht abschätzbare, nicht kalkulierbare und wahrscheinlich auch nicht mehr zahlbare Kosten auf die Zukunft vorgetragen. Mit dem Borgen muß es jetzt aber offensichtlich zur Neige gehen, und nach und nach werden bereits Tilgungen fällig. Die Zahlungsverpflichtungen lassen sich nicht mehr auf die lange Bank schieben, zumindest nicht ohne drastische Auswirkungen im sozialen Gefüge und in der Wirtschaft.

Heute zeigt sich mit erschreckender Deutlichkeit, daß die globale Umweltproblematik untrennbar mit sozialen und wirtschaftlichen Verschlechterungen Hand in Hand geht. Die Industriestaaten haben einen stets noch stärker werdenden Bedarf an Rohstoffen, Energielieferungen und landwirtschaftlichen Produkten. Ihre ökonomische Macht und die Konkurrenz unter den aufstrebenden Entwicklungsländern und ehemaligen Ostblockstaaten drücken die Preise. Dies führt wiederum zu Mengensteigerungen, zu Raubbauprozessen und zum Verlust der Lebensgrundlagen für die Bevölkerungen in den Entwicklungsländern.

Durch die beschleunigten, sozialen und ökologischen Veränderungen im Lichte der globalen Umweltkrise verschwimmen auch die früheren Einteilungen der internationalen Zivilisationen in Industriestaaten und Entwicklungsländer, bzw. die Abgrenzungen zwischen den „typischen“ ökologischen, ökonomischen und sozialen Problemen. Die sogenannten Länder der Dritten Welt stellen schon lange keine homogene Gruppe mehr dar. Schwellenländer ringen um den Anschluß an die Industriestaaten oder haben sie mittlerweile in den klassischen ökonomischen Kenngrößen eingeholt, andere schlittern immer tiefer in permanente Katastrophenlagen, vor allem die klimatisch besonders bedrohten Länder Afrikas südlich der Sahara und die von Flutkatastrophen heimgesuchten Länder Südostasiens, aber auch Zentralasien sowie die Andenregion in Lateinamerika. Im Hinblick auf die Umweltsituation wird darüber hinaus erkennbar, daß die ehemaligen Ostblockstaaten teilweise noch intensivere Probleme bei der Schaffung und Entwicklung ökologisch angepaßter Technologien bekommen als manche Entwicklungsländer. Mittlerweile sind typische „Dritte-Welt-Phänomene“ mitten in den Ballungszentren der USA, aber auch im Süden und Osten Europas anzutreffen. Lokale Verelendung, heruntergekommene Industrieregionen, hohe Arbeitslosigkeit, schlechte Lebensqualität kennzeichnen auch diese Zonen.[22] Die durchschnittliche Lebenserwartung in Harlem beträgt heute nur 46 Jahre – um fünf Jahre weniger als in Bangladesh.[23]

In der Augenfälligkeit der Schäden, im Ausmaß, in dem die ökologischen, ökonomischen und sozialen Zusammenhänge sichtbar werden, in der Unmöglichkeit, daß sich einzelne Länder oder Staatensysteme vor den Auswirkungen dieser Probleme und Krisen abkoppeln, liegen zugleich auch die Chancen, daß die Einsicht in die Notwendigkeit tiefgreifender Änderungen wächst und der Druck zur Ökologisierung steigt. Wenn budgetäre Engpässe und gesellschaftliche Probleme in den Industriestaaten auch als Konsequenzen der globalen ökologischen Probleme erkennbar werden, wird den Strategien der westlichen Regierungen, die Krise durch Öko- und Sozialabbau zu „übertauchen“, der Boden entzogen werden.

Es genügt deshalb nicht mehr, „Öko-Diskussionen“ im engeren Sinne

---

[22] Vgl. Ulrich Menzel, Nach dem Ost-West-Konflikt: Was wird aus der „Dritten Welt“? In: Österreichische Zeitschrift für Politikwissenschaft 1993/2, Seite 195ff.
[23] Ulrich Beck, Die Erfindung des Politischen, Frankfurt am Main 1993, Seite 32.

zu führen. Es genügt nicht mehr, nur die Umweltverträglichkeit verschiedener Systeme der Abfallbehandlung oder des innerstädtischen Verkehrs zu bewerten. Heute müssen die ökologischen Fragen im ökonomischen und sozialen Kontext aufgegriffen werden. Diese gesellschaftspolitische Diskussion ist bereits weltweit im Gange und findet ihren Ausdruck in den internationalen Umwelt- und Menschenrechtskonferenzen. Sie tritt aber auch in Österreich deutlich zutage.

Es bedarf freilich eines gedanklichen Sprungs, den Prozeß der ökologischen und sozialen Verantwortung in dem Maße zu entwickeln, daß wir gemeinsam befähigt werden, trotz unterschiedlicher Erkenntnisse und Erfahrungen drastische Gegenmaßnahmen zur Abwendung der globalen Gefahren einzuleiten. Und darin liegt auch die Chance des grünen Projekts im Übergang :von einem Projekt der ernüchternden Katastrophenszenarien zu einem Projekt der Hoffnung.

2. VON DER RISIKOGESELLSCHAFT ZUR ÖKOLOGISCHEN ZIVILGESELLSCHAFT

Unter dem Motto „*Denkmusterwechsel: Ende des Individualismus-Trips*" ortet der Direktor der österreichischen Caritas Helmut Schüller die Alternativen von Gesellschaft und Politik an einem Scheideweg: „*Fortsetzung des bisherigen Weges ohne wirklich lebenswerte Zukunftaussichten, oder lebenswerte Zukunftaussichten mit unumgänglichen Kursänderungen? Wenn letzteres: wer wagt den Anfang?*" [1]

Schüller skizziert die großen sozialen Fragestellungen der österreichischen Gegenwart – steigende Arbeitslosigkeit, Krise der Familie mit ihren Facetten von Suchtkrankheit und Jugendgewalt, Verarmung kinderreicher Familien, neue Wohnungsnot, Grenzen des Gesundheitssystems, fortschreitende Umweltzerstörung – als Ausdruck einer umfassenden Krise. Die nachindustriellen Konsumgesellschaften westlicher Prägung sind in eine Sackgasse geraten. Im Sinne echter Konfliktlösungen genüge weder die Schaffung neuer Sozialeinrichtungen, noch die Vergesetzlichung weiterer Lebensbereiche, noch die trügerische Hoffnung auf ein neues Wirtschaftswachstum mit einer möglichen Umverteilung: „*Gesellschaft und Politik werden nicht weiter an der Dringlichkeit eines Denkmusterwechsels vorbeileben und vorbeireden dürfen, wenn die Probleme nicht noch größer werden sollen.*" [2]

Ellbogengesellschaft

Die Industriegesellschaften westlicher und insbesondere nordwesteuropäischer Prägung hatten zwar seit dem Ende des Zweiten Weltkriegs einen enormen wirtschaftlichen Aufschwung zu verzeichnen und konnten in der Folge ein Netz sozialer Absicherungen knüpfen. Doch die neuen Chancen auf mehr Individualität und Selbstentfaltung führten auch zu einem immer uneingeschränkteren Individualismus und einer immer ausschließlicheren Konzentration auf „*Selbstverwirklichung*". Dieser Individualismus habe den korrigierenden Ausgleich der Sozialität heute weitgehend eingebüßt. Das neue Glücksgefühl folge dem

---

[1] Caritas-Zeitschrift Nr. 4/93, Wien, Juli 1993, Seite 10f.

[2] Ebenda, Seite 10.

Trend, sich immer mehr leisten zu können und sich dabei um immer weniger kümmern zu müssen. Das vom deutschen Soziologen Ulrich Beck geprägte Schlagwort der *„vollmobilen Single-Gesellschaft“* bezeichne das Endergebnis dieser Entwicklung. Der Individualismus-Trip der Konsumgesellschaft sei mit immer stärkeren individuellen und gesellschaftlichen Gefahren verbunden: Zum einen seien die Anzeichen einer Verkümmerung der Beziehungsfähigkeit immer deutlicher erkennbar, zum anderen berge diese Entwicklung die Gefahr in sich, daß der überforderte Sozialstaat in die Knie gezwungen werde. Der Sozialstaat *„hatte sich gerade noch damit beliebt gemacht, daß er seinen Bürgern immer mehr soziale Verpflichtungen und Vorsorgebemühungen abnehmen konnte. Weil er aber dafür von seinen Bürgern auch immer mehr Geld verlangen muß, verliert er nicht nur an Attraktivität“*.[3]

Dieser kulturelle Individualismus präge immer stärker auch die Außenbeziehungen der nördlich-westlichen Industriegesellschaften. Reichtum und soziale Errungenschaften müßten zunehmend gegen den *„Rest der Welt“* verteidigt und abgesichert werden. Das Schlagwort von der *„Festung Europa“* mit den BürgerInnen der Industriestaaten als FestungsbewohnerInnen nehme immer stärkere Konturen in der Alltagswelt und in der Gesetzgebung an. Diese Abkapselung auf hohem Niveau von Ressourcenverbrauch lasse menschengerechte Lebensbedingungen und einen neuen Umgang mit den Naturressourcen immer unwahrscheinlicher werden. Auf Basis dieses Befundes entwickelt Schüller seine Vision eines „New Deal“, eines neuen gesellschaftlichen Vertrags zugunsten eines langfristigen Nutzens. Dieser New Deal müßte folgende Kernpunkte umfassen:

- Die sich derzeit abzeichnende gesellschaftliche Realität sei eine Wolfsgesellschaft, *„in der man nur hoffen kann, immer auf deren Rücken zu sitzen und nie vor deren Schnauze zu liegen zu kommen. Eine Gesellschaft auch, deren weintrinkende Erwachsenengeneration die Jugend immer schwerer das Wassertrinken wird lehren können.“* [4]
  Demgegenüber sei es notwendig, sich wieder am Menschen, dessen Würde, dessen Rechten und dessen Entfaltung zu orientieren. Diese Neuorientierung auf die elementare „Maßeinheit Mensch“ mache eine ernsthafte Bemühung um einen neuen Kompromiß zwischen

---

[3] Ebenda.

[4] Ebenda, Seite 11.

den eigenen Interessen und denen der anderen erforderlich. Die Arbeit müsse gerechter aufgeteilt werden; dem Anspruch auf adäquaten Wohnraum müßte stattgegeben werden; Sozialeinrichtungen zur Betreuung benachteiligter Personengruppen (z. B. Behinderteneinrichtungen) in der eigenen Umgebung müßten gefördert werden.

- Die soziale Entwicklung zeige einen Sozialstaat, der zwar in Hinblick auf Zeit und Verantwortung entlaste, aber dafür am Rande der Finanzierbarkeit stehe. Das soziale Netz der Gesellschaft müsse für Menschen, die wirklich darauf angewiesen wären, dichter geknüpft werden; aus der eigenen Beitragsleistung dürfe aber kein Totalanspruch abgeleitet werden. Dies könne auch mit einem Verlust von Freizeit und Mobilität verbunden sein. Die sinnstiftende Dimension der Mitmenschlichkeit werde dabei immer mehr von Tendenzen der Anonymisierung in den Hintergrund gedrängt. Es entstünden neue Kosten durch Kompensationsversuche, die sich mit den Schlagworten Betäubungskonsum, Fluchtmobilität und Psychopharmaka benennen lassen.

- Auf internationaler Ebene sei die gefährliche Tendenz des wirtschaftlich und menschlich immer teureren Festungsbaus gegen *„den Rest der Welt"* zu befürchten und damit die Zunahme von Spannungen, von Wiederaufrüstung und neuen Blockbildungen. Deshalb sei der Übergang zu einer kontinental und global verankerten Stabilität im Interesse von Frieden und Wohlstand erforderlich. Es sei unerläßlich, von einer kleinkrämerischen Almosengesinnung gegenüber der Dritten Welt und den Reformstaaten Osteuropas zu einer großzügigen Entwicklungspartnerschaft mit echter Strukturförderungshilfe und fairer Handelspolitik überzugehen.

So überzeugend Schüller die Umrisse einer Zukunftsvision skizziert, so skeptisch ist er hinsichtlich der Chancen einer Umsetzbarkeit in den gesellschaftspolitischen Alltag: „Die Kurzfrist-Nutzeffekte für politische Parteien der Legislaturperiodendemokratie sind verlockender und leichter erreichbar als der Langfrist-Bonus für Vorausdenken und Tabubrechen. Werden die österreichischen politischen Parteien Themen und Perspektiven präsentieren oder Gesichter mit immer weniger Text? Werden sie den Menschen helfen, sich mit den neuen Realitäten anzufreunden und den Langfrist-Nutzen gegen den kurzfristigen abzuwägen? Oder werden sie der Versuchung zur „Hinter-uns-die-Sintflut"-Kumpanei erliegen? Werden sie auf ideologisierte Emotionen zurückgreifen oder die Mühe der Neubuchstabierung der ursprünglichen Ideale auf sich nehmen? Auch weiterhin an den bisherigen Denkmustern anzuknüpfen, ist fürs erste sicher leichter. Die Erwartungen der Stammwählerschaften scheinen auch nicht viel Spielraum zu lassen und neue Stimmen eher mit angenehmen Nachrichten zu gewinnen sein." [5]

Schüller fordert eine aktive Rolle der Sozialpartner, Medien und Kirchen in den politischen und gesellschaftlichen Prozessen und bei der Veränderung der Denk- und Lebensmuster. Er verknüpft seine Überlegungen zur Sinnfindung und zum Mut für notwendige Änderungen mit einer spirituellen Bezugnahme auf die biblische Botschaft: „Fürchtet Euch nicht". Ohne neue Leitlinien in Gesellschaft und Politik könne es nach Schüllers Meinung keine wirklich lebenswerte Zukunft geben. Die großen Herausforderungen sieht er in den Umbruch-Prozessen in Osteuropa und in der sogenannten „Ausländerfrage".

In vielem können die Grünen diesen Thesen vom New Deal, von der elementaren Maßeinheit Mensch, dem bedürfnisorientierten Sozialstaat und einer neuen weltweiten Entwicklungspartnerschaft zustimmen. Und sie müssen eine spezifische Rolle dabei übernehmen, den Anfang zu wagen. Tatsächlich sind die vorherrschenden Tendenzen in Österreich derzeit gegenläufig. Die Verunsicherungen im Zusammenhang mit den Umwälzungen in den ehemaligen Ostblockstaaten begünstigen eine traditionelle Auffassung von kontrollierender, überwachender und reglementierender Politik. Im Rahmen der heftigen Kontroversen über die AusländerInnengesetze (Asylgesetz, Fremdengesetz, Aufenthaltsgesetz) und das neue Melderecht[6] wurde der Konflikt zwischen dieser Politik, z. B. staatlichen und polizeilichen Kontrollmechanismen, und entgegengesetzten Anstrengungen in sozialen Bewegungen, Me-

---

[5] Ebenda, Seite 11.

[6] Rechtsstaatliche Bedenken zum neuen Meldegesetz wurden u. a. von der Rechtsanwaltskammer (Präs. Schuppich) vorgebracht; die gesetzlichen Anzeigepflichten für Unterkunftgeber betreffend mögliche Fehlmeldungen werden als „Denunziations-Pflichten", wie sie für autoritäre Systeme typisch waren, scharf kritisiert. Vgl. Abweichende Stellungnahme zum Bericht des Ausschusses für innere Angelegenheiten über das Meldegesetz 1991, 329 d. Beil. zu den Stenographischen Protokollen des Nationalrates, XVIII. GP.

dien und Kirchen deutlich. Vordergründig scheint es der österreichischen Bundesregierung um die Verteidigung des traditionellen, aber immer unzulänglicheren Wohlfahrtstaats zu gehen, der viele soziale Bedürfnisse nicht mehr befriedigen kann. In Wirklichkeit bleiben immer mehr Menschen vom „Individualismustrip der Konsumgesellschaft" und von den sozialen Netzen ausgeschlossen. Zugleich greift der Staat immer öfter auf die Form von Befehls- und Zwangsgewalt zurück, nicht nur bei den Ausländergesetzen, auch bei der Durchsetzung von ökologisch bzw. sozial bedenklichen Technologien im Bereich von Forschung (z. B. Gentechnologie) oder im Bereich der Wirtschaft (z. B. bei der Ausbreitung der motorisierten Verkehrswirtschaft).

Gerade in den Kirchen und Religionsgemeinschaften werden heute die Auseinandersetzungen um gesellschaftliche Zukunftstendenzen mit großer Vehemenz ausgetragen. Die leidenschaftlichen Appelle eines Helmut Schüller zu einer Neuorientierung sind mit massiven Beharrungstendenzen konfrontiert. Der St. Pöltner Bischof Kurt Krenn wurde zum Inbegriff jener Beharrungstendenzen, welche den Veränderungswünschen, wie sie nicht nur von Schüller engagiert vertreten werden, diametral gegenüberstehen. Der Kirchenkonflikt um den St. Pöltener Bischof, der sich als treuer Verfechter traditioneller römisch-katholischer Lehrauffassungen und als Opfer einer Medienkampagne sieht, hat die Grenzen der innerkirchlichen Auseinandersetzung überschritten und ist zum Thema innenpolitischer Kontroversen geworden. Einen Höhepunkt erreichten diese Auseinandersetzungen bei den Salzburger Hochschulwochen 1992, als Bischof Erwin Kräutler, der als Vertreter der lateinamerikanischen Befreiungstheologie zu einem Referat geladen war, durch den konservativen Erzbischof Eder kurzerhand wieder ausgeladen wurde. Als Abgeordnete des österreichischen Parlaments gegen die Brüskierung des engagierten Theologen auftraten, wurde ihnen von Bischof Krenn vorgeworfen, sie seien „heimtückischer als die Todesschwadronen" in Lateinamerika, also jene bewaffneten Einheiten, die mit Gewalt zu verhindern suchen, daß die Lehren der Befreiungstheologie zum Durchbruch kommen.[7]

---

[7] Hans Anton Ederer, Possenspiele von St. Pölten. „Der Kirchenkonflikt um den St. Pöltener Bischof Kurt Krenn entwickelt sich aus einer Provinzposse immer mehr zu einem ideologischen Konflikt der österreichischen Innenpolitik." In: Courage Nr. 4/93, Graz, Seite 13.

Nach dem Ende des Zweiten Weltkriegs waren die gesellschaftlichen Kräfte Österreichs auf den Wiederaufbau der wirtschaftlichen Strukturen des Landes konzentriert. Erst in den späten sechziger und siebziger Jahren entstanden breitere Diskussionen um unterschiedliche Vorstellungen der gesellschaftspolitischen Entwicklung. Dies blieb meist noch innerhalb der verschiedenen politischen und gesellschaftlichen Gruppierungen. Daß solche Diskussionsprozesse heute zu innenpolitischen Kontroversen führen, macht Hoffnung auf gesellschaftliche Neuorientierungen.

Ähnliche Kontroversen wie im kirchlichen Bereich zeichnen sich heute in sämtlichen gesellschaftlichen Gruppierungen und in den politischen Parteien ab. In der bereits zitierten Ausgabe der Caritas-Zeitung beklagt auch der Präsident des Österreichischen Gewerkschaftsbundes Verzetnitsch das Auseinanderdriften der österreichischen Arbeitnehmergruppen und spricht sich für einen solidarischen Ausgleich zwischen verschiedenen Branchen als Alternative zu staatlichen bzw. branchenübergreifenden Umverteilungsmechanismen aus: „Wir haben uns zu einem Gesellschaftssystem bekannt, das keine Umverteilung über Branchen hinweg kennt. Unser Anliegen muß es sein, in der jeweiligen Branche das Maximum herauszuholen. In der allgemeinen Politik müssen wir dafür kämpfen, kein Niedriglohnland zu werden. Wir können nicht in eine Lohnkonkurrenz mit den ehemaligen Oststaaten treten. Wir müssen Bereiche ausbauen, die davon nicht betroffen sind. Wir müssen eine Wirtschaftspolitik einfordern, die es möglich macht, in qualitativ höhere Bereiche reinzukommen. Die Alternative wäre eine staatliche Lohn- und Einkommenspolitik über alle Gruppen hinweg. Das will eigentlich niemand."[8] Der effizienten internationalen Strategie von Unternehmern und Konzernen will Verzetnitsch eine neue Solidarität der europäischen Arbeitnehmer entgegensetzen: „Wir sprechen von einer europäischen Einigung. Die ist beim Kapital absolut vorhanden, leider ist die internationale Gegenmacht bei den Gewerkschaften nicht vorhanden. Jeder vernünftige politische Mensch kann an der Entwicklung in Europa nicht vorbeigehen. Wenn das Europa für den Arbeitnehmer so ausschaut wie das Verhalten der PWA in Hallein, dann wird dieses Europa abgelehnt."[9]

---

[8] Caritas-Zeitschrift Nr. 4/93, Seite 14f. Inhaltlich irrt hier der ÖGB-Präsident: Die Grünen treten für einen gesetzlich abgesicherten Mindestlohn ein.
[9] Ebenda.

Zur Verweigerung von legalen Arbeitsmöglichkeiten für die bosnischen Flüchtlinge bzw. zum Wahlrecht von AusländerInnen bezieht Verzetnitsch keine sehr konkrete Stellung: „Unsere Kriterien sind: Wie groß ist das Arbeitsangebot? Zuerst Österreicherinnen und Österreicher, Ausländer ohne Teilung zu vernünftigen Bedingungen.“ Gegen das passive Wahlrecht von AusländerInnen gebe es keinen Einwand – die Umsetzung sei allerdings „keine einfache Sache“.[10]

Aber immerhin beklagt der ÖGB-Präsident den dramatischen Verlust der Solidarität in den letzten Jahren: „Es hat sich eine Ellbogengesellschaft entwickelt. Damit dürfen wir uns nicht zufriedengeben. Wir müssen den Menschen das Hinwenden zum Nächsten wieder näherbringen. Noch ein Fernseher, noch ein Auto, bringt es nicht.“[11]

Das Beispiel der Halleiner Niederlassung des Aschaffenburger Papierkonzerns PWA, der in eine existenzbedrohende wirtschaftliche Krise geschlittert ist, macht den Zusammenhang zwischen Ökologie und sozialen bzw. wirtschaftlichen Sicherheiten besonders deutlich. Dieses Werk hatte jahrelang hohe staatliche Förderungen zur Realisierung von Umweltmaßnahmen erhalten, aber offenbar nicht oder nicht zur Gänze dem Förderungszweck entsprechend eingesetzt. Jahrelang hatten Umweltgruppierungen angeprangert, daß es in diesem Fall beispielhaft möglich war, ökologische Maßnahmen auf Kosten der Allgemeinheit zu unterlassen und statt dessen mehr Rendite an die Anteilseigner des Betriebes fließen zu lassen. Dennoch reichte die Drohung mit der völligen Schließung des Werkes aus, um die staatlichen Förderungsgeber in die Knie zu zwingen und einen Aufschub der Umweltauflagen durchzusetzen. Durch eine gefinkelte gesellschaftsrechtliche Neugründung wurde auch ein Großteil der sozialen Kosten aus Abfertigungen und anderen wohlerworbenen Ansprüchen auf die Allgemeinheit abgewälzt. Der Fall Hallein hat verheerende Signale gesetzt. Hier wurden die Eigentümer eines extrem umweltbelastenden Betriebes für ihre Skrupellosigkeit und Dreistigkeit belohnt und damit indirekt andere Betriebe schlechtergestellt, die in Umwelttechnologien investiert und Umweltauflagen eingehalten haben. Es wäre notwendig, daß sich die Interessensvertretungen der ArbeitnehmerInnen in solchen und ähnlichen Fällen von „Öko-Er-

[10] Ebenda.
[11] Ebenda.

pressung" massiv und entschlossen politisch zur Wehr setzen. Denn dem Ausschöpfen der Förderungstöpfe und der ökologischen Demontage ist bislang immer auch der wirtschaftliche Untergang und der Verlust der Arbeitsplätze gefolgt. Gefährdung von Arbeitsplätzen, Gefährdung der Umwelt, Gefährdung der Solidarität unter ArbeitnehmerInnen sowie Gefährdung der Solidarität mit Flüchtlingen und ArbeitsmigrantInnen sind heute untrennbar verbunden. Noch hat die Diskussion im Rahmen der Arbeitnehmerschaft und deren Organisationen nicht die Intensität der innerkirchlichen Kontroversen erreicht. Doch auch dieser Dialog wird an Qualität gewinnen.

Schließlich findet sich in der Caritas-Zeitschrift, die hier als Beispiel für die gesellschaftlichen Diskurse dient, ein weiteres drastisches Problemfeld mangelnder gesellschaftlicher Solidarität. Die explosive Entwicklung des Drogenmarktes in Österreich, der derzeit von billigem Heroin überschwemmt wird, hat sich in den letzten fünf Jahren fast verdoppelt. 1992 sind 142 Menschen an Drogenkonsum gestorben. Die Zahl der polizeilich erfaßten Erstkonsumenten von harten Drogen wie Heroin erreichte einen neuen Höchststand. Solidarität haben die Drogenkranken nicht zu erwarten: In Wien stehen insgesamt 35 Kurzzeittherapieplätze zur Verfügung, 100 bis 150 Menschen stehen auf Wartelisten, um Entzugsplätze zu erhalten, viele von ihnen überleben die Wartezeit aber nicht.[12]

Als Politikerin bekomme ich immer häufiger Briefe von Strafgefangenen, die flehentlich um Unterstützung zur Erlangung eines Therapieplatzes bitten, nachdem bereits alle persönlichen Bemühungen gescheitert sind. Unsere Gesellschaft hat offenbar nur dafür Geld, kranke Menschen auf Kosten von Steuergeld einzusperren, anstatt ihnen die nötige Therapie zuteil werden zu lassen.

Diese Beispiele des Zerfalls gesellschaftlicher Solidarität sind politisch schwerwiegend, weil der Sozialstaat auf dem Prinzip der Solidarität zwischen den Individuen beruht. Das gemeinsame Interesse besteht darin, sich finanziell gegen die Risken von Arbeitslosigkeit, Krankheit, Invalidität und Armut abzusichern. Demokratische Verfahren und Institutionen definieren die Garantie des Staates, diesem Interesse legistisch und budgetär Rechnung zu tragen. Es ist widersprüchlich,

---

12 Michael Völk, Aggressiver Markt, in: Caritas-Zeitschrift Nr. 4/93, Seite 12f.

gerade dort, wo die genannten Phänomene virulent werden, die Solidarität zu kündigen und Arbeitslosigkeit, Krankheit, Pflegebedürftigkeit und Armut ausschließlich der Unzulänglichkeit von Betroffenen anzulasten.

Der Verzicht auf die dringend notwendigen sozialen Aktionsprogramme ist auch geprägt von der Angst der Mehrheitsbevölkerung vor Einkommens- und Statuseinbußen und vor der eigenen gesellschaftlichen Ausgrenzung.
Individualpsychologisch produziert diese Angst eine Ghettoisierung in der eigenen schmalen Nische und die Ausblendung der anderen mitmenschlichen Realitäten.
Dieses Verhalten scheint subjektiv durchaus rational. Es ist jedoch politisch falsch und eminent gefährlich, keine Richtlinien für die demokratische Teilnahme sozial ausgegrenzter Menschen zu entwickeln.

Soziale Ausgrenzung ist eine Zeitbombe, die die österreichische Gesellschaft wie auch die internationale Staatengemeinschaft in den kommenden Jahren erschüttern wird.

Es ist auch wichtig zu erkennen, daß diese aktuellen Tendenzen in Staat und Gesellschaft eine weitere Möglichkeit von „Ausgrenzung" erwirken, die dann alle betreffen könnte.

Der totale Überwachungsstaat Orwellscher Prägung droht in Teilbereichen bereits gesellschaftliche Realität zu werden. Schon bisher waren die AktivistInnen von Bürgerinitiativen und sozialkritischen Gruppierungen bevorzugte Ziele staatspolizeilicher Überwachungstätigkeit.[13] Mit den neuen österreichischen AusländerInnengesetzen wurde nun erstmals ganz offiziell ein lückenloses Überwachungssystem für alle Fremden geschaffen. Sämtliche Daten über AusländerInnen – personen- und familienbezogene Daten, Berufsdaten, detaillierte Angaben zur Wohnsituation – werden gespeichert, auch wenn diese Menschen über Jahrzehnte in Österreich gearbeitet haben und völlig integriert sind. AsylwerberInnen werden nach dem System AFIS (Automationsunterstütztes Fingerabdruck-Identifikations-System) im Wiener Büro für Erkennungsdienst, Kriminaltechnik und Fahndung

---

[13] Hans G. Zeger, Rudolf Leo, Thomas Prader, Renate Sassmann, Ulrike Davy, Alfred J. Noll, Alpenstasi, edition sandkorn, Linz 1991.

zentral erfaßt. Ihre Behandlung entspricht damit exakt der von Kriminellen. Mit diesem System ist sichergestellt, daß kein zweiter Aufenthaltsantrag mit einer neuen, verbesserten Begründung gestellt werden kann.

1983, nach der Verhängung des Kriegsrechtes in Polen, verhielt sich Österreich gegenüber einer großen Zahl von Flüchtlingen noch nicht entsprechend der Orwellschen „1984"-Methode. Ein Jahrzehnt später scheint sie eine Realität zu werden.

Noch weit beklemmender fällt ein Blick in den Spiegel von Aldous Huxleys „Schöner neuer Welt" aus. Die Vorstellung künstlich gezüchteter Menschen, deren Plätze in der Gesellschaft von vornherein festgelegt, deren Eigenschaften genetisch vorausbestimmt und deren Restemotionen chemisch beherrschbar sind, erschien vor wenigen Jahren noch ziemlich unrealistisch. Die rasante Weiterentwicklung der gentechnologischen Forschung und ihrer Anwendungen, etwa in der Medizin, haben Huxleys Warnung brennend aktuell werden lassen. Bislang sind die kritischen Stimmen, die einen breiten gesellschaftlichen Dialog über Chancen und Risken der Gentechnologie einfordern, zuwenig gehört geworden. Eine Riskenabschätzung auf breiter Basis hat nicht stattgefunden. Selbst ein hervorragender Bericht des österreichischen Nationalrats im Rahmen der Enquetekommission Gentechnologie hat noch nicht zur Erlassung eines qualitativ entsprechenden Gesetzes zur Begrenzung der Risken in Forschung und Nutzung geführt. Gentechnologisch orientierte Konzerne konnten sich in Österreich de facto im rechtsfreien Raum entfalten. Gesetzgebung und behördliche Kontrollmöglichkeiten hinken dramatisch hinter den Möglichkeiten industrieller gentechnischer Verfahren her. Die existierenden Regelungen in anderen Ländern sind meist sehr pragmatisch, beispielsweise in den Vereinigten Staaten. Teilweise wird wie in Deutschland eine stärkere Reglementierung versucht, wenn auch nur in bezug auf verbesserte Sicherheitsstandards im Labor. Sieht man von Ansätzen in Norwegen ab, wurde noch nirgends begonnen, die Auswirkungen der gentechnologischen Methoden über die Fragen der Laborsicherheit hinaus in den Griff zu bekommen.[14] Die gesellschaftliche Relevanz gentechnischer Anwendungen, die Frage nach dem Sinn, spielen kaum

[14] Bericht der Parlamentarischen Enquete-Kommission betreffend Technikfolgenabschätzung am Beispiel der Gentechnologie, Wien, Oktober 1992.

eine Rolle. Noch besteht weitgehend gesellschaftliche Übereinstimmung darüber, den Eingriff in die menschliche Keimbahn kategorisch abzulehnen. Doch dieser Konsens scheint brüchig zu werden. Hinsichtlich der Frage, ob eine Analyse des menschlichen Gen-Codes – die Genom-Analyse – bei ArbeitnehmerInnen zulässig sein soll, gehen die Meinungen schon heute auseinander. Die Gefahren einer derartigen Vorgangsweise liegen auf der Hand. Sie könnten jegliche Bemühungen torpedieren, die auf eine Vermeidung oder Reduktion des Einsatzes gefährlicher Stoffe und Verfahren abzielen. Wenn es möglich wird, eine genetische Selektierung von ArbeitnehmerInnen vorzunehmen, dann wird dies „zu deren Schutz" auch geschehen. Physisch vermeintlich robustere ArbeitnehmerInnen werden dann jene ökologisch problematischen Tätigkeiten verrichten müssen, die bisher durch gesundheitspolitische Restriktionen verhindert werden konnten. Auch die in der Medizin herbeigesehnte Möglichkeit gendiagnostischer Methoden muß kritisch beurteilt werden. Die Gefahr besteht, daß ethische Probleme, wie etwa die Entscheidung für oder gegen ein behindertes Kind, extrem individualisiert werden. Eine adäquate Unterstützung Behinderter durch die Gesellschaft könnte dann auch legistisch noch unbefriedigender wahrgenommen werden, als dies heute schon der Fall ist.

Risikogesellschaft

Die Risken der Gentechnologie, der ökologischen Bedrohungen, der nach wie vor bestehenden Rüstungsarsenale – alle diese globalen Gefahrenpotentiale sprengen den Rahmen der etablierten nationalstaatlichen Normensysteme und der politischen und kulturellen Wahrnehmungs- und Konfliktlösungsmechanismen. Ulrich Beck hat dafür die Bezeichnung der Risikogesellschaft geprägt.[15] Die neuen Megarisken, die durch menschliche Entscheidungen ausgelöst werden, entziehen sich einer effizienten Kontrolle durch die überkommenen Normensysteme, und sie können zu Katastrophen führen, die nicht mehr beherrschbar sind.

„Das technische Risiko mag im Fall der ‚Low Probability but High

---

[15] Ulrich Beck, Risikogesellschaft, Frankfurt am Main 1986.

Consequences Risks' gegen Null tendieren, das ökonomische Risiko läuft gleichzeitig gegen unendlich." [16]

Beck charakterisiert diese neuen Megarisken dadurch, daß sie jenseits der Versicherungsgrenze liegen. Die Versicherungsunternehmen sind nicht mehr in der Lage, die hochriskanten Zukunftsindustrien und Großforschungsorganisationen zu ökonomisch vertretbaren Bedingungen zu versichern. Mittlerweile haben auch die globalen ökologischen Bedrohungen, etwa die Vorboten des Treibhaus-Effektes, diese Grenze der Versicherbarkeit überschritten: Im US-Bundesstaat Florida haben 1992 und 1993 neun Versicherungsgesellschaften wegen verheerender Wirbelstürme bankrottgemacht.[17]

Während zumindestens für einen Teil der Menschheit das Risiko der Bedrohung durch Naturgewalten technisch beherrschbar erscheint, kehrt mit der Risikogesellschaft eine extreme Exposition gegenüber nicht kalkulierbaren, gesellschaftlich gemachten Risken zurück. Beck sieht darin auch eine Chance, um neue Hebel für eine gesellschaftliche Veränderung in Bewegung zu setzen. Dieser Wandel werde nicht mehr durch traditionelle Formen, wie politische Revolutionen, den Austausch von gesellschaftlichen Eliten oder durch politische Wahlen vor sich gehen. Die Gesellschaft werde an den politischen Debatten und Entscheidungen in Parlamenten und Regierungen vorbei, quasi durch einen Sachzwang zu einer „reflexiven Modernisierung", in eine andere, kritischere Moderne hinüberschlittern.[18] Beck sieht auch die Gefahren der Gegenmodernisierung, des Überhandnehmens von Nationalismen und Fundamentalismen. Doch er erachtet die Bedingungen für eine grundlegende Neuorientierung als entscheidend günstiger. Die stabilen Interessensgruppen des Industriezeitalters würden durch eine themenzentrierte, „vagabundierende Konfliktbereitschaft" abgelöst, die sich an massenmedialer Öffentlichkeit orientieren müsse. Anhand gesellschaftlicher Kontroversen über einzelne Themen werde sich eine neue Gesellschaft der „reflexiven Moderne" herausbilden.

Demgegenüber zeigt Beck die Unzulänglichkeit rein ökologisch be-

---

[16] Ebenda, Seite 44.

[17] Süddeutsche Zeitung vom 3. Februar 1993, Seite 12, zit. nach Ulrich Beck, ebenda, Seite 45.

[18] Ebenda, Seite 76.

gründeter Warnungen und Alarmmeldungen: „Nicht aus der Giftigkeit des Giftes springt durch irgendeine Alchemie der Protestfunken auf die Bevölkerung über. Auch verwandelt sich nicht das Wissen um das Gift und die Gefahr nach den Regeln der politischen Chemie, die wir nur noch austüfteln müssen, in einen sozialen Aufschrei. Solche Konzepte sind (wohl nur implizite, aber höchst wirksame) technizistisch-naturalistische Fehlschlüsse, die viele zu dem Glauben verleiten, allein mit dem Aufzeigen der Bedrohung die Protestautomatik auslösen zu können. Zerstörung und Protest sind voneinander isoliert durch die kulturelle Bereitschaft, Zerstörungen hinzunehmen.“ [19]

Becks Ironie über bestimmte Ausprägungsformen der „ökologischen Moral“ hat daher seine Berechtigung: „Wenn Sie heute dem Nachbarn den Müll in die Tonne schmeissen, dann sind Sie schon ein Verbrecher. Also hier tut sich wirklich was.“ Aber die Empörung darüber reicht nicht aus, um zu nachhaltigen ökologischen Formen des Wirtschaftens zu gelangen ![20]

Empörung führt zur Subpolitik, und solche Subpolitik kann sich in der einen oder anderen Weise als demokratische Bürgerbewegung oder als rechtsradikaler Mob äußern. Welche Richtung dieser Wandel nehmen wird, das kann sich nur in einem Wechselspiel zwischen Subpolitik, parlamentarischer Demokratie und Regierungspolitik herausbilden.

Die Notwendigkeit der neuen sozialen Bewegungen

Als die Freiheitliche Partei Österreichs (FPÖ) im Jänner 1993 ein Volksbegehren unter dem Motto „Österreich zuerst“ initiierte, signalisierten Umfragen zunächst die Möglichkeit, daß eine Million Menschen dieses ausländerfeindliche Volksbegehren unterzeichnen könnten. Die FPÖ selbst setzte sich eine Unterstützung durch 750.000 ÖsterreicherInnen als Erfolgskriterium. Das offensichtliche Versagen der Integrationspolitik der österreichischen Bundesregierung, die rein polizeiliche Administration gesellschaftlicher Integration und die da-

---

[19] Ulrich Beck, Gegengifte. Die organisierte Unverantwortlichkeit, Frankfurt am Main 1988, Seite 78.

[20] Ulrich Beck, Die Erfindung des Politischen, Frankfurt am Main 1993, Seite 28.

durch bedingte Anhäufung sozialer Probleme hatten das Vertrauen gegenüber der Regierungspolitik auch bei vielen nicht grundsätzlich ausländerfeindlichen Menschen erschüttert. Die Bereitschaft zur Unterzeichnung dieses Volksbegehrens als Protestverhalten war beträchtlich angestiegen.

Vor diesem Hintergrund gelang es durch eine gemeinsame Anstrengung von PolitikerInnen und RepräsentantInnen gesellschaftlicher Gruppierungen, wie der Kirchen, der Sozialbewegung und der Gewerkschaften, die Plattform „SOS-Mitmensch" zu bilden und die Wiener Innenstadt am 23. Jänner 1993 in ein Lichtermeer der humanen Gesinnung zu verwandeln. In der Folge blieb das Volksbegehren weit hinter den Erwartungen der Betreiber zurück.

Aber die historische Chance, diese gesellschaftliche Integrationsbereitschaft in der Folge auch in eine dezidierte, auf sozialen Ausgleich abzielende Integrationspolitik umzusetzen, wurde von der Regierung in nahezu tragischer Weise verspielt. Das neue Aufenthaltsgesetz vom 1. Juli 1993 macht das Aufenthaltsrecht aller AusländerInnen – also auch langjähriger GastarbeiterInnen – vom Vorhandensein einer ausreichend großen Wohnung und einem entsprechenden Unterhalt abhängig. Dies führt zur Verunsicherung zigtausender ausländischer Menschen in Österreich und zwingt viele Verzweifelte zum Untertauchen. Die Situation dieser in der Folge auf dem Arbeits- und Wohnungsmarkt, im Sozialwesen oder im Gesundheitssystem völlig entrechteten Menschen ist weder menschenrechtlich noch demokratiepolitisch akzeptabel.

Die Spirale von Ausgrenzung und Desintegration gibt, wie sowohl historische als auch traurig aktuelle Beispiele zeigen, vor allem rechtsradikalen und populistischen Kräften Gelegenheit, in einer entsolidarisierten Gesellschaft Erfolge zu feiern.

Die Schlußfolgerung aus diesem politischen Befund lautet: Ohne große und auf breiter gesellschaftlicher Basis getragene Anstrengungen wird es keine Bewältigung der ökologisch-ökonomisch-sozialen Gefahrenpotentiale geben.

Die „Selbstreflexion der Moderne" wird eine wichtige Voraussetzung sein, um die Gefahren der Risikogesellschaft wieder in den Griff zu bekommen – eine notwendige, aber keine hinreichende Voraussetzung.

Mit dem Anwachsen von Risken steigt zwar tendenziell die Bereitschaft zur individuellen Politisierung, doch andere Aspekte der Risikogesellschaft stehen einer Erhöhung der Handlungsbereitschaft entgegen:[21]

- Die Beurteilung jeweiliger Risken setzt Informationen voraus. Diejenigen, die (kurzfristig und kurzsichtig) profitieren, tun hingegen alles, um die Risikolagen zu verschleiern.
- Selbst wenn Informationen zugänglich werden, sind die Risikoverursacher bestrebt, die Informationen beschränkt zu halten – durch ein einfaches Strickmuster: möglicherweise gäbe es da und dort ein schwarzes Schaf, aber keinesfalls gäbe es ein generelles, systemimmanentes Risiko.
- Auch wenn die Informationen schließlich durchdringen, bleibt die Frage einer über den Einzelfall hinausgehenden allgemeinen Gegensteuerung. Ohne Veränderungen im Normensystem lassen sich Erfolge nur gegen einzelne „Risikoherde" erzielen – wie im Fall des nie in Betrieb genommenen AKW Zwentendorf oder der verhinderten Wiederaufbereitungsanlage Wackersdorf.

Mit diesen inszenierten Verwirrspielen wird auch die Einstellung gefördert, man könne angesichts der großen Gefahren ohnehin nichts machen. Dabei spielen die Repräsentanten der „Risikoindustrien" die Hauptrolle, aber die etablierten politischen Kräfte, „die anerkannten Wissenschaften" sowie die Medien haben gleichfalls wichtige Funktionen und damit eine große Verantwortung. Diese „Risiko-Verschleierung" hat eine zentrale Bedeutung für die gesellschaftliche Produktion der sogenannten „Politikverdrossenheit".

In der Folge der Industrialisierung sind heute durch schleichende ökologische Katastrophen (Ozonloch, Klimakatastrophe) und unbe-

---

[21] Vgl. dazu Luise Gubitzer, Vom „obsoleten" zum „adäquaten" marktwirtschaftlichen Denken, Artikel im gleichnamigen Buch, Hrsg. BEIGEWUM (Beirat für gesellschafts-, wirtschafts- und umweltpolitische Alternativen, Marburg 1992, Seite 9ff.

herrschbare Risken (Atomtechnologie, Gentechnologie) derart gravierende „Nebenfolgen“ entstanden, daß eine völlig neue Dimension erreicht wurde. Die Möglichkeit des kollektiven Unterganges infolge menschlicher Entscheidungen ist ein historisches Novum, das den Rahmen der bisherigen Bedrohungsszenarien sprengt. Durch das immer stärkere In-den-Vordergrund-Treten der Nebenwirkungen gegenüber der bislang vorherrschenden modernen Produktionsideologie verschärfen sich auch die sozio-ökonomischen und politischen Spannungen. Eine wachsende Anzahl von Menschen hat begonnen, sich in verschiedenen Initiativen, aber auch in den etablierten gesellschaftlichen Institutionen, mit diesen ökologischen Problemen kritisch auseinanderzusetzen. Die gesellschaftliche Reflexion ist im Gange, doch die breite Aktivierung der BürgerInnen für eine demokratische ökologische Wende hat mächtige und einflußreiche Gegenspieler.

Der bisher geschilderte Befund beinhaltet jedoch eine Reihe von Ansatzpunkten: Es geht um den Zugang zu handlungsrelevanten Informationen, um das Durchbrechen von Informationsmonopolen, um die Dokumentation der Auseinandersetzungen und um die Durchsetzung von neuen Spielregeln, die eine Teilnahme der BürgerInnen an politischen Entscheidungsprozessen und institutionalisierter Kontrolle ermöglichen.

Eine politische Hauptaufgabe für die Grünen liegt darin, diese Aufgaben voranzutreiben, die Verwirrspiele zu durchkreuzen und der kritischen Reflexion Relevanz zu verleihen. „Als Bürgerinitiativen, als neue soziale Bewegungen wie Frauen-, Friedens- und Umweltbewegung, sowie als alternative Betriebe bilden sich neue Akteure. Menschen werden sich ihrer Rechte und Möglichkeiten bewußt, aktivieren ein Politikverständnis mit Partizipationsinteresse und -anspruch und bauen die dafür notwendige Infrastruktur an Sachkompetenz auf.“[22] Die Konflikte werden in den einzelnen Risikobereichen ausgetragen werden müssen, gleichzeitig muß um neue Spielregeln im politischen System gerungen werden. Es geht um die Einbindung der Grundbedürfnisse der BürgerInnen auf allen Ebenen wirtschaftlicher und gesellschaftlicher Entscheidungen. Es reicht nicht aus, demokratischere Entscheidungsstrukuren, etwa durch Modelle der Arbeitneh-

[22] Luise Gubitzer, Ebenda, Seite 25.

merInnenmitbestimmung, innerhalb der Risikobereiche herbeizuführen. Niemand wird heute bestreiten, daß der „unvermeidliche Restmüll" getrennt und wiederverwertet werden soll — doch sind die eigentlichen Konflikte darüber auszutragen, ob manche der gefährlichen Stoffe, die im Müll landen könnten, überhaupt erzeugt werden dürfen. Es geht auch um die Menge und Art des „Restmülls".

Die viel beklagten Ermüdungserscheinungen der westlichen Demokratien, die Überlastung der Parlamente, die Überforderung der Verwaltungen, die Vereinzelung der Widerstandsprojekte der BürgerInnen — all das macht eine Änderung der grundlegenden Spielregeln unumgänglich. Gerade jetzt, wo auch globale Diskussionsprozesse über Menschenrechte, Umwelt und Entwicklung begonnen haben, besteht die große Herausforderung, daß sich die Spielregeln nicht einseitig wieder nur in Richtung der Globalisierung und Bürokratisierung von Entscheidungen verändern, über die Köpfe und Herzen der BürgerInnen hinweg, sondern in Richtung einer Zurückholung der BürgerInnen, der menschlichen Grundbedürfnisse und aller Lebensinteressen in die Politik.

3. DIE BÜRGER/INNEN ERWACHEN. BEISPIELE DER HOFFNUNG

Fallbeispiel I: Die Ennsnahe Transittrasse

Zu Beginn der siebziger Jahre, noch vor dem Erdölpreis-Schock, kam erstmals die Idee einer Verbindung der Pyhrn- mit der Tauernautobahn durch das steiermärkische Ennstal auf. Zunächst blieb es noch bei diesbezüglichen Absichtserklärungen ohne konkrete Umsetzungsschritte. 1981 wurde das mittlere Ennstal durch Verordnung der steiermärkischen Landesregierung zum Landschaftsschutzgebiet erklärt.

1983 konkretisierten sich die Vorstellungen über den Straßenbau. Es kam zu konkreten Planungsvorhaben. Die steiermärkische Landesregierung wollte bei diesem Projekt zunächst ein richtungsweisendes Beispiel für eine Bürgerbeteiligung und die Demokratisierung öffentlicher Großbauprojekte durchsetzen. Die in der Bürgerinitiative „Schönes Ennstal" organisierten BürgerInnen erhielten die Möglichkeit, gemeinsam mit den Behörden an der Projektierung zu arbeiten und einen Planungsprozeß von unten zu begleiten. Doch die beteiligten BürgerInnen gewannen bald den Eindruck, daß es seitens der Behörden nicht um eine zur Entlastung der Ortschaften vom Durchzugsverkehr dringend notwendige Umfahrungsstraße ging, sondern um eine hochrangige Transitverbindung. Unter der Mitwirkung von selbst betroffenen RechtsanwältInnen und BautechnikerInnen wurden Gegengutachten erstellt, Rechtsmittel eingebracht und die Bevölkerung informiert. Die AnrainerInnen, darunter auch etliche Bäuerinnen und Bauern, die um ihre Existenz besorgt waren, beteiligten sich mit wachsendem Engagement. Ziel dieser Initiative war es nicht, jegliches Straßenprojekt zu verhindern. Im Gegenteil ging es um eine Entlastung von Stainach und anderer Ennstaler Ortschaften. Die lokale Umfahrung sollte aber mit Umwelt und Landschaftsbild harmonieren und ohne Bruch bestehender Gesetze realisiert werden.

In den Jahren 1987 und 1988 wurden mehrere Grundstücke der ehemaligen Ennsregulierung auf Vorschlag der Naturschutzabteilung der steiermärkischen Landesregierung zu besonders geschützten Landschaftsteilen erklärt. Zu den unter Schutz gestellten Gebieten gehörten zwanzig ökologisch hoch- bis höchstwertige Biotope, Auwaldreste,

Iriswiesen und andere Feuchtbiotope. Gleichzeitig gingen jedoch die Planungen für das Straßenprojekt auch für dieses geschützte Naturschutzgebiet weiter, und das Projekt erhielt eine naturschutzrechtliche Genehmigung. Daraufhin wurde der Widerstand in der Bevölkerung, vor allem unter den betroffenen und bedrohten Landwirten, immer größer – es kam zu ersten Demonstrationen und Blockaden.

Die Behörde setzte hingegen auf die Zermürbung der ansässigen Bevölkerung durch die Verkehrsbelastung und präsentierte falsche Alternativen: entweder Durchzugsverkehr oder Transitstrecke. Sie versuchte, durch die Realisierung einzelner Teilstücke vollendete Tatsachen zu schaffen. Im Oktober 1991 wurde mit den ersten Bauten begonnen. Damit setzte sich die Behörde eindeutig ins Unrecht, denn die erforderliche wasserrechtliche Bewilligung war nicht vorhanden. Die sogenannte Sallaberger Brücke – rechtlich ein illegaler Schwarzbau – steht heute als isoliertes Teilstück der Transittrasse mitten auf einer grünen Wiese des Ennstales. Der Protest des „Forums Österreichischer Wissenschaftler für den Umweltschutz" konnte diesen Rechtsbruch nicht verhindern.

Dieser Gesetzesbruch blieb nicht allein. In der Folge wurde der bescheidmäßig begründete besondere Naturschutz hinsichtlich einiger Grundstücke rückgängig gemacht, ohne daß eine derartige Vorgangsweise der Behörde im Gesetz gedeckt war. Für notwendige Maßnahmen der Landschaftspflege und des Naturschutzes in Zusammenhang mit dem Straßenprojekt wurden ohne rechtliche Verankerung Grundstücke enteignet. Als diese Enteignungen durch höchstgerichtlichen Spruch im März 1993 für rechtswidrig erklärt wurden, verhärtete sich der Standpunkt der Behörden neuerlich: dann werde man eben die Straße „pur" bauen, ohne landschaftspflegerische Begleitmaßnahmen.

Vor allem in den letzten beiden Jahren nahmen die Proteste der Bevölkerung zu. Die Initiative NETT (Nein zur Ennsnahen Transittrasse) gewann über dreißig Ärzte, die sich hinter ihre Forderungen stellten. Es gelang der Bürgerinitiative, noch mehr Rechtswidrigkeiten im Hintergrund der Planungsvorhaben aufzudecken. Mittlerweile kann klar bewiesen werden, daß sich sowohl die steirischen Behörden als auch das für die Trassenverordnung zuständige Wirtschaftsministerium wissentlich ins Unrecht setzten. Bereits im Jahr 1990 wurde in einem Akt des Wirtschaftsministeriums[1] festgehalten: *Die Grundeinlösungen dürften vor allem in den Gemeinden Aigen/Ennstal und Lassing schwierig werden, weil hier der Widerstand der Grundeigentümer – unterstützt von den Gemeinden – gegen die Trassenführung am größten sein wird. Dabei ist auch zu beachten, daß Grundflächen, die für Maßnahmen des Naturschutzes benötigt werden, nicht nach den Bestimmungen des Bundesstraßengesetzes enteignet werden können. Gerade für solche Maßnahmen dürften aber größere Grundflächen einzulösen sein (...). Weitere Einlösungsschwierigkeiten wird die Forderung nach Bezahlung von Entschädigungen an jene Landwirte bringen, die beiderseits der neuen Trasse „Bioprodukte" anbauen oder ihr Vieh mit Gras oder Heu aus diesem Bereich füttern (Erzeuger von „Babymilch").... Nach ho. Ansicht müßte für die gesamte Trasse eine wasserrechtliche Bewilligung erwirkt werden, vor allem deshalb, um späteren Vorwürfen, die Bundesstraßenverwaltung habe durch den Straßenbau eigenmächtig in den Lauf und die Qualität des Grundwassers eingegriffen, entgegentreten zu können. In diesem Zusammenhang wird auch auf die Haftungsbestimmungen des § 24 Abs. 5 Bundesstraßengesetz verwiesen."*

Dennoch wurde ohne eine entsprechende wasserrechtliche Genehmigung mit dem Weiterbau der Strecke bei Trautenfels – der sogenannten wasserdichten Wanne Stainach – fortgefahren. Ein Gutachten (von Univ.-Prof. Radler) belegte, daß weitere Abschnitte der geplanten Trasse im Hochwasserbereich der Enns liegen würden[2].

Die steiermärkische Landesregierung stützte sich auf ein gegenteiliges Gutachten eines Wiener Ziviltechnikerbüros. *„Diese Argumentation der Experten ist Labsal für die zuständige Landesrätin Waltraud Klasnic, eine vehemente Befürworterin der geplanten Straße. Liegt das umstrittene Bauvorhaben nämlich nicht im Hochwasserbereich, können sich die Behörden die lästigen wasserrechtlichen Verhandlungen ersparen, bei denen Bauern und Anrainer Parteienstellung hätten."* [3]

Doch war sich dieses Wiener Ziviltechnikerbüro seiner Sache offenbar nicht ganz sicher. Es stellte sich heraus, daß dasselbe Büro mit gleichem

---

[1] GZ Nr. 926.146/1-VI/14-90.

[2] ARGE Stop Transit, Konsequenter Widerstand im Ennstal, Nadelstich Nr. 6/93, Wien 1993.

[3] Roland Betschart, Doppelbotschaften. Ein Geheimgutachten gefährdet den Baubeginn der umstrittenen Ennstrasse, in: *Profil* Nr. 12 vom 22. März 1993, Seite 31.

Datum ein zweites Gutachten erstellt hatte, das sich vom offiziellen wesentlich unterschied. Während das offizielle Gutachten die ursprünglichen Ausbaupläne der Enns zugrunde legte, ging das unterdrückte Gutachten vom realen Ausbauzustand der Enns aus, der teilweise erheblich von den hypothetischen Baukonsenswerten abweicht.

Obwohl in der Folge die Staatsanwaltschaft eingeschaltet wurde, trieb man das Bauvorhaben unter Einsatz massiver Staatsgewalt rücksichtslos voran. Zu Ostern 1993 besetzten Hunderte EnnstalerInnen und UmweltschützerInnen aus ganz Österreich mit Unterstützung von Umweltschutzgruppierungen (Global 2000, WWF usw.) vier Tage lang die Baustelle, bis sie von Hunderten Exekutivbeamten geräumt wurde.

Im Frühjahr 1994 erneuerten die TransitgegnerInnen ihren Protest auf dem Baugelände. Trotz der Appelle der Umweltministerin sowie führender Ökologen und Verkehrswissenschaftler gab es kein Einlenken seitens der steiermärkischen Landesregierung und des Wirtschaftsressorts. *„Der Ökologe Bernd Lötsch erklärte: ‚Mit dem Bau der Ennsnahen Trasse wird kein Verkehrsentlastungseffekt eintreten, sondern eine Transitspange zwischen der Pyhrn-Autobahn und der Tauernautobahn gelegt.' Der Verkehrsplaner und Präsident des Forums österreichischer Wissenschaftler für den Umweltschutz (Umwelt-Forum), Hermann Knoflacher: ‚Die Trasse ist wissenschaftlich nicht begründbar und ein Willkürakt der Politiker.' Auch Umwelt-Forum-Präsident Peter Weish appellierte an die österreichische Bundesregierung und an die steirische Landesregierung, den Bau umgehend zu stoppen."* [4]

Angesichts der offenkundigen Rechtsverletzungen durch die Behörden ging der Widerstand vor Ort weiter. Schließlich wurden bei einer Sondersitzung am 9. Juli 1993 eine Volksbefragung und die Möglichkeit einer anderen Trassierung in Aussicht gestellt. Dennoch wurde kein Baustopp verhängt. Am gleichen Tag wurde ein grüner Antrag im Nationalrat zur Klärung der politischen Verantwortung im Zusammenhang mit der Ennsnahen Trasse von den Regierungsparteien abgelehnt.

Das Widerstandscamp wurde unterdessen von der Bevölkerung versorgt. Bauern aus der Umgebung nahmen selbst aktiv an den De-

---

[4] *Wiener Zeitung,* 16. April 1993, Seite 6.

monstrationen und Aktionen teil. Die Ennsnahe Transittrasse wurde zu einem erfolgreichen Prüfstein der österreichischen Umweltbewegung.

Der „Fahrplan“ zur geplanten Volksbefragung über die Ennsnahe Trasse weist mittlerweile gehörige Verspätung auf. Die Alternativvariante ist fertig durchgeplant; dennoch wurde sie von der steiermärkischen Landesregierung noch immer nicht öffentlich gutgeheißen.

Innenpolitisch geht es längst um weit mehr als um die Verhinderung einer Transittrasse: Die seit vielen Jahren mit großem Sachverstand beteiligten BürgerInnen haben aktiv in den Planungsprozeß eingegriffen. Sie sind zu rechtlichen und bautechnischen ExpertInnen geworden und suchen den Dialog mit jenen, die aus Verzweiflung über den Durchzugsverkehr zu BefürworterInnen der Transittrasse geworden sind. Wenn die Behörde das Vorhaben nicht mit Gewalt weiter vorantreiben will, könnte sich hier eine völlig neue, von den Lebensinteressen der Menschen ausgehende und demokratisch legitimierte Planung ergeben.

Die Landtagswahlen in Tirol und Salzburg, die zeitlich mit dem Abschluß der Verhandlungen zwischen Österreich und der EU über einen Beitrittsvertrag nahezu zusammenfielen, zeigten klar die politische Meinungsbildung der entlang der Transitrouten lebenden Bevölkerung. Die Menschen sind nicht länger bereit, die mit dem Transitverkehr einhergehenden, ständig wachsenden Belastungen zu akzeptieren. Damit wurde der österreichischen Öffentlichkeit die innenpolitische Problematik der sozialen und ökologischen Verträglichkeit des EU-bezogenen Transitverkehrs über die Alpen deutlich vor Augen geführt. Am 13. März 1994 wurde in Tirol erstmals ein grüner Sitz in einer Landesregierung erzwungen und von Eva Lichtenberger übernommen, die durch ihre Kompetenz und ihr Engagement auch in der Transit-Bewegung bekannt geworden war.

Die Zukunftsperspektiven für das Ennstal bleiben offen; – im EU-Netz hochrangiger Straßenverbindungen stellt die Ennsnahe Transittrasse ein europäisches Bauvorhaben von höchster Priorität dar.

Fallbeispiel II:
Die Wiener Müllverbrennungsanlage Flötzersteig

Auch die Müllverbrennungsanlage Flötzersteig hat eine lange Geschichte; sie ist im wahrsten Sinn des Wortes ein gefährlicher Dauerbrenner geworden. Seit dreißig Jahren steht die Anlage entgegen den Bestimmungen des Flächenwidmungsplanes mitten in einem Wohngebiet im Westen Wiens, zwischen Spitälern, Schulen und Altersheimen. Internationale Fachleute halten die damit einhergehende gesundheitliche Belastung der Wiener Bevölkerung für nicht mehr verantwortbar. Nach Ansicht des deutschen Toxikologen Prof. Wassermann müßte der Flötzersteig als giftigste Müllverbrennungsanlage ganz Mitteleuropas binnen 24 Stunden geschlossen werden.[5]

Müllverbrennungsanlagen produzieren neue Gifte, vor allem Dioxine, weit mehr, als vorher vorhanden waren, und sie beseitigen gar nichts: 60 bis 70 Prozent des ursprünglichen Müllgewichts gelangen in Form von Staub, Gasen und Aerosolen in die Luft, bevor sie im Umkreis von zig Kilometern wieder zu Boden „regnen". 30 bis 40 Prozent bleiben Verbrennungsrückstände und werden zu gefährlichen Altlasten. Rund um die Deponien bilden sich lukrative internationale „Müllkarusselle". Vom Flötzersteig wanderten Rückstände quer durch Europa, bis nach Wales.

Unter Bezugnahme auf die MVA Flötzersteig schreibt die *Österreichische Ärztezeitung* vom „Vietnam-Gift aus dem Müllschlot": *„Der tägliche Mist, den wir alle wegwerfen, hat's in sich. Beispielsweise liegen die Dioxin-Mengen, die durch die Müllverbrennungsanlage Flötzersteig in Wien in die Luft gelangen, dreißigmal über dem Grenzwert. Was davon in den Boden gelangt, ist auch nicht ohne. Wie die ‚Überparteiliche Bürgerinitiative Müllverbrennung Flötzersteig' mit Berufung auf Experten des Forschungszentrums Seibersdorf und der Technischen Universität Wien berichtet, erreichen vereinzelte Bodenwerte bereits fast zwei Drittel (!) jener Menge, die in Vietnam nach Ausbringung*

[5] Stellungnahme der überparteilichen Bürgerinitiative Müllverbrennung Flötzersteig zu den Gesetzesentwürfen zur Umweltverträglichkeitsprüfung und zur Bürgerbeteiligung, vor den zuständigen Ausschüssen des Parlaments vorgetragen (20. Mai 1992, Wien, 29. Mai 1992).

des ‚Agent Orange' gemessen wurde. Und seit Jahren klagen bereits Ärzte und Eltern über Atemwegsbeschwerden von Kindern." [6]

Neben der Mißachtung des Flächenwidmungsplanes werden auch andere Gesetze gebrochen und verletzt: Die Müllverbrennungsanlage beliefert zahlreiche Wiener Haushalte mit Fernwärme und erzielt dafür Einkünfte ohne Gewerbeberechtigung. Nicht die Heizbetriebe Wien selbst, sondern eine Tochtergesellschaft betreibt das Müllverbrennungs-Business und überläßt die Abwärme „unentgeltlich" der Muttergesellschaft – diese verkauft sie dann an die Kunden. Diese trickreiche Umgehung des Gesetzes wird bei den gemeindeeigenen Heizbetrieben Wien problemlos akzeptiert. Die Behörde argumentiert, daß durch die Unentgeltlichkeit keine gewerbliche Tätigkeit vorliege („Schenken" ist kein Gewerbe) und deshalb auch keine Genehmigung erforderlich sei. Durch diese Flucht aus dem Gewerberecht konnte ein Betriebsanlagengenehmigungsverfahren unter Einbindung der AnrainerInnen bislang vermieden werden.

Seit 1983 kämpft die überparteiliche Bürgerinitiative Flötzersteig gegen die Umweltbelastung aus dieser „nicht-gewerblichen" Müllverbrennungsanlage. Der Justizminister mußte in Beantwortung einer parlamentarischen Anfrage der Grünen eingestehen, daß im Abgas der Anlage das Dreißigfache des gesetzlichen Dioxin-Grenzwerts gemessen wurde. Die Bodenbelastung beträgt mehr als das Doppelte jener Belastung, bei der eine landwirtschaftliche Nutzung von Böden als noch zulässig erachtet wird. Eine Greenpeace-Messung ergab im Abwasser eine Überschreitung der Dioxine um das 27.000fache. Trotzdem verteidigen die Behörden in aufwendigen Verfahren den weiteren Betrieb.

Die Betreiber mußten bis Ende 1989 einen Antrag zur Sanierung nach dem Luftreinhaltegesetz stellen – andernfalls wäre eine Schließung des Werkes bis 1995 unvermeidlich gewesen. Dabei machten rund 12.000 Wienerinnen und Wiener ihr Recht geltend, Einwendungen

---

[6] *Österreichische Ärztezeitung* Nr. 18/1991, Wien 1991, Seite 18; sowie Karl-Heinz-Karisch, Dioxin-Gefahr durch Fälschungen und Bestechungen verharmlost. Kieler Wissenschaftler erhebt schwere Vorwürfe / US-Studien belegen Wirkungen auf Immunsystem / Bonn soll Grenzwerte senken, in: *Frankfurter Rundschau* vom 11. November 1991.

gegen eine Verletzung von Grundrechten und Verfahrensrechten vorzubringen. Die Betreiber der Anlage gaben unverblümt zu, daß unter dem Titel „Sanierung" zugleich eine Steigerung der Verbrennungsmenge von 100.000 auf 200.000 Tonnen Müll jährlich geplant sei. Dafür hätten die Betreiber nach der Rechtsordnung eine Genehmigung gebraucht. Und in diesem Bauverfahren hätten die Nachbarn Parteistellung gehabt. Um dies zu vermeiden, traten die Verantwortlichen des Wiener Rathauses auf den Plan: Im Bescheid der Magistratsabteilung 35 vom 4. April 1990 wurden umfangreiche bauliche Änderungen ausdrücklich von der Notwendigkeit einer Baubewilligung ausgenommen. Die Bauverhandlung vom 21. März 1990 konnte ohne Ladung der AnrainerInnen durchgeführt werden, sodaß keine lästigen Fragen über die Abkunft des kontaminierten Baumaterials, darunter auch von Asbest, gestellt werden konnten.

Am 5. August 1991 fand eine weitere, „vereinfachte" Bauverhandlung statt. Dabei wurde ein neuer Stahlrauchfang bewilligt, ohne den die Steigerung der Verbrennung auf 200.000 Tonnen pro Jahr nicht möglich wäre. Soviel wohlwollendes Entgegenkommen der Behörde wird einem privaten Bauwerber kaum je zuteil geworden sein!

Doch damit ist die Kette der Rechtstricks noch nicht erschöpft: Im August 1991 erwarb die Gemeinde Wien um rund 24 Millionen Schilling ausgerechnet die Grundstücke jener durch jahrelange Verfahren zermürbten AnrainerInnen, die seinerzeit wegen Verletzung der Flächenwidmungsvorschriften Beschwerde beim Verwaltungsgerichtshof eingereicht hatten. Als neue Grundstückseigentümerin zog die Gemeinde Wien die gegen sich selbst gerichteten Beschwerden zurück. Das Verfahren vor dem Verfassungsgericht mußte vorübergehend eingestellt werden, bis die Verfahren anderer BeschwerdeführerInnen spruchreif waren.

Auf Grund des Sanierungsantrags vom November 1989 kam es schließlich am 4. Februar 1992 zu einer stürmischen Verhandlung mit 2000 BeschwerdeführerInnen im Austria Center.

Trotzdem wurde nicht das strenge Verfahren für Neuanlagen gewählt, sondern das für die Betreiber wesentlich angenehmere Verfahren für Altanlagen. Hinsichtlich der Emissionen beschränkte sich die Sanierungsverhandlung nach dem Luftreinhaltegesetz bei dieser neu errichteten „Altanlage“ nur auf die Schadstoffe Dioxin und Stickoxid.

Mit diesem eingeschränkten Verhandlungsgegenstand wollte man den zwischenzeitlich durchgeführten Messungen ausweichen. 1991 wurde z. B. von der Stadt Wien eine Untersuchung von Obst- und Gemüseproben durchgeführt: 36 Prozent aller Proben zeigten Richtwerteüberschreitungen bei Quecksilber, 7 Prozent bei Blei. Außerdem wurde eine Belastung mit Benzo(a)pyren und anderen polizyklischen Kohlenwasserstoffen in einer Konzentration nachgewiesen, wie sie bei geräuchertem Fleisch bereits verboten wäre. 1991/92 wurden über Auftrag der Bürgerinitiative von einem unabhängigen Institut neue Untersuchungen durchgeführt, die brisante Mengen von Schwermetallen und Arsen feststellten. Die Auswirkungen auf den menschlichen Organismus sind nicht abschätzbar.[7]

Auch im Fall der MVA Flötzersteig sind die von der Behörde begangenen oder tolerierten Rechtsbrüche eklatant. Und auch in diesem Fall reichen die Argumentationen und Forderungen der Bürgerinitiative weit über ein bloßes „Nein“ hinaus. Rund um die BI Flötzersteig hat sich eine österreichische Müllplattform gebildet, die in Fragen der Abfallwirtschaft über beachtlichen Sachverstand verfügt. Sie hat die Unhaltbarkeit der Hausmüllverbrennung in ökologischer und ökonomischer Hinsicht deutlich gemacht.

Darüber hinaus haben die BürgerInnen Alternativen entwickelt. Der Flötzersteig und die Fernwärmeleitungen könnten sinnvoll weitergenutzt werden, wenn statt Hausmüll ökologisch verträgliche Brennstoffe verwendet würden. Die Fernwärmeförderung könnte dann intensiviert werden, um die umweltbelastende Einzelofenheizung schrittweise zu ersetzen.

Gemeinsam mit den Grünen wurden seitens der Bürgerinitiative Flötzersteig erfolgversprechende ausländische Beispiele ausgewertet. Eine Alternative zur schädlichen Müllverbrennung – das sogenannte „kalte Verfahren“ – wird in anderen Kommunen bereits erprobt. Diese mechanisch-biologische Behandlung von Abfällen kommt billiger und

---

[7] Pressekonferenz-Unterlagen von Madeleine Petrovic und Hannelore Weber vom 18. Mai 1993, MVA Flötzersteig: Schweres Obst und Selchgemüse.

belastet auch die Umwelt weniger.[8] Wertvolle Rohstoffe, wie Gas, Papier, Metalle und Kunststoffe werden wiederverwertet, der Rest wird durch Vergären und Verrotten so weiter behandelt, daß nur ca. 20 Prozent deponiert werden müssen.

Immer wieder wurde den Grünen und Bürgerinitiativen entgegengehalten, sie würden von einer realitätsfernen Philosophie der Müllvermeidung ausgehen. Das Argument stimmt schon lange nicht mehr. Hingegen bleibt als ein trauriges Faktum, daß die Behörden die traditionellen Technologien auch mit massiven Rechtsbrüchen durchsetzen, selbst wenn sie ganz offenkundig gesundheitsgefährdend sind.

Im Lichte der Tatsache, daß das Ende 1993 eingerichtete Entsorgungsmodell im Verpackungsbereich (ARA) bereits im Frühjahr 1994 wieder vor dem Zusammenbruch stand, kommt der Planungskompetenz der Müllplattform eine große Bedeutung zu.

Die beiden Fallbeispiele aus der politischen Praxis von Bürgerinitiativen, zwei Beispiele, mit denen ich persönlich zu tun hatte, zeigen ganz deutlich die alltägliche Ernüchterung im Projekt der Ökologisierung, aber ebenso deutlich, worin die Hoffnung liegt: im Erwachen der BürgerInnen.

---

[8] Presseunterlage des Grünen Klubs im Rathaus vom 16. Juli 1992.

II. DIE ORGANISATION DER LEBENSINTERESSEN. SIEBEN TRENDS ZUR ÖKOLOGISIERUNG DES PLANETEN

1. NEUE KRITERIEN FÜR DIE WIRTSCHAFT: MENSCHLICHE LEBENSINTERESSEN STATT PATENTREZEPTE

Der globale ökologische Befund legt rasche und weltweit koordinierte Maßnahmen zum Schutz der Erdatmosphäre, der Böden und des Wassers nahe. Der gesellschaftliche Befund spricht allerorts dafür, daß eine wachsende Zahl von Menschen für ökosoziale Veränderungen auch aktiv wird. Angesichts der Tatsache, daß die Einsicht in die Bedenklichkeit grenzenloser Wachstumsstrategien bereits vor mehr als zwanzig Jahren geäußert wurde, ist das Defizit in der politischen Umsetzung jedoch bestürzend groß.

Am Anfang mehrerer berühmt gewordener Studien zur Instabilität der weltweiten Ökosysteme steht die Arbeit einer Forschergruppe um Dennis Meadows über die „Grenzen des Wachstums" im Auftrag des internationalen Club of Rome, die 1972 publiziert wurde. Meadows selbst hält heute resignierend jede aufklärerische Bemühung für vergeblich: „*Ich habe mich lange genug als globaler Evangelist versucht und dabei gelernt, daß ich die Welt nicht verändern kann. Außerdem verhält sich die Menschheit wie ein Selbstmörder, und es hat keinen Sinn mehr, mit einem Selbstmörder zu argumentieren, wenn er bereits aus dem Fenster gesprungen ist.*" [1]

Vielleicht hat Dennis Meadows bei dem resignativen Bild des Selbstmörders das Verhalten der Regierungen, vor allem jener der westlichen

---

[1] Dennis Meadows in einem *Spiegel*-Interview, zitiert nach Klaus Bosselmann, Im Namen der Natur. Der Weg zum ökologischen Rechtsstaat, Bern, München, Wien 1992.

Industriestaaten, vor Augen. Demgegenüber zielt mein Standpunkt auf das angesprochene kritische Potential, welches auf der gesellschaftlichen Ebene immer wieder zum Durchbruch kommt. Eine Betrachtung der ökologisch unzulänglichen Schritte der Staaten und der internationalen Organisationen greift zu kurz. Die wesentlichen Initiativen zur Veränderung erfolgen durch die Umweltorganisationen, Menschenrechtsorganisationen, Friedensbewegungen und Bürgerinitiativen. Es gibt unübersehbare Ansätze einer politischen Artikulation von „Lebensinteressen“, die den nationalen und internationalen Machtinteressen entgegentreten. Auf diesen nichtstaatlichen Ebenen ist in vielen Ländern nicht nur ein Prozeß der Bewußtseinsbildung über die Zusammenhänge zwischen den ökologischen, sozialen und wirtschaftlichen Problemen erreicht worden. Die sozialen Bewegungen auf nationaler und auf internationaler Ebene verfügen entsprechend ihrer Vertrautheit mit dem politischen Alltag und dessen praktischer Organisation über konkrete Umsetzungskonzeptionen und sind in vielen Bereichen auch politisch tonangebend.

In den westlichen Industriestaaten werden durch die Rückkehr von Budgetkrisen, Rezession und Arbeitslosigkeit möglicherweise neue Wege für eine ökologische Krisenbewältigung eröffnet. Die „Krise als Chance“ wird jedoch nur dann kein Schlagwort sein, wenn aus den Kontroversen und Dialogen konkrete Lösungsansätze hervorgehen. Sonst bleibt der aktuelle Diskurs ökologischer Politik unzulänglich oder wird von Rückschlägen bedroht – auch von gefährlichen Rückschlägen der demokratischen Entwicklung. Die neuen Ansätze der ökologischen und sozialen Bewegungen haben reale Chancen auf Verwirklichung, dafür sorgen nicht zuletzt die immer häufiger auftretenden ökonomischen Stausituationen und das Versagen einstmals beliebter Patentrezepte sozialen Erfolgs.

Selbst wenn das Bild des bereits gesprungenen Selbstmörders zutreffend wäre, besteht zumindest noch ein zweites Bild: tragfähige Sprungtücher, die von vielen HelferInnen gehalten werden, sind bereits aufgespannt.

Steuerungsdefekt!
Die Unzulänglichkeit ökonomischer Kennzahlen

Jahrelang haben die politischen Machteliten der Industriestaaten ihrer eigenen Bevölkerung und den Menschen in der Dritten Welt die Priorität des Wirtschaftswachstums gepredigt. Der Umweltschutz sollte bei dieser Strategie aus den Früchten des Wachstums finanziert werden. Doch konnten in Zeiten des Aufschwungs weder die Umweltverträglichkeit erreicht noch die sozialen Probleme entschärft werden. Mittlerweile ist in den Industriestaaten die schlimmste Wirtschaftskrise seit 1945 im Gange, ohne daß – unter völliger Außerachtlassung der Umweltproblematik – effiziente Strategien aus der Krise in Reichweite wären.

„Was ist los mit der Führerschaft?" titelte das „Time-Magazine" Anfang Juli 1993 anläßlich des Gipfeltreffens der Regierungs- und Staatschefs der sieben größten Industriestaaten der Erde. Die Frage wäre nach dem Gipfel im Juli 1994 durchaus zu wiederholen. Diese Mammuttreffen können keinerlei Lösungsansätze für den Welthandel, die Schuldenkrise der Dritten Welt sowie den Umbau Osteuropas und Rußlands anbieten. Die Regierungschefs der Mega-Industriestaaten sind zu tief verstrickt in die Probleme ihrer nationalen Ökonomien. Sie geraten immer häufiger in eine Politik des Stillstands, reduziert auf die Exekution von immer gleichen Machtpraktiken, weil sie den eigenen Ankündigungen nicht annähernd genügen können.

Was ist wirklich los mit der politischen „Führerschaft", wenn nicht einmal die erfolgreichsten Industrienationen Rezepte gegen eine klassische Wirtschaftskrise parat haben? Handelt es sich etwa gar nicht mehr um eine klassische Wirtschaftskrise, sondern teilweise schon um eine strukturelle Krise, die aus Umweltzerstörung und Ressourcenplünderung resultiert? Viele Indizien sprechen dafür, daß die mangelnde Konsequenz in der Umweltpolitik, in der „Umweltpolitik light" der letzten zwanzig Jahre, sich nunmehr auch in den klassischen ökonomischen Kategorien rächt. Nicht zufällig sind jene Branchen und Sparten mit besonderen Problemen konfrontiert, die direkte Berührungspunkte mit ökologischen Problemen aufweisen.

Im sozialen Bereich geraten in praktisch allen Industriestaaten die Systeme der sozialstaatlichen Sicherheit, insbesondere die verschiedenen Einrichtungen der Krankenversicherung, durch krankmachende Arbeitsstrukturen sowie durch die wachsenden Kosten einer nur symptomorientierten Reparaturmedizin, in eine besorgniserregende Krise. Die wachsenden Schwierigkeiten der landwirtschaftlichen Produktion sowie die schweren Probleme der energieintensiven Grundstoffindustrie ergänzen die strategischen Gefahren der traditionellen Verwaltungspolitik. In diesen ökologisch exponierten Bereichen erreichen die tatsächlich zu leistenden Zahlungen inzwischen Dimensionen, die zu budgetären Schwierigkeiten führen. Die Verschuldungspolitik der nationalen Ökonomien und der Weltwirtschaft zu Lasten künftiger Generationen ist an eine bedrohliche Grenze gelangt. Die Wirtschaft mancher Länder hat ihre Produktionsleistungen in den letzten Jahrzehnten zwar steigern können, doch geschah dies nicht zuletzt auf Grund der wachsenden Kosten für Umweltreparaturen. Diese Prozesse lassen sich nicht beliebig fortschreiben, da kein ökonomisches System dauerhaftes Wachstum durch die Zerstörung von Naturvermögen erzielen kann. Ökonomisch handelt es sich bei den Investitionen zur Schadensbehebung um nicht direkt wertschöpfende Ersatzinvestitionen zur Erhaltung der produktiven Kräfte. Eine für Deutschland angestellte Schätzung kommt zu dem Ergebnis, daß der Anteil dieser Umwelt-Reparaturkosten in den siebziger und achtziger Jahren von ca. 7 Prozent auf nahezu 12 Prozent des Bruttosozialproduktes pro Jahr angestiegen ist. Damit bekommen diese Reparaturanteile eine weit stärkere Dynamik als alle zukunftsorientierten gesellschaftlichen Investitionen, z. B. die Ausgaben im Bildungs- und Forschungsbereich.[2] Die meisten dieser Investitionen fallen zwangsläufig an und dulden keinen Aufschub – weder zeitlich noch strukturell. Die Möglichkeiten, Investitionen auf später zu verschieben, erweisen sich als prekär: So haben z. B. immer mehr kommunale Wasserwerke Probleme, gesundheitsverträgliche Wasserqualität anbieten zu können.

Nicht zuletzt zur Finanzierung dieser unaufschiebbaren Umweltinvestitionen müssen die Industriestaaten die wachsende Verschuldung in Kauf nehmen. Die Verschuldung betrug im Jahr 1992, ausgedrückt in Prozent des Bruttoinlandsproduktes, für

Österreich:	48,9 Prozent	Niederlande:	63,0 Prozent
Deutschland:	21,1 Prozent	Schweden:	61,5 Prozent
Frankreich:	31,1 Prozent	Schweiz:	6,0 Prozent
Großbritannien:	35,7 Prozent	USA:	71,2 Prozent
Japan:	50,8 Prozent		

[2] Christian Leipert, Die heimlichen Kosten des Fortschritts, Frankfurt am Main 1989, Seite 133ff.

Die Bundesverschuldung der genannten Länder nahm im Durchschnitt 1992 um 11,4 Prozent zu. Die um Reparaturinvestitionen verminderte Wertschöpfung kann mit dieser Verschuldung schon lange nicht mehr mithalten![3]

Hierbei muß vor allem die Unzulänglichkeit der gängigen ökonomischen Maßeinheiten angesprochen werden. Die ökonomische Kennzahl schlechthin, das Bruttoinlandsprodukt, weist nur das in Geld ausgedrückte Produktionsergebnis einer Volkswirtschaft aus – eine Differenzierung zwischen erwünschten Leistungen und unerwünscht eingetretenen Schäden findet nicht statt. Dieser Wert sagt somit nichts über die ökologische Lebensqualität oder über soziale Gerechtigkeit aus.

Daran hat sich bereits Mitte der sechziger Jahre Kritik entfacht.[4] Die Lösungsansätze gingen zunächst in die Richtung, bestimmte Ausprägungsformen von Umweltschäden und die Erschöpfung des natürlichen „Kapitals an Rohstoffen" in Abzug zu bringen. Ein derartiges Konzept stellt z. B. die japanische Berechnung eines „Nettosozialwohlstands" dar.

Im Rahmen des Umweltprogramms der Vereinten Nationen wurde der Indikator „menschliche Grundbedürfnisse" entwickelt. Demnach wird der Erfolg der Wirtschaftspolitik daran gemessen, inwieweit den Grundbedürfnissen der ärmsten BürgerInnen einer politischen Einheit Genüge getan wird. Aber auch im Rahmen „klassischer" Wirtschaftsorganisationen wie der Organisation für wirtschaftliche Zusammenarbeit und Entwicklung (OECD) wurde Ende der siebziger Jahre vor der Unzulänglichkeit der Fixierung auf das Bruttosozialprodukt oder das Bruttoinlandsprodukt gewarnt: – demgegenüber müßten die Beschäftigungssituation, die Bewertung von Technologiefolgen sowie die Kriterien der Umweltverträglichkeit verstärkt berücksichtigt werden.

Es gibt also durchaus Ansätze zur Erhöhung der Aussagekraft ökonomischer Kennziffern. Es fehlt jedoch an politischem Willen, Um-

---

[3] Bericht der Österreichischen Postsparkasse über die Finanzschuld des Bundes, Hrsg. Vorstand der Österreichischen Postsparkasse, Juni 1993, Seite 43f.

[4] Hazel Henderson, Das Ende der Ökonomie. Die ersten Tage des nach-industriellen Zeitalters, Hrsg. Rüdiger Lutz, München, Dezember 1987, Seite 251ff.

welt- und Sozialindikatoren auf der internationalen Ebene in einer möglichst einheitlichen und vergleichbaren Art und Weise neu zu bestimmen. Hazel Henderson vergleicht diese Einschränkung der wirtschaftspolitisch relevanten Kennzahlen mit dem Versuch, eine Boeing 747 mit Hilfe eines einzigen Öldruckmessers fliegen zu wollen.

Wachstum, ausgedrückt in Steigerungsraten des Bruttoinlandsprodukts, gilt immer noch als das wirtschaftliche Erfolgskriterium schlechthin. Andererseits sind auch die wirtschaftspolitischen Warn- und Alarmsignale, die gegebenenfalls Interventionen auslösen, überwiegend rein ökonomische Finanzkennzahlen. Im Vertrag zur Gründung der Europäischen Union (EU), in der Fassung der Abkommen von Maastricht, wird im Abschnitt über die Wirtschafts- und Währungspolitik eine „dauerhafte Konvergenz der Wirtschaftsleistungen der Mitgliedsstaaten" angestrebt (Art. 103 Abs. 3). Der EU-Kommission werden dabei Überwachungsrechte eingeräumt. Übermäßige öffentliche Defizite, mangelnde Haushaltsdisziplin mit zu hohen Schuldenständen, sowie die Mißverhältnisse zwischen öffentlichem Defizit und Bruttoinlandsprodukt sollen bekämpft werden. Im Bereich der Währungspolitik stehen die Inflationsbekämpfung und die Währungsstabilität im Vordergrund. Nicht direkt zählen hingegen die Fragen, warum die öffentliche Verschuldung im europäischen Durchschnitt so stark ansteigt bzw. welche sozialen Auswirkungen die wirtschaftspolitischen Maßnahmen haben. Man orientiert sich nach wie vor allein am Grundsatz der offenen Marktwirtschaft und des freien Wettbewerbs. Die Nebenwirkungen des technischen Fortschritts lassen sich auf diese Weise nicht in den Griff bekommen. Es gibt keine Märkte für die vermiedenen Risken, für die abgewendeten Gefahren oder für die nicht eingetretenen Schäden.

Bei der Grenzziehung zwischen Wirtschaftspolitik und Umwelt- oder Sozialpolitik genießt der Wirtschaftsbereich bislang meist den Vorrang. Die konstitutive Absicherung dieses Bereichs geschieht durch die Grundfreiheiten der Erwerbsfreiheit oder der Unverletzlichkeit des Privateigentums. Umwelt- und Sozialnormen sind nicht mit einer derartigen Bestandsgarantie ausgestattet und geraten vor allem in Zeiten wirtschaftlicher Rezession regelmäßig unter Druck. Die staatlichen Grundrechte garantieren nur die individuellen Freiheiten der Bürger. Diese Freiheiten werden in den westlichen Staaten primär als ökonomische Freiheiten verstanden – und avancieren damit zur politischen Kategorie ersten Ranges. Der Staat garantiert per definitionem die Durchsetzung dieser ökonomischen Freiheiten und geht dabei von der Annahme aus, ein Maximum an ökonomischer Freiheit gewährleiste eine bestmögliche Befriedigung sozialer Ansprüche und ökologischer Notwendigkeiten. Genau hier liegt der Trugschluß.

Die Beachtung ökologischer Grundsätze muß umgekehrt zum Grundprinzip einer sanften und daher auch sparsamen Wirtschaft werden. Die Sozial- und Umweltpolitik darf nicht erst dann auf den Plan gerufen werden, wenn extrem negative Erscheinungen oder offenkundige Schäden zu verzeichnen sind. Wirtschaftspolitische Anliegen müssen von der Umwelt- und Sozialpolitik her entwickelt werden. Soziale und ökologische Indikatoren müssen daher fester Bestandteil der „wirtschaftlichen Instrumententafel" sein.

Die Staaten der sogenannten Dritten Welt sind von den Problemen des Weltmarkts besonders betroffen. Die Länder Lateinamerikas, Asiens und Afrikas haben deshalb auf Initiative der South Commission im Rahmen zweier Konferenzen 1989 und 1990 auch Indikatoren für ein „angepaßtes Sozialprodukt" ausgearbeitet. Dabei wurde vorgeschlagen, die wirtschaftspolitische Relevanz folgender Indikatoren zu erfassen:

- **Bereich Arbeit, Produktivität und Einkommen:**
  Beschäftigungsquote, Kaufkraft des Arbeitslohns, Produktivität bezahlter und nicht-bezahlter Arbeit, Einkommensverteilung
- **Bereich Gesundheit:**
  Frühgeburtenrate, Kindersterblichkeit, Entwicklung der Kinder bis zum 5. Lebensjahr
- **Bereich Umweltqualität:**
  Allgemeine Umweltbelastungen, Landverbrauch, Zerstörung von Wäldern, Artensterben, Freisetzung von Treibhausgasen
- **Demokratische Mitwirkungsrechte:**
  Mitsprache sozialer Gruppen bei politischen Entscheidungen; Wohnungsversorgung, Dienstleistungen, Nahrungsmittelkosten und -qualität, Erziehung sowie die Zeit, die für Familie und soziale Betätigungen zur Verfügung steht[5]

---

[5] Report of the International Meeting on More Effectice Development Indicators, Caracas, August 1989.

Die sogenannten Entwicklungsländer werden angesichts der keinesfalls überwundenen Schuldenkrise[6] auch in Zukunft Druck in Richtung derartiger sozialer und ökologischer Indikatoren machen. Der von den Gläubigerstaaten ausgeübte politische Druck in Richtung einer bedingungslos freien Marktwirtschaft bedeutet die Einschränkung von Soziälleistungen und von Subventionen und muß daher in diesen Staaten mit überbordenden sozialen und ökologischen Problemen zu extremen gesellschaftlichen Zerreißproben führen. Zugleich schwindet durch die dramatische Zunahme der Auslandsverschuldung der Entwicklungsländer auch der wirtschaftliche Handlungsspielraum der Industriestaaten. Die enormen Dimensionen dieser Schulden gefährden auch die Bilanzen der Gläubiger. Die zwar unterschiedliche, aber auf beiden Seiten spürbare Brisanz der Schuldenkrise legt die Hoffnung nahe, daß die ökonomisch-fiskalischen Kennzahlen weltweit durch ökologische und soziale Indikatoren ergänzt bzw. ersetzt werden.

Reaktionsdefekt!
Die Unzulänglichkeit der etablierten Politik

Der Steuerungsdefekt der nationalen Ökonomien und der Weltwirtschaft betrifft nicht nur die Unzulänglichkeit des Instrumentenpultes, sondern auch die Hebel der politischen Veränderung. Der vorhandene Fundus an theoretischen Grundlagen und bewährten Praktiken zur Krisenbewältigung reicht zur Bewältigung der aufgezeigten Probleme nicht aus. Weder die neoklassische Geldmengensteuerungs-Konzeption der Monetaristen noch die auf den Staat orientierte Theorie der Fiskalisten bietet geeignete Patentrezepte zur Überwindung der komplexen ökologisch-ökonomisch-sozialen Krisenphänomene.

Die klassischen Keynesianischen Antworten auf Arbeitslosigkeit und Wirtschaftskrise greifen mittlerweile höchstens noch bedingt. Eine Gesamtbewertung ökologischer und sozialer Folgekosten findet dabei auf der offiziellen Ebene von Wirtschaftspolitik bislang nicht syste-

---

[6] Starnberger Institut, Kein Ende der Schuldenkrise. Die Auslandsverschuldung der Entwicklungsländer zehn Jahre nach Ausbruch der Schuldenkrise, in: Soll und Haben. Konturen der österreichischen Entwicklungspolitik I, Hrsg. Arbeitsgemeinschaft Entwicklungszusammenarbeit, Wien 1992, Seite 69f.

matisch statt. Die rigiden Beihilfen- und Subventionsverbote der internationalen Wirtschaftsabkommen[7] verhindern darüber hinaus die staatliche Unterstützung bei einer grundlegenden Ökologisierung. Die Kataloge international erlaubter Förderungen sehen zwar in der Regel auch „Umweltsubventionen" vor, doch sind damit meist nur Filter- und Entgiftungsinvestitionen gemeint. Von einem massiven Mitteleinsatz zur Ökologisierung ganzer Volkswirtschaften kann keine Rede sein. Das würde als Eingriff in den freien Wettbewerb gewertet werden, bei dem die Verschmutzer eine quasi ideologische Vorrangstellung haben. Weiters sind Maßnahmen zur Wirtschaftsankurbelung über steuerrechtliche Investitionsbegünstigungen meist so undifferenziert, daß die sozialen und ökologischen Konsequenzen völlig unabschätzbar sind. Der Staat verzichtet dabei in beträchtlichem Umfang auf Steuereinnahmen; die Wirkung dieser Gießkannen-Förderungen ist jedoch mehr als fragwürdig. Dabei kann nicht einmal eine positive Wirkung auf die Arbeitsplatzsituation mit Sicherheit vorausgesagt werden.

Ohne ein wohlabgestimmtes staatliches Instrumentarium von Anreizen, Steuerungsmechanismen und ordnungspolitischen Eingriffen wird sich eine ökologische Neuorientierung in den Industriestaaten nicht bewerkstelligen lassen. Eine zukunftsorientierte Wirtschaftspolitik muß Investitionsförderungsmaßnahmen und staatliche Anreize von vornherein als ökologische Beschäftigungsprogramme und als Programme zur Entwicklung ökologischer Produktionssysteme konzipieren und einer begleitenden Kontrolle und Evaluierung unterwerfen. Das Verbot staatlicher Eingriffe zugunsten ökologisch und sozial verantwortlicher Unternehmungen hindert die Staaten daran, mit legitimierter Entscheidungssouveränität volkswirtschaftlich optimal zu handeln.

In Österreich wurde bis Ende der achtziger Jahre mit durchaus respektablen Erfolgen ein Förderungsmodell präventiver Interventionen zur Vermeidung von Arbeitslosigkeit praktiziert. Obergrenze derartiger Förderungen war das sogenannte „hypothetische Arbeitslosengeld", also jene Summe, deren Zahlung dem Staat in Form von Ar-

---

[7]Gary Hufbauer, Procedures for Monitoring and Disciplining Government Aids, Occational Paper No. 30, Hrsg. European Free Trade Association, Economic Affairs Dept., Genf, Dezember 1989; siehe auch die Beihilfenregelungen des EU-Vertrags in der Fassung der Abkommen von Maastricht, Art. 92–94.

beitslosengeldern erspart blieb. Dieses höchst vernünftige Prinzip wurde im Zuge der österreichischen Annäherung an die EU fallengelassen – nicht zuletzt auf Grund der massiven Drohungen seitens der EU, die Produkte geförderter Firmen mit Strafzöllen zu belegen. Angesichts der Zunahme der Arbeitslosigkeit in Europa wäre genau das Gegenteil richtig: die Einführung derartiger präventiver Eingriffe im Sinne einer Minimierung künftiger Kosten.

Grüne Vollbeschäftigungsmodelle sind derzeit weltweit (noch) nicht konzipiert bzw. überprüfbar. Die geringe Effizienz monetaristischer Geldmengensteuerungskonzepte hingegen, die seit den achtziger Jahren eine Renaissance erleben, läßt sich dokumentieren. Vieles sagt schon der für die westlichen Volkswirtschaften häufig verwendete Begriff der „Casino-Ökonomien".[8] Große Geld- und Finanzanlagemärkte entziehen sich mittlerweile weitgehend jeglicher Steuerung. Der moderne Staat ist per definitionem ein Steuerstaat. Eine restriktive staatliche Geldpolitik wird durch rasante technische Innovationen auf den Finanzmärkten und durch das rasante Wachstum neuer Geschäftstypen (SWAP-Transaktionen, Optionen, Terminkontrakte) aber völlig unterlaufen. Durch die erhöhte Reaktionsgeschwindigkeit auf den Märkten sowie durch die durch Finanztechniken vervielfachte Liquidität wird eine verringerte Geldmenge mehr als überkompensiert. *„Insgesamt kristallisiert sich heraus, daß sich die Finanzmärkte aufgrund spezifischer institutioneller und technologischer Charakteristika weitgehend von den Realmärkten abgehoben haben und unabhängig von diesen agieren. Die Güter- und Faktormärkte andererseits werden in ihrer Entwicklung in vielfacher Weise von den Vorgängen auf den Finanzmärkten determiniert."*[9]

„Während die Globalisierung der Ökonomie, die sich besonders kraß im Geldbereich vollzieht, mit einer ‚Entterritorialisierung' politisch relevanter Phänomene einhergeht, bleibt der Staat an ein Territorium und an die sich dort konkretisierenden politischen Realitäten gebunden: Arbeitslosigkeit oder Vollbeschäftigung, Armut oder Wohlstand, Zerstörung oder Entfaltung urbaner und ökologischer Räume, Kriminalität oder Sicherheit erscheinen an konkreten

---

[8] Markus Marterbauer, Dominanz der Finanzmärkte und Perspektiven der Wirtschaftspolitik, in: Vom obsoleten zum adäquaten marktwirtschaftlichen Denken, Hrsg. BEIGEWUM (Beirat für gesellschafts-, wirtschafts- und umweltpolitische Alternativen), Marburg 1992, Seite 121ff.

[9] Markus Marterbauer, ebenda, Seite 125.

Orten, Probleme müssen dort gelöst werden. Dem mobilen Kapital steht ein immobiler Staat gegenüber.“ [10]

Die Finanzmärkte sind mittlerweile derart selbständig und attraktiv geworden, daß viele Unternehmen die erwirtschafteten Mittel nicht mehr im Realbereich investieren, z. B. etwa zur Schaffung neuer Arbeitsplätze, sondern wiederum nur im Finanzbereich. In Verbindung mit den hohen Zinssätzen wird eine Rückkehr zu fiskalpolitischen Konzeptionen sehr schwierig. Die Zinszahlungen für die Staatsschuld verschlingen immer höhere Anteile der Einnahmen, der freie Handlungsspielraum geht gegen Null. Fazit: Die Staaten haben hohe Ausgaben, die wieder direkt in die Finanzmärkte fließen und für die dringend erforderlichen Ökologisierungs- und Beschäftigungsprogramme fehlen. „*Die Finanzmärkte sind ‚aus dem Ruder gelaufen‘, dominieren selbst in vielfacher Hinsicht Realwirtschaft und Wirtschaftspolitik.*“ [11]

Die in den achtziger Jahren betriebene Deregulierung der Finanzmärkte nützt heute vor allem jener kleinen Gruppe von Mega-Spekulanten, die ihre Interessen geschickt umsetzen konnten.[12] Diese Mega-Spekulanten sind mittlerweile in der Lage, nicht nur einzelne Währungen, sondern auch den Aufbau eines Europäische Währungssystems (EWS), ein Kernstück des europäischen Maastricht-Vertrages zu erschüttern und vielleicht de facto zu vereiteln.[13]

Neben der enormen Marktmacht der legalen Spekulanten wird die Steuerbarkeit einer nachhaltigen ökonomischen Entwicklung auch durch die riesigen Mengen an Schwarzgeldern aus den illegalen Waffengeschäften sowie aus den Rauschgift- und Drogentransaktionen beeinträchtigt. Österreich ist mit seinem hervorragend geschützten Bankgeheimnis und seinen anonymen Sparkonten mittlerweile zu einem Eldorado für Veranlagungen von Mafia-Geldern in Milliarden-

---

[10] Sonja Puntscher-Riekmann, Die Demokratie und das Ende eines Jahrhunderts, in: Szenarien 95/96 Nr. 2, Hrsg. BÜRO 95/96 – ARGE Millenium, Wien 1993, Seite 48.

[11] Markus Marterbauer, ebenda, Seite 132.

[12] Werner Kamppeter, Ordnungs- und Funktionsdefizite der Finanzwirtschaft, in: Vom obsoleten zum adäquaten marktwirtschaftlichen Denken, Hrsg. BEIGEWUM, Marburg 1992, Seite 95ff.

[13] Economist, Seite 13, 3. August 1993.

höhe geworden.[14] Der Steuerungsdefekt hat derartig unübersehbare Auswirkungen erreicht, daß eine Re-Regulierung der Finanzmärkte unausweichlich ist. Maßnahmen gegen die Geldwäscherei müssen ebenso erfolgen wie Schritte zur Eindämmung der Spekulation. Statt der Förderungen für Finanzanlagen muß das Augenmerk der Wirtschaftspolitik wieder auf die realen Märkte gelenkt werden. Dort darf es nicht um gießkannenartige Förderungen und Begünstigungen gehen, sondern um konkret meßbare Handlungsprogramme, die sich an ökologischen und sozialen Kriterien orientieren. In der angestrebten Währungsunion im EU-Europa fällt die traditionelle Währungspolitik als ausgleichendes Steuerungsinstrument aus. In einem Binnenmarkt mit hoher Faktormobilität verliert die traditionelle Fiskalpolitik — mit Staatsausgaben als Konjunkturhebeln — stark an Wirksamkeit. Der marktwirtschaftliche Ausgleich kann dann nur noch über massiven Druck auf das soziale und ökologische Gefüge erfolgen. Der EU-Binnenmarkt kann deshalb die Tendenz zum rasantem Öko- und Sozialabbau rasant beschleunigen.

Die Grünen müssen demgegenüber ökologische Überlebensstrategien formulieren, die gleichzeitig gegen die Arbeitslosigkeit, gegen die sich verschärfenden regionalen Ungleichgewichte und gegen die budgetären Engpässe wirksam werden können.

---

[14] Interview mit Luciano Violante, Präsident der Anti-Mafia-Kommission des italienischen Parlamentes, in: Wirtschaftswoche Nr. 30 vom 22. Juli 1993, Seite 42ff.

2. NORD-SÜD-DIALOG: UMWELT UND ENTWICKLUNG ALS ZWEI SEITEN EINER MEDAILLE

Auf der ersten Umweltkonferenz der Vereinten Nationen im Jahre 1972 in Stockholm wurde in bezug auf Umweltpolitik und Ressourcennutzung folgendes verankert: „*Die Staaten haben nach Maßgabe der Charta der Vereinten Nationen und der Grundsätze des Völkerrechts das souveräne Recht zur Ausbeutung ihrer eigenen Hilfsquellen nach Maßgabe ihrer eigenen Umweltpolitik, sowie die Pflicht, dafür zu sorgen, daß durch Tätigkeiten innerhalb ihres Hoheits- oder Kontrollbereichs der Umwelt in anderen Staaten oder Gebieten außerhalb ihres nationalen Hoheitsbereichs kein Schaden zugefügt wird.*“ Diese nicht unmittelbar rechtsverbindliche Deklaration konnte 1982 durch die Grundsätze der UN-Weltcharta für die Bereiche der Bewahrung der Natur in ihren Kerninhalten bestätigt werden.

Auf der Stockholmer Konferenz wurde mit dem Umweltprogramm der Vereinten Nationen (UNEP) mit Sitz in Nairobi ein kontinuierliches Forum zur Diskussion von Umweltfragen geschaffen. Wenn auch noch kein durchsetzbares internationales Umweltrecht beschlossen werden konnte, so hat die Institutionalisierung des UN-Umweltprogramms doch eine neue Phase in der Entwicklungspolitik eingeleitet – nämlich die einer konzeptiven Verbindung von Umwelt und Entwicklung. Der erste UNEP-Präsident, der Konferenzsekretär Maurice Strong, hat dafür den Begriff „Ecodevelopment“ geprägt. Das bedeutet eine Absage an das Kopieren der Industrieländer und eine Orientierung auf die eigenständige Entwicklung in Richtung eines „sozialen Ökosystems“. Diese seit mehr als zwanzig Jahren richtungsweisende Orientierung ist aber vor allem auf Grund der Uneinsichtigkeit des reichen Teils der Erde nicht zur Umsetzung gelangt. Dadurch trat im weltweiten Dialog eine Ernüchterung und eine Verhärtung der Standpunkte auf beiden Seiten ein.

Das immer selbstbewußtere und eigenständigere Auftreten der Dritte-Welt-Staaten war ein Ausdruck der vorangegangenen Bemühungen um die rasche Schaffung einer neuen und gerechteren Weltwirtschaftsordnung. Allzu deutlich hatte sich in den fünfziger Jahren und Anfang der sechziger Jahre die Unzulänglichkeit der Nachkriegswirtschaft in Hinblick auf gerechte Austauschbeziehungen und soziale Entwicklung in den wirtschaftlich weniger entwickelten Staaten manifestiert.

Als Ausdruck der Unzufriedenheit mit dem auf dem Prinzip des Freihandels beruhenden Welthandel war schon 1964 die UNCTAD (United Nations Conference on Trade and Development) als ständiges Organ der Vereinten Nationen eingerichtet worden. Aber die ambitionierten Forderungen der UNCTAD mit dem Ziel der Förderung einer ausgewogenen Entwicklung des Welthandels waren nie erfüllt worden. Immer wieder wurden die Hoffnungen auf einen gerechteren Welthandel enttäuscht, immer wieder setzten sich Marktmacht und Bewahrungsinteressen der Industriestaaten durch. Die dadurch erzeugte Resignation und Frustration waren bei der umweltpolitischen Grundeinstellung der Dritte-Welt-Staaten in den Diskussionsprozessen der siebziger und achtziger Jahre von Anfang an mitbestimmend.

Im europäischen Kontext gingen internationale Impulse bislang vor allem von den skandinavischen Ländern aus. Anfang der achtziger Jahre wurde von diesen Staaten unter Führung Norwegens die Einrichtung einer globalen Umweltkommission – der späteren Brundtland-Kommission – vorgeschlagen. Der Einfluß der südlichen Länder führte dazu, daß schließlich eine „Weltkommission für Umwelt und Entwicklung" ins Leben gerufen wurde, die sich paritätisch aus Mitgliedern der Industriestaaten und der Dritte-Welt-Staaten zusammensetzte. Im Rahmen dieser Weltkommission wurde eine rein umweltpolitische Ausrichtung überschritten: Als Ziel und Arbeitsauftrag wurde erstmals die Ausarbeitung eines Konzeptes einer nachhaltigen Entwicklung für die gesamte Erde angenommen.

Die Brundtland-Kommission versuchte eine erste umfassende Charakterisierung der globalen Probleme der internationalen Staatengemeinschaft. Sie erarbeitete 1987 eine Analyse der Zusammenhänge zwischen dem Bevölkerungswachstum, der Gefährdung von Artenvielfalt und von ökologischen Kreisläufen, der sozialen und ökologischen Entwicklung, der Energiepolitik, der industriellen Entwicklung sowie der regionalen Strukturierung und Urbanisierung. Die zentralen Thesen des Berichtes verwiesen auf die gefährlichen Konfliktpotentiale in den Nord-Süd-Beziehungen, auf den Ressourcensog in den Norden sowie auf die anwachsenden weltweiten Umweltprobleme. Als Hauptaufgabe wurde das Erreichen eines dauerhaft verkraftbaren Wachstumsprozesses („Sustainable Growth") benannt. Bei den Umsetzungsvorschlägen blieb der Brundtland-Bericht in seinen Schlußfolgerungen allerdings weit hinter dem analytischen Teil zurück: Wie diese nachhaltige, qualitative Entwicklung konkret erreicht werden könnte, blieb offen.

Mit Julius Nyerere als neuem Leiter der Kommission, erarbeitete die Kommission einen neuen Bericht. Der sogenannte Nyerere-Bericht von 1990 thematisiert wesentlich stärker die strukturellen Unterschiede im Rahmen der weltweiten Verteilung des Wohlstandes. Umweltfragen können dann nicht mehr wie im Brundtlandt-Bericht nur als gemeinsame Probleme gesehen, sondern müssen als Machtfragen definiert werden: Die internationale Staatenwelt ist geteilt. Es gibt Gewinner und Verlierer. Als Folgerung wird der frühere Appell zu verstärkter internationaler Kooperation durch die Strategie einer Gegenmacht der Dritte-Welt-Staaten ersetzt. Erst durch eine stärkere Kooperation unter den Entwicklungsländern selbst werde eine konstruktive Bearbeitung der Wirtschafts- und Umweltkonflikte auf globaler Ebene ermöglicht werden.

Nachdem die neue Weltwirtschaftsordnung bislang am Widerstand des Nordens gescheitert ist, ist die Haltung der sogenannten Entwicklungsländer durchaus verständlich. Andererseits haben sich die ökologischen Probleme weltweit verschärft. Es geht auch um globale Herausforderungen neuen Typs: um die Verhinderung des Klima-Kollapses, um den Schutz der Atmosphäre und um die Eindämmung des dramatischen Artensterbens. Daraus ergibt sich als zentrale politische Aufgabe, die weltweite Patt-Situation zu überwinden. Doch hinsichtlich der nötigen Schlußfolgerungen gehen die Interessen der Industriestaaten und der Entwicklungsländer wiederum diametral auseinander.

Dieser neue Interessenskonflikt war das zentrale Thema der zweiten Welt-Umwelt-Konferenz des Jahres 1992 in Rio. Im Vorfeld des Umweltgipfels und auf der Konferenz selbst traten die unterschiedlichen Schlußfolgerungen deutlich zutage. Nord und Süd sicherten die divergierenden Standpunkte auch durch kontroverse wissenschaftliche Argumentationen ab.

Die Entwicklungsländer erheben dabei den Vorwurf eines allgemeinen Öko-Kolonialismus, der von den westlichen Industriestaaten betrieben werde. Die globale Umweltproblematik wird in erster Linie als Folge der wirtschaftlichen Ausbeutungsmechanismen verstanden. So wird auch der Versuch, die CO_2-Emission weltweit auf dem gegenwärtigen Stand einzufrieren oder zu reduzieren, von den Entwicklungsstaaten wenig akzeptiert.

Dieses verhärtete Gesprächsklima beeinträchtigt die Möglichkeiten, den globalen ökologischen Gefahren im Rahmen von internationalen Konferenzen beizukommen. Es ist unbestritten, daß es einen großen wirtschaftlichen Nachholbedarf der Entwicklungsländer gibt. Tendenziell ist daher mit einer Zunahme der Umweltbelastung zu rechnen. Wenn es nicht gelingt, neue Strategien zur Entkoppelung von wirtschaftlicher Entwicklung und Energieverbrauch zu erarbeiten, so liegt darin das größte Hindernis für einen weltweiten Ausweg aus der Klimakatastrophe. Zu Recht pochen die Entwicklungsländer nicht nur auf eine exaktere Gewichtung der Verschmutzungsanteile, sondern vor allem auch auf eine Differenzierung hinsichtlich der Ursachen der Verschmutzung. Sie verweisen zurecht darauf, daß sich die „Überlebens-Emissionen" der Entwicklungsländer nicht ohne weiteres mit den „Verschwendungs-Emissionen" der westlichen Industriegesellschaften vergleichen oder aufrechnen lassen. Zudem trifft der Vorwurf des Öko-Imperialismus oftmals zu: Die Tendenz zur Auslagerung von emissionsintensiven Produktionen aus den Industriestaaten in die ökonomische Peripherie der Entwicklungsländer ist ungebrochen.

Auf der Konferenz von Rio wurde erneut hervorgehoben, daß die weltweiten ökologischen Probleme mit den internationalen sozialen Ungleichheiten untrennbar verknüpft sind. Die Auswirkungen der Öko-Schäden werden aller Voraussicht nach die am wenigsten entwickelten Länder am heftigsten treffen: erstens wegen der geographischen Lage der besonders armen Länder in Äquatornähe, zweitens wegen der Abhängigkeit großer Bevölkerungsteile von der Landwirtschaft und drittens wegen der geringeren Möglichkeiten, technologische Vorkehrungen gegen Umweltkatastrophen zu treffen.

Neben den Überlebensinteressen der Dritten Welt gibt es auch einen stärkeren Druck der Bevölkerung in den Industriestaaten in Richtung Ecodevelopment. Die staatlichen Delegierten aus den Industrieländern verkraften es immer weniger, ohne herzeigbare Erfolge von Umweltgipfeltagungen heimzukehren. Der Vorstoß Österreichs zur Kennzeichnung von Tropenholz und Tropenholzprodukten war Ergebnis des intensiven Drucks der österreichischen Umweltbewegung im Vorfeld von Rio. Allerdings hat dieser Kompromiß – wie erwähnt – Rio nicht sehr lange überlebt.

Die Gefahren einer Vernichtung der tropischen Regenwälder ist international unbestritten. Doch wird das Sterben der grünen Lungen der Erde weitergehen, solange die Industriestaaten nur an die Tropenholz-Staaten appellieren, der Vernichtung der Wälder Einhalt zu gebieten, ohne den eigenen Anteil kritisch zu hinterfragen und konkrete Hilfestellungen anzubieten. Zugleich schreiten auch die Vernichtung der Artenvielfalt, die existentielle Bedrohung der indigenen Völker und die Abwirtschaftung der landwirtschaftlichen Flächen voran. Zur Bewahrung der Artenvielfalt schlagen die reichen Länder das Konzept der globalen Gemeinschaftsgüter vor, die ein gemeinsames Erbe der Erde darstellen würden und daher nur gemeinsam genutzt werden dürften. Das kann solange nicht auf Akzeptanz stoßen, wie die Nutzung dieser „Gemeinschaftsgüter" in Form von Patentrechten ausschließlich von den Reichen dieser Erde verwaltet wird. Die gigantischen Gewinne der Pharma-Industrien, die ihre Präparate aus den Wirkstoffen von Tropenholz-Pflanzen nach streng geschützten Rezepturen entwickeln, bleiben den Herkunftsländern verschlossen. Es ist also zu kurz gegriffen, immer nur auf die Unvernunft oder die Korruption in den Tropenholz-Staaten hinzuweisen.

Beim Gipfel von Rio zeigte sich, daß es mittlerweile einen weniger eindeutigen „Frontverlauf" zwischen Industriestaaten und Entwicklungsländern gibt, sowie eine Fülle spezifisch nationaler und regionaler Interessensgegensätze. Die aufstrebenden Schwellenländer wie etwa Brasilien suchen mit großem Energie-Input und wenig sozialer Absicherung den Anschluß an die Industriestaaten. Die erdölexportierenden Staaten, allen voran Saudi-Arabien, dringen auf ungehinderte Rechte zur Vermarktung des Öls als ihrem Hauptexportgut. Es gibt keine geschlossene Gruppe von sogenannten Dritte-Welt-Staaten mehr. Die ehemalige Zweite Welt hat sich aufgelöst und droht teilweise zu einer zweiten Dritten Welt zu werden. Und auch in der Ersten Welt mehren sich typische Dritte-Welt-Probleme, bei einem allgemein hohen Niveau der klassischen und obsoleten ökonomischen Indikatoren.[1]

---

[1] Ulrich Menzel, Nach dem Ost-West-Konflikt: Was wird aus der „Dritten Welt?" In: Österreichische Zeitschrift für Politikwissenschaft, Nr. 2/1993 (Theorien der internationalen Beziehungen), Seite 195ff.

Die ursprünglich geplante internationale Erd-Charta – auf Basis ökologischer Grundprinzipien für den Umgang mit Erde, Umwelt und Entwicklung – konnte auf der zweiten Welt-Umwelt-Konferenz nicht realisiert werden. Man einigte sich auf eine „Erklärung von Rio", die zum einen wieder das Recht der Staaten auf Ausbeutung ihrer natürlichen Ressourcen betonte, zum anderen aber erstmals ein „Recht auf Entwicklung" international festschrieb.

In den einzelnen Verhandlungsmaterien waren die Erfolge relativ bescheiden:

- In den Verhandlungen über eine Rahmenkonvention zum Klimaschutz, dem zentralen Thema der Konferenz, konnte aufgrund der ablehnenden Haltung der USA nicht einmal das bescheidene Reduktionsziel von minus 20 Prozent bis zum Jahre 2000 verankert werden.
- Die Konvention zur Artenvielfalt beinhaltet die bemerkenswerte Bestimmung, daß die Herkunftsländer für genetisches Material an den daraus resultierenden Forschungsergebnissen und Profiten zu beteiligen sind. Leider haben die USA auch diese Konvention nicht unterzeichnet. Die wesentlichen gentechnologisch arbeitenden Konzerne aber haben ihren Stammsitz in den Vereinigten Staaten.
- Die Waldkonvention muß als gescheitert angesehen werden, da die verhandelten Ergebnisse wieder vom Prinzip einer nachhaltigen Bewirtschaftung der Urwälder ausgehen.

Ein noch unterschätztes Ergebnis der zweiten Welt-Umwelt-Konferenz in Rio ist die sogenannte Agenda 21, ein Aktionsprogramm für den Weg ins 21. Jahrhundert. Neben der Betonung des integrativen Ansatzes von Umwelt und Entwicklung wird eine „globale Partnerschaft unter Einbindung der Öffentlichkeit und der nicht-staatlichen Organisationen (NGO's)" verlangt. Die Agenda 21 verlangt, allen sozialen Gruppen, insbesondere indigenen Völkern, Frauen und Jugendlichen, einen Zugang zu den relevanten Informationen und eine Beteiligung an den Entscheidungsprozessen einzuräumen. Darüber hinaus werden eine Fülle von Umweltschutzmaßnahmen vorgeschlagen, z. B. ein Verbot der Entsorgung von Giftmüll oder radioaktiven Abfällen in Entwicklungsländern. Zur institutionellen Umsetzung dieses Aktionsprogrammes wurde eine „Kommission für nachhaltige Entwicklung" geschaffen, die sich vor allem mit Fragen des Technologietransfers und der Projektfinanzierung in den Bereichen Klimaschutz, Schutz der Ozonschicht, Reinhaltung internationaler Gewässer und Erhaltung der Artenvielfalt befassen soll. Allerdings sollen die Gelder im Rahmen der sogenannten „globalen Umweltfazilität"

(GUF), einer Tochtergesellschaft der Weltbank, verwaltet werden. Angesichts zahlreicher Weltbankprojekte, die einer seriösen Umwelt- und Sozialverträglichkeit und dem Kriterium demokratischer Mitentscheidung nicht standhalten können, ist an dieser Trägerschaft Kritik zu üben. Der Gegenvorschlag der Entwicklungsländer, einen unabhängigen „Green Fund“ einzurichten, fand keine mehrheitliche Zustimmung. Eine Evaluierung der Projekte wird zeigen, ob auf der Ebene der Umsetzung der integrative Ansatz von Umwelt und Entwicklung gewahrt bleibt.

3. DIE STÄRKUNG DER MENSCHENRECHTSBEWEGUNG

Einige Jahre vor der aufrüttelnden Umweltbotschaft des Club of Rome tagte 1968 in Teheran die erste Weltkonferenz für Menschenrechte. In einer umfassenden Erklärung wurde auf die Unteilbarkeit der Menschenrechte und in diesem Zusammenhang auch auf die entwicklungspolitische Überwindung der Kluft zwischen Arm und Reich verwiesen. Die Verurteilung von Rassismus und Apartheidpolitik, die Notwendigkeit des Schutzes für Familien, Frauen und Kinder sowie der Abbau alter und neuer Gefahren aus Rüstung und Technologie wurden als implizite Faktoren dieser Ziele anerkannt.

Seitdem ist kein einziges Jahr vergangen, in dem nicht in vielen Staaten dieser Erde elementare Menschenrechte verletzt worden wären. Nirgendwo anders als bei der ständig wachsenden Unterstützung der internationalen Menschenrechtsbewegung wird jedoch deutlicher, daß viele Menschen sich nicht mehr mit dem internationalen Status quo abfinden. Die Verschärfung der Migrationsgesetze in Österreich und in Europa zeigt, daß es ohne massive polizeistaatliche Maßnahmen heute kaum noch möglich ist, den ärmeren Teilen der Weltbevölkerung Wohlfahrt und Wohlergehen vorzuenthalten.

Die Mißachtung der Menschenrechte erreicht aber immer noch unvorstellbare Dimensionen:[1]

- **Recht auf Leben, Freiheit und Sicherheit der Person:**
  - 14 Millionen Kinder sterben jedes Jahr vor ihrem 5. Geburtstag.
  - Geschätzte 120 Millionen Menschen wurden in diesem Jahrhundert im Zuge bewaffneter staatlicher Interventionen getötet.
  - Zehntausende Personen in mehr als 60 Staaten wurden allein im letzten Jahrzehnt zum Tode verurteilt oder zum Verschwinden gebracht.
- **Freiheit von Sklaverei:**
  - Etwa 200 Millionen Menschen werden in Sklaverei oder sklavereiähnlichen Unterdrückungsverhältnissen gehalten, darunter sind rund 100 Millionen Kinder, die zu härtester Schwerarbeit, Prostitution und Bettelei angehalten werden.
- **Freiheit von Folter:**
  - Folter und Mißhandlung von Gefangenen in Gefängnissen, Polizeistationen und geheimen Anhaltelagern werden in über 100 Staaten praktiziert.

---

[1] Rights or Privileges? An Independent Guide to the World Conference on Human Rights Vienna, June 1993, Hrsg. Interpress Service (IPS), Wien 1993.

* Todesfälle infolge von Folter oder inhumanen Haftbedingungen sowie „verdächtige“ Todesumstände von Verschwundenen oder Gefangenen werden in über 40 Ländern registriert.

- **Recht auf ein faires Verfahren:**
  * Mindestens 294.000 politische Gefangene werden nachweislich ohne rechtsstaatliches Gerichtsverfahren in mehr als 60 Staaten in Haft gehalten; die Dunkelziffer dürfte weit höher liegen.
- **Recht auf Asyl, auf Verfolgungsschutz:**
  * Schätzungsweise sind etwa 14 bis 17 Millionen Menschen aus politischen Gründen auf der Flucht; zwischen 12 und 24 Millionen Menschen mußten aus verschiedenen Gründen ihren jeweiligen Heimatort verlassen. Nur etwa 5 Prozent der politischen und sonstigen Flüchtlinge erreichen die Industriestaaten der nördlichen Hemisphäre.
- **Meinungsfreiheit, Vereins- und Versammlungsfreiheit:**
  * Gewissensgefangene, denen keinerlei Gewalttaten vorgeworfen werden, finden sich in den Gefängnissen von mehr als 60 Staaten.
- **Wahlrecht, demokratische Partizipationsrechte:**
  * Etwa ein Drittel der Menschheit hat keine vollen und freien politischen Partizipationsrechte.
  * Die Repräsentation von Frauen in den Parlamenten beträgt weltweit im Durchschnitt nicht mehr als 14 Prozent.
- **Recht auf Arbeit und gerechten Lohn:**
  * Etwa 30 Millionen Menschen sind allein in den OECD- Staaten arbeitslos.
  * Die Fraueneinkommen betragen im Durchschnitt nur zwei Drittel der Männereinkommen, die Arbeitslosenrate der Frauen ist beträchtlich höher.
- **Recht auf ausreichende Ernährung:**
  * Mehr als 100 Millionen Menschen waren 1990 Opfer von Hungerkatastrophen.
  * Mehr als ein Viertel der Menschheit ist nicht ausreichend ernährt, fast eine Milliarde Menschen hungern.
  * 1,3 Milliarden Menschen haben keinen Zugang zu sauberem Trinkwasser.
- **Recht auf medizinische Versorgung:**
  * 1,5 Milliarden Menschen haben keinerlei Zugang zu Gesundheitsdiensten.
  * Alle drei Tage sterben weltweit ca. 140.000 Kinder unter fünf Jahren an den kombinierten Auswirkungen von Hunger und Krankheiten.
- **Recht auf Erziehung:**
  * 130 Millionen Kinder haben keinen Zugang zur Grundschule.
  * Fast 1 Milliarde Erwachsene sind Analphabeten, davon 600 Millionen Frauen.
- **Recht auf eine internationale soziale Ordnung, in der die vollen Lebensrechte zum Tragen kommen:**
  * In den vergangenen vier Jahrzehnten gab es mehr als 200 bewaffnete Konflikte, die insgesamt mehr Menschenleben kosteten als der Zweite Weltkrieg; mittlerweile sterben in derartigen Konflikten im Durchschnitt 90 Prozent ZivilistInnen.
  * Seit 1960 hat sich die Einkommensschere zwischen reichen und armen Staaten vergrößert. Die 20 Prozent der reichsten konnten ihren Anteil an den weltweiten Einkommen von 70,2 Prozent auf 82,7 Prozent steigern. Die 20 Prozent der Ärmsten fielen im selben Zeitraum im Einkommensanteil ihrer Bevölkerung von 2,3 Prozent auf 1,4 Prozent.

* Die Gesamtverschuldung der Entwicklungsländer hat sich in den letzten zwei Dekaden verdreizehnfacht, von ca. 100 Milliarden Dollar im Jahr 1970 auf etwa 1350 Milliarden Dollar im Jahr 1990.

Amnesty International war 1961 vom britischen Rechtsanwalt Peter Berenson als eine kleine Gruppe überzeugter Menschenrechtsaktivistlnnen gegründet worden. Ende 1992 waren bereits mehr als 8000 Gruppen in über 70 Ländern tätig. Mehr als 1,1 Millionen Mitglieder und Förderer unterstützen die Organisation in mehr als 150 Staaten der Erde. Aus kleinen Anfängen hat sich eine allgemein geachtete Stimme zur Verteidigung von Menschenrechten und für die Freilassung politischer Gefangener entwickelt. Der Jahresbericht von Amnesty International prangert Menschenrechtsverletzungen in nahezu allen Staaten dieser Erde an; der aktuelle Jahresbericht nennt Vorfälle in nicht weniger als 161 Staaten.[2] Durch Interventionen zugunsten inhaftierter Personen und akut bedrohter Gefangener können jährlich tausende Fälle aufgezeigt und viele Menschen gerettet werden. Ende Dezember 1992 wurden insgesamt 7700 Einzelpersonen von Amnesty betreut.

Nicht zuletzt auf Betreiben der im Bereich der Menschenrechte tätigen nichtstaatlichen Organisationen (NGO's) wie Amnesty International veranstaltete die UNO im Juni 1993 erneut eine große weltweite Menschenrechtskonferenz in Wien. Bereits im Vorfeld der Konferenz gab es ein zähes Ringen um die Artikulationsmöglichkeiten der NGO's, die in den vergangenen Jahren weit mehr als die UNO selbst zur Dokumentation der Menschenrechtsverletzungen beigetragen haben. Im Rahmen der UNO scheitert eine effiziente Durchsetzung der Menschenrechte überall dort, wo unmittelbar Großmachtinteressen bzw. Wirtschaftsinteressen von weltweiter Bedeutung ins Spiel kommen. Daher mußten nicht nur die Staaten mit besonders eklatanten Übergriffen, sondern auch die UNO insgesamt die Kritik der nichtstaatlichen Organisationen fürchten.

Einige der ökonomisch und ökologisch immer stärker bedrängten Dritte-Welt-Staaten verteidigen immer noch eine Abhängigkeit der Menschenrechte von ihrer jeweiligen gesellschaftlichen und kulturellen Ausgangssituation im nationalen Rahmen. Dies kommt z. B. auch

---

[2] Amnesty International Report 1993, Frankfurt am Main 1993.

noch in der Erklärung der afrikanischen Regionaltagung in Tunis 1992 zum Ausdruck. Diese entwicklungspolitische Legitimierung vor dem Hintergrund eines internationalen Systems geteilter Souveränität wird aber auch oft benutzt, um menschenunwürdige Behandlungen zu legitimieren. Fast immer geht es dabei um die Sicherstellung politischer und wirtschaftlicher Dominanz einer privilegierten Machtelite gegenüber der Bevölkerung, gegenüber Frauen und Kindern, ethnischen Minderheiten, ImmigrantInnen und Flüchtlingen.[3]

Auch im Zusammenhang mit der Durchsetzung von Menschenrechten erweisen sich bislang die Souveränitätsrechte der Nationalstaaten weit stärker als präventive und konfliktvermittelnde Einmischungen, wie sie z. B. der Regelungsmechanismus der KSZE, der Konferenz für Sicherheit und Zusammenarbeit in Europa, teilweise vorsieht. Erste Ansätze zu einer Neubewertung des Prinzips der Nichteinmischung in die sogenannten inneren Angelegenheiten finden sich in der europäischen „Konvention gegen Folter“, die ein präventives Besuchssystem zum Schutz potentieller Folteropfer vorsieht. Diese Eingriffsrechte werden jedoch von vielen Entwicklungsländern vehement zurückgewiesen. Den Industriestaaten des Nordens und Westens wird vorgehalten, daß auch dort die historisch-politische Durchsetzung der Menschenrechte nur im Zusammenhang mit sozialen und wirtschaftlichen Entwicklungen möglich war. Dieser Grundsatz der Bewahrung von Entscheidungssouveränität ist dort angebracht, wo Wirtschaftsinteressen der Ersten Welt direkt und indirekt zu massiven Menschenrechtsverletzungen in der Dritten Welt führten.

Viele Großprojekte, wie Staudamm-Projekte, wurden von reichen Nationen in Dritte-Welt-Staaten unter rücksichtsloser Vertreibung und sogar Tötung der ansässigen Bevölkerung durchgesetzt.[4]Auch österreichische Firmen der verstaatlichten und privaten Industrie waren federführend an solchen Projekten beteiligt.[5]

---

3 Hannes Tretter: Machtlose Empörung. Zur Situation der Menschenrechte in der Welt, im Wiener Journal Nr. 153 vom Juni 1993, Seite 15f.

4 Alexis Widerstein und Helmut Haberl: Die Beteiligung österreichischer Firmen am Kraftwerksbau in Afrika, Asien und Lateinamerika, Studie im Auftrag der Grünen Bildungswerkstatt, der Österreichischen Hochschülerschaft, Alternativreferat und des Österreichischen Informationsdienstes für Entwicklungspolitik, Wien 1990.

5 Alexandra Grasl, Leere Versprechungen, in: *Grün Impuls,* das grüne Monatsmagazin, Nr. 4, Wien, Juni 1993, Seite 8ff.

Anders als die noch sehr unvollständigen offiziellen Kataloge von Menschen- und Bürgerrechten haben die Menschenrechtsorganisationen diese Zusammenhänge von Menschenrechten, sozialen Rechten und Ökologie erkannt. Ihre diesbezüglichen Forderungen reichen über den Kreis der traditionellen Menschen- und Bürgerrechte hinaus und enthalten soziale und kulturelle Rechte sowie spezielle Rechte im ökologischen Kontext.

In der politischen Bewußtwerdung dieser komplexen Zusammenhänge ist eine internationale Entwicklung erkennbar. Bereits im Artikel 28 der Allgemeinen Erklärung der Menschenrechte vom 10. Dezember 1948 wurde der Anspruch aller Menschen auf eine internationale und soziale Ordnung proklamiert, die eine volle Verwirklichung der Rechte und Freiheiten der Person ermöglichen soll. Bei diesen Rechten handelt es sich in der „ersten Generation" um die klassischen Schutzrechte gegen Bedrohungen von Leben, Freiheit und körperlicher Integrität sowie um bürgerliche und politische Rechte, wie Staatsbürgerrecht, Versammlungsfreiheit und Meinungsfreiheit. Eine sogenannte „zweite Generation" umfaßt wirtschaftliche und soziale Rechte, gerichtet auf soziale Sicherheit, gerechte Arbeitsbedingungen, Nahrung, Bildung, Kleidung oder Wohnung. Als weiteres Ergebnis dieses internationalen Bewußtseinwerdung kann die Verabschiedung der afrikanischen Charta der Rechte für Menschen und Völker gesehen werden, die in Artikel 22 erstmals ein Recht aller Völker auf ihre „wirtschaftliche, soziale und kulturelle Entwicklung unter gebührender Berücksichtigung ihrer Freiheit und Identität sowie ein Recht auf gleichmäßige Beteiligung an dem gemeinsamen Erbe der Menschheit" fordert.[6] Die Generalversammlung der Vereinten Nationen vom 4. Dezember 1986 proklamierte in gleichlaufendem Bestreben und gegen den prononcierten Widerstand zahlreicher Industriestaaten eine Erklärung zum Recht auf Entwicklung als unveräußerliches Recht aller Menschen und Völker.[7] Damit ist eine „dritte Generation" von Menschenrechten auf weltweiter Ebene niedergelegt. Seither ist es auch nicht mehr gerechtfertigt, Entwicklung primär im Sinne der Veränderung traditioneller ökonomischer Indizes wie des Brutto-Nationalproduktes zu verstehen.

---

[6] Manfred Nowak, Menschenrechte und Entwicklung, in: *Wiener Journal,* Nr. 153, Wien, Juni 1993, Seite 17f.

[7] Heinrich Neisser (Hrsg.), Menschenrechte als politischer Auftrag, in: Schriftenreihe des ÖVP-Parlamentsklubs, Band 7, Wien 1993.

Nicht die ökonomistischen Weltbankberichte, sondern die „Human Development-Berichte" des UN-Entwicklungsprogrammes liefern die Indikatoren für einen solchermaßen umfassend verstandenen Entwicklungsprozeß. Im Rahmen dieser Human Development-Berichte nimmt auch die Bewertung der individuellen Freiheiten eine immer bedeutendere Rolle ein.[8]

Derzeit konstatieren wir in zahlreichen Industriestaaten eine Politik der kritischen Reflexion über die bisherigen Praktiken der Entwicklungshilfe. Immer mehr setzt sich die Überzeugung durch, daß soziale und wirtschaftliche Entwicklung ohne aktive Beteiligung der gesamten Bevölkerung ein leeres Schlagwort bleiben muß. Bezüglich der politischen Kultur bedeutet dies die Notwendigkeit der Etablierung oder Erweiterung demokratischer Spielräume. Deshalb darf auch die institutionelle Beobachtung der Einhaltung klassischer Freiheitsrechte nicht in den Hintergrund treten. Bei bestimmten Menschenrechten, insbesondere bei jenen mit kulturellem Bezug, kann eine Bedachtnahme auf den jeweiligen Entwicklungsstand bei Auslegung und Verwirklichung der Rechte sinnvoll sein. Vor allem muß jedoch ein wirklicher Dialog zwischen den Weltzivilisationen über die menschenrechtlichen Mindeststandards begonnen und weitergeführt werden. Auch die westliche Zivilisation hat hierbei noch viel zu lernen.

Abzulehnen ist hingegen die aus der staatlichen Souveränität abgeleitete Vorstellung geteilter Menschenrechte, zumindest bei existentiellen Rechten (das Recht auf Leben, auf körperliche Unversehrtheit, das Recht auf Freiheit von Folter und Sklaverei), bei den wichtigsten politischen Rechten wie dem Wahlrecht, der Vereins- und Versammlungsfreiheit sowie bei den zentralen bürgerlichen und rechtsstaatlichen Garantien, vor allem hinsichtlich der persönlichen Freiheit oder der Gewährleistung eines fairen Verfahrens bei Behörden und Gericht. Bei diesen Rechten wären Konzessionen an regionale oder einzelstaatlich abweichende Praktiken auch im Rahmen eines wirklichen Dialogs über menschenrechtliche Mindeststandards kontraproduktiv.[9]

All diese Konfliktpotentiale brachen während der Wiener Menschen-

---

8 Manfred Nowak, ebenda, Seite 18.

9 Hannes Tretter, Machtlose Empörung. Zur Situation der Menschenrechte in der Welt, in: *Wiener Journal* Nr. 153, Wien, Juni 1993, Seite 15f.

rechtskonferenz auf. Zu einem heftigen Tauziehen kam es um das Auftreten des Dalai Lama, das von der UNO auf Betreiben Chinas abgelehnt wurde. Der Druck der NGO's und der Öffentlichkeit ließ eine derartige Unterdrückung der Menschenrechtsbewegung nicht mehr zu. Durch den gemeinsamen Druck der internationalen und österreichischen Menschenrechts- und Umweltschutzorganisationen wurde ein Nachgeben der österreichischen Bundesregierung gegenüber dem massiven Druck der Volksrepublik China und einiger anderer Staaten verhindert. Der Dalai Lama bekam die Möglichkeit, sowohl beim NGO-Forum als auch im österreichischen Parlament zu sprechen.

China und der Iran werden weltweit für 82 Prozent aller Hinrichtungen verantwortlich gemacht. Dennoch wurden die österreichischen Handelsbeziehungen gerade zu diesen beiden Staaten in jüngster Vergangenheit intensiviert. Offizielle Repräsentanten der Republik Österreich bereiteten durch ihre Reise- und Besuchsdiplomatie eine stärkere Verflechtung der Handelsbeziehungen vor – im Falle China der Bundeskanzler Franz Vranitzky, im Fall Iran der zweite Nationalratspräsident Robert Lichal. Im Rahmen parlamentarischer Anfragen war nicht in Erfahrung zu bringen, welchen Umfang die Staatsgarantien für Geschäfte mit Handelspartnern in Staaten mit massiven Menschenrechtsverletzungen angenommen haben.[10] Die grünen Vorschläge einer Verknüpfung von Exportförderungen mit dem Kriterium der Einhaltung der Menschenrechten blieben im Nationalrat bislang ohne Erfolg. Hingegen wurde beim Besuch des chinesischen Ministerpräsidenten Li Peng im Juli 1994 sogar das Demonstrationsrecht eingeschränkt!

Die Durchsetzung der Menschenrechte hat jedoch nur dann eine Chance, wenn nicht nur jene Staaten geächtet werden, die notorisch die Menschenrechte verletzen, sondern auch die Regierungen und Wirtschaftslobbyisten, die um milliardenschwere Aufträge der Menschenrechtsverletzer buhlen.

Die Tatsache, daß der Wiener Menschenrechtsgipfel keinen vollen Durchbruch für die Forderungen der NGO's brachte, kann deren bisherige Erfolge bei der Durchsetzung von Menschenrechten nicht

---

[10] Anfrage Nr. 4981/J (II-10189Blg.NR XVIII. GP).

schmälern. Auf offizieller Ebene erfolgte zumindest die Annahme einer „Wiener Deklaration", mit einer Spezifizierung von Menschenrechten für Frauen, Kinder, Minderheiten und indigene Völker, sowie mit einem Auftrag an die UN-Vollversammlung, die Schaffung eines UN-Hochkommissars für Menschenrechte vorrangig zu prüfen. So wünschenswert die Schaffung eines Hochkommissariats für Menschenrechte wäre, langfristig geht es auch um die Veränderung von Wirtschafts- und Gesellschaftsstrukturen, die die Menschenrechte indirekt verletzen. Es gehört zu den größten Aufgaben der Grünbewegung, den Vorrang ökologischer und menschenrechtlicher Kriterien vor kurzsichtigen ökonomischen Kalkülen auf nationaler und internationaler Ebene durchzusetzen.

4. NACH DEM KALTEN KRIEG: FRIEDEN SCHAFFEN!

Nach dem Zweiten Weltkrieg kam es in Europa, insbesondere in Deutschland, zu einem Aufschwung der internationalen Friedensbewegung. Diese von Kirchen, Gewerkschaften und Frauengruppen getragene Bewegung war vor allem gegen die atomare Bedrohung gerichtet („Ohne-uns"-Gruppierungen, Paulskirchen-Bewegung, Aktion „Kampf dem Atomtod"). Der Bau der Berliner Mauer im August 1961 war eine weitere politische Grundlage des Anwachsens von Friedensinitiativen in Ost und West. In Deutschland entstand die Ostermarsch-Bewegung, an deren Kundgebungen sich 1962 bereits 100.000 Menschen beteiligten. Nach dem NATO-Doppelbeschluß 1979 manifestierte sich die internationale Friedensbewegung als starke gesamteuropäische Kraft: In Rom, London, Paris, Helsinki, Madrid, Athen und Amsterdam gingen bis zu 500.000 Menschen auf die Straße, um für Frieden, Demokratie, Umweltschutz und soziale Gerechtigkeit einzutreten.[1] In Wien fanden am 15. Mai 1982 und am 22. Oktober 1983 große Kundgebungen gegen die nuklearen Rüstungsbestrebungen statt. Auch im damaligen „Ostblock" entstanden seit 1982 unabhängige Friedensinitiativen – neben der DDR in Ungarn, in der Sowjetunion, der Tschechoslowakei, in Slowenien und Polen, die vor allem den engen Zusammenhang zwischen Frieden und Menschenrechten betonten. In der DDR war es vor allem die Evangelische Kirche, die für europäische und weltweite Abrüstung eintrat.[2] Auf beiden Seiten der Blockgrenze wurde den FriedensaktivistInnen unterstellt, sie würden sich als Agenten des ideologischen Feindes der jeweils anderen Seite mißbrauchen lassen. Der Vorwurf der Einseitigkeit und Einäugigkeit war jedoch meistens denjenigen zurückzugeben, die ihn erhoben. Die zukunftsweisenden Konzepte der Friedensbewegung und Friedensforschung, wie umfassende Friedenspolitik, gesamteuropäische Friedensordnung, kooperative Sicherheit und strukturelle Nichtangriffsfähigkeit, wurden bis heute von den Regie-

---

[1] Lorenz Knorr, Geschichte der Friedensbewegung in der Bundesrepublik, 2. Auflage, Köln 1984 und Klaus Gerosa (Hrsg.), Große Schritte wagen. Über die Zukunft der Friedensbewegung, München 1984.

[2] Klaus Ehring/Martin Dallwitz, Schwerter zu Pflugscharen. Friedensbewegung in der DDR, Reinbek bei Hamburg 1982.

rungen noch niemals mit Nachdruck umgesetzt, mit teilweiser Ausnahme von Gorbatschow.[3]

Nach dem Zusammenbruch des bürokratischen Sozialismus in Osteuropa bestand 1989/90 für viele Menschen in Europa die große Hoffnung des Aufbruchs in eine friedliche Zukunft. Zwei Jahre später ist die bittere geschichtliche Normalität des 20. Jahrhunderts zurückgekehrt: Das Ende des Ost-West-Konfliktes bedeutete kein Ende von Kriegen und Massakern. Der 2. Golfkrieg forderte 150.000 – 250.000 Opfer auf seiten des Irak. Auf dem Gebiet des ehemaligen Jugoslawiens erleiden Menschen wieder massenhaft Krieg, Vertreibung, Vergewaltigung und Lagerelend.

Wiederum wird deutlich, wie anachronistisch die offensiven Sicherheitsdoktrinen bis zum heutigen Tage sind. Die USA und die NATO haben ihre nukleare Militärstrategie nach 1989 beibehalten. Die EU plant den Aufbau eines gemeinsamen europäischen Militärsystems, das sich im Rahmen der Westeuropäischen Union (WEU) als Teilsystem der NATO konstituieren könnte.

Nachhaltige Sicherheit für ganz Europa wird dadurch nicht geschaffen werden. Die Entstehung eines westeuropäischen Militärblocks würde erstens entsprechende Gegenreaktionen auslösen, etwa die Gründung neuer Blöcke auf dem Gebiet der ehemaligen Sowjetunion oder in der islamischen Welt. Zweitens würden dadurch jene gewaltigen Geldmittel, die zur ökologischen, wirtschaftlichen und sozialen Gestaltung Gesamteuropas benötigt werden, wieder für Rüstungsmittel gebunden. Vorrangig müßten aber gerade die Probleme von Massenarbeitslosigkeit, ökologischer Zerstörung und ökonomischer Rückständigkeit bewältigt werden – vor allem durch eine Politik des ökonomischen Ausgleichs zwischen West- und Osteuropa, inkl. Rußlands, wenn es eine Chance auf Sicherheit und Frieden in Europa geben soll. Diese Diagnose der neuen Bedrohungslagen wird heute auch von Seiten vieler Militärexperten geteilt.[3] Der Krieg im ehemaligen Jugoslawien

---

[3] Vgl. die jährlichen Friedensberichte des Österr. Instituts für Frieden u. Konfliktlösung, Burg Schleining.

[3] Landesverteidigungsakademie (Hrsg.), Nationale Sicherheit. Trends und Alternativen, Wien 1993, Seite 24ff. Die Österreichische Landesverteidigungsakademie nennt in dieser Publikation Bevölkerungsexplosion, Migration, wirtschaftliche Konzentrationstendenzen bei multinationalen Konzernen, zurückbleibende Nahrungsmittelpro-

hat darüber hinaus klargemacht, daß militärische Mittel bei den komplexen Nationalitätenkonflikten in Osteuropa keine politischen Lösungen erzwingen können, auch wenn die regionalen Kriege wie in Bosnien mit äußerster Barbarei ausgetragen werden. Die bosnische Katastrophe wird in der EU dazu verwendet, eine Entmilitarisierung zu verhindern und die militärische Neustrukturierung Westeuropas zu betreiben. Mit seiner irrsinnigen „Vernunft" einer mörderischen Barbarei, die in der europäischen Geschichte immer wieder hervortrat, führt uns der Bosnienkrieg demgegenüber vor allem die Dringlichkeit einer umfassenden, präventiven und vorrangig zivilen Friedenspolitik vor Augen.
Gegen Arbeitslosigkeit, wachsende soziale Ungleichheit und kollektive Ängste vor gesellschaftlicher Marginalisierung gibt es ebensowenig militärische Lösungsrezepte wie gegen ökologische Schäden und Gefahren. Dennoch versucht gerade die EU, ihre Außengrenzen mit einem traditionellen Verständnis von Sicherheitspolitik militärisch zu befestigen.

Zugleich ertönt oft zynisch die Frage: Wo bleibt heute die Friedensbewegung? Die Friedensinitiativen haben sich jedoch als ungleich reaktions- und wandlungsfähiger erwiesen als die Sicherheits- und Vermittlungspolitiker der internationalen Organisationen, wie der UNO oder der EU. Diejenigen, die heute im Rahmen der Flüchtlingsbetreuung, der Menschenrechtsbewegungen, der Integration von ArbeitsmigrantInnen sowie in Sozial- und Umweltinitiativen aktiv werden, setzen die Arbeit der Friedensbewegung fort.

Heute ist es von entscheidender Bedeutung, daß immer mehr vor allem junge Menschen erkennen, daß die neuen Hauptgefahren in der Welt ökologischer, sozialer und kultureller Art sind. Daraus erklären sich auch in Österreich die sinkende Bereitschaft zum Militärdienst und das reziprok anwachsende Interesse für Zivil- und Friedensdienste, auch wenn diese zeitlich länger dauern und zum Teil schwierige und belastende Tätigkeiten umfassen. Der Verstoß der österreichischen Bundesregierung, den Wehrdienst dadurch aufzuwerten, daß der Zivildienst in einer verfassungsrechtlich bedenklichen Art zeitlich verlängert und organisatorisch verschärft wird, verletzt dagegen die de-

---

duktion, mangelnde technologische Anpassung sowie globale Umweltgefahren als die dringendsten Sicherheitsprobleme.

mokratischen Wahlfreiheiten. Der Ausbau ziviler Dienste stellt eine direkt demokratische Form der Entmilitarisierung dar, welche sich auf Dauer nicht aufhalten läßt, auch wenn die Militärs alles daransetzen, ihn wieder rückgängig zu machen. Zivile Dienstleistungen auf nationaler, europäischer sowie internationaler Ebene, im sozialen und ökologischen Bereich, auf strikt freiwilliger Basis, werden in Zukunft die gesellschaftlich relevanten Formen der gesellschaftlichen Sicherheits- und Friedenspolitik darstellen. Auf der Ebene der staatlichen Friedenspolitik wäre es notwendig, von der Rüstungskontrolle wieder stärker in den Bereich der Abrüstung vorzudringen, sowie neue Methoden und entschlossene Aktivitäten im Bereich der Konfliktprävention voranzutreiben.[4]

Aktive Friedenspolitik bedeutet teilweise das Abgehen vom Prinzip der strikten Nichteinmischung in interne Angelegenheiten: aber nicht politische Destabilisierung und militärische Intervention ist gemeint, sondern Einmischung mit friedlichen Mitteln. Die politische Durchsetzung des Völkerrechts und der Menschenrechte muß auch auf ihre Erweiterung um Rechte für unterdrückte Minderheiten, verarmte und bedrohte Bevölkerungsgruppen, Flüchtlinge oder Frauen als Opfer von Massenvergewaltigungen zielen. Nichtstaatliche Menschenrechtsorganisationen könnten gemeinsam mit reformierten zwischenstaatlichen Institutionen wie der Konferenz für Sicherheit und Zusammenarbeit in Europa (KSZE) und der UNO das institutionelle Netz für präventive und nichtmilitärische Konfliktlösungen bilden.
Eine reformierte UNO bedarf neuer Spielregeln: z. B. die Abschaffung des Vetorechts und die Bindung des Sicherheitsrates (in dem heute die ökonomischen Interessen der Industriestaaten dominieren) an die Generalversammlung der UNO. Vor allem bedarf es neuer institutioneller Mechanismen zur Durchsetzung der Menschenrechte in einem umfassenden Verständnis, d. h. auch sozialer, kultureller und ökologischer Grundrechte. Die Menschenrechtskommission der Vereinten Nationen muß zu einem Hauptorgan umgestaltet werden und darf nicht mehr dem Wirtschafts- und Sozialrat unterstehen. Ein internationaler Gerichtshof für Menschenrechte muß für Individualbeschwerden und grundrechtliche Ansprüche von Minderheiten und unterdrückten Gruppen eingerichtet werden.

[4] Michael Renner, Frieden schaffen, in: World Watch Institute Report. Zur Lage der Welt – 1993. Daten für das Überleben unseres Planeten, Hrsg. Lester R. Brown, Frankfurt am Main, Juni 1993, Seite 180ff.

Es gibt auch ein praktisches politisches Beispiel, welches zeigt, daß Entmilitarisierung tatsächlich soziale und ökologische Fortschritte bringen kann. Costa Rica löste 1949 seine Armee auf und beließ als exekutive Kraft lediglich die Polizei. Die eingesparten Beträge wurden konsequent in den Bereichen von Bildung, Gesundheit und Familienplanung investiert. Costa Rica konnte damit den Verarmungs- und Verelendungsprozessen, wie sie für viele Länder in Lateinamerika typisch geworden sind, wirksam entgegentreten. Dieser Staat steht heute hinsichtlich der wichtigsten Sozialindikatoren, wie Säuglings- und Müttersterblichkeit, Bildung und Lebenserwartung, an der Spitze der sogenannten Entwicklungsländer. Die Lebenserwartung in Costa Rica konnte auf 77 Jahre gesteigert werden. Dies ist eine um zwei Jahre höhere Lebenserwartung als die in den Vereinigten Staaten.[5] Damit ist gleichzeitig ein Beweis erbracht, daß einzelstaatliche Maßnahmen sinnvoll und effizient sein können und auch eine relative Autonomie von internationalen Entwicklungen und Konjunkturlagen ermöglichen.

---

[5] Lester R. Brown, Staat der ökologischen Revolution, in: World Watch Institute Report. Zur Lage der Welt – 1993. Daten für das Überleben unseres Planeten, Frankfurt am Main, Mai 1992, Seite 240.

5. VON DER HERRSCHAFT ZUR PARTNERSCHAFT: FRAUEN VERÄNDERN DIE POLITISCHE KULTUR

Bis vor kurzem hatte es den Anschein, als wäre die Diskussion über feministische Anliegen wieder in den Hintergrund geraten – nur vor Wahlterminen gab es gelegentlich noch Diskussionen über Frauenquoten und Quotenfrauen. Dies hat sich in der jüngsten Vergangenheit wieder geändert. In den islamisch geprägten Staaten Türkei und Pakistan übernahmen Frauen Regierungsverantwortung. In Amerika gilt Hillary Clinton in der öffentlichen Meinung als De-facto-Co-Präsidentin. In Österreich belebte sich die Diskussion um die Rolle der Frau in der Politik einerseits aufgrund der exponierten Positionen von Frauen in den jungen Oppositionsparteien. Die Grünen Abgeordneten wählten mich zur Klubobfrau im Parlament, das Liberale Forum hat mit Heide Schmidt eine weibliche Vorsitzende. Bei den Grünen zeigt auch die KandidatInnenfindung für die Nationalratswahl 1994, daß Frauen eine immer stärkere Rolle spielen. Andererseits wurden die Affären um sexistische Sprache und sexuelle Belästigung im österreichischen Parlament zu einem innenpolitischen Thema.

Dadurch gewann auch die Frage nach den gesellschaftlichen Zielen der feministischen Emanzipation wieder an Bedeutung. Der Denkansatz dieser politischen Bewegung zielt sowohl auf einen egalitären Ansatz, der auf die Verwirklichung des Gleichheitsgrundsatzes zwischen Frauen und Männern gerichtet ist, als auch auf eine Konzeption, die auf der spezifischen Differenz von Frauen aufbaut. Allzu leicht wird den „neuen Frauen“ in der Politik die eine oder andere Nische zugewiesen. Selbstverständlich geht es um beides: einerseits um Gerechtigkeit, um die Umsetzung der Chancengleichheit, die in den Verfassungen proklamiert wurde, um gleiche Einkommen und Aufstiegschancen, um gleiche Teilhabe an Führungspositionen. Andererseits geht es um die Hoffnung, daß das Vordringen von Frauen in zentrale Machtpositionen auch die Ausübung von Macht selbst verändern könnte. Je mehr Frauen in Politik und Wirtschaft eingreifen, desto mehr können solche feministische Anliegen öffentlich zum Tragen kommen.

Für die Lösung der globalen ökologischen und sozialen Probleme wird die weltweite Solidarität der Frauen von entscheidender Bedeutung sein. Während den Frauen in den modernen Industriestaaten die Gleichheit bei Einkommen und Arbeit sowie bei den öffentlichen Positionen noch immer weitgehend versagt wird, geht es für die Frauen in der Dritten Welt um eine noch elementarere Unterdrückung. Sie werden von Geburt an diskriminiert und müssen von Anfang ihres Lebens an größte Entbehrungen hinnehmen. In ihre Ausbildung wird weniger investiert. Es gibt aber keinen deutlicheren Indikator, der die Kluft zwischen reichen und armen Ländern eindringlicher belegt, als die Häufigkeit der Krankheiten und Todesfälle bei der Mutterschaft.

Jährliche Todesfälle von Müttern bei der Geburt, nach Regionen, 1986[1]

Region	Todesfälle
Entwicklungsländer	
Asien	308.000
Afrika	150.000
Lateinamerika	34.000
Ozeanien	2.000
Industrieländer	6.000
Welt	500.000

Quelle: Weltgesundheitsorganisation, Maternal Mortality Rates: A Tabulation of Available Information (Genf: 1986)

Die hohe Rate an Todesfällen in den ärmsten Staaten geht Hand in Hand mit den insgesamt hohen Geburtenraten. In den besonders armen Staaten haben die Frauen kaum Zugang zu sozialer Fürsorge oder medizinischer Betreuung. In Südasien, Zentralamerika und zahlreichen afrikanischen Staaten erhalten über 90 Prozent keinerlei Betreuung vor oder nach der Geburt.[2] Umfassende Beratung und Hilfe bei Familienplanung und Gesundheitsschutz wird daher entscheidend sein, um echte soziale und ökologische Verbesserungen in den Entwicklungsländern durchzusetzen. Die mangelnde Einbeziehung von Frauen in die Entwicklungsstrategien hat zum Scheitern etlicher wohlge-

[1] Jodi L. Jacobson, Verbesserung der Gesundheit von Frauen, in Worldwatch Institute Report. Zur Lage der Welt – 1992. Daten für das Überleben unseres Planeten, Hrsg. Lester R. Brown, Frankfurt am Main, Mai 1992, Seite 113.
[2] Jodi L. Jacobson, ebenda, Seite 118.

meinter Ansätze geführt. „*Kurz gesagt, Entwicklungsstrategien, die Frauen daran hindern, ihr ganzes menschliches Potential auszuschöpfen, sind auch Strategien, die das Potential von Gemeinden und Ländern beschränken. Nur wenn wir diese Strategien, die ungleiche Bewertung der Geschlechter und deren Folgen erkennen und dies aufzuheben suchen, können wir anfangen, viele der ökonomischen und ökologischen Probleme zu lösen, die uns sonst aus der Hand zu gleiten drohen.*"[3] Eine Chance für eine derartige Neuorientierung kann es nur auf Basis der weltweiten Solidarität von Frauen und Politikerinnen geben.

Die etablierte Politik der meist ohnehin nur vermeintlich starken Männer hat auch deshalb in Sackgassen geführt, weil deren meist eindimensionalen Lösungsmodelle versagen. Die vernetzten Probleme der Ökologie lassen keine eindimensionalen Antwort mehr zu. Einen gordischen Knoten kann man zwar durchschlagen, doch ist dann das Tau kaputt. Politisch-ökonomische Steuerungsdefekte und Stausituationen machen alternative Rettungsnetze notwendig – und dazu braucht man intakte Seile. Deshalb ist es kein Zufall, daß Frauen gerade in der heutigen Zeit mehr Leitungsaufgaben in Politik und Wirtschaft übernehmen. Die breite, bislang nur subsidiäre Allgemeinkompetenz von Frauen erweist sich jetzt als Vorteil. Ob sich dahinter eine ontologische Differenz oder gar Überlegenheit von Frauen verbirgt, möchte ich bezweifeln. Als persönliche Glaubensüberzeugung[4] mag dies jede halten, wie sie es will. Politisch wird es wichtig sein, Frauenpolitik in allen gesellschaftlichen Strömungen zu verankern – als spezifisch emanzipatorischen und eigenständigen Ansatz. Ich sehe darin eine zentrale Aufgabe der Grünen, die mit der paritätischen Repräsentation von Frauen bereits einen beispielgebenden Maßstab gesetzt haben[5].

---

[3] Jodi L. Jabobson, Überwindung der Kluft zwischen den Geschlechtern, in: Worldwatch Institute Report, Zur Lage der Welt 1993. Daten für das Überleben unseres Planeten, Hrsg. Lester R. Brown, Seite 71f.

[4] Cornelia Klinger, Déjà-vu oder die Frage nach den Emanzipationsstrategien im Vergleich zwischen der ersten und zweiten Frauenbewegung; sowie Sonja Puntscher-Riekmann, Poker oder Schach. Versuch über Geschlechterspiele, beide in: Marlies Meyer (Hrsg.), In eigenem Namen... auf eigene Rechnung. Vom Recht der Frauen auf Arbeit, Name und Sexualität, Wien 1990.

[5] Der Grüne Parlamentsklub in der 17. Legislaturperiode war die erste Fraktion im Nationalrat, die eine Frau zur Vorsitzenden wählte. (Freda Meissner-Blau). In der 18. Legislaturperiode sind von zehn grünen Abgeordneten fünf Frauen. Am Ende der Gesetzgebungsperiode markieren die grünen Abgeordneten mit einer Frauenrepräsentation von 60% einen neuen Fortschritt.

6. BÜRGERINITIATIVEN ALS SCHULEN DER DEMOKRATIE

Es würde jeden Rahmen sprengen, Geschichte, Vielfalt und Arbeitsweise der österreichischen Bürgerinitiativen auch nur zu skizzieren. Antiatomkraftbewegung, Transit- und Müllinitiativen, Natur- und Tierschutzgruppierungen, Initiativen gegen Gen- und Reproduktionstechnologien sowie vielfältige Sozialinitiativen – alle haben im letzten Jahrzehnt beachtlichen Einfluß auf den österreichischen Staat, auf seine Gesetzgebung und Verwaltung ausgeübt.

Die Entscheidung der österreichischen Bevölkerung gegen eine friedliche Nutzung der Kernenergie, das politische Nein zu Zwentendorf, war durch eine intensive Informations- und Mobilisierungsarbeit der Anti-AKW-Bewegung zustande gekommen. Nach Three Mile Island, Tschernobyl und vielen anderen Unfällen hat sich die Skepsis der ÖsterreicherInnen als bahnbrechend und richtungsweisend erwiesen. Die Ereignisse in der Hainburger Au gelten nicht zu Unrecht als ein weiteres Symbol der ökologischen Wende in der Politik. Durch einen brutalen Exekutiveinsatz wurde zunächst eine schwere politische Krise hervorgerufen. Aber in der Folge wurde ein Symbol für erfolgreichen gewaltfreien Widerstand geschaffen. Seither gab es eine Fülle von Kontroversen und Konflikten zwischen Behörden, Regierungen und Bürgerinitiativen. Die Auseinandersetzung ist mühsamer geworden, da Regierung und Behörden offenen Konfrontationen aus dem Weg gehen, vollendete Tatsachen zu schaffen versuchen oder aber mit millionenschweren Informationskampagnen Stimmung machen. Die politische Auseinandersetzung spielt sich seit langem nicht mehr ausschließlich zwischen politischen Parteien im Rahmen des politischen Systems, sondern zwischen gesellschaftlichen Bewegungen und dem politischen System, insbesondere mit der Regierung ab. Schon lange haben Staat, Parteien und Verbände kein Politikmonopol mehr!

Auf der Ebene der Bürgerinitiativen haben diese Erfahrungen deutliche Veränderungen gegenüber der Frühphase hervorgebracht. Die spektakulären Konfrontationen mit den Exekutivkräften um bestimmte Großprojekte sind seltener geworden. Der Schwerpunkt der politischen Tätigkeit liegt heute in kontinuierlichem und zähem Engagement mit einigen Gemeinsamkeiten:

- Dabei haben die Bürgerinitiativen hervorragende Rechtskenntnisse erworben.
- Bürgerinitiativen kooperieren mit ExpertInnen – mit RechtsanwältInnen, ZiviltechnikerInnen, ÄrztInnen und mit Fachleuten aus dem jeweiligen Sachbereich. Darüber hinaus haben sich eigene Initiativen von Fachleuten, etwa Ärzten oder Rechtsanwälten, gebildet, die sich auf verschiedene Bereichen des Umweltschutzes spezialisiert haben.
- Auch auf seiten der Behörden hat sich ein „stehendes Expertenteam" herausgebildet, das die systemkonformen Produktionsverfahren bzw. die umstrittenen Projekte mit voraussagbarer Regelmäßigkeit jeweils als harmlos, unschädlich und gesetzeskonform einstuft. Es sind immer wieder dieselben Ärzte bzw. Toxikologen, die die gefährlichen Emissionen von Müllverbrennungsanlagen, Großgaragen oder Industrieanlagen verharmlosen.
- Bürgerinitiativen wissen nicht mehr nur, was sie nicht wollen, sie bieten auch Alternativen an. Dies ist der wichtigste Fortschritt in der Bürger-Bewegung überhaupt. Müllinitiativen sind heutzutage über die effizientesten Konzepte zur Müllvermeidung und Verwertung des Restmülls informiert; Verkehrsinitiativen verfügen über Fachkenntnisse in Straßenbau und Straßenplanung und können alternative Planungen abliefern.
- Bürgerinitiativen agieren in vielen Bereichen in koordinierter Form und tauschen regelmäßig Informationen aus. Weltweit agierende Initiativen wie Greenpeace planen konkrete Projekte gemeinsam mit lokalen Bürgerinitiativen. Mitgliederstarke Massenvereine kooperieren mit hochspezialisierten Gruppen. Im Bereich des Tierschutzes gibt es mittlerweile neben den großen Tierschutzvereinen spezifische Initiativen gegen Pelztierhaltung, für artgerechte Haltung landwirtschaftlicher Nutztiere oder für gefährdete Tierarten. Gentechnologie-KritikerInnen kooperieren in bestimmten Projekten eng mit Tierschutzvereinen. Initiativen zum Schutz von MieterInneninteressen treffen sich mit Flüchtlingsvereinen, wenn Spekulanten Massenquartiere mit rechtlich schutzlosen AusländerInnen belegen.
- Bürgerinitiativen geben eigenständige Anregungen an die Instrumente der Gesetzgebung, indem sie parlamentarische Petitionen einbringen und die Behandlung ihrer Anliegen politisch urgieren.
- Eine spezielle Kooperation hat sich mit den Grünen im Parlament herausgebildet. Die grünen ParlamentarierInnen unterstützen die

Anliegen der Bürgerinitiativen und formulieren Vorschläge zur Änderung von Gesetzen. Und sie fördern die Bürgerinitiativen auch finanziell, durch einen Bürgerinitiativen-Fonds, von einem Teil der Abgeordnetenbezüge gespeist.

Dieser neue Druck von BürgerInnen in Verbindung mit der grünen Partei zwang die etablierten Kräfte zu ersten umweltpolitischen Kompromissen. Dabei bildete sich auch bereits ein Umweltrecht im engeren Sinn heraus, das über den vorhandenen Bestand an Gefahrenschutz-Normen hinausgeht. Der ältere Bestand an Gesetzen zum Schutz von Leben, Gesundheit und Eigentum – wie das gewerbliche Betriebsanlagenrecht, das Wasserrecht, das Forst- und Bergrecht etc. – bildet zusammen mit neueren umweltpolitischen Gesetzen (abfallwirtschaftliche Bestimmungen, Bestimmungen zur Luftreinhaltung) ein Instrumentarium, mit dem die neuen politischen Initiativen umzugehen gelernt haben.

Auch in anderen Bereichen hat die Aktivität von Bürgerinitiativen politische Wirksamkeit erlangt. Eine allgemeine Beschränkung des Nord-Süd-Transitverkehrs durch Tirol, wie sie mit der EU ausgehandelt wurde, wäre ohne die Aktivitäten der Bürgerinitiativen nicht zustande gekommen. Im Zusammenhang mit der Umweltverträglichkeitsprüfung bzw. dem neuen Gentechnikgesetz trugen Bürgerinitiativen viel dazu bei, daß heute fachlich kompetente Gesetzesentwürfe bzw. Gegenentwürfe mit unzulänglichen Regierungsvorlagen in Konkurrenz treten und diese teilweise korrigieren. Die Auseinandersetzung zwischen Umweltrecht und Wirtschaftsfreiheit ist damit in eine entscheidende Phase eingetreten. Wichtige Bedingungen für ein „Umweltrecht mit Biß“ waren bereits in Reichweite der rechtlichen Konkretisierung, sind aber in letzter Minute wieder stark verwässert worden. Zum einen müßte sich das Umweltrecht im Konfliktfall gegen betriebliche Interessen der Wirtschaft durchsetzen können – z. B. durch ein höheres Schutzniveau im Rahmen einer Umweltverträglichkeitsprüfung. Zum anderen müßte eine volle Information über betriebliche Emissionen und Immissionen (Umweltbelastungen) gewährleistet sein. Im Jänner 1993 wurde zwar das sogenannte Umweltinformationsgesetz verabschiedet. Diese legistische Festlegung bringt jedoch nicht die erforderliche qualitative Verbesserung gegenüber dem bisherigen Auskunftspflichtgesetz. Geschäfts- und Betriebsgeheimnisse sowie betrieblicher Datenschutz bleiben gegenüber einer verursacherorientierten Umweltinformation immer noch vorrangig.[1] Die Wirtschaftskrise hat dabei den Abwehrinteressen der etablierten Wirtschaftskräfte vorläufig den Rücken gestärkt.

Besonders fragwürdige Entwicklungen sind in Österreich bezüglich des Umwelt- und Gesundheitschutzes in Zusammenhang mit dem EU-Beitritt zu verzeichnen. Im vorauseilenden EU-Gehorsam der Bundesregierung wurde die ökologisch unverzichtbare Bindung von Obergrenzen für Viehbestände an die vorhandene Fläche der landwirtschaftlichen Nutzung bereits gestrichen. Dadurch sind intensivste Viehhaltungen auch auf kleinen Arealen möglich. Fast hat es den Anschein, als wollte man die österreichischen Bauern in einen aussichtslosen Mengenwettbewerb mit EU-Agrarfabriken hetzen. Seitens der Regierungsvertreter wird man dann natürlich argumentieren, das Bauernsterben fände mit oder ohne einen EU-Beitritt Österreichs statt. Diese Argumentation übersieht nur die eigene politische Verantwortung.

Während in diesem Fall eine ökologische Verschlechterung im Einklang mit den EU-Normen zustande kam, konnten sich in anderen Bereichen ökologisch positive Regelungen der EU in Österreich nicht durchsetzen. In den Bereichen Arbeitnehmerschutz und Genetik sind es die Grünen, die unter Ausschöpfung aller rechtlichen Instrumente des Europäischen Wirtschaftsraumes bessere Inhalte des EU-Rechtes ohne Verzögerung für Österreich einklagen.

Trotz einer stark angewachsenen Zahl sogenannter Umweltgesetze ist international noch keine Trendwende in Richtung substantieller ökologischer Reformen zu erkennen. Eine Dokumentensammlung von Bernd Rüster und Bruno Sima zur internationalen Umweltpolitik, die bilaterale, multilaterale und weltweite Vereinbarungen beinhaltet, umfaßt mittlerweile mehr als 30 Bände mit über 1000 Verträgen, Abkommen und Deklarationen. Ein Großteil dieser Bestimmungen ist

---

[1] Abweichende Stellungnahme zur Regierungsvorlage über ein Umweltinformationsgesetz, 645 d. Beil. XVIII. GP. „Besonders schmerzhaft ist, daß nicht einmal alle Emissionsdaten ohne Wenn und Aber an die BürgerInnen weitergegeben werden können, sondern bloß Emissionsgrenzwertüberschreitungen an die Bevölkerung berichtet werden dürfen. Bei den oft uralten Bescheiden und viel zu schwachen Grenzwertfestlegungen ist eine solche Regelung natürlich unzureichend.“

allerdings nur sogenanntes Soft Law mit nicht direkt durchsetzbaren Verhaltensregeln oder Absichtserklärungen. Selbst die erreichten Verträge enthalten so viele unverbindliche Klauseln, etwa die rhetorische Bezugnahme auf den „Stand der Technik oder der Wissenschaft" oder die „wirtschaftliche Vertretbarkeit", daß eine rasche und effiziente politische Durchsetzung in vielen Fällen von vornherein unterlassen wird.[2]

Auch das österreichische Umweltrecht hat quantitativ stattliche Dimensionen angenommen. Wichtige Materien wie die Bereiche Naturschutz, Landwirtschaft und Tierschutz sind aber nur Landeskompetenzen oder aber ein Sammelsurium von Bundes- und Landeskompetenzen. Dies ist z. B. im Bereich der Raumordnung, aber auch bei international immer wichtigeren Themen wie dem Artenschutz der Fall.

Die Versuche, die Zersplitterung der nichtkoordinierten Umweltnormen einzudämmen, konnten bisher nur bescheidene Erfolge erzielen. Vor allem die Bestimmungen über eine Umweltverträglichkeitsprüfung lagen viele Jahre lang in den Schubladen der Regierung. Erste Entwürfe zu dieser gesetzlichen Initiative gehen auf den Sommer 1985 zurück, auf die Zeit nach den Auseinandersetzungen um das Kraftwerksprojekt in Hainburg, welche mit der Erhaltung der Donauauen endeten. Nach vielen weiteren Verhandlungsanläufen passierte das Projekt der Umweltverträglichkeitsprüfung zumindest die Beschlußfassung im parlamentarischen Umweltausschuß. Eine entscheidende Verbesserung des Schutzniveaus konnte dabei zwar nicht erreicht werden, doch wurden auf Betreiben der Grünen zumindest einige Verbesserungen im Bereich des Rechtsschutzes erreicht – vor allem die Parteienstellung für die sogenannte „BürgerInnenpartei", d. h. für 200 Wahlberechtigte aus der Standortgemeinde und den Nachbargemeinden eines umweltrelevanten Projektes. Inhaltlich bleibt es jedoch auch nach Erlassung der UVP-Normen bei einem ungenügenden Rechtschutzniveau der verschiedenen Umweltgesetze (Wasserrecht, Luftreinhaltung usw.).[3]

---

[2] Klaus Bosselmann, Im Namen der Natur. Der Weg zum ökologischen Rechtsstaat, Bern, München, Wien 1992, Seite 121f.

[3] Marlies Meyer, Umwelt, vertrag dich! in: *Juridikum* Nr. 2/93, Wien 1993, Seite 15ff.; vgl. auch die abweichende Stellungnahme zum Umweltverträglichkeitsprüfungsgesetz 1179 BlgNR.

Die Umweltschutznormen der modernen Industriestaaten verfolgen im wesentlichen drei Ziele:

- die Vorbeugung gegenüber künftigen Umweltbelastungen (präventive Funktion)
- die Eindämmung und Begrenzung gegenwärtiger Umweltbelastungen (repressive Funktion)
- die Beseitigung bereits eingetretener Umweltschäden (reparative Funktion)[4]

Eine umfassend gestaltende politische Funktion, die Durchdringung der Normen sämtlicher politischer Sachbereiche, wie Wirtschaft, Arbeit, Verkehr, Energiewesen und Wohnen, konnte noch nicht erreicht werden. Während wirtschaftliche Freiheiten mit durchsetzbaren Verfassungsnormen abgesichert sind, will man sich bei der politischen und kulturellen Dimension der Natur mit einem Bekenntnis zum umfassenden Umweltschutz begnügen. Diese programmatische Staatszielbestimmung, die in Österreich mit dem Bundesverfassungsgesetz vom 27. November 1984, BGBl. 491, eingeführt wurde, beinhaltet weder selbständig durchsetzbare Rechte noch Möglichkeiten, gesetzgeberische Aktivitäten des Umweltschutzes zu erzwingen.[5]

Ein grüner Vorstoß im Parlament zielt demgegenüber auf die Schaffung eines einheitlichen Umweltanlagenrechtes. Der Antrag wurde wie folgt begründet:

„*Ein beispielhafter Katalog von Gesetzen, die bei der Errichtung von umweltbeeinträchtigenden Anlagen relevant werden können, zeigt schon, wie zersplittert das Umweltanlagenrecht ist: Gewerbeordnung, Wasserrechtsgesetz, Luftreinhaltegesetz für Kesselanlagen, Forstgesetz, Abfallwirtschaftsgesetz, Altlastensanierungsgesetz, Luftfahrtgesetz, Elektrizitätswirtschaftsgesetz, Rohrleitungsgesetz, Bundesstraßengesetz, Eisenbahngesetz, Hochleistungsstrekkengesetz, Berggesetz, Strahlenschutzgesetz – als Bundesgesetze und Bauordnungen (Raumordnungsgesetze), Abfallwirtschaftsgesetze, Naturschutzgesetze, Landes-Elektrizitätsgesetze – als Landesgesetze.*

---

[4] Klaus Bosselmann, Die Fehlkonstruktion des Umweltschutzes, in: Im Namen der Natur, Bern, München, Wien 1992, Seite 137f.

[5] M. Wimmer, Das Wirtschaftsrecht als Instrument der Ökologie, in: Bundesministerium für Umwelt, Jugend und Familie (Hrsg.): Umweltpolitik durch Recht – Möglichkeiten und Grenzen. Rechtliche Strategien zur Umsetzung des Umweltmanifests, Wien 1992, Seite 87ff.

Das Alter dieser Umweltgesetze ist ganz unterschiedlich; einige reichen bis ins Jahr 1957 zurück (z. B. Luftfahrtgesetz), andere wurden in der 17. Gesetzgebungsperiode novelliert. Dementsprechend unterschiedlich ist der Umweltschutzgedanke (Bewilligungskriterien, Partizipation und Kontrolle) darin verwirklicht (siehe dazu die Detailbetrachtung). Ein Kapitel für sich sind die unterschiedlichen Zuständigkeiten zum Vollzug dieser Gesetze (eigener Wirkungsbereich der Gemeinde, selbständiger Vollzug der Landesbehörden, mittelbare und unmittelbare Bundesverwaltung).

Sicher ist das derzeitige Vollzugsdefizit im Umweltrecht nicht allein auf die komplexe Rechtslage zurückzuführen, jedoch würde ein einheitliches Umweltanlagenrecht wesentlich zur Effizienzsteigerung beitragen. Ein einheitliches Umweltanlagenrecht, mit dem für alle Arten von Anlagen

- *das Vorsorgeprinzip*
- *das Partizipationsprinzip*
- *das Kontrollprinzip*

einheitlich geregelt und diese Materie auch einem eigenen Umweltressort unterstellt wird."

Dieser Antrag bewirkte, daß das Umweltministerium aufgefordert wurde, eine Analyse der bestehenden Kompetenzlage sowie einen Vorschlag für die Neugestaltung des Anlagenrechtes vorzulegen.[6] Solche kleinen Fortschritte gibt es immer wieder, doch wird ihre Generalisierung nur gelingen, wenn Bürgerinitiativen, Umweltbewegung und die Grünen im Parlament weiterhin kompetenten Druck entfalten.

Die neue politische Qualität der Bürgerinitiativen verbindet ihre konzeptiven Kompetenzen, ihre Vernetzungen untereinander und ihre operativen Schnittstellen zum politischen System. Die damit einhergehenden Synergie-Effekte werden von entscheidender Bedeutung sein, um qualitative, ökologische und soziale Veränderungen durchzusetzen.

Unterdrückung von Gutachten, Ignorierung oder Brechung bestehender Gesetze mit juristischen Tricks, Fortsetzung etablierter Praktiken mit allen Mitteln — fast alle Bürgerinitiativen machen ähnliche

---

[6] 1181 d. Beil. zu den Stenographischen Protokollen des Nationalrates, XVIII. GP vom 29. Juni 1993.

Erfahrungen. Die Anzeige bei Gericht ist stets nur ein letzter Schritt, nachdem alle Versuche eines sachlichen und politischen Dialogs gescheitert sind. Ich habe viele Gespräche mit VertreterInnen von Bürgerinitiativen geführt, die darüber empört sind, wie rasch und bedenkenlos wegen der vermeintlichen Systemzwänge rechtliche Normen einseitig angewendet oder sogar verletzt werden. Die Erfahrung von Ohnmacht, die eintritt, wenn den Betroffenen Gehör, Mitsprache, Mitgestaltung abgesprochen wird, verursacht enorme Reibungsverluste. Die Kosten bei Gerichten und Verwaltungsbehörden betragen viele Millionen Schilling. BürgerInnen opfern Freizeit, Urlaub und erhebliche Eigenmittel, um die Verfahren in Gang zu halten. Weit größer sind jedoch die Verluste, die die Gesellschaft erleidet, wenn wissenschaftliche Fortschritte, neue Planungs- und Testverfahren sowie ökologisch und sozial verträglichere Kriterien auf die lange Bank geschoben werden. Eine wichtige Aufgabe der Grünen besteht deshalb darin, den BürgerInnen einen geregelten Zugang zu allen Behördenverfahren und zur Gesetzgebung zu verschaffen.

7. DIE GRÜNEN PARTEIEN ALS INTERNATIONALES NETZWERK

Zwei Jahrzehnte nach dem Ende des Zweiten Weltkriegs entstanden zunächst in den Vereinigten Staaten von Amerika und dann in Europa die ersten Ansätze von Protestbewegungen gegen die technokratische Wachstumsgesellschaft. Die von starker Weltflucht gekennzeichnete Hippie-Bewegung war von zahlreichen Romantizismen geprägt und blieb weitgehend apolitisch. Die westeuropäische Studentenbewegung, die als „1968er Bewegung" Geschichte machte, entwickelte hingegen Strategien der Konfrontation mit dem politischen „Establishment". In Frankreich und Deutschland gerieten die Regierungen massiv unter Druck, da die Protestkundgebungen teilweise über den studentischen Bereich hinaus in organisierte Massendemonstrationen mündeten. Viele Beteiligte der 68er Bewegung setzten auch große Erwartungen in die Entwicklung eines „Sozialismus mit menschlichem Gesicht", wie ihn der „Prager Frühling" unter der Führung des tschechoslowakischen Reformkommunisten Alexander Dubcek versprach. Am 21. August 1968 beendete der Einmarsch der Truppen des Warschauer Pakts diese Entwicklung. Retrospektiv war dies der Anfang vom Ende des „bürokratischen Sozialismus" als System kommunistischer Diktaturen in Osteuropa.

Die starke Ideologisierung der 68er-Bewegung und ihre spätere Funktionalisierung durch die „K-Gruppen" erwies sich als historischer Irrtum. In der Folge kam die 68er-Bewegung zum Erlahmen, und in Europa herrschten wieder politische Normalität und Wachstumseuphorie. Die Energieverbrauchsraten schnellten in die Höhe. Die Kernspaltung wurde als neue Wunderenergie gefeiert, und in Amerika und Europa gingen die ersten Kernkraftwerke in Betrieb. Die eindringlichen Warnungen von KernkraftgegnerInnen führten in den siebziger Jahren wiederum zu vielfältigen Initiativen gegen die Gefahren der Wachstumsgesellschaft. Im Verlauf dieser Bewegungen kam es schließlich auch zur Gründung grüner Parteien. 1979 entstanden aus der Koordination von Grünparteien aus Deutschland, Belgien, Frankreich, Großbritannien, den Niederlanden und Italien die „Europäischen Grünen". 1982 traten diesem Bündnis auch ökologische bzw. alternative Parteien aus Schweden, Irland und Österreich bei. Die Anfangsphase dieser europäischen Zusammenarbeit war geprägt vom Ringen um programmatische Fragen und politische Hauptanliegen.

Im Jänner 1984 kam es in Brüssel zu einer gemeinsamen Erklärung der europäischen Grünparteien mit folgenden Grundsätzen: Mehr Rechte der BürgerInnen seien entscheidend, um eine Balance zwischen dem menschlichen Wirken und dem Gleichgewicht in der Natur herzustellen. Die ökologischen Ziele, die auf einer lokalen, regionalen und nationalen Ebene bereits teilweise verwirklicht seien, müßten in ganz Europa, also auch in Osteuropa, wirksam werden. Der Energieerzeugung, dem Verbrauch sowie den Hauptquellen für irreversible Schädigungen müsse in Politik und Forschung verstärkt Aufmerksamkeit gewidmet werden. Die Erhaltung und Bewahrung von Ökosystemen müsse dabei Priorität erhalten. Die ökonomischen Wachstumsstrategien würden nicht nur die Lebensgrundlagen, sondern auch den Frieden gefährden. Ein grundsätzliches Umdenken sei notwendig sowie die Schaffung neuer Strukturen in Staat und Gesellschaft. Insbesondere müsse die föderalistische Idee ausgebaut und europaweit verankert werden. Die Rechte aller BürgerInnen, Minderheiten, religiöser Gruppen usw. seien rückhaltlos zu respektieren, im besonderen auch die Rechte für Flüchtlinge und ArbeitsmigrantInnen, denen demokratische Rechte wie das Wahlrecht einzuräumen seien. Dies alles könne nur auf Basis einer umfassenden Ökologie und einer umfassenden Friedensstrategie für den gesamten Planeten erreicht werden.

Diese „Brüsseler Deklaration“ wurde im April 1984 um die „Pariser Deklaration“ erweitert. Sie forderte eine Ächtung der nuklearen Waffen in Ost und West und hob den sozialen Ausgleich mit der Dritten Welt als eine Grundvoraussetzung für die ökologische Neuorientierung hervor.

Diese programmatischen Leitlinien zeichnen sich im nachhinein durch ihren politischen Weitblick aus. Die europäischen Grünen erkannten frühzeitig die kulturelle, ökonomische und ökologische Bedeutung einer Europaidee, die Osteuropa nicht ausschließt, sondern integriert. Die Notwendigkeit einer aktiven Sozial-, Minderheiten-, Flüchtlings- und Migrationspolitik sowie einer gesamteuropäischen Strategie für eine ökologische und soziale Reform wurde ebenso erkannt wie die Notwendigkeit und Möglichkeit einer umfassenden Friedenspolitik, welche 1989 eine reale Chance bekam und dann sowohl im 2. Golfkrieg als auch in Ex-Jugoslawien auf tragische Weise vertan wurde.

Neben der internationalen Vernetzung der grünen Parteien gibt es seit 1984 auch eine Zusammenarbeit der grünen Europa-ParlamentarierInnen, die sich 1989 als Organisation der „Grünen im Europaparlament" neu konstituierte.

Die politische Identitätsbildung der Grünbewegung erfolgte aber auch über programmatische Meinungsunterschiede. Die sogenannte Fundi-Realo-Polarisierung der deutschen Grünen, bei denen zahlreiche „68er" den Ton angaben, hatte auch negative Auswirkungen auf die europäischen Grünen. Spätestens seit 1987 kann diese Auseinandersetzung jedoch als überwunden angesehen werden. Parteien, die früher als nur grün-ökologisch galten (die belgischen, schwedischen, italienischen oder britischen Grünen), äußern sich heute auch zu sozialen, Menschenrechts- und Friedensfragen (Kampf gegen Rassismus und Ausländerfeindlichkeit, Aktionen gegen den Golfkrieg usw.). Andererseits sind ehemals im linken Spektrum angesiedelte Grünparteien, wie die niederländische Partei „Groen Links", heute zentral in Fragen der Ökologie engagiert.[1]

Die inhaltlich-politischen Auseinandersetzungen betreffen in der jüngsten Vergangenheit vor allem die Fragen der europäischen Integration. Tendenziell stehen die Grünparteien der EFTA-Länder einem EU-Beitritt des jeweiligen Staates skeptisch bis negativ gegenüber. Demgegenüber ist das politische Hauptanliegen der EU-Grünen die Veränderung der EU von innen. Alle europäischen Grünparteien sind sich jedoch darin einig, daß das derzeitige Projekt der europäischen Integration vom Entwurf einer ökologischen und sozialen Neuorientierung für ganz Europa weit entfernt ist. Die inhaltlichen Kritikpunkte – Vorrang für Wirtschaftswachstum, statt für Umweltschutz, Demokratiedefizit, Abschottung gegenüber Osteuropa sowie der Aufbau einer anachronistischen, militärischen und polizeilichen Sicherheitspolitik – sind unter den europäischen Grünparteien unumstritten.

Aus den ungelösten Problemen der europäischen Integration ergeben

---

[1] Gerhard Jordan, Nabelschau und Telefax, in: *Impuls Grün* Nr. 9, November 1991, Seite 18f.

sich jedoch auch organisatorische Konsequenzen für die Grünen: Seit dem Zusammenbruch des *real existierenden Nicht-Sozialismus* (Ulrich Beck) hat sich auch die Zusammenarbeit mit osteuropäischen Grünparteien intensiviert. Dies hat zu einem verstärkten und veränderten Ost-West-Dialog auch zwischen den Grünen bewirkt. Im Rahmen dieses Dialogs zeigen sich immer wieder die großen Schwierigkeiten der Grünparteien in den ehemaligen Ostblock-Staaten. Viele engagierte Menschen aus diesen Parteien und Initiativen haben schon vor 1989 in kritischen Gruppierungen mitgearbeitet – soweit das möglich war. Nach dem politischen Umbruch waren es in vielen Staaten meist wieder ehemalige Funktionäre des kommunistischen Systems, die sich in neuem Gewande etablieren konnten. Im Ringen um die neue Macht wurden fast überall nationalistische Strömungen ausgenützt oder bewußt geschürt. Viele Grünparteien in Osteuropa sind deshalb mit massivem Nationalismus konfrontiert und haben Schwierigkeiten, dieser Tendenz Alternativen entgegenzusetzen. Es gab jedoch beachtenswerte Wahlerfolge in Slowenien, Bulgarien, der Slowakei, der ehemaligen DDR und in den baltischen Staaten. Auf der lokalen Ebene konnten Grüne sogar Bürgermeister stellen (Sofia, Bratislava).

Besonders wichtig für die Stärkung der Zusammenarbeit in der internationalen Grünbewegung war die konkrete Arbeit in europäischen Grün-Netzwerken: Die Grünen und Umweltbewegungen des Mittelmeerraums (SOS Mediterraneo) sowie der Ostseeregion (Balto-Scandian Information Centre) kooperieren in gemeinsamen Projekten und Kampagnen. Im Bereich der Alpenregion gibt es eine Zusammenarbeit zwischen „Alpe-Adria-Alternativ" und der „Grünalternativen Arge Alp". Auf Initiative der „Europäischen Grünen" wurde im Februar 1990 in Stockholm das Netzwerk grüner ParlamentarierInnen gegründet. Diese neue Netzwerk umfaßt auch grüne ParlamentarierInnen aus Nicht-EU-Ländern und ergänzt die Organisation der „Grünen im Europaparlament". Grüne ParlamentarierInnen und grüne Parteien haben somit den begrenzten Raum der EU längst überwunden, stehen in aktiver Kooperation mit osteuropäischen Grüngruppierungen und haben dieser gesamteuropäischen Kooperation auch einen institutionellen Ausdruck gegeben: Die „Europäischen Grünen" wurden am 20. Juni 1993 zur „Europäischen Föderation Grüner Parteien" umstrukturiert. Dabei wurde beschlossen, den Sitz der Organisation von Brüssel nach Wien zu verlegen.

Im April 1993 wurde in Amsterdam auch das neue Programm der Europäischen Föderation Grüner Parteien verabschiedet (vgl. den Anhang in diesem Buch). Die Leitlinien gehen davon aus, daß der Zusammenbruch des Ostblocks und die Notwendigkeit ökologischer Neuorientierungen einen doppelten Übergangsprozeß erfordern. Europa und die gesamte Welt sind in eine Ära der Transformationen eingetreten. Das Programm versucht dieser historischen Konstellation mit drei Leitideen gerecht zu werden: „Öko-Entwicklung", „Gemeinsame Sicherheit", „Demokratie und neue Bürgerrechte".

- „Öko-Entwicklung" (eco-development) der Leitgedanke meint eine Neuorientierung der Wirtschaft nach ökologischen und sozialen Kriterien, auf Basis regulierter Marktwirtschaft, die den Kooperationsgedanken stärker gewichtet als den Wettbewerb. „Ökoentwicklung" wird als demokratischer Prozeß verstanden, der die betroffenen BürgerInnen sowohl bei der Produktion als auch bei der Verteilung einbezieht. Auf globaler Ebene wird eine Einbeziehung der „Entwicklungsländer" in das System der Weltwirtschaft verlangt. Neue Entwicklungsstrategien müssen vor allem die Frauen aktiv einbeziehen und damit die Basis schaffen, um auch die Bevölkerungsexplosion in den Griff zu bekommen. Erforderlich sind auch neue Richtlinien für die Weltwirtschaftsabkommen wie das GATT und die internationalen Währungs- und Finanzinstitutionen wie den internationalen Währungsfonds und die Weltbank. Für die europäische Wirtschaft wird eine Unterordnung unter die Grundwerte des Umweltschutzes und der sozialen Gerechtigkeit gefordert. Konkrete Vorstellungen werden dabei für die Bereiche Energie, Transport, Landwirtschaft und Fischerei, Forstwirtschaft, Naturschutz sowie Forschung und Entwicklung entwickelt. Ökologisch gefährliche Wirtschaftszweige und Branchen, insbesondere der militärisch-industrielle Komplex, die chemische Industrie, die Automobilindustrie u. a. müssen in ökologisch orientierte Produktionen übergeführt werden. Im Bereich der Forschung wird eine dramatische Reduktion der Forschungsausgaben für destruktive Technologien (Militärtechnologie, Nuklearenergie, Gentechnologie, Weltraumtechnologie) sowie ein wesentlich gesteigerter Mitteleinsatz für Forschung im Bereich der Umwelt, der sanften Technologien und der ganzheitlichen Naturheilkunde verlangt. Im Hinblick auf die Einbeziehung Osteuropas wird angesichts des Lohnkostendumpings und der drohenden Lateinamerikanisierung der ehemaligen Ostblockstaaten ein Aufbau autonomer Wirtschaftsstrukturen und die Konzentration auf die menschlichen Grundbedürfnisse vorgeschlagen.

- Mit der Leitidee „gemeinsame Sicherheit" wird von den europäischen Grünen die Ablösung militärischer Offensivstrategien durch ein kooperatives Sicherheitskonzept angestrebt, welches soziale, ökonomische, ökologische, psychologische und kulturelle Dimensionen einbezieht. Ausdrücklich wird die Bedeutung neutraler Staaten im Rahmen einer gesamteuropäischen und nichtmilitärischen Friedenspolitik betont. Auf institutioneller Ebene wird die Auflösung von NATO und WEU sowie die Weiterentwicklung der Konferenz für Sicherheit und Zusammenarbeit in Europa (KSZE) in ein regionales Sicherheitssystem gemäß Art. 52 der UNO-Charta vorgeschlagen. Als erster Schritt zu einer solchen Entmilitarisierung müssen alle Arten von atomaren, biologischen und chemischen Waffen abgebaut werden.

- Der dritte Leitgedanke des euro-grünen Programmes betrifft das Thema der Demokratie. Angesichts weltweiter Migrations- und Fluchtbewegungen ist es nicht mehr möglich, den Flüchtlingen und MigrantInnen BürgerInnenrechte vorzuenthalten. Weiters werden soziale und kulturelle Grundrechte inklusive der Freiheit der sexuellen Orientierung gefordert. Die Rechte von Minderheiten gegenüber der Mehrheit bedürfen eines besonderen Schutzes. Hingegen müssen die Todesstrafe, die allgemeine Wehrpflicht und das Verbot der Abtreibung abgeschafft werden.

Die Europäischen Grünen haben mit diesem Programm versucht, die Forderungen der Umweltbewegung, der Menschenrechtsbewegung, der Solidaritätsbewegung, der Friedensbewegung und der Frauenbewegung zu verknüpfen. Die grünen Parteien arbeiten somit heute in ganz Europa für eine Umsetzung ökologischer Prinzipien im Lichte des hier skizzierten, umfassenden gesellschaftspolitischen Verständnisses. Durch die vernetzten Kooperationsstrukturen ist es möglich, Erfahrungen und Informationen zwischen den europäischen Grünparteien rasch auszutauschen. Wesentliche Impulse kommen von den Grünen im Europaparlament, die über die Debatten und Alternativen auf der Ebene der EU informieren. Dies wird für die nationale parlamentarische Arbeit immer wichtiger, weil die Regierungsparteien im eigenen Land die bereits existierenden Alternativen auf europäischer Ebene meist verschweigen. So können Beweise erbracht werden, wenn anderswo – zumindestens in einzelnen Ansätzen – eine ökologische Neuorientierung in der Wirtschafts- und Sozialpolitik bereits im Gange ist.

In Europa hat die Arbeit der Grünparteien bereits deutliche Konturen bekommen. Ökologische Parteien gibt es aber in fast allen Industriestaaten und auch in vielen asiatischen, afrikanischen und lateinamerikanischen Ländern. Die Kontakte sind noch lose, intensivieren sich jedoch ständig, meist anhand konkreter Projekte. In den USA haben die Grünen auf Grund des Wahlrechts derzeit noch keine Chance auf Kongreß-Mandate auf der Bundesebene. Es gibt aber Grünparteien auf der Ebene der einzelnen Mitgliedstaaten und auf der regionalen Ebene. Im Rahmen einer Amerika-Reise im Februar 1993 konnte ich mich davon überzeugen, daß die Zusammenarbeit von Umweltschutzorganisationen und Sozialinitiativen ähnlich funktioniert wie in Europa. Hinsichtlich der zentralen Themen gibt es eine große Übereinstimmung mit unseren eigenen Anliegen: Im Zentrum stehen Klimaschutz-Kampagnen, die Kritik an den immer größeren, reinwachstumsorientierten Wirtschaftsblöcken sowie die Forderung nach neuen Bürgerrechten. Hinzu kommen eine Fülle von speziellen Projekten: Stadtökologie, ethnische Minderheiten, Natur- und Artenschutz, risikoreiche Kraftwerke bzw. Industrieanlagen. Die Grünbewegung ist weltweit nicht nur auf der Ebene des Umweltschutzes, sondern auch auf der Ebene der Gesellschaftspolitik in Erscheinung getreten.

In Österreich gehen die historischen Wurzeln der Grünen auf die frühen siebziger Jahre zurück. Als eine der ersten europäischen Grünparteien feierte die Salzburger Bürgerliste bereits 1977 mit 6 Prozent der Stimmen einen respektablen Wahlerfolg. Ein international beachtetes Ereignis war die Ablehnung des Kernkraftwerkes Zwentendorf durch die österreichische Bevölkerung im Rahmen einer Volksabstimmung am 5. November 1978. Dieses Ereignis hatte eine große belebende Wirkung für die weitere Entwicklung der österreichischen Grünbewegung. Bei den Salzburger Wahlen 1982 konnte die Bürgerliste mit 17,7 Prozent der Stimmen ein politisches Erdbeben auslösen. Mit dem Sitz eines Stadtrats übte Johannes Voggenhuber das erste grüne Regierungsamt in Europa aus.

1984 kam es zur großen Auseinandersetzung rund um den geplanten Bau eines Donaukraftwerks in der Hainburger Au. Das brutale Vorgehen der Exekutive führte nur dank der bedingungslos gewaltfreien Haltung der DemonstrantInnen zu keiner Eskalation von Gewalt. Schließlich mußte die Regierung eine „Nachdenkpause“ verordnen, die bis heute anhält. Durch die Hainburger Erfahrungen festigte sich die grüne Bewegung so stark, daß eine Teilnahme bei den Wahlen auf Bundesebene vorbereitet werden konnte. 1986 kandidierte Freda Meissner-Blau bei den Bundespräsidentschaftswahlen und errang im ersten Wahlgang mit 5,5 Prozent der Stimmen einen beachtlichen Erfolg. Die Einigungsverhandlungen zwischen den verschiedenen Grüngruppierungen führten trotz einiger Turbulenzen bei der Erstellung der KandidatInnenliste zur Bildung einer gemeinsamen Wahlplattform, der Liste Freda Meissner-Blau, die auf Anhieb 4,8 Prozent der Stimmen und acht Mandate erringen konnte. Die österreichischen Grünen zogen im europäischen Vergleich eher spät ins Parlament ein. Grüne MandatarInnen gab es vorher schon in der Schweiz, in Belgien, Deutschland, Finnland und Luxemburg. Die österreichische Parlamentsfraktion konnte sich in der ersten Phase noch auf keine gefestigte grüne Parteiorganisation stützen. Anfangs war daher oft die Rede von einer „Kopfgeburt“. Inhaltliche Differenzen im gesellschaftspolitischen Bereich führten dazu, daß der Abgeordnete Buchner den grünen Parlamentsklub verließ. Seither kam es bei den Wahlen immer wieder zu verschiedenen Grün-Kandidaturen.

Dennoch konnten die Grünen (die Grüne Alternative) die Vorrangstellung im grünen Spektrum behaupten und bundesweite Strukturen schaffen. Das ursprüngliche Prinzip einer Trennung von öffentlichem Mandat und Parteifunktion wurde nicht beibehalten, da die damit verbundenen Erwartungen nicht wirklich erfüllt wurden. Die ehrenamtlich agierenden Mitglieder der Parteigremien hatten ungleich schlechtere Möglichkeiten zur öffentlichen Artikulation. Deshalb konnte auch keine wirkliche Balance zwischen Partei und Parlamentsklub erreicht werden. 1992 wurde die Regel der Unvereinbarkeit wieder fallen gelassen. Trotzdem sind die Grünen nicht wie traditionelle Parteien organisiert: Kollektive Entscheidungen in Verbindung mit einer Bundessprecherfunktion heben sich nach wie vor deutlich von den Modellen ab, die auf einen Parteichef zugeschnitten sind. Besonders wichtig ist die Öffnung der KandidatInnenlisten für Nicht-Parteimitglieder. Nichtmitglieder sind aktiv und passiv wahlberechtigt.

Die Entstehung einer Art „Parteibuchkultur“ wäre für viele Grün-AktivistInnen (nicht selten aus einer früheren Erfahrung mit anderen Parteien) unerträglich. Seit den Wahlen von 1990 sind zehn grüne Abgeordnete im Parlament. Sie dominieren nicht nur die Statistiken über Anzahl und Länge der Redebeiträge, sondern bringen immer mehr tonangebende Inhalte ein – neben den ökologischen Themen vor allem in den Fragen von Demokratie und Menschenrechten, z. B. bei den Themen der EU-Integration oder der AusländerInnengesetze, aber auch in den Fragen der Wirtschafts- und Sozialpolitik, der Sicherheitspolitik, der Bildungspolitik etc.

In der parlamentarischen Arbeit versuchen die Grünen, wo immer es durchsetzbar ist, VertreterInnen der Bürgerinitiativen als ExpertInnen in das Parlament zu holen. In der vergangenen Legislaturperiode haben die Änderungen im Rahmen der Geschäftsordnungsreform trotz vieler grüner Vorstöße leider nicht zu einer institutionalisierten Öffnung der parlamentarischen Ausschüsse geführt.

Insgesamt kann sich die politische Bilanz der Grünen in Österreich durchaus sehen lassen. Vor und nach dem Einzug ins Parlament haben die Grün-AktivistInnen bei sämtlichen wichtigen ökologischen Widerstandsprojekten mitgearbeitet. Oft waren sie dabei federführend. Die Erfahrungen in solchen Bürgerinitiativen waren in der Regel ein entscheidendes Motiv für die Kandidatur zum Nationalrat. Alle zehn Abgeordneten arbeiten eng mit Sozial- und Umweltinitiativen zusammen.

Mit dem Einzug der Grünen ins „Hohe Haus“ war es mit einer nur halbherzigen Kontrolle der politischen und bürokratischen Verwaltung durch das Parlament vorbei. Die Noricum- und Lucona-Untersuchungsausschüsse führten zu politischen Erdbeben, die personelle Veränderungen in der Regierung erfordern.[2] Auch dubiose Milliarden-Geschäfte im Bereich der landwirtschaftlichen Milchordnung wurden maßgeblich durch die Aufdeckungsarbeit der Grünen publik. Es läßt sich fast voraussagen, daß auch die Mißstände im Bereich des landwirtschaftlichen Zuschußwesens, insbesondere im Zusammenhang mit aufklärungsbedürftigen Fleischgeschäften, das Parlament wieder befassen werden. Absehbar ist auch eine Untersuchung der politischen

---

[2] Peter Pilz, Land über Bord. Kein Roman, 2. Auflage, Wien 1990.

Verantwortung für unglaubliche Verschwendungspraktiken im Straßenbau. Über zwanzig grüne Vorstöße in Richtung eines Untersuchungsausschusses konnten bislang noch abgeblockt werden, aber lange wird diese Strategie des „Durchtauchens“ nicht mehr vertretbar sein.

Im Bereich der Ökologie waren die Grünen die einzige Partei, die innerhalb und außerhalb des Parlaments auf die Notwendigkeit substantieller Veränderungen aufmerksam gemacht hat, teils durch spektakuläre und umstrittene Aktionen, wie gemeinsame Radfahrten zur Stoßzeit gegen den ausufernden motorisierten Straßenverkehr, teils durch breit unterstützte Protestaktionen gegen umweltgefährdende Anlagen in ganz Österreich. Keine andere Parlamentsfraktion hat auch nur annähernd so wichtige und so viele Gesetzesänderungen im Bereich der Ökologie initiiert. Die Grünen haben ein detailliertes Umwelthaftungsgesetz vorgelegt, das eine wesentliche Grundlage für entsprechende Überlegungen auf der Regierungsebene geworden ist. Dieses Gesetz wurde zwar noch nicht realisiert, steht aber in parlamentarischer Behandlung. Beim Umweltinformationsgesetz wurden auf Betreiben der Grünen bürgerInnenfreundliche Regelungen akzeptiert, etwa der Wegfall eines Anwaltszwanges. Viele grüne Anträge im ökologischen Bereich, vom Vorschlag eines einheitlichen Umweltanliegenrechts bis zur Energiepolitik, zielen auf mehr BürgerInnenrechte und mehr Transparenz gegenüber einem unübersichtlichen und schwer vollziehbaren Gesetzesdschungel.

In letzter Zeit haben die grünen Abgeordneten ihre Kompetenz auch in Fragen der sozialen Gerechtigkeit und der Ökologisierung der Wirtschaft verstärkt. Verteilungspolitik - von der Regierung seit langem aufgegeben – muß die soziale Grundvoraussetzung einer ökologischen Neuorientierung bleiben. Grüne Vorstöße konnten bislang nicht in der Gesetzgebung umgesetzt werden, sie haben aber dazu geführt, daß es nach langer Zeit wieder eine parlamentarische Diskussion darüber gibt. Die Grünen forderten konkrete Schritte in Richtung Ökologisierung von Industrie und Gewerbe, durch bestmögliche Ausnützung bestehender Instrumentarien, etwa im Bereich des Förderungs- und Vergabewesens oder des Beschaffungswesens. Die grünen Alternativen in der Wirtschaftspolitik reichen bis zum Steuerwesen und zur Budgetierung, worauf weiter unten noch näher eingegangen werden wird.

„Markenzeichen“ der grünen Parlamentspolitik ist es auch, parlamentarische Instrumente bei besonders zentralen Anliegen für einen demokratischen Widerstand zu nutzen. Wir haben es nicht hingenommen, daß die Bundesregierung den zweiten Golfkrieg unterstützt hat, indem sie die Bestimmungen über die Ein-, Aus- und Durchfuhr von Waffen abänderte – wir haben die entsprechende Beschlußfassung im Rahmen der Geschäftsordnung blockiert, solange wir konnten. Gleichfalls haben wir die Beschlußfassung über die inhumanen und teilweise verfassungswidrigen AusländerInnengesetze mit den stärksten parlamentarischen Mitteln wie Dringlichen Anfragen und Einwendungsdebatten bekämpft. Die grünen Abgeordneten zeigten dabei auch Fotografien jener ÖsterreicherInnen, die den Zweiten Weltkrieg nur deswegen überleben konnten, weil sie Asyl im Ausland fanden. Die Bilder von Bruno Kreisky, Alma Mahler und anderen österreichischen Flüchtlingen sollten deutlich machen, wie unverzichtbar ein humanes und rechtsstaatliches Asylrecht ist. Wir konnten die Beschlußfassung nicht verhindern, aber die erneute öffentliche Diskussion im Sommer 1993 über das Aufenthaltsgesetz erhärtete unsere verfassungsrechtliche Kritik: Wir erhielten breite Unterstützung aus Kreisen der Wissenschaft, der Medien, der Kirchen und der Sozialbewegung. Die Inhumanität, die sich besonders klar bei den Versuchen zeigt, selbst Kosovo-Albaner nach Rest-Jugoslawien abzuschieben, erforderte permanente Aktivitäten inner- und außerhalb des Parlaments.

Der demokratische Widerstand im Parlament kam am spektakulärsten bei der Tropenholz-Frage zum Ausdruck. Kanzler und Wirtschaftsminister verwendeten in einer beispiellosen Vorgangsweise die Finanz- und Wirtschaftsausschüsse des Parlaments, um die Kennzeichnung von Tropenholz-Produkten – jenen mühevoll errungenen Kompromiß zum Schutz des Regenwaldes – wieder rückgängig zu machen. Bevor es zu dieser Beschlußfassung kam, stand ein internationales Jute-Abkommen auf der Tagesordnung, bei dem ausnahmsweise kein Redezeitkorsett für die Opposition beschlossen wurde. Davon machten dann drei grüne Parlamentarierinnen ausführlich Gebrauch. Marijana Grandits, Monika Langthaler und ich redeten zu diesem Tagesordnungspunkt und in weiterer Folge im Rahmen einer Dringlichen Anfrage zur Tropenholz-Frage insgesamt fast einen Tag und eine Nacht ohne Pause durch. Diese Aktion fand international Beachtung und wurde weltweit von Umweltschutzorganisationen aufgegriffen, um

Regierungen und Parlamente mit ähnlichen Vorschlägen zur Kennzeichnung von Tropenholz zu konfrontieren. Diese Marathonreden waren nicht umsonst. Denn zum einen muß Österreich zu dieser weisen Lösung zurückkehren. Und zum anderen hat die Berichterstattung die globalen Zusammenhänge besser dargestellt, als das sonst möglich gewesen wäre – im konkreten Fall die Zusammenhänge über Wirtschaftsbeziehungen am Rande der Korruption, über Menschenrechtsunterdrückungen aus Gründen des Profits und über Möglichkeiten der KonsumentInnen, mit sehr einfachen Mitteln dagegen zu steuern.

III. DIE GRÜNEN ALS GRENZGÄNGER/INNEN: WEGE AUS DEN IDEOLOGISCHEN SACKGASSEN

1. Von der industriellen Risiko-Revolution zur ökologischen Transformation der Gesellschaft: Grüne Visionen jenseits von Reformismus und Revolution

Nach den bisherigen Ausführungen lassen sich die historischen und system-politischen Aufgaben des grünen Projekts systematischer erläutern: Es geht um die Wahrung von elementaren Lebensinteressen, die Befriedigung von menschlichen Grundbedürfnissen und die Sicherung der ideellen und materiellen Grundlagen für ein Leben in Vielfalt, Würde und Gesundheit. Und es geht um die demokratische Zurückdrängung jener gesellschaftlichen Tendenzen, die die Entfaltung dieser grundlegenden Interessen gefährden.

Auf vielen Ebenen der zivilen Gesellschaft sind historisch neue soziale Bewegungen entstanden, die sich gegen ökologische Zerstörung und für Menschenrechte, Frieden und Gerechtigkeit in einem umfassenden Verständnis einsetzen.

Die grünen Parteien kommen aus diesen Bewegungen und machen es sich zur politischen Aufgabe, deren Anliegen zu verstärken. Dies erfordert einen doppelten Einsatz, sowohl im Rahmen von Basisinitiativen, in Projekten des Widerstands von innen, als auch im Rahmen der demokratischen Institutionen, in den Parlamenten und allgemeinen Vertretungskörpern. Die Notwendigkeit grüner Kontrolle und Mitgestaltung in Parlamenten, Landtagen und Gemeinderäten zeigt bereits ein oberflächlicher Vergleich der österreichischen „Grün-Hochburgen" mit den grünen Talsohlen: Die Verkehrspolitik in Tirol oder Wien ist nicht mehr dieselbe wie noch vor einigen Jahren. Die motorisierte Freiheit auf der Straße ist dort zugunsten der elementareren Freiheit von Kindern, von alten Menschen und Behinderten relativiert worden. Andererseits ist es sicherlich kein Zufall, daß in Niederösterreich unmittelbar nach dem für die Grünen schlechten Wahlergebnis im Frühjahr 1993 eine Reihe hochrangiger Straßenprojekte (wie etwa das Großprojekt der Südumfahrung Wiens) blitzartig wieder aus der Schublade geholt wurden: menschen- und umweltgerechte kleinräumige Umfahrungen hatten wieder ausgedient. Das gesellschaftliche Bewußtsein einer wachsenden ökologischen Gefährdung läßt die etablierten politischen Kräfte zumindest in Vorwahlzeiten nicht mehr am Thema Umweltschutz vorbeikommen. Das ökologische Gewissen hält aber erheblich länger an, wenn es auf der politischen Ebene eine grüne Kontrolle gibt.

Die Kontroll- und Oppositionstätigkeit kann auch bereits in manchen Bereichen zu konkreten Veränderungen führen. Im Bereich der Steuer- und Energiepolitik wird es wahrscheinlich in Zukunft nicht mehr möglich sein, eine ökologische Neuorientierung auf Dauer zu blokkieren. In dem Maße, in dem substantielle Veränderungen durch konstruktive Opposition innerhalb und außerhalb der Parlamente erzwungen werden, kann die Ökologie auch in den Zielkatalogen und Handlungskonzepten der Regierungen nicht mehr ignoriert werden. Ein ökologischer Umbau der Gesamtgesellschaft kann nur erfolgen, indem ein qualitativer Schritt von isolierten Widerstandsprojekten hin zur Beeinflussung der allgemeinen Normen und Kontrollmechanismen erfolgt – und schließlich auch ein Schritt hin zu einer konkreten Umsetzung im Rahmen der politischen Verwaltung.

Dabei werden die grünen „Grundprinzipien" nichts an Gültigkeit verlieren. Demokratische Widerstandsprojekte können immer nur gewaltfrei – und zwar völlig gewaltfrei – erfolgen. Das Eingreifen in Entscheidungsprozesse muß stets mit radikalem basisdemokratischem Anspruch erfolgen, um die BürgerInnen direkt in die Kontrollprozesse einzubinden und die Informations- und Kommunikationsabläufe zu demokratisieren. Etablierte Politik kann jene tiefgreifenden Änderungen, um die es geht, gar nicht bewerkstelligen. Es ist nur eigennützig, wenn Repräsentanten der Macht, inklusive Medien, tendenziell die Autonomie politischer Entscheidungsprozesse gegenüber den Gestaltungsmöglichkeiten der einzelnen Menschen betonen. Es genügt auch nicht, die Gefahr eines Mißbrauchs der Kontrolle von Medien über die Instanzen der parlamentarischen Demokratie zu beklagen. Die Notwendigkeit der politischen Entwicklung liegt im Gegenteil in der Verwirklichung einer immer lebendigeren und inhaltsreicheren Demokratie, und sie benötigt eine umfassende Koexistenz von individuellem Leben und politischer Verantwortung.[1] Auch jene Wirtschaftsmechanismen, deren verhängnisvolle Nebenwirkungen heute außer Rand und Band geraten, wurden nicht durch Politik allein geschaffen. Viele Entwicklungen wirkten zusammen und schufen die Grundlagen für das Industriezeitalter: die Entwicklung der souveränen Territorialstaaten der Neuzeit, das Streben nach ökonomischen Rohstoffquellen in Übersee, das Vordringen von individuellen (Wirtschafts-)Rechten, die Entwicklung der modernen Geldwirtschaft und der internationalen Handelsbeziehungen – all diese Entwicklungen ergaben in Summe schließlich die Voraussetzungen der sogenannten industriellen Revolution. Die Staaten der frühen Moderne schufen die rechtlichen Voraussetzungen für den Vorrang der wirtschaftlichen Produktion und des Handels und machten sich gleichzeitig zu Nutznießern der Erträge. Aus ökologischer Sicht entstand damals jene „unheilige Allianz" (Klaus Bosselmann), deren Auswirkungen heute so schwer wieder zu zügeln sind. Dabei geht es keinesfalls um die Kategorie der „Schuld", denn entsprechend der materiellen Versorgungslage dominierten damals ökonomische Gründe, aber auch Anliegen der Befreiung erbuntertäniger und leibeigener Bauern, die es in vielen Teilen Europas noch bis ins 19. Jahrhundert gab. Diese von der Bindung an die landwirtschaftliche Scholle befreiten ArbeitnehmerInnen mußten sich der industriellen Produktion zur Verfügung stellen und ihre Lebensplanung nach den industriellen Arbeitsplatzangeboten ausrichten[2]. Entwickelte Geldwirtschaft und technologische Umwälzungen kamen hinzu und führten auf Basis der Wirtschaftsfreiheiten in den Verfassungswerken des 18. und 19. Jahrhunderts schließlich zu einer revolutionären Entfesselung der Produktivkräfte.

Industrielle Revolution – Risikorevolution – ökologische Revolution?

Die industrielle Revolution erfaßte im 18. Jahrhundert von England ausgehend Holland, Frankreich, Belgien, Deutschland, Österreich und die Schweiz. Die ständischen Lebensformen wurden mit der Ausbreitung der Industriekultur hinweggefegt. Diese Entwicklung voll-

---

[1] Jacques Derrida, Das andere Kap. Die vertagte Demokratie. Frankfurt am Main, 1992.

[2] Michel Foucault, Überwachen und Strafen. Frankfurt am Main, 1876.

zog sich unter den Parolen der Zukunft, der Freizügigkeit und des Fortschritts. Die immer stärkeren Anforderungen an die gesellschaftliche Arbeitsleistung führten zum Aufkommen der sozialen Bewegung und erforderten schließlich eine Eindämmung der schrankenlosen Ausbeutung. In der sozialen Reformbewegung ging es damals vorrangig um das Überleben der sozial nicht abgesicherten IndustriearbeiterInnen, um die Zurückdrängung von Kinderarbeit sowie um Versicherungen zur Abdeckung des Risikos von Krankheit und Invalidität. Durch Konzentration von Produktionseinheiten und Rationalisierung von Arbeitsabläufen entstand der entscheidende Wettbewerbsvorteil der Industriebetriebe gegenüber den kleinen gewerblichen Manufakturen. Die implizite Logik dieses Wirtschaftsprinzips erlaubte, die Kosten für administrative Funktionen auf die höhere Stückzahl der industriellen Fertigung zu verteilen und das einzelne Produkt damit nur sehr wenig zu belasten. Die Grenzenlosigkeit der Wachstumsorientierung als unmittelbarste Ursache der heutigen Umweltkrise läßt sich bereits an der historischen Grundfigur der modernen Wirtschaftszivilisation klar ablesen: Die Nebenwirkungen von weitreichenden Folgekosten bei höchstmöglichen Produktivitätsvorteilen, insbesondere die Kosten des Transports und der Verteilung, wurden grundsätzlich nicht einkalkuliert. Zum einen entwickelte sich in weiterer Folge die Transportwirtschaft als eigener Wirtschaftssektor. Zum anderen wurde die Bereitstellung von Infrastruktur sowie die Sicherung und Erhaltung von Verkehrswegen eine öffentliche Aufgabe. Die negativen Auswirkungen dieser Organisation von Produktion und Verteilung zeigen sich heute in Form von sozialversicherten Unfallkosten sowie in Form von ökologischen Schäden.

Klassische Ökonomen beschäftigen sich mit Fragen des Gleichgewichts zwischen Angebot und Nachfrage. Die Referenz dieser Theorien ist zurecht marginal: Im Diagramm treffen sich Angebot und Nachfrage in einem Punkt, in der Realität der Wirtschaftsaktivitäten treten jedoch die Probleme der Raumüberwindung und der zeitlichen Organisation von Abläufen immer stärker hervor. „Time is money" – dieser Wahlspruch der Industriekultur hat dazu geführt, die Verteilungsmechanismen über immer weitere Distanzen und heute weltweit zu organisieren und immer schneller zu gestalten. Die Informationen über (künftige) Produktionen, über Lagerungs- und Verteilungsvorgänge, über voraussichtliche Wertschwankungen, haben längst den Vorrang vor den Preisbildungsprozessen auf den Märkten selbst gewonnen. Zwischenhändler, Börsenmakler und Spekulanten kalkulieren mit den Wertschwankungen und können – wenn ihre Einschätzungen richtig sind – von realen Wertverlusten genauso profitieren wie von steigenden Bewertungen. Ebenso lassen sich große wirtschaftliche Vorteile aus unterschiedlichen Bewertungen internationaler Güter und Handelswaren auf verschiedenen Standorten der Erde gewinnen. Das ökonomische System hat somit Raum und Zeit zum Inhalt eigener Spekulations-Geschäfte gemacht. Die wirtschaftspolitischen Instanzen der Staaten, Notenbanken und Wirtschaftsmedien beobachten die kleinsten Änderungen der Kurse von Waren, Wertpapieren, Kurs- und Zinsdifferenzen im Bereich der Geldwirtschaft. Dieser ungebremste vielfältige Prozeß des Größenwachstums der gesamten Rohstoffausbeute und Produktion widerspricht grundsätzlich allen ökologischen Erfordernissen. Es mag als kleines und doch wesentliches Beispiel für diese komplexen Zusammenhänge gelten, daß der Wert des Dollars zum Yen akribisch beobachtet wird, während das dramatische Schwinden der Naturvielfalt immer noch mit großen Schwierigkeiten grob abgeschätzt wird – überwiegend von nicht-staatlichen Organisationen. Dabei sind Schwankungen in den Börsenkursen reversibel, nicht wirklich bedrohlich – außer für die Spekulanten –, während die Tier- oder Pflanzenarten, die heute verschwinden, für immer verloren bleiben.[3] Mit derselben vernichtenden Logik verfolgen Heere sogenannter Wirtschaftsexperten die kleinsten Schwankungen des Erdölpreises, während es ihrer Aufmerksamkeit entgeht, daß ca. 56 Millionen Tonnen Kohlendioxid während nur eines Tages durch Verbrennung fossiler Brennstoffe in die Atmosphäre abgestoßen werden.

Damit nicht genug! Umweltzerstörerische Systemzwänge haben in den internationalen Warenbeziehungen einen Grad von Deregulierung erreicht, der durch politische Entscheidungen nur noch schwer kontrolliert werden kann. Noch viel schneller sind Nachrichten über wirtschaftliche Transaktionen rund um den Globus unterwegs. Das Ausmaß dieser Vorgänge auf den Waren- und vor allem den Finanzmärkten, die Schnelligkeit und Häufigkeit solcher Geschäfte, sprengen den Rahmen des individuellen Vorstellungs- und kollektiven Pla-

---

[3] Lester R. Brown, Start der ökologischen Revolution, in: World Watch Institute Report. Zur Lage der Welt – 1992. Daten für das Überleben unseres Planeten, Frankfurt am Main, Mai 1992, Seite 249.

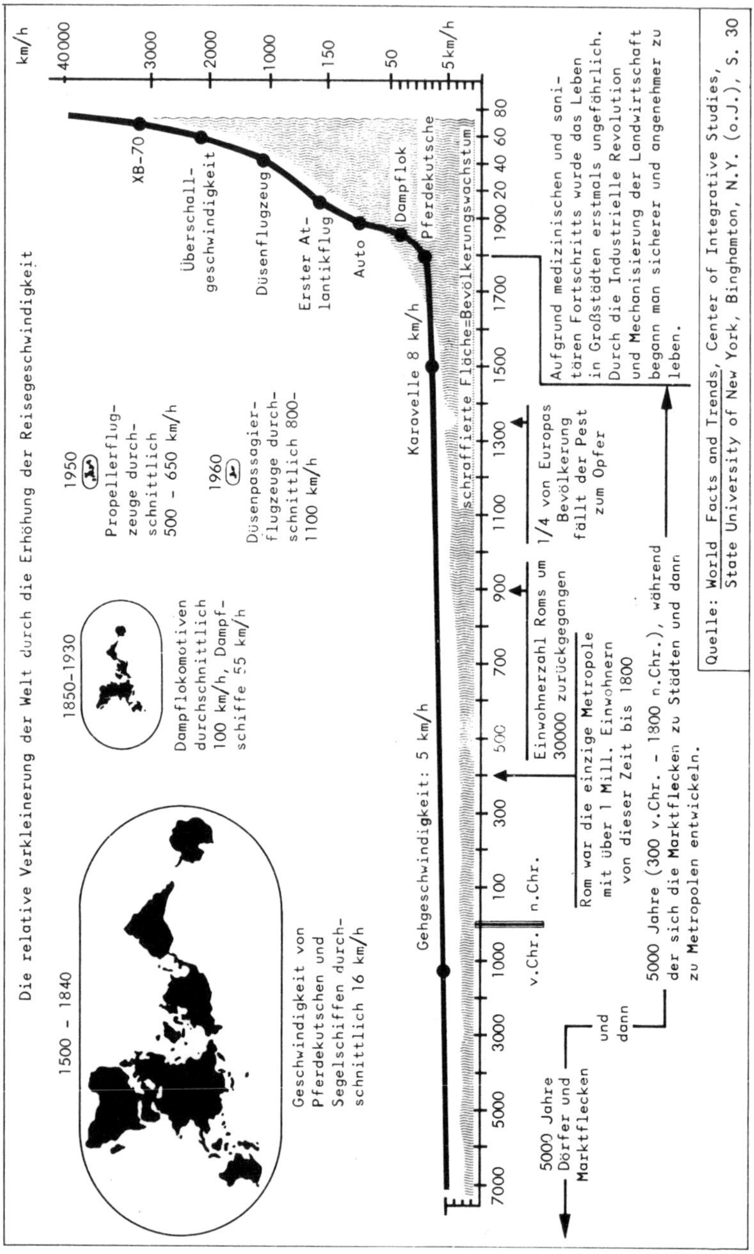

Tabelle von Ekkehart Krippendorff, Internationales System als Geschichte. Einführung in die internationalen Beziehungen 1, Frankfurt am Main 1975.

nungsvermögens. Diese Schmälerung elementarer Lebensinteressen wird zwar von Umweltschutzorganisationen und mündigen BürgerInnen wahrgenommen, nicht jedoch von denen, die es politisch in der Hand hätten, gesellschaftlich wirksam gegenzusteuern.

Immer „produktiver" und immer schneller verlief die wirtschaftliche Entwicklung bereits seit dem Beginn der industriellen Revolution. Raum und Zeit wurden ökonomisch vermarktet, während die räumlichen Auswirkungen des Wirtschaftens aus dem Blickfeld blieben. Dadurch wurden die Grenzen der ökologischen Tragfähigkeit nach und nach selbst überschritten, ohne daß dies geplant oder auch nur vorhergesehen gewesen wäre.

„Die eigentliche Leistung des Kapitalismus ist aber die Etablierung einer neuen, quasi-religiösen Ordnung: der Ordnung der ökonomischen Rationalität als Ersatz für Politik, Philosophie, Ästhetik, Moral und Religion. Das Berechnen, das Quantifizieren garantiert den Sinn jeder Tätigkeit. Die Zahl wird zur Objektivität schlechthin. Über Zahlen gibt es weder Reflexion noch Diskussion: sie stimmen oder sie stimmen nicht. All das, was nicht in Zahlen ausgedrückt werden kann – ästhetische, ethische, metaphysische Vorstellungen und Bedürfnisse – ist nicht von Bedeutung oder eine subjektive Angelegenheit. Diese Ordnung enthebt das Individuum – auch Wissenschaftler und Unternehmer – des Nachdenkens über Sinn und Zweck des eigenen Tuns, denn die Wachstumsrate beweist, ob es richtig oder falsch ist. Der Sieg dieser Logik war eine Kulturrevolution. Der Widerstand gegen sie kann daher wiederum nur ein kultureller Entwurf sein, in dem auch alle nicht kalkulierbaren Wirklichkeiten des Lebens konstituierende Elemente sind. ... Grüne Politik ist kultureller Widerstand, der auf allen Ebenen der Gesellschaft geleistet werden muß. Er soll die Hegemonie einer brutalisierten, ausschließlich ökonomisch bestimmten Kultur brechen, um die ganze Wirklichkeit des Menschen und der Natur zurückzugewinnen, und die Politik zu deren Wahrnehmung zu zwingen."[4]

Dabei soll nicht geleugnet werden, daß die durch die organisierte Arbeitnehmerschaft teilweise gebändigte industrielle Revolution in den Industriestaaten zunächst tatsächlich beachtliche Erfolge aufweisen konnte. Güter des täglichen Gebrauchs und industriell erzeugte Nahrungsmittel wurden allgemeine Kulturfaktoren des gesellschaftlichen

---

[4] Präambel des Grünen Programms, in: „Impuls Grün" Nr. 7 und 8/1990, Sondernummer Wien 1990, Seite 4f.

Konsums. Löhne und Gehälter wurden nicht mehr individuell, sondern auf kollektiver Basis von Interessensvertretungen ausgehandelt. Die Arbeitnehmerschaft beanspruchte Anteile an den Gewinnen der Produktion. In den modernen Wohlfahrtsstaaten wurden Elend und Hunger weitgehend überwunden, soziale Risken wie Arbeitslosigkeit und Krankheit durch gesellschaftliche Institutionen abgesichert. Nach den verheerenden Zerstörungen des Zweiten Weltkriegs konnten Wohlstand und Wohlfahrt auf breiter Basis erreicht werden. Insofern ist es verständlich, daß die negativen Auswirkungen dieser Form des Wirtschaftens immer weniger wahrgenommen oder als technisch beherrschbare Probleme angesehen wurden. Als dann zum erstenmal die Frage der Grenzen des Wachstums aufgeworfen wurde, ging es zunächst nur um die Frage der Verfügbarkeit einzelner Rohstoffe.

Mittlerweile ist aber klar geworden: Es geht um globale ökologische Bedrohungen des Klimas, der Meere, der Böden dieser Erde, sowie um die immer stärker zu Buche schlagenden materiellen Schäden, die durch das Zusammenbrechen ökologischer Kreisläufe verursacht werden. Die Wechselwirkungen der Folgen der industriellen Revolution haben globale Gefahren hervorgerufen, die nicht mehr isoliert beherrschbar sind:

- die Ausbreitung toxischer Substanzen aus biologisch nicht abbaubaren Chemikalien oder aus radioaktivem Müll;
- die Anreicherung von Schadstoffen in Gewässern und Wäldern durch Emissionen aus Industrie, Gewerbe und Verkehr;
- die Zerstörung der Ozonschicht in der Stratosphäre, bedingt durch die Emissionen von Fluorchlorkohlenwasserstoffen (FCKW), die in die oberen Schichten der Atmosphäre gelangen; sowie
- die Kumulierung verschiedenster Emissionsvorgänge zum sogenannten Treibhauseffekt, der Erwärmung der Erdoberfläche in einer Weise, die ökologisch nicht länger verkraftbar ist.[5]

Die besondere Bedrohlichkeit ergibt sich aus der weltweiten Präsenz dieser Umweltgefahren und aus ihren schwer abschätzbaren Wechselwirkungen. Die Klimaveränderungen verschlechtern die Frucht-

---

[5] Alexander King und Bertrand Schneider, Die erste globale Revolution. Bericht zur Lage der Welt. Zwanzig Jahre nach „Die Grenzen des Wachstums“, Hrsg. Club of Rome, Frankfurt am Main 1993, Seite 65ff.

barkeit der bereits durch die Schadstoffe beeinträchtigten Böden. Die toxischen Substanzen schlagen sich in der Qualität von Nahrungsmitteln und in der Atemluft nieder. Die Auswirkungen belasten auch die Budgets durch höhere Ausgaben im Sozialbereich (Gesundheitswesen, Krankenkassen) und immer häufiger erforderliche Schadensreparaturen (Katastrophenhilfe, Altlastensanierungen). Trotz wachsender Einsicht bleiben bislang die systemischen Sachzwänge stärker als der politische Wille zu neuen Weichenstellungen. Es hat den Anschein, als wollte man die „Grenzen des Wachstums" immer noch ein Stückchen weiter hinausschieben. Kurzfristige ökonomische Rentabilitätskalküle und kurzsichtige politische Wahlkalküle verhindern ein Umsteuern in großem Stil. Doch ist dies nur eine Frage der Zeit:

„Die Grenze gibt es, auch wenn es nur mit Hilfe sozialer Phantasie auszumalen ist, wann und wie sie definitiv erscheint: als Klimakatastrophe, durch Öko-Migration, Armuts- und Hungerrevolten, die Auslösung eines Atomkriegs oder von Atomkatastrophen oder Verinzuchtung infolge der vernichteten Artenvielfalt. Daß diese Grenze überhaupt rational phantasiert werden kann, ist neu und von den vielen Weltuntergangsprophetien in der Menschheitsgeschichte durchaus zu unterscheiden. Denn die Grenze liegt nicht außerhalb der Rationalität des Umgangs mit der Natur (im strafenden göttlichen Ratschluß etwa), sondern baut sich gerade als Folge der technisch immer perfekteren rationalen Transformationen von Stoffen und Energien vor der Menschheit auf. ... Allerdings entspricht dem keineswegs eine soziale Erweiterung von Zugangsmöglichkeiten – mit denen die negativ prognostizierten Konsequenzen durch Handeln und Unterlassen an ihrem Eintreten gehindert werden könnten: man weiß vom Treibhauseffekt, man kann auch die Ursachen identifizieren – aber die Einleitung der aus der Prognose sich ergebenden Handlungsfolgen läßt auf sich warten, weil die Trägheit des Status quo nur mit Kraftanstrengungen überwunden werden könnte, die von den sozialen Mechanismen der Verzögerung unterbunden werden."[6]

Die unerwünschten Nebenwirkungen der modernen Wirtschaftszivilisation übertreffen heute bei weitem deren positive Effekte. Die kulturelle Widersprüchlichkeit dieser fundamentalen Entwicklungsstörung der kapitalistischen Industriegesellschaft hat auch zur Folge, daß es kein Patentrezept gibt, um mit der global vernetzten Schadenspro-

---

[6] Elmar Altvater, „Die Zukunft des Marktes. Ein Essay über die Regulation von Geld und Natur nach dem Scheitern des ‚real existierenden Sozialismus'", 2. Auflage, Münster 1992, Seite 246f.

duktion zu Rande zu kommen. Die Nebenwirkungen haben sich verselbständigt, obwohl es sich nicht einfach um Naturgewalten oder Naturkatastrophen handelt, sondern um die komplexen Auswirkungen menschlicher, gesellschaftlicher Entscheidungen. Die Eigendynamik der Nebenfolgen beinhaltet mittlerweile auch die Möglichkeit des ungewollten kollektiven Untergangs. Das ist eine historisch völlig neue Lage, die Ulrich Beck zutreffend als eine *„Revolution der Nebenfolgen"* beschreibt.[7]

Weil es sich dabei um globale Phänomene handelt, die nicht mehr einzelnen wirtschaftlichen Entscheidungen zurechenbar sind, werden sowohl rationale Bedrohungswahrnehmungen als auch entschlossenes Handeln durch eine Reihe von Faktoren verzögert:

- Erstens kommt es zu einem gewissen Gewöhnungseffekt angesichts der vielen Meldungen über weltweite Gefährdungen wie die Vergrößerung des Ozonlochs, die Ausbreitung der Wüsten, die Zunahme der Kahlschläge und der biologisch toten Gewässer.
- Zweitens entstehen individuelle Gefühle von Ohnmacht und Hilflosigkeit. Für viele ist es dann reiner Selbstschutz, in eine Art „Apokalypse-Blindheit" bzw. „Hinter-uns-die-Sintflut-Stimmung" zu verfallen.
- Drittens gibt es ganz normale Abwehrhaltungen gegen ökologische Maßnahmen wie z. B. Preissteigerungen, vor allem, wenn es um den Benzinpreis geht.
- Viertens werden zwischen verschiedenen Wirtschaftsbranchen Risikoverwirrspiele inszeniert, v. a. um die Frage der Schadensverursachungs-Anteile. Die Industrie rühmt sich z. B., daß sie im Gegensatz zu den anderen Hauptemittenten (Haushalte, Verkehr und Gewerbe) die Kohlendioxid-Emissionen bereits wirksam verringert habe. Verursachungsgerecht gedacht, muß der Industrie aber auch ein großer Teil der Verkehrsemissionen zugerechnet werden. Je größer die Produktionseinheiten, desto länger die Anreise der MitarbeiterInnen und desto weiter die Transportwege zu den Märkten. Tatsächlich ist der Anteil der sogenannten originären Verkehrsleistungen – wie Freizeitfahrten ohne Zusammenhang mit Arbeitsleistungen, Einkäufen oder Lieferungen – verschwindend gering.

---

[7] Ulrich Beck, Die Erfindung des Politischen. Zu einer Theorie reflexiver Modernisierung, Frankfurt am Main 1993, Seite 62 und 80ff.

- Fünftens profitieren einzelne Wirtschaftsbereiche und Branchen durch die Herstellung „kosmetischer" Risikobegrenzungsprodukte. Kindersitze im Auto verringern zwar das Risiko schwerer Unfallverletzungen. Zugleich wird eine kindergerechte Neuordnung des Verkehrswesens auf die lange Bank geschoben. Fast 1% der Bevölkerung wird pro Jahr durch Verkehrsunfälle verletzt; und die Wahrscheinlichkeit, daß ein heute geborenes Kind einmal im Straßenverkehr verletzt oder getötet wird, beträgt 50%!

Die Risikorevolution, die Revolution der Risiken und Nebenfolgen, stößt somit auf vielfältige Trägheitsmomente im System. Aber sie produziert auch neues politisches Verhalten. Dabei werden zwei einander widerstrebende Tendenzen moderner Demokratien sichtbar: Einerseits die Konzentration der Individuen auf sich selbst, jene medial oft bewußt dramatisierte, aber demokratiepolitisch sicher gefährliche „Politikverdrossenheit" gegenüber allen etablierten Formen von Politik. Andererseits das wachsende Interesse an alternativer Politik, die sowohl reaktionäre als auch zukunftsweisende Formen annehmen kann.

Viel zu viel wird über die irrationalen Motive dieser neuen Aktivierung von BürgerInnen gerätselt. Politische Vernunft spielt dabei die wichtigste Rolle: die lebensweltliche Einsicht in die Notwendigkeit einer gesellschaftlichen Neuorientierung aus Sorge um die Zukunft der eigenen Familie und der künftigen Generationen. Für eine wachsende Zahl von Menschen erfordern sinnvolle Lebenszusammenhänge soziale und ökologische Orientierungen, trotz des bestehenden Drucks von vermeintlichen Wachstums- und Arbeitszwängen. Offenbar ändern sich überkommene Werthaltungen, relativiert sich die Bedeutung von Geld, steigt der Wert ökologischer Lebensgrundlagen.

Es wäre jetzt wichtig, daß die Wissenschaften die Grenzen der bloß kritischen Analysen überschreiten und anwendungsorientierte Umsetzungsstrategien entwickeln. Dabei muß es auch um die von Werten und politischen Dialogen in wissenschaftliche Theoriebildung gehen. Im besonderen wird eine Neuformulierung unserer beinahe unterbewußt wirkenden, nur an der Erwerbsarbeit orientierten Werttheorien notwendig sein.[8]

---

[8] Hazel Henderson, Das Ende der Ökonomie. Die ersten Tage des nachindustriellen Zeitalters, München 1987, Seite 55ff.

Einerseits wird das politische Aufbegehren von Umwelt-, Menschenrechts- und Sozialinitiativen noch weit größere Dimensionen annehmen müssen. Andererseits muß ihr direkter Einfluß auf staatliche und internationale Gremien stärker werden. Alternative Tagungen und Gipfeltreffen müssen die Schwelle der offiziellen Verhandlungssäle überschreiten und in einen permanenten Dialog mit der etablierten Politik treten. Dabei geht es um strukturelle Veränderungen. Es geht nicht darum, eine neue Schnellbahnverbindung anzubieten, um daneben eine Hochleistungsstraße auszubauen; es geht grundsätzlich um „Bahn statt Straße". Es geht auch nicht nur um die Trennung des Restmülls, sondern um Müllvermeidung als Prinzip. Die politischen „Kopfnickthemen", die die etablierten Kräfte gerne zur Diskussion anbieten, sind oft Beschäftigungstherapien zur Gewissensberuhigung. Wir brauchen heute Veränderungen, die die Wurzeln der schadensverursachenden Prozesse berühren. Sicherlich müssen auch Kompromisse möglich sein, doch echte Kompromisse, die zumindest erste Schritte in Richtung ökologischer Neuorientierungen in Wirtschaft und Gesellschaft eröffnen.

Eine ökologisch nachhaltige Wirtschaft verspricht auch ökonomische Vorteile bei der Vermeidung von Schäden. Aber der Übergang wird nicht reibungslos und schmerzlos ablaufen. Die Vertreter der Gentechnologie-Konzerne, der Rüstungsindustrie, der Pharmaindustrie – versuchen schon heute, die wachsende Kritik in die Schranken zu weisen. Die Vorgangsweisen reichen von gerichtlichen Klagen über die Beinflussung der Medien, z. B. durch die Drohung mit dem Entzug von Werbeaufträgen, bis hin zur Bespitzelung von AktivistInnen. Die unheilige Allianz dieser Hochrisikowirtschaft mit bestimmten staatlichen Kontrolldiensten ist noch keineswegs überwunden.

Es geht aber nicht nur um strukturelle, sondern auch um einschneidende kulturelle Veränderungen, wie sie in der Menschheitsgeschichte immer wieder aufgetreten sind, zuerst im Verlauf der Agrarrevolution und dann im Zuge der industriellen Revolution. „Es gibt (aber) kein historisches Beispiel für die kommenden Veränderungen. Der Aufbau einer ökologisch nachhaltigen Zukunft erfordert eine Umgestaltung der Weltwirtschaft, große Veränderungen des menschlichen Fortpflanzungsverhaltens und dramatische Änderungen der Werte und Lebensstile."[9]

---

[9] Lester R. Brown, Staat der ökologischen Revolution, in: World Watch Institute

Die Frage ist jedoch genauer zu stellen: Welche ökologische Transformation? Mit welchen Mitteln? Die Grünen stehen in diesem Zusammenhang für einen ökologischen Umbau mit dem Ziel der sozialen Gerechtigkeit und den Mitteln der Demokratie, der Menschenrechte und der Gewaltfreiheit. *„Wenn die sich verschlimmernde Armut weiterhin das kurzfristige Überleben eines Teils der Menschheit gefährdet, wird die ökologische Revolution scheitern. Menschen, die heute dem Verhungern entgegenstarren, werden sich kaum um die Auswirkungen der Klimaerwärmung morgen kümmern. Wir können die zukünftige Bewohnbarkeit des Planeten nicht mehr von der heutigen Verteilung des Reichtums trennen."* [10]

Nur durch eine solche radikale und zugleich gewaltfreie Orientierung wird eine neue, zweite Moderne entstehen, die sich selbst reflexiv und ökologisch ausrichtet. Wir teilen die bereits erwähnte Auffassung des Soziologen Ulrich Beck, daß es heute nicht mehr um einen politischen Umsturz oder den Austausch der Eliten geht, sondern um eine reflexive Modernisierung auf Basis bestehender Eigentums- und Vertragsverhältnisse.[11] Ohne Zweifel geht es bei der ökologischen Transformation nicht um eine Revolution im staatsrechtlichen Sinne, sondern im Gegenteil um eine Verteidigung gegen die systemimmanente Revolution der Nebenfolgen. Zugleich wird die Summe aller schrittweisen Veränderungen, jenseits von Reformismus und Revolution, von ihren Ergebnissen her eine ähnliche zivilisatorische Tragweite haben wie seinerzeit die industrielle Revolution. Es ist richtig, daß die ökologische Transformation auf Basis formell unveränderter Eigentums- und Vertragsverhältnisse stattfinden kann und soll. Umgekehrt haben die ausufernden Nebenfolgen der industriellen Revolution ihrerseits zu tiefgreifenden Änderungen in der Werthaltigkeit des Eigentums und der vertraglichen Gestaltungen geführt. Der Eigentumsschutz ist für ökologisch exponierte Güter de facto nicht mehr existent. Einfamilienhäuser an Transittrassen sind unverkäuflich geworden. Fremdenverkehrsbetriebe neben Industrieanlagen büßen ihre Klientel ein. Das Eigentum an Wäldern verliert jeden Tag an Wert. Die neuen Megageschäfte auf den Finanzmärkten bringen Profite jenseits von üblichen Vertragskategorien und Verfügungsrechten. Solche schleichenden kol-

---

Report, Zur Lage der Welt – 1992. Daten für das Überleben unseres Planeten, Hrsg. Lester R. Brown, Frankfurt am Main, Mai 1992, Seite 228.

[10] Ebenda, Seite 239.

[11] Ulrich Beck, Die Erfindung des Politischen, Frankfurt am Main 1993, Seite 57ff.

lektiven Enteignungen in Bereichen, welche von Umweltschäden besonders betroffen sind, erfordern eine neue rechtliche Begründung und Umsetzung des verlorengegangenen oder geminderten Eigentums- und Vertragsschutzes. Andererseits muß eine ökologische Neuorientierung auch manche Formen des Umgangs mit Eigentum und mit Verträgen bekämpfen. Die Zerstörung ganzer Stadtökologien durch Spekulanten; der Erwerb von bedeutsamen Produktionsanlagen, um sie aus Konkurrenz- und Konzentrationsgründen wieder zu schließen; der schrankenlose Einsatz motorisierter Transportmittel – all das sind Beispiele für gemeingefährliche „Freiheiten“, die beschränkt werden müssen. Auch das Instrument der Enteignung muß einen grundsätzlichen Bedeutungswandel erfahren. Bei der heutigen Rechtslage erfolgen Enteignungen nahezu ausschließlich für Großverkehrsprojekte wie Transittrassen, z. B. auf Kosten und gegen den Widerstand der Ennstaler Bauern. Morgen sind vielleicht Enteignungen wegen drohender Grundwassergefahren oder gegen großangelegte Spekulationsgeschäfte notwendig und rechtlich zu begründen.

Die ökologische Transformation muß die destruktiven Auswirkungen der industriellen Revolution, die entfesselte Revolution der Nebenfolgen wieder in ökologisch und menschlich angemessene Bahnen lenken. Das industrialistische Prinzip setzte historisch die Freiheit des Marktes gegenüber den Produktionsfaktoren absolut. Die Umsetzung dieses Prinzips führte mittlerweile zu einer Beschränkung grundrechtlich geschützter Werte. Das neue Kriterium der ökologischen Verträglichkeit wird das industrialistische Prinzip mit öffentlich-demokratischen Mitteln zurückdrängen, zähmen und transformieren müssen. Dafür braucht es keine zentrale Planung, aber eine permanente Ökologisierung aller gesellschaftlichen Bereiche von unten und oben. Ein solcher Umbau quasi nach dem Ameisenprinzip setzt nicht nur die Fortführung der Rechtsstaatlichkeit, sondern ihre Erweiterung und Vertiefung voraus. Überall dort, wo ein Filz aus Politik und Wirtschaft überkommene Strukturen am Leben erhält, bedarf es einer Öffnung von Informationszugängen. Überall dort, wo Auswirkungen der Produktionspolitik mit ökologischen Erkenntnissen unvereinbar sind, müssen die konkreten Mißstände beseitigt werden. Darüber hinaus muß aber unter Berücksichtigung ähnlicher Erkenntnisse auch eine Rückwirkung auf das Normensystem eintreten. Solche Änderungen können selbstverständlich nur auf einem demokratischen Konsens beruhen. Er sollte auf der zivilisationskritischen Überlegung beruhen, daß die Risken und Schäden eines schrankenlosen ökonomischen Wachstums die Ausübung von Gemeinschaftsrechten erheblich mehr beeinträchtigen als umweltrechtliche Grenzziehungen, die den Schutz der Gesundheit und der Lebensgrundlagen, aber auch den Schutz realer Werte gewährleisten. Es gibt bereits „grüne Unternehmen", die tatsächlich bestrebt sind, in Kreisläufen zu produzieren, Energie optimal einzusetzen, Abfälle zu vermeiden oder wiederzuverwerten. Diese Unternehmen sind die Leidtragenden einer zögernden „Umweltpolitik light", während die nicht ökologisch orientierten Unternehmungen mit hohem spezifischem Energieverbrauch und hohen Schadstoffemissionen vom Raubbau an den natürlichen Ressourcen profitieren. Weiters gibt es nicht wenige Unternehmen, die den Umweltschutz in ihren Werbebroschüren – nicht selten auf Hochglanzpapier – ganz vorne erwähnen, in ihren Produktionsprozessen aber jede ökologische Maßnahme vermissen lassen.[12]

Es wird daher auch bei den Unternehmungen Gewinner und Verlierer einer tiefgreifenden ökologischen Transformation geben. Die ökologisch orientierten Unternehmungen werden wichtige Verbündete bei den wirtschaftlichen und politischen Veränderungen sein. Daß Ökologie sich trotz unzureichender Umweltnormen auch heute schon rechnerisch lohnt, beweisen einige Unternehmungen, die als „ökologische Senkrechtstarter" umweltverträgliche Produkte und Leistungen garantieren und Herkunft, Produktionsart und Ausschlußkriterien offenlegen".[13]

---

[12] Christopher Flavin und John E. Young, Entwurf der nächsten industriellen Revolution, in: World Watch Institute Report. Zur Lage der Welt – 1993. Daten für das Überleben unseres Planeten, Hrsg. Lester R. Brown, Frankfurt am Main, Juni 1993, Seite 271 f.: Mitsubishi, einer der fleißigsten Holzfäller in Südostasien, stellt sich als „Bewahrer des Regenwaldes" dar; Solvei, ein führender europäischer Plastikhersteller, rechnet sich das Verdienst an, seinen chlorverseuchten Müll wiederaufzubereiten, den er in Wirklichkeit schlichtweg verbrennt. Andere Unternehmen übertragen ihr „Grünwaschen" anderen Firmen, die sich mit entsprechenden Namen tarnen: der amerikanische „Council for Energy Awareness" ist nichts anderes als die Lobby der Atomindustrie, und hinter der „Global Climate Coalition" verbirgt sich eine von der Kohleindustrie geführte Unternehmensgruppe, die das in Rio unterzeichnete Klimaabkommen bekämpft und sich gegen Bemühungen sperrt, die Abhängigkeit von fossilen Brennstoffen zu verringern. (Quelle: Greenpeace International, The Greenpeace Book of Greenwash, Amsterdam 1992.)

[13] Arthur D. Little (Hrsg.), Ökologische Senkrechtstarter, 1994. Vgl. auch die Initiative von Levi's Jeans: Unternehmer aus Staaten, die wie China die Menschenrechte notorisch verletzen, werden genau so wie Öko-Sünder von den Lieferantenlisten gestrichen. Bei einem Auftragsvolumen von 6 Mrd US $ bedeutet das Bewegung!

2. Von abstrakten Ideologien zu konkreten Konfliktlösungen: Grüne Gesellschaftspolitik jenseits von Links und Rechts

Die traditionelle Links-Rechts-Orientierung der ideologischen Standpunkte hat in den Industriestaaten spätestens seit 1989 an Konturen verloren. Sowohl sozialdemokratische Parteien als auch konservative oder neoliberale Parteien sind primär an der Erhaltung oder Wiedererlangung der politischen Macht interessiert. Dabei gibt es selbstverständlich Unterschiede in der Wirtschafts- und Sozialpolitik, zeitweilig werden linke und rechte Stehsätze hervorgezaubert, doch die Spielräume sind nicht allzu groß. Im politischen Alltag treiben Sozialdemokraten den Sozialabbau voran, und schanzen ideologische Verfechter der reinen Marktwirtschaft ihren Freunden in der Wirtschaft Subventionen oder Steuergeschenke zu. Auf innerstaatlicher Ebene taugen die Rechts-Links-Rituale nur noch zur symbolischen Dramatisierung der traditionellen Lagerpolitik. Auf der zwischenstaatlichen Ebene ist die große ideologische Polarisierung des Ost-West-Konflikts weggefallen. Nach der anfänglichen Euphorie über den Sieg des Kapitalismus als „Ende der Geschichte" sind Unsicherheit und Ratlosigkeit eingekehrt. Die unzähligen Probleme in Umwelt, Wirtschaft und Gesellschaft haben weltweit nationalistische und fundamentalistische Kräfte hervorgebracht.

Die Hoffnung auf die „unsichtbare Hand" des Marktes als omnipotenten Problemlösungsmechanismus hat sich zerschlagen. Die Transformationsprobleme der osteuropäischen Gesellschaften erweisen sich als weit größer, als zunächst angenommen wurde. Der Finanzbedarf für eine „Verwestlichung" der östlichen Ökonomien übersteigt alle ökonomischen und politischen Möglichkeiten.[1] Der Kalte Krieg mit seiner starren Polarisierung zwischen den beiden Blöcken erscheint rückblickend einfacher als der unübersichtliche Zustand der Gegenwart. Ohne den bösen Feind, das falsche System der anderen, fällt es schwerer, die eigenen Mißstände zu kaschieren. Die neuen (alten) Feindbilder werfen Schatten voraus – die AusländerInnen, die Mos-

---

[1] Kazimierz Laski, Der aktuelle Stand der Diskussion über die Transformationsprobleme, in: Vom obsoleten und adäquaten marktwirtschaftlichen Denken, Hrsg. BEIGEWUM (Beirat für gesellschafts-, wirtschafts- und umweltpolitische Alternativen), Marburg 1992, Seite 211ff.

lems, die Neo-Kommunisten, etc. Können wir ohne Feinde leben?[2] Im Hinblick auf die globalen ökologischen Probleme müssen die traditionellen Polarisierungen auf innerstaatlicher wie auf zwischenstaatlicher Ebene dringlich überwunden und durch eine neue politische Kultur des Dialogs ersetzt werden, die nicht mehr auf abstrakte Ideologien, sondern auf konkrete Konfliktlösungen zielt.

Doch bedeutet das keine Beliebigkeit in den Fragen, die im Rechts-Links-Schema zentrale Bedeutung haben. Im besonderen ist zu bedenken, daß heute auch die neue Rechte europaweit mit dem Argument der Antiquiertheit des Links-Rechts-Schemas operiert, um rechtsextremes Gedankengut wieder gesellschaftsfähig zu machen. Ohne soziale Gerechtigkeit, ohne erweiterte Demokratie und ohne kulturelle Pluralisierung muß eine ökologische Neuorientierung scheitern. Der Zugang ist jedoch ein neuer: Mit ökologischer Politik ist es möglich und notwendig, typisch liberale, konservative oder sozialistische Themen neu aufzurollen, ihre jeweils relativen Wahrheiten und Utopien anzuerkennen und auf einer komplexeren Ebene zusammenzuführen.

Die früheren ideologischen Eindeutigkeiten und meist falschen Polarisierungen erweisen sich heute als Angst vor Kreativität. In ökologischer Sicht gibt es keine isolierten Phänomene. Das Denken in Zusammenhängen, Kettenreaktionen und Folgewirkungen ist aber anstrengend und verunsichernd. Ein Rückzug auf alte Schemata bietet dann wieder die naheliegende Möglichkeit, der wachsenden Komplexität zu entrinnen. Gerade bei Wahlentscheidungen der BürgerInnen schlägt dieses Moment noch oft durch. Im Zweifel tendieren viele dazu, es „noch einmal“ mit den etablierten Kräften zu versuchen.

Eine zweite Möglichkeit, der wachsenden Unsicherheit zu entrinnen, besteht im Rückzug aus der Politik. Die Frustration über die Unfähigkeit der Mächtigen, den wachsenden Gefahren wirksam zu begegnen, schlägt um in Politikverdrossenheit schlechthin. Die Zahl der NichtwählerInnen steigt in ganz Europa, vor allem der Anteil unter den jungen Leuten ist besorgniserregend. Den Grünen ist es bislang kaum gelungen, diese verunsicherten Menschen zu erreichen. Die Enttäuschung über das Versagen der traditionellen Parteien trifft zu einem

---

[2] Alexander King, Bertrand Schneider, Die erste globale Revolution. Ein Bericht des Rates des „Club of Rome“, Frankfurt am Main 1993, Seite 127.

gewissen Grad auch die Grünen: Auch sie hätten sich von der Basis entfernt und seien zu einem festen Bestandteil des herrschenden Systems geworden. Die wirklichen Fehler, die von vielen zurecht gesehen werden, bestehen meines Erachtens nicht selten im Mitwirken bei falschen Entweder-Oder-Polarisierungen. Dort, wo die Grünen aus den ideologischen Dichotomien ausgebrochen sind und konkrete Problemlösungen vorgeschlagen haben, konnten sie an Profil gewinnen und die öffentliche Diskussion bestimmen – z. B. in den Fragen der neuen Bürgerrechte oder der ökologischen Wirtschaftspolitik. Nur mit wirklich durchdachten Alternativen kann es gelingen, jene Menschen zu gewinnen, die der etablierten Politik den Rücken gekehrt haben.

Die dritte Möglichkeit aus der Komplexität der politischen Sinnfindung ist die Flucht in populistische Scheinlösungen. In ganz Europa haben sich rechtsextreme Parteien mit potentiellen Führerfiguren konsolidiert. Unter Bezugnahme auf einen nebulosen Leistungsbegriff werden die an den Rand Gedrängten selbst zu Sündenböcken gemacht, die für ihre Misere verantwortlich seien. Entmutigten Langzeitarbeitslosen wird vorgegaukelt, daß die Vertreibung ausländischer MitbürgerInnen ihre Situation schlagartig verbessern würde. InländerInnen werden gegen AusländerInnen, RentnerInnen gegen Berufstätige, ArbeiterInnen gegen Angestellte und BeamtInnen aufgebracht. Vordergründig werden die Interessen „des kleinen Mannes" vertreten, in Wirklichkeit wird eine Politik der Gefühle betrieben, die möglichst viele Menschen in psychopolitische Abhängigkeit bringt. Der populistischen Strategie geht es schlicht und einfach um falsche Polarisierungen jeder Art. Die etablierten Regierungsparteien tragen ein gerüttelt Maß an Mitverantwortung, daß die durchsichtigen Strategien der rechtsextremen Demagogen Erfolge haben, weil sie in entscheidenden Momenten von den simplifizierenden Botschaften kapitulieren. Besonders in der Frage der MigrantInnen und Flüchtlinge weicht die herrschende Politik vor der populistischen Polarisierung InländerInnen gegen AusländerInnen zurück. Die restriktiven AusländerInnengesetze in Österreich sind weitgehende Konzessionen an das Lager der Rechtspopulisten.

Die Grünbewegung muß gegenüber den Gefahren einer Politik der Gefühle glaubwürdige, vernünftige Auswege anbieten. Die etablierten politischen Kräfte werden dann immer häufiger vor der Entscheidung stehen, entweder der Polarisierung der extremen Rechten nachzugeben oder am Dialog über die richtigen Lösungsvorschläge teilzunehmen und wirkliche Veränderungen zu ermöglichen.

Die blutigen Nationalitätenkonflikte auf den Gebieten des ehemaligen Jugoslawien und der ehemaligen Sowjetunion haben die Wanderungsbewegungen von ArbeitsmigrantInnen und Elendsflüchtlingen verstärkt. Hinzu kommen die Kriegsflüchtlinge und die Opfer ethnischer Vertreibungen. Die Ängste sozial schwacher und gefährdeter Bevölkerungsgruppen um ihren gesellschaftlichen Status, vor allem um den Arbeitsplatz, werden durch diese Prozesse verstärkt. In solchen Situationen haben Demagogen immer schon ein leichtes Spiel gehabt. Die gesellschaftlichen Unsicherheiten werden aber auch durch die wachsenden technologischen Zukunfts-Risken vergrößert. Das Atomdesaster ist noch lange nicht überwunden. Schrottreife Kernkraftwerke stehen auch an den österreichischen Grenzen. Spätestens seit Tschernobyl wissen wir, daß das Risiko kein rein hypothetisches ist. Gentechnologische Verfahren produzieren bereits für die Märkte. Die Kernfusionsforschung wird staatlich unterstützt.

Das Zusammenfallen all dieser politischen, sozialen und technologischen Risken an der Schwelle eines neuen Jahrtausends schafft ein brisantes Rohmaterial für destruktive Konfliktaustragungen. Nur wenn sich demokratische Rechte und institutionalisierte Konfliktlösungen durchsetzen, haben die heute schon vorhandenen Vorschläge sozialer und ökologischer Veränderungen eine Chance. Wird hingegen den sozialen Spannungen und Ängsten mit polizeilichen und bürokratischen Mechanismen begegnet, dann ist mit äußerst negativen Entwicklungen zu rechnen, die den inneren Frieden gefährden könnten.

3. Vom steuerungspolitischen Fundamentalismus zu bedürfnisorientiertem Pragmatismus: Grüne Strukturpolitik jenseits von Markt und Staat

Eine ökologische Neuorientierung muß das klassische Rechts-Links-Schema auch hinsichtlich der strukturellen Steuermechanismen und Instrumente überschreiten. Die eindimensionalen Patentrezepte sowohl marktlicher als auch ordnungspolitischer Steuerung sind heute zum Scheitern verurteilt. *„Die Aufgabe lautet, politische Vorgehensweisen zu entwickeln, bei denen ökologische und ökonomische Notwendigkeiten zur Deckung kommen, so daß die Marktkräfte sich ökologischen Bedingungen anpassen. ... Auf nationaler Ebene werden diejenigen, die diese Frage* (die Frage einer ökologisch verträglichen Wirtschaft) *als eine Wahl zwischen Arbeitsplätzen und einer intakten Umwelt betrachten, keines von beiden haben. Letztlich wird der Zustand der Weltwirtschaft vom Zustand der Umwelt abhängen, auf der sie beruht."* [1]

Welche Mechanismen und Instrumente sind einzusetzen, um die Marktkräfte an ökologische Kreisläufe anzupassen? Weder ein fundamentalistischer Einsatz staatlicher ordnungspolitischer Instrumente noch von Marktsteuerungsmechanismen allein können die erforderlichen Änderungen bewirken. Die Defizite staatlicher Ordnungspolitik entstehen dort, wo ökologische Normen, die jeden Betrieb, jeden Haushalt und jedes Individuum betreffen, nicht auf breitem gesellschaftlichem Konsens beruhen. Solche Normen sind dann in vielen Bereichen ohne rigide Kontrollmechanismen schwer oder gar nicht durchsetzbar. Da die Durchsetzung ökologischer Reglementierungen Verhaltensänderungen notwendig macht und teilweise auch mit einem Verlust von Einkommensmöglichkeiten verbunden ist, wird die erforderliche Akzeptanz nur zu erzielen sein, wenn verschiedene Sektionen in Wirtschaft und Gesellschaft nicht einseitig belastet werden. Am Beispiel der Abfallwirtschaft zeigen sich die Grenzen der Ordnungspolitik deutlich: Hier wird bei der Mülltrennung vorrangig bei den Haushalten angesetzt, während die Verpackungswirtschaft un-

---

[1] Christopher Flavin und John E. Young, Entwurf der nächsten industriellen Revolution, in: Worldwatch Institute Report. Zur Lage der Welt – 1993. Daten für das Überleben unseres Planeten, Hrsg. Lester R. Brown, Frankfurt am Main, Juni 1993, Seite 250 und 282.

geschoren bleibt. Noch so strenge, mit Strafsanktionen verbundene Regeln für die Haushalte werden aber wahrscheinlich nicht mehr bewirken als die ohnehin wachsende freiwillige Bereitschaft, den anfallenden Müll zu trennen. Im Bereich der Industrie und des Gewerbes, wo ordnungspolitische Maßnahmen zur Müllvermeidung einen Sinn hätten, fehlt hingegen der politische Wille und die Durchsetzungskraft.

Aber auch allein marktwirtschaftlich ausgerichtete Methoden wie die Einhebung von Steuern und Abgaben für den Verbrauch von natürlichen Ressourcen genügen nicht. Damit können vielleicht die schlimmsten Auswirkungen von Emissionen eingedämmt werden, während die Strukturen von Produktion und Verteilung unangetastet bleiben. Marktwirtschaftliche Instrumente zur Vermeidung von Risiken versagen einerseits dort, wo es keine Märkte gibt: Niemand profitiert an der Verhinderung von AKWs und Wiederaufbereitungsanlagen ökonomisch in direkter Weise. Andererseits können moderate Ökosteuern und -abgaben tendenziell durchaus energiesparsamere Technologien hervorbringen; eine umfassende Ökologisierung von Staat, Wirtschaft und Gesellschaft kann damit aber nicht durchgesetzt werden. Worauf es ankommt, ist eine sinnvolle Kombination von Steuerungsinstrumenten, verbunden mit möglichst hoher gesellschaftlicher Motivation.

Grüne Strukturpolitik wird sich daher an einem bedürfnisorientierten, bzw. problemlösungsorientierten Pragmatismus orientieren, dessen konkrete Hebeln weiter unten noch ausführlich diskutiert werden.

4. Von blosser Kritik zum Denken in Alternativen: Grüne Ausklärung jenseits von zynischer Vernunft und Öko-Religion

Ergebnisse der Angstforschung Sozialpsychologie haben gezeigt, daß die Angst vor atomaren Bedrohungen bei Kindern und jungen Menschen einen besonders starken Streßfaktor darstellt.[1] Zugleich bewirkt das Gefühl, die Situation nicht verändern zu können, oft Hoffnungslosigkeit und Resignation. Politisches Engagement gegen die Gefahren ist hingegen eine konstruktive Möglichkeit, um Zukunftsängste zu bewältigen. Wenn Engagement fehlt, kann eine depressive Grundstimmung aber auch in mystische Sehnsüchte und Heilserwartungen umschlagen. Die Sehnsucht, ganzheitlich und gesund zu sein, wird dann individuell beantwortet: Wenn die Welt schon nicht zu verändern ist, soll wenigstens das eigene Ich zur Ruhe kommen. Für viele ist die individuelle Heilssehnsucht auch mit der Allmachtsphantasie verknüpft, daß der Funke der Genesung gleichsam ohne politische Auseinandersetzung auf die Gesellschaft überspringen könnte.

Das Geschäft mit Sehnsuchtsproduktion und Heilserwartung blüht. Die Buchhandlungen sind voll mit New Age-Literatur. Die rechte Hirnhälfte steht höher im Kurs als die linke, Voodoo und Schamanismus haben der politischen Reflexion den Rang abgelaufen. Geschäftemacher nutzen die Endzeit-Stimmung, um esoterische Bücher, Seminare und Reisen zu vermarkten.

Nur ein ganz geringer Teil der New-Age-Bewegung verbindet eine authentische Suche nach Spiritualität mit sozialer Fürsorge und politischem Engagement. Die meisten „Sucher" landen in einer unpolitischen Sackgasse. Der geistigen Verzweiflung der Selbsterfahrungsliturgien entspricht die Remythisierung des sozialen Lebens.[2] Ein immer größerer Teil dient auch der Verbreitung reaktionärer Ideologien. So äußerte sich etwa Virgil Armstrong, Esoterik-Star, CIA-Agent und Mitglied der früher berüchtigten „Green Berets" in Vietnam, 1991 bei

---

[1] Maria Widl, Zeit der Sehnsüchte. Über Zeitgeist, New Age und mögliche Alternativen, in: Mißbrauchte Sehnsüchte. Esoterische Wege zum Heil. Kritik und Alternativen. Hrsg. Eduard Gugenberger und Roman Schweidlenka, Wien 1992, Seite 30ff.

[2] Peter Glotz, Günther Kunert u. a., Mythos und Politik. Über die magischen Gesten der Rechten, Hamburg 1985.

einem Seminar in den Salzburger Alpen: „*Ich glaube nicht an das, was Anti-AKW-Bewegungen und Greenpeace tun. Das ist ein sehr negativer Aspekt. Sie sind militanter als das Militär selbst. Sie sagen, sie arbeiten für den Frieden oder für den Schutz der Menschen vor AKWs und so. Aber wie sie das machen, ist es eine sehr negative Sache. Und sie schaffen nur negative Energien.*“ [3]

Solche Scharlatane haben auch Eingang in den Wirtschaftsbereich gefunden. Unternehmensberatungsfirmen bieten dubiose Methoden zur Verbindung von wirtschaftlichem Management mit Parapsychologie an. Es gibt eigene „Para-Firmen“, wie etwa „Psychic Enterprises“ in Los Angeles, die Okkultisten an Firmen vermitteln, welche sie dann unter anderem bei Ölbohrungen, in der Kriminalistik, beim Militär und im Bankwesen einsetzen.[4]

Auf Initiative der Grünen fand im Parlament ein Expertenhearing über das Sektenwesen in Österreich statt. Dabei wurde auch für Österreich ein wachsendes Gefahrenpotential festgestellt. Die Sekten ziehen immer mehr junge Leute in ihren Bann und werden für verunsicherte Menschen zu einer gefährlichen Lebensstütze. Als getarnte Vereine verordnen sie teure Kurse oder ziehen sogar sämtliche Arbeitseinkommen ein und stürzen viele in eine existentielle Abhängigkeit, aus der es meist kein Entrinnen gibt.

Mit ihren totalitären Praktiken unterscheiden sich viele Sekten grundlegend von den anerkannten Kirchen und Religionsgemeinschaften, die die Trennung zwischen „Gott und dem Kaiser“ zu wahren wissen. Manche Sekten versuchen auch systematisch, Wirtschaft und Politik zu unterwandern. So sendet z. B. Scientology regelmäßig Informationsmaterial, Videokassetten und Bücher an PolitikerInnen und wirbt um öffentliche Akzeptanz.

Umgekehrt versucht auch die Politik wieder verstärkt, Gefühle und Sehnsüchte für ihre Zwecke zu mißbrauchen. Keine politische Be-

---

[3] Eduard Gugenberger, Roman Schweidlenka, Pfadfinder im Eso-Dschungel. Ein Vorwort in: Mißbrauchte Sehnsüchte, Hrsg. Eduard Gugenberger, Roman Schweidlenka, Wien 1992, Seite 9.

[4] Eduard Gugenberger, Roman Schweidlenka, Mutter Erde. Magie und Politik zwischen Faschismus und neuer Gesellschaft, 2. Auflage, Wien 1987.

wegung und Partei ist frei von Mythologien. In der Geschichte der politischen Kräfte gibt es seit jeher starke irrationale Einflüsse.[5] Für das rechtsextreme Spektrum waren und sind auch heute wieder die germanischen Mythen zentral. Aber auch die an Aufklärung und Wissenschaft orientierte Arbeiterbewegung brauchte Sonnwendfeiern und Freiheitsbäume. Die meisten sozialrevolutionären Aufbrüche erfolgten in mythischem Gewand. In der Umweltbewegung gibt es spirituelle Ansätze, die an die Kulturtraditionen und Religionen der Indianer und anderer indigener Völker anknüpfen – oft verbunden mit dem Glauben an die Übertragbarkeit solcher traditionellen, im Einklang mit der Natur stehenden Lebensformen auf die westlichen Industriestaaten. Es ist daher wichtig, die rationalen Gründe der Grünbewegung für die Verteidigung der Kulturen der indigenen Völker klarzustellen: Es geht um die Menschenrechte, aber auch um die Rechte dieser Völker, ihre Traditionen zu bewahren und eine eigenständige Entwicklung zu verfolgen. Es geht keinesfalls darum, ihre Lebens- und Wirtschaftsformen zu kopieren.

Dieses Plädoyer für eine profane Grün-Politik soll aber keine Verunglimpfung spiritueller Motive für politisches Engagement bedeuten. Persönlichkeiten wie Martin Luther King, Mahatma Gandhi und viele andere haben eindrucksvoll bewiesen, daß Spiritualität eine starke Triebkraft für politisches Engagement und vor allem für Gewaltfreiheit darstellen kann. In der ökologischen Literatur finden sich verschiedenste Ansätze zu einer spirituellen Fundierung der ökologischen Politik. Dabei stellt vor allem „Deep Ecology“ eine Verbindung von spirituellen und ökologischen Ansätzen dar, die sich als grundlegende kulturelle und politische Alternative zur Industriegesellschaft versteht.[6] In Anlehnung an indianische, buddhistische und taoistische Vorstellungen wird eine neue Einheit mit der Natur angestrebt. Die „Öffnung des Herzens“, des Mitgefühls gegenüber der Schöpfung und allen Lebewesen soll zur Triebkraft des politischen Handelns werden. Ziel ist der Verzicht auf eine Vorrangstellung des Menschen, seine Eingliederung in den Kosmos und seine Verbrüderung/Verschwesterung mit Pflanzen, Flüssen oder Bergen durch Meditationen

---

[5] Eduard Gugenberger, Roman Schweidlenka, Die Fäden der Normen. Zur Macht der Mythen in politischen Bewegungen, Wien 1993.

[6] Roman Schweidlenka, Deep Ecology. Der neue Trend zur spirituellen Ökologie, in: Mißbrauchte Sehnsüchte? Esoterische Wege zum Heil, Wien 1992, Seite 134f.

und Rituale. Anders als bei manchen esoterischen Lehren ist bei den „tiefen“ ÖkologInnen eine kulturwissenschaftlich fundierte, radikal egalitäre Ausrichtung ohne jede Reminiszenz an Blut-und-Boden-Ideologien zu erkennen. Dennoch muß auch eine solche sozialphilosophische Grundlegung für ökologisches Handeln dem persönlichen Bereich überlassen bleiben. Ökologische Politik ist jenseits jeglicher spiritueller, religiöser oder mystischer Fundierung für alle Menschen offen und durch die ganz rationale Einsicht in die historische Notwendigkeit eines ökologischen Umbaus ausreichend begründet.

So sehr auf dieser Trennung von gesellschaftlicher Politik und religiösen Motiven zu bestehen ist, so wichtig ist aber die ökologische Bewegung innerhalb der Kirchen und Religionsgemeinschaften.

Den christlichen Religionen wird oftmals vorgehalten, daß der im Schöpfungsbericht enthaltene Auftrag an die Menschen *„Machet Euch die Erde untertan“* (Genesis 1,28) den zerstörerischen Umgang mit den Lebensgrundlagen vorangetrieben hätte. In der protestantischen und katholischen Theologie findet in den letzten Jahren ein reger Diskurs um ein neues Verständnis dieses Schöpfungsberichtes im Lichte der Umweltproblematik statt. Die Auseinandersetzung mit den Quellen ergibt, daß der biblische Auftrag im Einklang mit dem Herrschaftsbegriff der Antike nicht als Recht zur schrankenlosen Ausnützung verstanden werden kann, sondern als eine Botschaft der Fürsorge die Bewahrung der Umwelt in sich einschließt. Im Schöpfungsbericht wird der Mensch aber auch explizit beauftragt, den Garten zu bebauen und zu bewahren (Gen. 2,15). Die Tiere werden den Menschen als hilfreiche Partner zur Seite gestellt (Gen. 2,19f). Im neuen Testament finden sich schließlich zahlreiche Belege für ein *„umfassendes Lebensangebot, das gerade den schwachen und gefährdeten Kreaturen gilt“*.[7]

Ein tieferer Vergleich der großen Weltreligionen, vom Judentum, Christentum, Islam, Buddhismus, Hinduismus bis hin zum Taoismus und zum Schamanismus ergibt, daß sich alle auf unterschiedliche Weise für ein ökologisches Verhältnis von Mensch und Umwelt einsetzen. Grundsätzlich ist auch der Auftrag zur Gewaltfreiheit in allen Religionen als ein gemeinsames Erbe der Menschheit zu finden. Unter

---

[7] Rainer Albertz, Schöpfung und Tabu, Ökologische Ethik aus theologischer Sicht, in: Ökologie im Endspiel, Hrsg. Joschka Fischer, München 1989, Seite 59.

dem Eindruck der globalen ökologischen Herausforderungen muß sich deshalb auch die ökologische und ökumenische Diskussion zwischen den Religionsgemeinschaften weiter intensivieren. Der überschreitende Dialog über die gemeinsame Bewahrung der Schöpfung macht die einzelnen Religionen auch offener für eine kritische Auseinandersetzung mit der eigenen dogmatischen Tradition, die z. B. noch immer den Ausschluß der Frauen von den Ämtern der katholischen Kirche befürwortet.[8]

Die theologische Grundlegung einer Umweltethik ist zumindest innerhalb der Kirchen schon weit fortgeschritten. Im Rahmen der christlichen Kirchen wird das Prinzip der Ehrfurcht vor dem Leben heute überwiegend auch auf die Lebensbedingungen des Menschen und auf seine Mitwelt bezogen. VertreterInnen der Kirchen haben sich aktiv in die Bewegungen gegen Atomenergie und nukleare Abschreckung eingebracht und waren in Osteuropa wesentlich an der DissidentInnenbewegung beteiligt. In der Dritten Welt ist die Befreiungstheologie zum Sprachrohr der unterdrückten Bevölkerungsschichten und der existenziell bedrohten indigenen Völker geworden. In den westlichen Industriestaaten sind es vor allem christliche Basisgruppen, die Schritte in Richtung einer glaubwürdigen „Schöpfungspraxis“ setzen. Mit einem neuen Verständnis der Begriffe „Ritualisierung“ und „Tabuisierung“ wird in der theologischen Diskussion versucht, religiös motivierte Umweltethik handlungsrelevant zu machen.

Der Begriff der Tabuisierung wird dabei nicht nur in Hinblick auf seine Zwänge hinterfragt, sondern auch in Hinblick auf mögliche befreiende Wirkungen verstanden. Das Tabu des arbeitsfreien Sonntags (bzw. des Sabbat) dient z. B. auch der Entlastung von der Dominanz wirtschaftlicher Produktions- und Wachstumslogik. Heute ist die Sonn- und Feiertagsruhe unter starken wirtschaftlichen Druck geraten. Der Konflikt um die Bewahrung von Erholungszeiten vereinigt kirchliche Gruppen, Gewerkschaftsbewegung und ÖkologInnen. Es könnte daher interessant sein, Tabuisierung im ökologischen Kontext neu zu bedenken: z. B. in Form eines bewußten Verzichts auf das Auto an bestimmten Tagen oder in Form der Reservierung

---

[8] Michael Klöcker und Udo Tworuschka (Hrsg.), Ethik der Religionen – Lehre und Leben, Band 5, Umwelt, München und Göttingen 1986.

eines Teils des Arbeitsentgeltes für Entwicklungs- oder Umweltprojekte. Dabei ist wichtig, daß die theologische Diskussion in diesem Zusammenhang stets von einer absoluten Freiwilligkeit ausgeht.

Breite Teile der Kirchen befinden sich heute in einer Phase des Aufbruchs und mischen sich verstärkt in die Gesellschaftspolitik ein. Die Fragen der Ökologie, der Menschenrechte, der Rechte von AusländerInnen etc. führen zu einem fruchtbaren Diskussionsprozeß mit der Umwelt-, Friedens-, Frauen- und Menschenrechtsbewegung. Umso mehr ist darauf zu achten, daß keine Vereinnahmung von der einen oder anderen Seite erfolgt.

IV. STRATEGIEN DER HOFFNUNG. GRÜNE HEBEL DER VERÄNDERUNG

1. AUF DEM WEG ZU EINER MULTIKULTURELLEN DEMOKRATIE

Für viele Öko-ExpertInnen gehen die Veränderungsprozesse im Vergleich zum rasanten Fortschritt der Zerstörungsprozesse zu schleppend vor sich. Tatsächlich sind bislang vor allem Grundsatzdokumente, Richtlinien und Absichtserklärungen erstellt worden. Bei der Umsetzung haben die Machtinteressen in Wirtschaft und Bürokratie nach wie vor Priorität. Doch der Panzer der (pseudo)ökonomischen Sachzwänge wird langsam brüchig. In einigen Ländern und in vielen Kommunen sind die Belastungen so groß geworden, daß gehandelt werden muß.

Los Angeles drohte im Smog der Autoabgase zu ersticken; heute ist diese Stadt der weltgrößte Auftraggeber für öffentliche Nahverkehrssysteme. In San Francisco waren noch im Frühjahr 1993 die Reste einer riesigen „Doppeldecker"-Autobahn zu sehen; inzwischen mußten sie einem breiten Areal für Freizeit-, Sozial- und Umweltprojekte weichen. Die Niederlande sind vom Anstieg des Meeresspiegels existentiell bedroht – und führten als erstes Land eine Energiesteuer ein.

Im indischen Sukhoomajri, im Vorland des Himalaya, hatten Abholzung und Überweidung zu Flutkatastrophen geführt. Das Dorf wurde zum Ausgangspunkt eines erfolgreichen Selbsthilfeprojektes, bei dem Tausende von Bauernfamilien gemeinsam Maßnahmen gegen die Erosion setzen.[1]

---

[1] Hans Peter Martin und Harald Schumann, Der Feind sind wir selbst. Auf der Suche nach einem neuen Zivilisationsmodell, in: *Spiegel spezial*, Die Erde 2000. Wohin sich die Menschheit entwickelt, Hamburg, Juli 1993, Seite 14ff.

Es gibt aber auch Beispiele auf kommunaler Ebene, die ohne massiven ökologischen Druck durchgesetzt wurden. Die Verkehrsberuhigungsmaßnahmen in Zürich oder in Groningen (Niederlande) beweisen, daß eine Kombination von Umweltbewußtsein und politischer Courage Sachzwänge besiegen kann.[2] Auch aus Österreich gibt es Positives zu vermelden: Die Zahl der biologisch wirtschaftenden Betriebe ist von ca. 200 im Jahr 1984 auf rund 13 000 im Jahr 1993 gestiegen, wobei bis Ende 1994 mit 16 000 gerechnet werden kann.

Natürlich sind das Einzelbeispiele. Doch bedeuten erfolgreiche Beispiele machbare und schon realisierte Alternativen. Damit liegt die Notwendigkeit zur Argumentation bei den etablierten Kräften, die sich gegen Veränderungen wenden. Diese „ökologische Beweislastumkehr" hat sich nach den Umbrüchen in Osteuropa seit 1989 drastisch verstärkt. Die Euphorie über den Sieg des westlichen Wirtschaftssystems hat wieder der Ernüchterung Platz gemacht. Das westliche System hat zwar Konsumbedürfnisse erheblich besser befriedigt als das System des bürokratischen Staatssozialismus, zugleich hat es aber mit andauernder neuer Bedürfnisweckung die Kontrolle über die ausufernden Nebenwirkungen der Wachstumswirtschaft verloren. Das bessere System war und ist kein wirklich gutes.[3]

Alternative Vorschläge zur Abfallvermeidung, zur Luftreinhaltung, zur Bewahrung der Bodenfruchtbarkeit, zur Reinhaltung der Gewässer etc. sind längst ausgereift. Umweltfreundliche Technologien stehen zur Verfügung. Kulturtechniken ohne chemische Belastungen der Umgebung sind bekannt. Der Verkehr in den Ballungsräumen läßt sich nachweislich umweltfreundlich gestalten. Mit ökologischen Beschäftigungsprogrammen können nachhaltig Arbeitsplätze geschaffen werden. Wie lassen sich also die Hindernisse, die Zwänge, die im System stecken, aus dem Weg räumen? Wo kann man Hebel ansetzen, um ökologische Veränderungen zu einem Prinzip zu machen, das über Insellösungen hinausweist?

Darauf gibt es nicht eine Antwort, sondern viele. Dennoch wird oft auch in der Fachliteratur versucht, nur ein Prinzip in den Vordergrund

---

[2] Sanfte Mobilität. Strategien gegen den Verkehrsinfarkt, in: VCÖ-Schriftenreihe „Wissenschaft & Verkehr", Hrsg. Verkehrsklub, Wien 1991.

[3] Erhard Eppler, Wie gut sind die Besseren? in: *Spiegel spezial*, Die Erde 2000. Wohin sich die Menschheit entwickelt, Hamburg, Juli 1993.

zu stellen. Ein immer höherer Grad an Spezialistentum prägt den gesamten Bereich der Informations- und Wissensvermittlung. Die fein aufgefächerte industrielle Arbeitsteilung hat Bildung, Wissenschaft und Forschung wesentlich beeinflußt. Das hat auch Rückwirkungen auf die ökologischen Lösungsvorschläge. JuristInnen setzen vor allem auf rechtliche Änderungen: der liberale Rechtsstaat müsse sich zu einem ökologischen Rechtsstaat wandeln. SoziologInnen hoffen auf Veränderungen durch eine institutionalisierte Selbstreflexion in der „Risikogesellschaft". NaturwissenschaftlerInnen zielen auf technologische Veränderungen, insbesondere im Bereich der Energieerzeugung und -anwendung: das Solarzeitalter werde das Zeitalter der emissionsreichen Verbrennungsprozesse ablösen. Ähnliche Ein-Punkt-Paradigmen kann man bei ÖkonomInnen, PsychologInnen, PädagogInnen etc. finden.

Einen Stein der Weisen gibt es nicht. Aber die vielen Einzelansätze können miteinander vernetzt werden und umfassendere Praxeologien für ökologisches Handeln begründen, die die Defizite eindimensionaler Denk- und Vorgangsweisen überwinden. Eine lockere Vernetzung der einzelnen Ansätze kann auch der Versuchung widerstehen, in eine „große Theorie" zurückzukehren, die meist nur geschlossenes statt offenes Denken und Handeln produziert. Die großen Entwürfe deutscher Sozialphilosophie wie die kritische Theorie (Habermas) und die Systemtheorie (Luhmann) werden in jüngster Zeit von alternativen problemlösungsorientierten Ansätzen aus dem französischen bzw. dem angloamerikanischen und skandinavischen Raum herausgefordert.

Im folgenden werden solche vernetzten Praxeologien für drei große gesellschaftliche Bereiche vorgeschlagen: erstens Staat: Demokratie und Bürgerrechte, zweitens Wirtschaft: Arbeitsmarkt und Wohlfahrt sowie drittens Kultur: Medien, Bildung und Wissenschaft.

Die Darstellung der einzelnen Bereiche erhebt keinerlei Anspruch auf Vollständigkeit. Sie ist eine persönliche Einschätzung der Möglichkeiten, die grüne Politik heute ausloten kann. Es geht dabei um strukturelle Alternativen und um verallgemeinerbare politische Strategien, damit die Tätigkeit der Bürgerinitiativen nicht zur Sisyphosarbeit wird. Es geht um grüne Hebel, die in Teilbereichen einen Stein ins Rollen bringen, um eine ökologische Kettenreaktion auszulösen, die die Relation von System und Umwelt verändern kann.

Angesichts der globalen Vernetztheit der Umweltprobleme sind vor allem auf der Ebene der einzelnen Staaten Modelle und Ansätze zu finden, die dann auch internationale Bedeutung erlangen können. Die Nationalstaaten bzw. ihre Regionen, Provinzen und Gemeinden sind auch in der EU noch notwendige Einheiten, um konkrete Strategien zur Ökologisierung zu entwickeln. Der Schutz von Ökosystemen muß zum einen ganz spezielle regionale und lokale Erfordernisse berücksichtigen. Zum anderen könnte gerade aus der Tatsache verschieden strenger Schutzniveaus und verschieden effizienter Lösungsansätze ein Wirkungsprinzip für den internationalen Umweltschutz abgeleitet werden: Statt dem heute vorherrschenden Prinzip der Nivellierung auf kleinstem gemeinsamen Nenner sollte der Grundsatz der Zielorientierung auf das jeweils beste und effizienteste Modell angestrebt werden. Dieses Ziel machen sich Bürgerinitiativen und Umweltschutzeinrichtungen schon heute zunutze. Die internationalen Umweltkonferenzen sind auf nationale Vorarbeiten angewiesen, um Erfolge erzielen zu können. So wie es heute einen intensiven internationalen Wettbewerb mit Waren und Gütern aller Art gibt, wird es in absehbarer Zeit einen Wettbewerb der besseren und effizienteren Ansätze in der Umweltpolitik geben. Gerade kleinere Staaten wie Österreich haben hier eine große Chance, kreative Ideen zu entwickeln und zu erproben. Der zurückgenommene österreichische Vorstoß zur verpflichtenden Kennzeichnung von Tropenholzprodukten war in diesem Sinn ein richtungsweisender Ansatz, der international beachtet wurde. Auch der zwischen Österreich und der EG ausgehandelte Transitvertrag setzte einen ersten Schritt zu einer Neuorientierung der europäischen Verkehrspolitik in Richtung Verkehrsvermeidung und Verkehrsverlagerung.

Das Denken in Alternativen, das heute die BürgerInnenbewegungen bestimmt, wird zunehmend politische Entscheidungen auf der nationalen wie auf der internationalen Ebene mitbestimmen. Der Staat muß zur permanenten BürgerInnen-Konferenz werden. Die staatlichen Einrichtungen müssen aber einen Veränderungsprozeß durchmachen, um diese Ziele zu erreichen. Ansätze dafür sind bereits vorhanden – sie müssen entwickelt und ausgebaut werden.

Verstärkung direkt-demokratischer Elemente

Die politischen Kompetenzen und Entscheidungsprozesse sind soweit wie möglich „nach unten" zu verlagern – auf die Ebene der Gemeinden oder der Bundesländer. Hohe Arbeitslosigkeit und wirtschaftliche Strukturprobleme – etwa in alten Industriegebieten – führen immer wieder dazu, umweltpolitisch umstrittene Anlagen in notleidende und daher nahezu erpreßbare Regionen zu verlagern. Auf der lokalen Ebene sind die Interessen der BürgerInnen aber heute schon so stark, daß sie wirtschaftspolitischen Sachzwängen entgegentreten.

Es ist daher unerläßlich, in Zukunft das Subsidiaritätsprinzip als Maßstab einer neuen Kompetenzzuordnung umzusetzen. Vor allem im Bereich der Raumordnung sollte auf der Ebene des Staates lediglich eine Rahmenkompetenz bestehen. Die inhaltlichen Konkretisierungen müssen auf der Ebene erfolgen, wo sich die Lebensinteressen noch direkt artikulieren. So weit wie möglich sind die Gemeinden auch in die Erstellung von Landesraumordnungen einzubeziehen. Andererseits müssen den Ländern Durchgriffsrechte gegenüber den untätigen, säumigen oder rechtswidrig agierenden Gemeinden zukommen.[4] Neben einer Aufwertung der Rechte von Ländern und Gemeinden bedarf es einer grundsätzlichen Änderung der Verteilung der Finanzen im Bundesstaat. Derzeit wird das System des Finanzausgleichs von oben her praktiziert, mit abstrakten Schlüsseln entsprechend der Bevölkerungszahl. Die Ausstattung mit Finanzmitteln sollte sich aber an den Grundbedürfnissen der Bevölkerung orientieren, auch um ökologisch nachteilige Effekte wie Landflucht oder Agglomeration in den Ballungsräumen zu vermeiden. Aktive Regionalpolitik, Schaffung von Arbeitsplätzen, adäquate Bildungseinrichtungen und Kulturangebote erfordern eine Mittelzuteilung, die von unten ausgeht. Dabei muß ein Ziel sein, Bürgerinitiativen aus Gemeinden in die Tätigkeit von Parlament und Landtagen einzubeziehen. Die Vertretung von Gemeindeinteressen bzw. der Interessen der Bundesländer erfolgt heute nur auf formale Weise, über den Bundesrat, die Länderkammer bzw. den Gemeindevertreterverband. In der Regel geht es nur um abstrakte

---

[4] Peter Pernthaler, Reform der Bundesverfassung im Sinn des ökologischen Prinzips, in: Umweltpolitik durch Recht – Möglichkeiten und Grenzen, Bundesminsterium für Umwelt, Jugend und Familie (Hrsg.), Wien 1992, Seite 40ff.

Fragen der Kompetenzverteilung; eine direkte Artikulation der Interessen der BürgerInnen ist dabei nicht möglich. Bei Ausschußberatungen, Entscheidungen der politischen Parteien und Expertenhearings sollten die VertreterInnen der betroffenen Gemeinden, Regionen oder Bevölkerungsgruppen immer beigezogen werden. Ansätze gibt es dazu bereits im Umweltausschuß oder im Gesundheitsausschuß. Im Bereich der Wirtschaftsausschüsse sind hingegen die Verfahren hinter verschlossenen Türen immer noch die Regel.

Darüber hinaus ist es notwendig, die in Österreich ohnehin nur spärlich ausgeprägten direktdemokratischen Entscheidungsmechanismen weiter auszubauen. Viele Konflikte zwischen staatlichen Organen und Bürgerinitiativen oder auch zwischen BürgerInnen könnten so rationaler ausgetragen oder entschärft werden. Heute muß die Durchführung von Volksbefragungen oder Volksbegehren durch das Sammeln von Unterschriften oder durch die Initiative von (Oppositions)PolitikerInnen erzwungen werden. Ansätze zu einer „Befragungskultur" gibt es derzeit eher im Bereich von Wirtschaftsunternehmen als im Bereich der allgemeinen Verwaltung. Planungsgesellschaften für Betriebs- oder Verkehrsanlagen beginnen nach Jahren der Konfrontation mit Bürgerinitiativen jetzt öfters einen neuen Weg zu beschreiten. Den Initiativen wird dabei nicht nur ein Anhörungsrecht gewährt; es wird bereits auch die Finanzierung für (Gegen)-Gutachten übernommen.

Im Bereich der allgemeinen Verwaltung ist ein ähnlicher Umdenkprozeß noch nicht zu erkennen. Anfang Juli 1993 berichtete der Wirtschaftsminister dem Parlament, daß in den nächsten vier Jahren über 100 Milliarden Schilling für neue Bauvorhaben der Republik Österreich veranschlagt seien. 55 Milliarden Schilling davon werden auf den Straßenbau entfallen, 30 Milliarden auf den Energiebereich und 30 Milliarden auf den Bundeshochbau. Mehr als 50 Milliarden Schilling an Bauvolumen sind dabei allerdings an langwierige Behördenverfahren gebunden. *„Hier werden wir Druck machen"*, drohte dabei der Wirtschaftsminister wörtlich.

Es ist aber eine falsche Reaktion des Wirtschaftsministers, auf die berechtigten Einwände und Sorgen der BürgerInnen mit „Druck" zu antworten. All diese Projekte – auch die grundsätzlich positiv zu beurteilenden Maßnahmen zur Verbesserung des öffentlichen Verkehrs

– sind geeignet, die Lebensinteressen von BürgerInnen nachhaltig zu beeinträchtigen.[5] Da keine wirksame Einbeziehung der BürgerInnen in die Planungen stattfindet, außer oberflächlichen Befragungen ohne Relevanz für die Projektdurchführung, müssen die BürgerInnen ihre Einwendungen in Rechtsverfahren einbringen. Statt dessen wären offene Planungen und gegebenenfalls auch Abstimmungen mit Mehrheitsentscheidungen der betroffenen Bevölkerung angebracht.

Im Jahre 1990 versuchten einige Wiener Bürgerinitiativen, die Einführung stadtteilweiser Volksbefragungen durchzusetzen. Anstatt der für lokale Bürgerinitiativen unüberwindbaren Fünf-Prozent-Hürde – das erfordert rund 60.000 Unterschriften von Wahlberechtigten – sollte die Möglichkeit geschaffen werden, daß unmittelbar betroffene Menschen in einem Stadtteil über ein Projekt befinden können. Dabei gelang es zwar, die erforderlichen Unterschriften einzuholen; an der Befragung selbst nahmen aber nur ca. sechs Prozent der WienerInnen teil. Auch die grünen Initiativen auf Bundesebene und später im Bundesland Salzburg zur Durchführung einer Volksabstimmung über die Teilnahme am Europäischen Wirtschaftsraum (EWR-Vertrag) fanden nicht das erhoffte Echo. Sind Volksbegehren nur gegen Großprojekte erfolgreich, wie gegen das (dennoch erbaute) Wiener Konferenzzentrum oder gegen die Abhaltung einer Weltausstellung in Wien? Dieser Schluß ist sicherlich nicht zulässig. Eine über viele Jahre bewußte Entmündigung der BürgerInnen kann aber nicht ohne vertrauensbildende Maßnahmen überwunden werden. Erst wenn die BürgerInnen die Überzeugung gewinnen, daß eine Einflußnahme auf öffentliche Planvorhaben tatsächlich möglich wird, können Verfahren der direkten Demokratie auch wirksam werden. Dazu wird zweierlei erforderlich sein: Zum einen muß direkte Demokratie – z. B. in Form selbstverständlicher Volksbefragungen bei Großprojekten – institutionalisiert werden. Zum anderen bedarf es bei komplexen Entscheidungssituationen eines fairen Verfahrens für die Gegenüberstellung von Pro-Kontra-Argumenten.

Die millionenschwere Werbekampagne des Bundeskanzleramtes vor der Volksabstimmung über einen EU-Beitritt verletzte in drastischer Weise die Chancengleichheit für die Pro und Kontra-Argumente. Ein grüner Initiativantrag für ein Bundesgesetz zur objektiven Information

---

[5] Friederike Börner, Stillstand bei Bau-Projekten blockiert zehntausend Arbeitsplätze, in: *Kurier* vom 1. 8. 1993, Seite 2.

der Bevölkerung zielte hingegen darauf ab, eine objektive Vergabe der Mittel für Informationen über den EU-Beitritt durch einen Beirat zu gewährleisten.

Die Gesetzgebung sollte ausschließlich in den Händen des Parlaments liegen, d. h. dort auch vorbereitet und auf Verfassungskonformität überprüft werden. Derzeit verfügen aber nur das Bundeskanzleramt und die Ministerien über adäquate legistische Abteilungen, sodaß in der Regel die Gesetzgebung via Regierungsvorlage erfolgte. Der kleine legistische Dienst des Parlamentes kann weder von den im Nationalrat vertretenen Parteien, noch von den einzelnen Abgeordneten um eine Erstellung von Gesetzesentwürfen ersucht werden. Es ist ein offenes Geheimnis, daß zahlreiche Gesetzesvorstöße von Abgeordneten die Handschrift der ministeriellen Legistik-Abteilungen tragen und oft sogar auf Ministerialpapier abgefaßt sind. Die Zersplitterung legistischer Tätigkeiten nach dem Ressortsystem der Bundesregierung schmälert faktisch die Bedeutung des Parlamentes. Sie führt zu einer inhaltlich nicht mehr abgestimmten Gesetzesflut, die mittlerweile von PolitikerInnen ebenso beklagt wird wie von den Medien. Dadurch entstehen auch Eigengesetzlichkeiten in den einzelnen Bereichen. Normen im Sozialbereich, Wirtschaftsgesetze und Materiengesetze anderer Bereiche unterscheiden sich z. B. nicht nur inhaltlich, sondern tragen auch legistisch die Handschrift des jeweiligen Ressorts. Wichtige Gesetze – wie im Bereich der sozialen Sicherheit oder des Wohnrechtes – sind selbst für JuristInnen aus anderen Fachbereichen unlesbar geworden. Bei der Beschlußfassung über die 50. Novelle (!) zum Allgemeinen Sozialversicherungsgesetz haben die Grünen im Plenum des Nationalrates deshalb wörtliche Passagen aus dem Gesetz verlesen und die Abgeordneten um ein Zeichen ersucht, ob sie die Texte verstünden. Nicht eine einzige Hand hat sich geregt.

Aus diesen Gründen ist es unerläßlich, Medienöffentlichkeit, Fachöffentlichkeit und BürgerInnen stärker in die Gesetzgebungsverfahren einzubeziehen. Die legistischen Abteilungen der Ministerien sollten zusammengeführt und dem Parlament zugeordnet werden. Dort könnten dann sowohl die Regierung als auch die BürgerInneninitiativen legistische Vorschläge einbringen.

Impulse für das Parlament

Die derzeit dominierende Form der Gesetzgebung erfolgt über Regierungsvorlagen, die vom Verfassungsdienst des Bundeskanzleramtes auf ihre Verfassungskonformität überprüft werden. Dieser dem Regierungschef unterstellten Verwaltungseinheit mit weisungsgebundenen BeamtInnen fällt es schwer, legistische Vorhaben einzelner Ressorts gegebenenfalls ohne Umschweife als verfassungswidrig zu bezeichnen. Oft ist dieses Dilemma aus den Stellungnahmen des Verfassungsdienstes förmlich herauszulesen. Im Zusammmenhang mit den Neuregelungen des Asyl- und Fremdenrechtes hieß es z. B. in den Ausschußberatungen, *„es werde abzuwarten sein, ob diese Bestimmung einer Überprüfung durch den Verfassungsgerichtshof standhalte“*. Viel deutlicher können weisungsgebundene Beamte wohl nicht sagen, daß sie eine Regelung nicht mehr für verfassungskonform halten. Wenn ein parlamentarischer Ausschuß wagt, im Gesetzgebungsverfahren Änderungen an einer Regierungsvorlage vorzunehmen, dann hat die Regierung die Möglichkeit, wie bei den AusländerInnengesetzen, die Verantwortung dem zuständigen Ausschuß bzw. dem Nationalrat zuzuweisen. Die Prüfung der Verfassungskonformität hat deshalb im Bereich der Regierung nichts verloren. Sie gehört einzig und allein in den Bereich des Parlamentes. Initiativen für bessere ökologische Normen benötigen schon beim Zugang zur Gesetzgebung wesentlich bessere Bedingungen, als dies heute der Fall ist. Die BürgerInnen können heute zwar durch Petitionen und parlamentarische Bürgerinitiativen eine Befassung des Parlamentes mit bestimmten Anliegen herbeiführen. Doch diese formlosen „Wünsche an das Parlament“ haben nicht annähernd gleiche Chancen wie die als Gesetzesanträge präsentierten Vorstöße der Regierung. Es ist den Nationalratsabgeordneten auch nicht möglich, eine Anwesenheit oder Expertise des Verfassungsdienstes in parlamentarischen Ausschüssen durchzusetzen. Deshalb begannen z. B. die parlamentarischen Beratungen über das Gentechnikgesetz trotz grüner Proteste ohne Beiziehung von VerfassungsrechtsexpertInnen.

Neben der Übernahme des Verfassungsdienstes des Bundeskanzleramts braucht das Parlament auch verbesserte Kontrollmöglichkeiten. Dem wichtigsten Kontrollorgan, dem Rechnungshof, fehlen viele Voraussetzungen für eine effiziente Kontrolle. Die zentrale Frage müßte lauten: Werden die vom Staat eingehobenen und erwirtschafteten Mittel im Sinne gegenwärtiger und zukünftiger Interessen der Bevölkerung bestmöglich eingesetzt?[6] Dabei wäre anzustreben, daß der Rechnungshof die Verwendung öffentlicher Mittel kontrollieren kann, unabhängig davon, ob das Geld der SteuerzahlerInnen in der staatlichen Verwaltung eingesetzt oder in der Form von Subventionen ausgeschüttet wird. Ein umfassendes Kontrollrecht des Rechnungshofes sollte die Überprüfung sämtlicher Fälle von Haftungsübernahmen sowie das gesamte Subventionswesen beinhalten. Vor allem muß es durchsetzbar sein. Ein Fall wie die Weigerung der größten österreichischen Bank, der Bank Austria, trotz eines entsprechenden Erkenntnisses des Verfassungsgerichtshofes eine umfassende Kontrolle durch den Rechnungshof zuzulassen, darf sich in Zukunft nicht wiederholen. Von der Zielsetzung her muß es um mehr gehen als um die bloße Kontrolle der Rechtmäßigkeit des Mitteleinsatzes. Es geht auch um die die Vermeidung erhöhter Kosten in Gegenwart und Zukunft. Dabei müssen die Auswirkungen von Gesetzgebung und Vollziehung mittel- und langfristig abgeschätzt werden. Der Rechnungshof könnte somit zu einem Sensorium werden, das die Überwindung eines kurzfristigen und kurzsichtigen Kostenhorizonts ermöglicht. Unterlassene Umweltschutzmaßnahmen, mangelnde Maßnahmen der Gesundheitsvorsorge etc. kommen langfristig teuer zu stehen. Bei der österreichischen Arbeitsmarktpolitik läßt sich z. B. nachweisen, daß Einsparungen bei vorbeugenden Maßnahmen, die die Arbeitslosigkeit erst gar nicht entstehen lassen, insgesamt betrachtet für den Staat im höchsten Maße unwirtschaftlich sind. In Form von Arbeitslosengeldern und volkswirtschaftlichen Ausfällen rächt sich das Sparen im Sozial- und Umweltbereich immer wieder. Im Bereich erfolgreicher Wirtschaftsunternehmen sind vorausschauende Kostenrechnungen heute eine Selbstverständlichkeit; das Parlament und seine Kontrollorgane sollten in Hinblick auf das Geld der SteuerzahlerInnen den selben Weitblick an den Tag zu legen.

Schließlich ist auch die zweite Kammer des österreichischen Parlaments, der Bundesrat, dringend reformbedürftig. Die Interessen der

---

[6] Vgl. die Ausführungen des Grünen Klubs im Rahmen der Parlamentarischen Enquete „Zukunftsperspektiven einer effizienten öffentlichen Gebarungskontrolle durch Parlament und Rechnungshof", abgehalten am 17. 11. 1992, 105 d. Blg. zu den Stenographischen Protokollen des Nationalrates, XVIII. GP, Seite 116ff., sowie die Stellungnahme von Rechnungshofpräsident a. D. Dr. Broesigke, ebenda, Seite 104ff.

Bundesländer, der Regionen und der Gemeinden lassen sich nicht dadurch wahren, daß das Verfahren des Nationalrats im Bundesrat nur dupliziert wird. Die Tätigkeit des Bundesrates muß einen eigenständigen Auftrag erhalten. Dies könnte – parallel zu den Gesetzesvorbereitungen im Nationalrat – eine Abschätzung der Auswirkungen der Gesetzgebung im regionalen Kontext sein. Die Tätigkeit des Bundesrates muß in den Dienst einer ausgewogenen und ökologisch verträglichen Regionalentwicklung gestellt werden. In diesem Zusammenhang sollte auch eine Aufwertung der österreichischen Raumordnungskonferenz erfolgen. Dieses beratende Gremium ist derzeit dem Bundeskanzleramt eingegliedert. Eine „Übersiedlung" ins Parlament könnte die österreichische Raumordnungskonferenz zu einem neugestalteten Länder- und Regionalgremium mit ökologischem Auftrag machen.

Heute haben die Grünen die Federführung bei der Weiterentwicklung parlamentarischer Instrumente übernommen. Durch ihre Initiativen wurden wichtige Reform-Konferenzen wie z. B. eine Rechnungshof-Enquete ermöglicht. Im Rahmen der 1993 (vorläufig) abgeschlossenen Geschäftsordnungsreform wäre es den Grünen fast gelungen, die Öffnung des Parlamentes weiter voranzutreiben. In den Parteienverhandlungen war bereits eine generelle Medienöffentlichkeit für den Rechnungshofausschuß vereinbart worden. Das wäre auch ein erster Schritt in Richtung Transparenz bei der Arbeit in den parlamentarischen Ausschüssen gewesen. In letzter Minute sind nicht nur die Regierungsparteien, sondern auch die beiden anderen Oppositionsparteien von diesem Kompromiß wieder abgesprungen. Die öffentliche Kritik an schlechter Legistik und mangelnder Gesetzesvorbereitung wird aber zunehmen und weitere grüne Vorstöße werden eine Öffnung der parlamentarischen Ausschußarbeit unumgänglich machen.

Derzeit ist bereits die Beiziehung von VertreterInnen aus Bürger- und Umweltinitiativen zu Beratungen über Umweltfragen möglich. Aber die selektive Einladungspolitik, die heute betrieben wird, ist mit demokratischen Grundprinzipien unvereinbar. So wurden z. B. bei der Rückgängigmachung der Kennzeichnungspflicht im Tropenholzausschuß die Anlagenexporteure eingeladen, der österreichischen Holzwirtschaft blieb hingegen der Zutritt verwehrt.

Notwendig ist auch eine Verbesserung des Umgangs mit den Bürgerinitiativen bzw. den Petitionen, die an den Nationalrat herangetragen werden. Auf Basis der bestehenden Rechtslage sollte es eine Selbstverständlichkeit sein, mit den Proponenten solcher Bürgerinitiativen und Petitionen Parteiengespräche zu führen, sie an den Ausschußverhandlungen teilnehmen zu lassen sowie ihre Stellungnahme in den Ausschußbericht aufzunehmen. Der Ausschuß müßte detailliert dazu Stellung nehmen, warum er ein Anliegen nicht aufgreift oder hinter den Anregungen zurückbleibt. Ein Unterausschuß des Petitionsausschusses könnte ein permanentes Gesprächsforum des Parlaments für BürgerInneninitiativen bilden. Er sollte auch Recherchen vor Ort durchführen.

In der laufenden Gesetzgebungsperiode wurden zwischen Dezember 1990 und Mai 1994 insgesamt 6756 Anfragen gestellt, wobei die grüne Fraktion 2247 Anfragen einbrachte. Ein Gutteil der verstärkten Anfragetätigkeit läßt sich durch die sinkende Qualität der Anfragebeantwortungen bzw. durch die zunehmenden Fälle von Auskunftsverweigerung erklären. So werden z. B. mehrere Fragen in schlampiger Weise zusammengezogen oder Antworten mit einem nebulosen Verweis auf Geschäfts- oder Betriebsgeheimnisse abgelehnt.

Nach der Rechtslage dürfte die Amtsverschwiegenheit gegenüber dem Parlament nur im Falle überwiegender Interesse betroffener Parteien gewahrt werden. In der Praxis gehen aber die befragten Minister immer häufiger davon aus, daß die Einhaltung von Betriebs- und Geschäftsgeheimnissen eine Antwortverweigerung rechtfertige. Betriebsdaten zählen oft mehr als die legitimen Aufklärungsinteressen über umweltrelevante Geschäfte. So wurde etwa eine grüne Anfrage betreffend der Anträge auf Import und Export von Sonderabfällen mit Hinweis auf die Geheimhaltungsinteressen von Unternehmungen nicht beantwortet.[7] Zwei andere Anfragen formulierten Zweifel an der medizinischen Sinnhaftigkeit des in der Aids-Therapie häufig eingesetzten Präparates AZT bzw. der Zecken-Impfung außerhalb bestimmter Risikogruppen. Beide Anfragen waren durch medizinische Fachliteratur belegt. Dennoch wurde in beiden Fällen die Auskunft über den Inhalt jener Gutachten verweigert, die zur Zulassung dieser Arzneimittel führten.[8] Offenbar wurden mögliche Umsatzeinbußen der pharma-

[7] Vgl. Anfragebeantwortung 3563/AB, II-7757 BlgNR XVII. GP.
[8] Vgl. Anfragen 4673/J (II-9501BlgNR XVIII. GP) sowie 4439/J (II-9019 BlgNR XVIII. GP).

zeutischen Herstellerfirmen höher bewertet als das Interesse, mögliche schädliche Nebenwirkungen dieser Präparate bzw. Therapien aufzudecken.

Ein besonders krasser Fall von Auskunftsverweigerung betraf eine grüne Anfrage zur Ausfuhrförderung der Republik Österreich, also zu Bundeshaftungen für Exportgeschäfte. Dabei wurde nicht nach konkreten Geschäften oder Unternehmungen gefragt, sondern lediglich nach der Summe der Förderung bzw. Bundeshaftung beim Außenhandelsgeschäft mit jener Staaten, in denen laut Berichten von amnesty international die Menschenrechte notorisch verletzt werden. Das Kontrollinteresse ist in diesem Fall nicht zuletzt vor dem Hintergrund der immensen Haftungen für Exportgeschäfte mit kommunistischen Diktaturen evident. Dennoch wurde zunächst sogar die Angabe der summierten Haftungsübernahmen, die noch keine Rückschlüsse auf einzelne Exportgeschäfte ermöglicht hätten, verweigert. Erst eine grüne Beschwerde beim Präsidenten des Nationalrates veranlaßte den Finanzminister zum Einlenken.

Unter dem Schlagwort der Privatisierung werden in den letzten Jahren wichtige staatliche Aufgaben an Gesellschaften außerhalb der Bundesverwaltung vergeben, so z. B. der Betrieb des Tiergartens Schönbrunn, die Tätigkeit der Wasserstraßendirektion, die Verwaltung der Staatsschulden sowie des Umweltfonds. Das bedeutet in der Folge stets auch eine Beschneidung der politischen Kontrollrechte des Nationalrats. Das Anfragerecht endet nämlich dort, wo der Minister keinen unmittelbaren Einfluß mehr auf die Tätigkeit der ausgegliederten Rechtsträger hat, weil es sich um rein gesellschaftsrechtliche Kompetenzen und Verantwortungen handelt. Verfassungsrechtlich wird diese Vorgangsweise von Experten heftig kritisiert, da es sich beim Anfragerecht um ein in der Verfassung garantiertes Recht der Abgeordneten handelt. Durch die Ausgliederungen wird dieses Verfassungsrecht somit mittels einfacher Gesetze beschränkt und ausgehöhlt.

Ohne Zweifel ist es kein Zufall, daß sich gerade bei Anfragen über Menschenrechts-, Umwelt- oder Gesundheitsgefährdungen eine besondere Abwehrhaltung seitens der Ministerien zeigt. Im Falle der Exportförderung hätte z. B. der Finanzminister zugeben müssen, daß sowohl die Geschäfte mit den Tropenholzstaaten gefördert werden wie auch die mit jenen Staaten, die in den Menschenrechtsdossiers besonders angeprangert werden, wie China oder der Iran.[9]

Eine ökologisch orientierte und transparente Verwaltung

Den Grünen geht es nicht nur um Erhaltung und Ausbau der parlamentarischen Kontrolle, sondern um eine ökologische Eigenverantwortlichkeit der Verwaltung. Das Legalitätsprinzips der Verfassung muß um die Orientierung erweitert werden, sämtliche Entscheidungen auch an ihren ökologischen Auswirkungen für Menschen, Mitwelt und Umwelt zu messen. Dies könnte in Form eines neuen Artikels über ein ökologisches Legalitätsprinzip in die Bundesverfassung aufgenommen werden.[10] Je mehr sich die Auswirkungen von Schäden durch die Fortsetzung der traditioneller Wirtschaftspraktiken manifestieren werden, desto realistischer wird auch die Forderung nach einer ökologischen Grundorientierung der Verwaltung werden. Auf Grund der Verpflichtung sämtlicher Regierungsstellen zu einer möglichst sparsamen Durchführung der Verwaltung wäre aber schon heute geboten, die Wirtschaftlichkeit nicht nur anhand der unmittelbar anfallenden Einnahmen und Ausgaben für Staatstätigkeiten zu bemessen, sondern anhand der mittel- und längerfristiger ökologischer Konsequenzen.

In diesem Lichte wäre auch die wirtschaftliche Koordinationsbefugnis des Bundeskanzlers zu einer umweltpolitischen Koordinationsverpflichtung aufzuwerten. Eine ökologisch orientierte Verwaltung kann nicht mehr vom Grundsatz der Amtsverschwiegenheit geleitet sein; in Richtung eines ökologischen Rechtsstaates sind Dialogprozesse zwischen Verwaltung, Parlament und Bürgerinitiativen unerläßlich. Anstatt der Behinderung von mühevoller Recherchearbeit müßte die Öffentlichkeit der Verwaltung zum bestimmenden Prinzip werden. Verwaltungsentscheidungen sollten in Hinblick auf ihre Auswirkungen für die Umwelt dokumentiert und optimiert werden. Die Grundsätze des Auskunftspflichtgesetzes und des Umweltinformationsgesetzes

---

9 Madeleine Petrovic, Felix Ehrnhöfer, Was sollen Abgeordnete wissen dürfen, Wien 1994.

10 Peter Pernthaler, Umweltpolitik durch Recht, Möglichkeiten und Grenzen, Hrsg. Bundesministerium für Umwelt, Jugend und Familie, Wien 1992, Seite 25.

müssen daher mit Nachdruck umgesetzt und ausgebaut werden. Eine transparente, ökologisch fundierte Verwaltung muß auch im Bereich sämtlicher Planungen und Entscheidungsvorbereitungen geeignete Informationsverfahren unter Beiziehung der betroffenen BürgerInnen durchführen.

Im Bereich des Umwelt- und Gesundheitsressorts und in Teilen der Landwirtschaftsverwaltung kommt bereits ein stark verbessertes Berichtswesen zur Anwendung, das – wie z. B. der Umweltkontrollbericht – auf Umweltgefahren und Beeinträchtigungen durch bestimmte Wirtschaftsbetriebe eingeht. Im traditionellen Bereich der Wirtschafts- und Finanzverwaltung dominiert immer noch die Flucht aus der Kontrolle durch die Verhinderung von Transparenz. In den Gremien und Beiräten hinter der eigentlichen Verwaltungstätigkeit sind zwar Vertreter aus den entsprechenden Wirtschaftsbranchen und -unternehmungen eingebunden, aber keine RepräsentantInnen von Umweltschutz- bzw. Konsumentenschutzinteressen. Auffallend ist auch der extrem geringe Anteil an Frauen in derartigen Gremien. Dazu ein Beispiel: Unter den insgesamt 32 Mitgliedern des Obersten Sanitätsrats sind praktisch ausschließlich Ärzte und Pharmazeuten vertreten, aber keine VertreterInnen von Krankenpflegeberufen und schon gar keine SprecherInnen von Selbsthilfeorganisationen kranker Menschen. Dennoch wird in diesem Gremium festgelegt, welche medizinischen Behandlungsmethoden dem „Stand der Wissenschaft" entsprechen. Damit wird das Primat der Schulmedizin einzementiert und indirekt das Berufsrisiko für VertreterInnen ganzheitsmedizinischer Ansätze erhöht. So kommt es dann, daß die drei renommiertesten Vertreter sogenannter sanfter Geburtsmethoden vorbestraft sind, während bei tragischen Unfällen in Rahmen der Schulmedizin der Schutzmantel der etablierten Methoden vor Strafe bewahrt.

In anderen wirtschaftlich bedeutsamen Bereichen, wie der Verkehrswirtschaft, der Finanzverwaltung und der allgemeinen Wirtschaftsverwaltung, stellt sich die Tätigkeit der Beiräte nicht viel anders dar. Fachleute aus der Branche dominieren, Betroffene bleiben ausgeschlossen, Beratungs- und Entscheidungsprozesse werden nicht offengelegt. Etablierte Institutionen wie die Sozialpartner haben Zugang, nicht jedoch SprecherInnen aus dem Umweltbereich. In diesen Beiräten werden wichtige Gesetzesvorhaben und Schwerpunktprogramme für die Verwaltung vorberaten; kritische Gruppierungen können die Auswirkungen dieser Politik nur im Nachhinein kritisieren. Im Bereich der Sozialpartnerschaft haben einige „Beiratsspezialisten", die an den Entscheidungsprozessen etlicher Gremien im Wirtschafts- und Sozialbereich teilnehmen, eine derartige Fülle von Informationsmöglichkeiten, daß im Vergleich dazu die Kontrollmöglichkeiten von Abgeordneten weit zurückbleiben. Insgesamt ist es hoch an der Zeit, dieses System von Beiräten und Kommissionen einer grundsätzlichen Reform zu unterziehen.

Wenn Fachbeiräte und Kommissionen als Beratungsorgane der Vollziehung einen Sinn haben sollen, muß dort flexible Ad hoc-Vertretung der jeweils betroffenen und sachlich am besten informierten Personen erreicht werden. Das erfordert die Einbeziehung der VertreterInnen von entsprechenden Berufsgruppen wie auch von Bürgerinitiativen. Der falsche Weg wäre hingegen, die mannigfaltigen und hochspezialisierten Anliegen der Natur- und Umweltschutzbewegung kammerartig zusammenzufassen, ihnen ein ähnliches, staatliches Korsett zu verpassen wie den öffentlich-rechtlichen Kammern im Rahmen der Sozialpartnerschaft. Die Bürgerinitiativen haben es verstanden, höchst flexible Organisationsformen von der lokalen bis zur globalen Ebene zu schaffen, die sich auf ganz unterschiedliche Weise artikulieren, von wissenschaftlicher Grundlagenarbeit bis hin zu stark aktionistischen Ansätzen. Eine Bündelung in einer Kammerorganisation mit einem entsprechenden Vertretungsmonopol im Rahmen von Gesetzgebung und Vollziehung würde zu einer Einschränkung der Handlungsmöglichkeiten führen. Es geht nicht darum, der Sozialpartnerschaft eine Art „Ökologieressort" hinzuzufügen, sondern um eine institutionalisierte Verpflichtung zur ökologischen Transformation in allen Wirtschafts- und Gesellschaftsbereichen.

Die ritualisierte Arbeitsweise von Beiräten und Beratungsgremien wird sich daher ändern und eher an der Flexibilität der Umweltbewegung orientieren müssen. Neue soziale Fragen müssen auch zur Neuorganisation von gesellschaftlichen Diskussionsprozessen führen. Die Zukunft der Interessensvertretungen heißt nicht Kammerorganisation und Pflichtmitgliedschaft, sondern bestmögliche Interessensvertretung durch Einbeziehung der Erkenntnisse aus wechselnd zusammengesetzten Beratungsrunden. Das System bürokratischer Apparate wird auf Dauer weder finanzierbar sein noch die erforderliche Anpassungsfähigkeit für die wachsenden Aufgabenstellungen hervorbringen. So ist es beispielsweise bei der Betreuung von Flüchtlingen oder der Integration von Fremden auch aus Gründen der Sparsamkeit und Zweckmäßigkeit offensichtlich, daß eine Kooperation der Verwaltung mit den privaten Hilfs- und Betreuungseinrichtungen sehr vorteilhaft wäre. Natürlich ist dabei eine völlige Abwälzung von staatlichen Aufgaben an private Organisationen zu verhindern. Von staatlicher Seite sind vor allem effiziente Kontrollmechanismen zur Wahrung der Rechte Betroffener zu gewährleisten. Durch die Kooperation von staatlichen Behörden und privaten Vereinen im Umwelt- und Sozialbereich wäre aber eine qualitative Veränderung der staatlichen Tätigkeiten und eine verbesserte Bewältigung neuer Aufgaben zu erwarten. Das Modell einer offenen staatlichen Vollziehung mit flexiblen problemorientierten Diskussionsformen würde nicht nur die Ökologisierung der Industriegesellschaft insgesamt voranbringen. Es würde auch zu einem neuen Verständnis der demokratischen Ausübung von Staatsgewalt führen, zu einem neuen Gesellschaftsvertrag auf sozialökologischer Basis.

Die neuen BürgerInnen

In der Antike konstituierten sich Stadtstaaten und Staaten als Gemeinschaft der BürgerInnen. Die Bürgerschaft und damit die Zugehörigkeit zu einem Rechtskreis waren an die Person geknüpft und insofern vergleichbar mit einer Zugehörigkeit zu einer Religionsgemeinschaft in der heutigen Zeit. Hingegen ist das Prinzip der Rechtsgeltung in den neuzeitlichen Territorialstaaten ein fundamental anderes: Recht gilt hier in Hinblick auf ein Territorium und wird von der Staatsgewalt durchgesetzt. Zwar gab und gibt es Berechtigungen, die bestimmten StaatsbürgerInnen vorbehalten bleiben, doch im Prinzip erstreckt sich die staatliche Rechtsordnung auf alle Menschen, die sich auf diesem Territorium befinden.

Entsprechend diesem Grundsatz gilt Österreichisches Recht auch für ArbeitsmigrantInnen. Doch die speziellen Normen für AusländerInnen im Bereich des Aufenthaltes und des Zugangs zum Arbeitsmarkt sind derart restriktiv, daß Rückwirkungen auf alle anderen Rechtsbereiche entstehen. AusländerInnen werden auf Grund des am 1. Juli 1993 inkraft getretenen Aufenthaltsgesetzes in die Illegalität gedrängt, wenn sie keine gültige Beschäftigungsbewilligung haben, wenn ihre Wohnung zu klein ist, wenn ein befristeter Mietvertrag abgelaufen ist, wenn sie keine ganz nahen Angehörigen von legalen ArbeitsmigrantInnen sind. Sie sind de facto von einer gleichen Teilnahme am Privatrechtsverkehr ausgeschlossen. Sogenannte Illegale müssen Elendsquartiere zu Wucherkonditionen akzeptieren, ihre Arbeitskraft ohne jeden sozialen und rechtlichen Schutz am Schwarzarbeitsmarkt verkaufen und können in vielen Fällen dennoch nicht einfach „nach Hause gehen". Die Illegalität führt zu sichtbarer Verelendung, zur Flucht vor jeder Behörde und zu einer Fülle von negativen sozialen Konsequenzen. Alle diese schlimmen Auswirkungen konnten bislang mit staatlicher Zwangsgewalt nicht in Schranken gehalten werden; dennoch setzen die Regierungen in Österreich und in Europa verstärkt auf polizeilich-administrative Regelungsmechanismen, um das sogenannte „Ausländerproblem" in den Griff zu bekommen. In Wahrheit geht es um eine Summe sozialer Probleme, die nicht vom Reisepaß abhängen. Wie gefährlich dieser falsche Zugang zur „Lösung" komplexer Konflikte ist, zeigt sich deutlich angesichts offener ausländerfeindlicher Umtriebe in verschiedenen europäischen Ländern, vor allem in Deutschland, aber auch in Österreich, aber auch angesichts der wachsenden Verunsicherung der gesamten Bevölkerung. Angst führt zur Ablehnung, zum Mißtrauen in die Lösungsmöglichkeiten demokratischer Politik sowie zur Bereitschaft, den simplen demagogischen Botschaften der Rechtsextremisten Glauben zu schenken. Wohin diese Entwicklung führt, trat im Jahr 1993 auch in Österreich auf dramatische Weise zutage. Es begann zum Jahresbeginn mit dem gescheiterten Anti-Ausländer-Volksbegehren der FPÖ und endete zum Jahresende mit dem heimtückischen Briefbombenterror gegen zehn RepräsentantInnen der Menschenrechtsbewegung, der Kirchen und der Politiker, inklusive der Grünen und meiner eigenen Person. Diese Entwicklung des Jahres 1993 hat vor allem eines klargemacht: eine Neuorientierung beim Fremdenrecht ist heute zu einer zentralen Frage der weiteren demokratischen Entwicklung geworden. Je mehr Risse im sozialen Gefüge entstehen, desto größer wird die Gefahr der Polarisierung. Die gesellschaftliche Integration von benachteiligten Gruppen, insbesondere von AusländerInnen, ist deshalb auch eine notwendige Grundvoraussetzung für einen ökologischen Rechtsstaat.

Die Vernünftigkeit von integrativen Ansätzen zeigt auch ein Blick auf die Geschichte der Ausländerbeschäftigung in Österreich.[11] Das Fortschreiten der Industrialisierung und das Wachstum städtischer Ballungszentren führten im 19. Jahrhundert im Gebiet der österreichisch-ungarischen Monarchie zu intensiven Migrationsbewegungen. Um 1900 betrug der Anteil an MigrantInnen aus den nicht-deutschsprachigen Kronländern an der Wiener Wohnbevölkerung mehr als 40 Prozent; vor dem Ersten Weltkrieg waren sie aber keine AusländerInnen und unterlagen in bezug auf Aufenthalt oder Beschäftigung noch keinen Sonderregelungen. Erst nach dem Ersten Weltkrieg begannen die Ansätze einer national orientierten Arbeitsmarktpolitik in Form des Inlandsarbeiterschutzgesetzes von 1925. Die Vorstellung von der Notwendigkeit des Schutzes des inländischen Arbeitsmarktes prägte auch die Rechtssituation während und nach dem Zweiten Weltkrieg. Grundlage für die Beschäftigung ausländischer Staatsangehöriger in Österreich war ab 1941 die deutsche „Verordnung über ausländische Arbeitnehmer" vom 17. Jänner 1933 – und zwar de facto bis zum neuen Ausländerbeschäftigungsgesetz 1975. Dabei wurde eine grundsätzlich restriktive AusländerInnenbeschäftigungspolitik festgelegt. Kurzfristige Defizite auf dem Arbeitsmarkt sollten durch zeitlich befristete Zulassung von „Gast-ArbeiterInnen" ausgeglichen werden. Leitbild dieser auch von den Gewerkschaften mitgetragenen Arbeitsmarktpolitik war der mobile Wanderarbeiter, der nach den Gesetzen von Angebot und Nachfrage je nach Bedarf zum Einsatz gelangt.[12] Entsprechende Bilder vom Typus dieses Gastarbeiters prägten dann den Geist der staatliche Bürokratie: *„Er ist gesund, weil Arbeitsämter und Kommissionen auf diese Seite der Sache großen Wert legen. Er ist arbeitswillig. Er hat zu Hause einen guten Leumund, ist nicht kriminell, hat gute Muskeln und den Willen, sie einzusetzen."* [13]

Gleichzeitig wurde in den sechziger Jahren eine lohnpolitische Strategie eingeschlagen, die Niedriglohnbereiche duldete, um Arbeitsplätze in prekären Branchen und Betrieben vor dem Hintergrund der sich verstärkenden internationalen Konkurrenz zu erhalten. Diese sozialen

---

[11] Antun Petrovic, Die Entwicklung der Ausländerbeschäftigung in Österreich in den achtziger Jahren, Diplomarbeit, Wien 1989.

[12] Erika Wolf, Wanderarbeiter – Bürger Europas, in: Schloesser, Kaufmann u. a. (Hrsg.): Arbeitsplatz Europa, Europäische Schriften des Bildungswerks Europäische Politik, Heft 11, Köln 1966.

[13] Richard Kaufmann, Der Gastarbeiter als gesellschaftliches Problem, ebenda, Seite 26.

Weichenstellungen, die vor allem im Zusammenhang mit der Beschäftigung ausländischer Arbeitskräfte entstanden, prägen die Strukturprobleme in der Wirtschafts- und Sozialpolitik bis heute nachhaltig, mit großen Unterschieden zwischen den verschiedenen Branchen im Hinblick auf Lohnniveau und soziale Absicherung.

Die Statistiken über die Entwicklung der Beschäftigung ausländischer ArbeitnehmerInnen zeigen eine deutliche Orientierung am Konjunkturverlauf. Das heißt, aber: auch ohne ein fremdenrechtliches Instrumentarium, wie es seit 1990 geschaffen wurde, um arbeitsmarktpolitisch nicht erwünschte AusländerInnen außer Landes schaffen zu können, gäbe es entsprechende Anpassungsprozesse auf dem Arbeitsmarkt. In Zeiten starken Wirtschaftswachstums nahm die Zahl von ausländischen Arbeitskräften stark zu: etwa 1970 – 1973 von knapp 112.000 auf fast 227.000. Nach Einsetzen der wirtschaftlichen Rezession infolge des ersten Erdölpreis-Schocks trat 1973 eine Reduktion ein, die kontinuierlich bis zum Jahr 1985 verlief: ein Rückgang auf ca. 135.000 ausländische Beschäftigte, d. h. um ca. 43 Prozent im Vergleich zum Höchststand von 1973. Erst nach 1985, vor allem zu Beginn der neunziger Jahre, war wieder ein relativ starker Anstieg im Einklang mit dem Konjunkturverlauf zu verzeichnen. Einen großen Andrang von Fremden hat es in Österreich in den Jahren mit ungünstiger konjunktureller Entwicklung der Wirtschaft nie gegeben.

Der Anstieg an ausländischen Arbeitskräften zu Beginn der siebziger Jahre führte 1975 zu einem neuen Ausländerbeschäftigungsgesetz. Es sollte plötzlichen Änderungen in der konjunkturellen Situation, wie im Zug der Erdölpreiskrise, mit einem System von Bewilligungen Rechnung tragen: *„1975 glaubten die Autoren des Ausländerbeschäftigungsgesetzes noch daran, die Ausländerbeschäftigung durch Rotation steuern zu können; die einjährige Bewilligung sollte dazu führen, daß die Ausländer/Ausländerinnen immer nur kurzfristig in Österreich bleiben und bei anhaltendem Bedarf gegen neu angeworbene ausgetauscht werden. Auf diese Weise wollte man Kosten für die ‚soziale Infrastruktur' (Schule, Wohnungen, Sozialleistungen) sparen.“* [14]

Dieses Prinzip wurde auch in anderen arbeitsmarktpolitisch relevanten

---

[14] Rainer Bauböck, Ausländerfeindlichkeit per Gesetz, in: Die Linke, Nr. 9 vom 12. Mai 1988, Seite 6.

Gesetzen verankert, so etwa im Arbeitsmarktförderungsgesetz, das die Gewährung bestimmter Förderungen wie etwa der Kurzarbeitsbeihilfe an notleidende Unternehmungen davon abhängig macht, daß zunächst einmal ausländische Arbeitskräfte „freigesetzt" werden. Die Neuzulassung ausländischer Arbeitskräfte erfolgte nach dem Gesetz unter der Voraussetzung, daß keine arbeitslosen InländerInnen (oder langjährige GastarbeiterInnen) für einen bestimmten Job in Betracht kommen. Dieses Rotationsmodell beinhaltete zwar von Anfang an die gleiche Sozialversicherung für in- und ausländische Arbeitskräfte, sah aber – im Gegensatz zu den Beschäftigungsmodellen der meisten anderen europäischen Staaten – keine Möglichkeit vor, in einer relativ kurzen Zeit ein Bleiberecht in Österreich zu erlangen.

Teilweise wurden die negativen sozialen Folgeerscheinungen dieser Reglementierung bald erkannt; Konsequenzen wurden daraus jedoch nicht gezogen: *„Auf der Suche nach möglichen Strategien zur Eindämmung dieses Spannungsherdes sind Überlegungen zur Integration und Rotation der ausländischen Arbeitnehmer zum Gegenstand der Debatten und zum Ausgangspunkt empirischer Untersuchungen zur Frage der Ausländerbeschäftigung in Österreich geworden. Die tatsächliche Entwicklung der Ausländerbeschäftigung und ihrer sozialen Folgeerscheinungen hat zugleich die Relativität aller steuernden und mahnenden Eingriffe in dieses sozio-ökonomische Phänomen und die unabhängig von der Integrations-Rotations-Problematik aufgeworfenen sozialen und humanitären Aufgaben der Gastländer sichtbar werden lassen."* [15]

Aus politischen Gründen wurde an dem sozialpartnerschaftlich vereinbarten und im Gesetz verankerten Modell festgehalten, obwohl dieses von der Realität längst überholt war. In Wirklichkeit fand Rotation nur im Rahmen des Ausgleichs saisonaler Schwankungen statt, während eine immer größere Anzahl ausländischer Arbeitskräfte Beschäftigung auf Dauer fand und sich in Österreich niederließ. In den traditionellen Herkunftsländern hatte sich die wirtschaftliche Lage teilweise so verschlechtert, daß eine Rückkehr in vielen Fällen gar nicht mehr möglich war. Zudem waren die Unternehmen oft auch daran interessiert, die Angehörigen bewährter GastarbeiterInnen anzuwerben. Kinder der Gastarbeiterinnen wurden immer häufiger bereits in Österreich geboren. Die Integration lief über die Familien, im

---

[15] Beirat für Wirtschafts- und Sozialfragen (Hrsg.), Möglichkeiten und Grenzen des Einsatzes ausländischer Arbeitskräfte, Wien 1976.

Betrieb, auf dem Arbeitsmarkt, in der Wohnumgebung, in den Kindergärten und den Schulen. Eine bewußte Integrationspolitik von seiten der staatlichen Stellen und der Sozialpartner fand hingegen trotz gegenteiliger Beteuerungen nicht statt.

Mit dem immer stärkeren Vordringen rechter und rechtsextremer Kräfte, die mit demagogischen Parolen die AusländerInnen zu Sündenböcken für soziale Probleme aller Art machten, gerieten Regierungspolitik und Gewerkschaften immer mehr in den Sog populistischer Argumentationen. Die zu trauriger Berühmtheit gelangten Aussprüche sozialdemokratischer Politiker vom „vollen Boot" und den „notwendigen" Grenzschikanen spiegeln die Themenführerschaft rechtsextremer und ausländerfeindlicher Strömungen wider.

Das Versagen der Integrationspolitik läßt sich noch genauer rekapitulieren. Auf Grund der sozialpartnerschaftlich geprägten AusländerInnenpolitik seit den frühen siebziger Jahren hatte sich de facto eine Spaltung am Arbeitsmarkt in einerseits sozial gut abgesicherte, ausreichend entlohnte Arbeitsplätze und andererseits typische Gastarbeitersparten mit niedrigerem Lohnniveau, hohen Belastungen und geringer Sicherheit herausgebildet. Jahr für Jahr drifteten mehr Arbeitsplätze über jene unsichtbare Linie, die sozial akzeptable von nicht mehr akzeptablen Tätigkeiten trennt.[16] Inländische Arbeitskräfte drängten in den sicheren und akzeptablen Teil des Arbeitsmarktes, der Rest blieb für die ausländischen ArbeitnehmerInnen. Es kam zu einer Konzentration von ArbeitsmigrantInnen im Bauwesen, im Fremdenverkehr, in der Land- und Forstwirtschaft sowie bei Hilfstätigkeiten in Industrie und Gewerbe.

Gleichzeitig markierte das Ende der siebziger Jahre eine Abkehr von der Politik der Ausweitung der Budgetdefizite; gespart wurde aber vor allem im Rahmen einer aktiven Arbeitsmarktpolitik. Die Folgen blieben nicht aus — verstärkt durch Konjunktureinbrüche und fortgesetzte Rationalisierungsmaßnahmen in der Wirtschaft: Die Arbeitslosigkeit begann unaufhaltsam zu steigen. Es gab zwar immer wieder Erholungsphasen auf dem Arbeitsmarkt mit rückläufiger Arbeitslosigkeit; im Großen und Ganzen war die Tendenz aber steigend: von

---

16 Bundesministerium für Arbeit und Soziales (Hrsg.), Die Dynamik des Arbeitsmarktes, in: Forschungsberichte aus Sozial- und Arbeitsmarktpolitik, Nr. 19, Wien 1987.

ca. 2 Prozent im Jahr 1980 auf rund 4 Prozent 1984 sowie auf 6 Prozent 1992. Im Juli 1993, in der Hochbeschäftigungsphase des Sommers, wies die Statistik eine Arbeitslosenquote von 5,6 Prozent aus.[17] Seitens der Regierungspolitik wird immer hervorgehoben, daß diese Angaben nach den in anderen Industriestaaten üblichen Erfassungssystemen niedriger anzusetzen wären; aber das ist unzutreffend, da in Österreich eine Fülle von Maßnahmen gesetzt wurden, um ältere Arbeitslose in die Pensionssysteme überzuführen und daher aus der Statistik herauszuhalten.[18] Weiters führt die im internationalen Vergleich immer noch geringe Teilnahme von Frauen am Arbeitsmarkt tendenziell zu einer statistischen Verzerrung nach unten, weil viele Frauen sich selbst als chancenlos erachten und gar nicht mehr um eine Vormerkung beim Arbeitsamt bemühen.[19]

Ein Großteil der in Österreich tätigen ArbeitsmigrantInnen arbeitet seit vielen Jahren in Österreich und verfügt über entsprechende Genehmigungen: Von den per Juli 1993 in Österreich beschäftigten 294.000 AusländerInnen hatten knapp 100.000 einen sogenannten Befreiungsschein, der nur nach fünfjähriger (nahezu) ununterbrochener Tätigkeit verliehen wird; weitere 75.000 besaßen eine sogenannte Arbeitserlaubnis, die eine kontinuierliche Beschäftigung von zumindest einem vollen Jahr voraussetzt. Das in der Öffentlichkeit häufig geprägte Bild von „Glücksrittern", die kommen und wieder gehen, den Arbeitsmarkt destabilisieren und sozial nicht integrierbar sind, traf in keiner Weise zu. Im Gegenteil: Trotz der offiziellen Rotations-Philosophie fand Integration statt. Gleichzeitig führte das Fehlen einer konsequenten Mindestlohnpolitik bzw. Verteilungspolitik zu einer starken Segmentierung auf dem Arbeitsmarkt. Die Niedriglohnbranchen zogen verstärkt ArbeitsmigrantInnen, aber auch weibliche sowie schlechter qualifizierte inländische Arbeitskräfte an.[20]

---

17 Bundesministerium für Arbeit und Soziales (Hrsg.), Die Arbeitsmarktlage Ende Juli 1993, Wien, August 1993.

18 Gudrun Biffl, Ältere Arbeitskräfte auf dem österreichischen Arbeitsmarkt. Vortrag anläßlich der Enquete zur Arbeitslosigkeit, Kammer für Arbeiter und Angestellte, Linz, 8. 10. 1992, in: Wifo-Vorträge Nr. 58, Wien 1992.

19 Gudrun Biffl, Women in Austria: Their Work in the Labour Market and in the Household, in: Wifo Working Papers Nr. 42, Wien, Juni 1991.

20 Manfred Eder, Franz Gall, Einkommensverteilung, niedrige Einkommen und die Forderung nach höheren Mindesteinkommen in: Geld und Leben. Diskussion um soziale Mindeststandards, Hrsg. Karl S. Althaler, Sabine Stadler, Wien 1990, Seite 5ff.

Die im europäischen Vergleich sehr niedrigen österreichischen Arbeitslosenraten in den siebziger Jahren und auch noch zu Beginn der achtziger Jahre waren sowohl auf die aktive Arbeitsmarkt- und Förderungspolitik zurückzuführen als auch auf den geduldeten Weiterbestand von Niedriglohnbranchen mit schlechten Arbeitskonditionen. In der staatlichen Betriebsförderungspolitik ging es vor allem um die Erhaltung von Standorten, statt um gezielte Umstrukturierungsmaßnahmen in Richtung besserer Arbeitsplätze. Die Förderungen flossen zu einem Gutteil in die Grundstoffindustrie, in die Papier- und Textilindustrie, und vor allem in den achtziger Jahren in die Automobilindustrie. Die Qualität und die Nachhaltigkeit der Arbeitsplätze blieben dabei stets zweitrangig.

Aus gewerkschaftlicher Sicht schien die große Zahl schlechterer Arbeitsplätze, die vorrangig von GastarbeiterInnen eingenommen wurden, durch die Vorstellung legitimiert, daß diese Jobs für eine kurze Phase durchaus zumutbar wären. In dieser Phase könnten die AusländerInnen mehr verdienen als in ihrer Heimat und dann im Rotationsmodell den Platz für neue Arbeiter abgeben. Die soziale Realität war jedoch eine ganz andere. Die AusländerInnen mußten daher per Gesetz und per Diskriminierung am sozialen Aufstieg und an der vollen gesellschaftlichen Integration gehindert werden.

„Wenn Einwanderer über Jahrzehnte oder gar über Generationen auf den schlechten Jobs festgehalten werden sollen, dann ist Nicht-Integration die Bedingung ihres Ausharrens. Das Ausharren produziert seinerseits wieder Nicht-Integration.“ [21] Diese strukturkonservative Wirtschafts- und Sozialpolitik stellt heute eine große Hypothek für eine ökologische Ausrichtung in Wirtschaft und Gesellschaft dar. Die Folgen dieser Politik trafen nicht ausschließlich ausländische ArbeitnehmerInnen, wohl aber besonders intensiv und konzentriert. Erst dadurch wurde es für rechtspopulistische Kräfte leicht, vom „Ausländerproblem“ zu sprechen.

„Als nach dem Fall des ‚Eisernen Vorhangs‘ die Angst vor den neuen Migrationsbewegungen in Richtung Westeuropa hinzukam, geriet die Regierungspolitik gänzlich unter den Druck ausländerfeindlicher Kräfte. In rascher Folge wurde ein System von Ausländergesetzen geschaffen, das den Behörden der inneren

---

[21] August Gächter, Illusionen einer Einwanderungspolitik, in: Österreichische Zeitschrift für Politikwissenschaft, Nr. 4, Wien 1991, Seite 357.

Sicherheit weitgehende, nicht ausreichend determinierte Rechte einräumt und Fremde primär als Gefahr für die innere Sicherheit behandelt. Dieser Serie von AusländerInnengesetzen ging eine Neuordnung des polizeilichen Meldewesens durch das im Dezember 1991 verabschiedete Meldegesetz voran. Durch das vordergründige Anliegen, sogenannte Scheinmeldungen verhindern zu wollen, wurden neuartige Meldepflichten für Unterkunftgeber im Gesetz verankert; vermutete Umgehungen der Meldepflicht oder fälschlicherweise erfolgte Meldungen sind vom Unterkunftgeber der Behörde zu melden. Bei der Behörde wurde erstmals ein zentrales Melderegister als Grundlage für eine umfassende Wanderungsstatistik eingerichtet. Bereits damals war klar, daß diese ‚Denunziations-Pflichten' – so die Rechtsanwaltskammer in ihrer Stellungnahme zum Gesetz – sich vor allem gegen die am Wohnungsmarkt schutz- und rechtlosen AusländerInnen richten würde."[22]

Ebenfalls im Dezember 1991 wurde ein neues Asylrecht erlassen, das nicht nur einen Bruch mit dem Prinzip dieses Rechts als Individualrecht mit sich brachte, sondern auch eine neue europäische Tendenz zur Einschränkung des Asyls einleitete. Bei den parlamentarischen Beratungen wurden seitens der Regierungsparteien ausschließlich leitende Beamte aus dem Bereich der inneren Sicherheit beigezogen; der Vertreter des Hochkommissärs der Vereinten Nationen für Flüchtlinge (UNHCR) erhielt keinen Zutritt. Tragendes Prinzip des neuen österreichischen – und mittlerweile auch des geänderten deutschen – Asylrechts ist die Möglichkeit, AsylwerberInnen, die aus sogenannten sicheren Staaten kommen oder bereits in einem dritten Staat (Durchreisestaat) Asyl hätten beantragen können, in einem raschen Mandatsverfahren ohne eingehendes Ermittlungsverfahren abzulehnen. Wird ein Antrag als „offensichtlich unbegründet" abgewiesen, gibt es dagegen kein aufschiebendes Rechtsmittel; das Bundesgebiet ist sofort zu verlassen. Die gravierenden Bedenken des Verfassungsdienstes, der Rechtsanwaltskammer, des Justizministeriums und des Frauenministeriums gegen dieses neue Asylrecht wurden ignoriert. Da Österreich nach Meinung des Innenministers von „sicheren Staaten" umgeben ist, können Personen, die auf dem Landweg nach Österreich kommen, nicht mehr damit rechnen, als Flüchtlinge anerkannt zu werden. Bereits heute zeigen sich die dramatischen Auswirkungen dieses Gesetzes:

---

[22] Bericht des Ausschusses für innere Angelegenheiten über das Meldegesetz 1991, in 329 d. Blg. zu den Stenographischen Protokollen des Nationalrates, XVIII. GP, sowie die abweichende Grüne Stellungnahme dazu.

Stellten Anfang 1992 pro Monat ca. 2000 Personen Asylanträge, waren es zu Beginn des Jahres 1993 nur mehr jeweils ca. 400 Personen. Von Jänner bis März 1993 wurden über 44.000 Personen an der Grenze zurückgewiesen, zurückgeschoben, ausgewiesen, mit einem Aufenthaltsverbot belegt, in Schubhaft genommen oder abgeschoben.[23]

Mit 1. Jänner 1993 trat ein weiteres Ausländergesetz, das Fremdengesetz, in Kraft. Auch bei diesem Gesetz wurden Bedenken des Verfassungsdienstes und des Verfassungsgerichtshofes nicht beachtet. Fremde können, auch wenn sie jahrelang in Österreich gearbeitet haben oder sogar hier geboren wurden, ausgewiesen werden, wenn die Mittel für ihren Unterhalt nicht mehr ausreichen und sie zu einer finanziellen Belastung der Sozialbehörden werden könnten. Um SchwarzarbeiterInnen oder sogenannte Illegale aufspüren zu können, sieht das Gesetz in § 50 eine Einschränkung des Hausrechtes vor: Sicherheitsbeamte dürfen eine Wohnung betreten, wenn darin mehr als fünf Fremde Unterkunft haben und ein Verdacht auf die Anwesenheit Illegaler besteht. Bei der Beschlußfassung ging selbst der Innenminister von einer Anwesenheit von ca. 100.000 Illegalen aus; d. h. eine nach dem 4. Zusatzprotokoll zur Europäischen Menschenrechtskonvention verbotene Massenabschiebung wurde damit in Kauf genommen.

Den Schlußstein der Ausländergesetze stellt das am 1. 7. 1993 inkraftgetretene Aufenthaltsgesetz dar. Es knüpft den rechtmäßigen Aufenthalt von AusländerInnen daran, daß sie sowohl eine geeignete, den inländischen Standards entsprechende Wohnung als auch einen ausreichenden Unterhalt nachweisen können. Als nicht berufstätige Familienmitglieder dürfen nur Ehegatte/Ehegattin oder minderjährige Kinder im Inland bleiben. Der weiter gefaßte Familienbegriff der europäischen Menschenrechtskonvention, der alle Verwandte in der geraden Linie umfaßt, also auch Eltern oder Enkelkinder, wurde nicht in das Gesetz aufgenommen – unter Mißachtung dieser internationalen Konvention und damit auch der österreichischen Verfassung. Verlieren AusländerInnen Wohnung und/oder Arbeit, so ist ihnen samt ihrer ganzen Familie das Aufenthaltsrecht zu entziehen, also auch dann, wenn sie seit Jahrzehnten in Österreich gearbeitet haben. Das

[23] Anni Knapp, Zahlen und Fakten zu den Auswirkungen des neuen Asylgesetzes, in: Menschenrecht in der Praxis. Ein Jahr neues Asylgesetz. Protokoll des Expertenhearings am 1. 6. 1993 im Parlament, Hrsg. Grüner Klub im Parlament, Wien, Juni 1993, Seite 60ff.

Jahr 1993 und das Frühjahr 1994 waren geprägt von der heftigen öffentlichen Kritik am Vollzug dieses Gesetzes und der Forderung einer raschen Novellierung im Sinne der Rechtsstaatlichkeit. Namhafte VerfassungsrechtlerInnen kritisierten vor allem die Nichtentscheidung der Behörde, die dazu führt, daß AusländerInnen ihre Aufenthaltsberechtigung verlieren, auch wenn sie zeitgerecht um Verlängerung angesucht haben. Erschütternde Einzelfälle wurden von den Medien aufgegriffen: Negative Entscheidungen über Kinder, über Menschen, die seit vielen Jahren hier leben und arbeiten, über Menschen, deren Wohnung zu klein ist. Darüber hinaus registrierten Hilfsorganisationen, daß etliche AusländerInnen aus Angst vor einer negativen Entscheidung und einer möglichen Abschiebung gar nicht erst Anträge stellen, sondern untertauchen.

Seit dem Inkrafttreten des EWR am 1. Jänner 1994 wird in Österreich nicht nur den StaatsbürgerInnen der EWR-Staaten, sondern auch ihren nahen Angehörigen unabhängig von der Staatszugehörigkeit ein Aufenthaltsrecht eingeräumt. ÖsterreicherInnen mit „Nicht-EWR-Angehörigen“ werden hingegen die vollen personenrechtlichen Vorteile des EWR verwehrt. Die „Nicht-EWR-Angehörigen“ österreichischer StaatsbürgerInnen bleiben trotz EWR den Schikanen des Aufenthaltsgesetzes unterworfen: als EWR-BürgerInnen zweiter Klasse.

Diese neuen Ausländergesetze werden nicht haltbar sein, weil sie nicht mit dem Rechtsstaat in Einklang stehen, zu unmenschlichen Entscheidungen führen und Schwarzmarktphänomene geradezu provozieren. Die neuen Gesetze stehen auch nicht in Einklang mit den früheren, nach wie vor geltenden Normen wie dem Ausländerbeschäftigungsgesetz. Es wären Fälle denkbar, daß ArbeitnehmerInnen mit gültiger Arbeitserlaubnis oder sogar mit Befreiungsschein das Recht des Aufenthaltes verlieren, weil ein befristeter Mietvertrag ausläuft. Schwarzarbeitgeber oder Wohnungswucherer haben hingegen kaum mit drastischen Konsequenzen zu rechnen. Während die ertappten SchwarzarbeitnehmerInnen – 1991 waren es 4070, 1992 insgesamt 5474 Personen – mit Anzeige und Abschiebung rechnen müssen, wurde 1993 nur ein einziges Verfahren gegen einen Schwarzarbeitgeber auf Entzug der Gewerbeberechtigung eingeleitet.[24] Im Wiener Wahl-

---

[24] Beantwortung des Sozialministers, Parlamentarischen Anfrage 4711/AB vom 5. 7. 1993 zur grünen Anfrage 4749/J.

kampf 1991 wurde von der Sozialdemokratischen Partei noch plakatiert, daß jeder ausländische Schwarzarbeiter einen inländischen Schwarzarbeitgeber habe. Die Konsequenzen, die von einem sozialdemokratischen Innenminister oder einem sozialdemokratischen Sozialminister gezogen wurden, gehen aber einseitig zu Lasten der sozial Schwächeren.

Bei der Änderung des Vergaberechtes wurde mit der selben Einseitigkeit vorgegangen: Anders als bei ArbeitnehmerInnen werden ArbeitgeberInnen erst beim wiederholten Verstoß von öffentlichen Vergaben ausgeschlossen, und selbst da sieht das Gesetz Ausnahmen vor.

Es wäre möglich gewesen, in den siebziger und achtziger Jahren eine wirtschaftliche Strukturreform einzuleiten, unter Bedachtnahme auf eine ausgewogene soziale Entwicklung, mit bewußter Zurückdrängung von Billiglohnbranchen. Die Reallöhne in Österreich hätten sich dann früher und stärker an jene Westeuropas angenähert. Freilich wären damit Unternehmungsschließungen in den Niedriglohnbranchen verbunden gewesen, weswegen vor allem der ÖGB das „Ausländerrotationsmodell" als Nachschub für die Niedriglohnbranchen bevorzugte. Noch zu Beginn der neunziger Jahre wäre es spät, aber doch möglich gewesen, auf eine bewußte Integration der ansässigen AusländerInnen und ihrer Familien zu setzen. Statt dessen wurden mit dem Aufenthaltsrecht die Grundlagen dafür geschaffen, daß Österreich laufend qualifiziertes Fachpersonal – Krankenschwestern, ÄrztInnen, TechnikerInnen und FacharbeiterInnen – aus dem Ausland abwirbt. Anfang 1993 bot sich dann durch das „Lichtermeer", die Demonstration von Hunderttausenden in der Wiener Innenstadt, nochmals die Chance, mit breiter Akzeptanz neue rechtsstaatliche Grundlagen der Integration zu schaffen.

Flüchtlingshilfsorganisationen, AusländerInnenvereine, Kirchen und sogar ParlamentarierInnen aus dem Kreis der Regierungsparteien erkennen die Notwendigkeit einer raschen Neuorientierung. Gewerkschaften und Regierung scheinen sich allerdings dazu entschlossen zu haben, die Ungleichheit zu erhalten sowie die daraus resultierenden Gefahren für die Lohn- und Strukturpolitik mit einer Verpolizeilichung des Arbeitsmarktes, bzw. mit einer unnachgiebigen Ausweisungs- und Abschiebungspolitik zu bekämpfen. Dies bedeutet eine große Gefahr nicht nur für die Betroffenen selbst, sondern auch für die österreichische Demokratie. Rechtliche Ausgliederung schafft Elend, das sich ausbreitet und nicht auf die Gruppe der AusländerInnen beschränkt bleibt. Prekäre Beschäftigungsverhältnisse nehmen zu, Armut führt zu Erpreßbarkeit, zu Schwarzmarktpraktiken am Wohnungs- und Arbeitsmarkt. All das zeugt Spiralen der Angst. Nationalisten und Rechtsextremisten haben dann ein leichtes Spiel. Es ist daher von grundlegendem Interesse für Österreich, doch noch neue Weichen zu stellen in Richtung Integrationspolitik. Die langfristige Perspektive liegt in der weltweiten Achtung der Menschenrechte, im sozialen Ausgleich zwischen Nord und Süd, in einer gemeinsamen ökologischen Wirtschaftsentwicklung in ganz Europa, die Menschen nicht mehr zwingt, ihre Heimat verlassen zu müssen, sowie Freizügigkeit und gleiches Recht auf Niederlassung für alle ermöglicht.

Kurzfristig und mittelfristig ist eine Migrationspolitik erforderlich. Solange die großen Wohlfahrtsunterschiede bestehen, die unsere Zeit prägen, bleibt der Nationalstaat eine ernsthafte politische Option. Es geht daher um die relativ gerechteste Form von Migrationspolitik, sowohl in Österreich als auch im europäischen Rahmen.

Hebel für eine grüne Migrations- und Integrationspolitik

a) Grundvoraussetzung: Verfassungskonformität

Zunächst müssen sämtliche AusländerInnengesetze auf ihre Verfassungskonformität überprüft und die erforderlichen Änderungen raschest durchgeführt werden. Das bedeutet erstens, daß die zahlreichen unbestimmten Gesetzesbegriffe im Fremden- und Aufenthaltsgesetz durch den Gesetzgeber zu konkretisieren sind. Die weiten Ermessensspielräume für die Behörden der inneren Sicherheit sind in einem Rechtsstaat unerträglich. Zweitens muß es immer vollen Rechtsschutz geben, d. h. faire Rechtsmittel mit aufschiebender Wirkung, die im Inland angestrengt werden können. Dabei muß auch der Aufenthalt für die Dauer des Verfahrens gewährleistet sein – bzw. bei AsylwerberInnen eine Betreuung durch die Republik Österreich. Mandatsverfahren ohne ordentliches Rechtsmittel oder die Aberkennung der aufschiebenden Wirkung von Berufungen sind verfassungswidrig; die entsprechenden Bestimmungen im Fremden- und im Asylgesetz sind zu korrigieren. Die Beibehaltung des Status quo würde bedeuten, daß zwar entsprechend einem Spruch des Verfassungsgerichtshofes sogar Bescheide der Finanzverwaltung in Abgabensachen mit einem aufschiebenden Rechtsmittel bekämpft werden können, nicht jedoch Entscheidungen über die Existenz von Menschen. Drittens muß der Schutz der Privatsphäre bei Haushalten, in denen AusländerInnen wohnen, genauso gewährleistet sein wie bei InländerInnen. Die Bestimmung, wonach Sicherheitsorgane ohne richterlichen Auftrag Wohnungen betreten und nach illegalen Fremden suchen können, ist verfassungswidrig und muß abgeschafft werden. Weiters ist die im Fremdengesetz verankerte Möglichkeit, sogar Kinder und Jugendliche in Schubhaft zu nehmen, ersatzlos zu streichen. Sie widerspricht der UN-Konvention über die Rechte des Kindes und stellt für einen humanen Rechtsstaat eine unzumutbare Härte dar. Letztlich sollten auch die im Fremden- und Melderecht verankerten polizeilichen Überwachungssysteme aus Gründen des präventiven Schutzes der Privatsphäre und des Datenschutzes abgeschafft werden. Das Fremdeninformationssystem, das über sämtliche Daten von AusländerInnen auch noch fünf Jahre über ihren Tod hinaus Auskunft gibt, sowie das zentrale Melderegister sind gefährliche Instrumente, die leicht mißbräuchlich angewendet werden können. Weder im Melde- noch im Fremdenrecht sind solche Instrumente für einen korrekten rechtsstaatlichen Vollzug erforderlich. Für einen möglicherweise schon praktizierten Datenverbund über AusländerInnen im europäischen Rahmen existiert keine Rechtsgrundlage; eine parlamentarische Kontrolle über die Aktivitäten des Innenministeriums in diesem Bereich ist dringend erforderlich.

b) Aufenthaltssicherheit für ausländische MitbürgerInnen

Der permanente rechtliche Schwebezustand, in den AusländerInnen durch das Aufenthaltsgesetz gedrängt werden, schadet den Betroffenen, aber auch der österreichischen Volkswirtschaft. Menschen ohne gesicherte Zukunft können nicht in den Aufbau einer beruflichen Existenz oder in eine Wohnung investieren. Erstens muß es einen Rechtsanspruch auf ein Bleiberecht geben, d. h. einen unbefristeten Sichtvermerk und damit verbunden auch einen Abschiebungsschutz. Die Aufenthaltsbewilligung darf nicht an eine bestimmte Einkommenshöhe, an die Frist des Mietvertrages oder an eine Wohnungsmindestgröße gebunden sein. Mißstände auf dem Arbeits- oder dem Wohnungsmarkt dürfen nicht einseitig den davon betroffenen, sozial schwachen AusländerInnen zur Last fallen. Das bedeutet zwar kein Recht auf Einwanderung und Niederlassung, aber einen gesetzlich verankerten Rechtsschutz für alle, die bereits eine Zeitlang (etwa ab einem Jahr) legal in Österreich sind.

Zweitens müssen Personen mit Bleiberecht das volle Recht auf Familienzusammenführung genießen. Die Familienrechte sind in der europäischen Menschenrechtskonvention verankert. Daher muß Familienzusammenführung ohne die derzeit im Gesetz enthaltenen Wartefristen für Ehegatten/Ehegattin bzw. Lebensgefährten/Lebensgefährtin und sämtliche Verwandten in gerader Linie im österreichischen Recht verbrieft werden. Der Familiennachzug von AusländerInnen hat die wirtschaftliche Entwicklung Österreichs in der Nachkriegszeit erst ermöglicht; ausländische und multikulturelle Familien waren Träger von Integration und müssen es auch in Zukunft bleiben. Daher ist das Recht auf Familienzusammenführung ein zentraler Bestandteil eines jeden wirklichen Integrationskonzeptes.

Drittens muß die Familie das Bleiberecht behalten, auch wenn der Familienerhalter/die Familienerhalterin Arbeit und/oder Einkommen verliert. Die derzeit im Gesetz verankerte Sippenhaftung widerspricht der Menschenrechtskonvention und ist volkswirtschaftlich unsinnig, da dadurch z. B. auch in Österreich geborene und vollständig integrierte Kinder in ihrer Aufenthaltssicherheit bedroht sind.

Viertens sollte es – ohne Rechtsanspruch – auch die Möglichkeit geben, nach einem touristischen Aufenthalt im Inland einen Antrag auf Erteilung einer dauerhaften Aufenthaltsbewilligung zu stellen. Im Laufe eines solchen Aufenthalts kann sich die Möglichkeit einer Arbeitsstelle abzeichnen oder können persönliche Bindungen enstehen. Es führt daher zu unzumutbaren Schikanen, die Rückkehr in ein weit entferntes Heimatland oder die Ausreise ins Ausland zur Voraussetzung einer Antragstellung zu machen. Grenzkontrollen und die polizeiliche (nicht militärische) Verhinderung illegaler Einwanderung sollten weiterhin möglich sein; allerdings muß es für Menschen, die die Grenzen überschritten haben und die sich legal in Österreich aufhalten, nach einer kurzen Frist Sicherheit geben.

c) Gleiches Recht am Arbeitsmarkt und im Betrieb

Ein modifiziertes, verfassungskonformes Aufenthaltsrecht macht das derzeit bestehende Ausländerbeschäftigungsgesetz mit seinen Quotenregelungen entbehrlich. Wenn es – außer für Familienangehörige – keinen Rechtsanspruch auf dauernden Aufenthalt in Österreich gibt, dann müssen zumindest diejenigen, die ein Bleiberecht haben, auch arbeiten dürfen. Die Arbeitsämter vermitteln derzeit nur etwa ein Fünftel aller Arbeitsplätze, die im Laufe eines Jahres besetzt werden, darunter vor allem viele ArbeiterInnenjobs. Ausländische ArbeitnehmerInnen zählen dabei stärker zur Klientel als InländerInnen. Das Ausländerbeschäftigungsgesetz verpflichtet aber die Arbeitsämter, zunächst InländerInnen und bevorzugte AusländerInnen (anerkannte Flüchtlinge und Befreiungsschein-InhaberInnen) zu vermitteln. Alle anderen AusländerInnen können diese staatliche Dienstleistung nicht im gleichen Umfang nutzen – auch wenn sie selbst Versicherungsbeiträge bezahlt haben. Die Parallelität von Aufenthalts- und Beschäftigungsrecht führt zu widersprüchlichen Entscheidungen und bedeutet einen enormen administrativen Mehraufwand. Vor allem in großen Städten wie in Wien ist der Gesetzesauftrag, zunächst arbeitslose InländerInnen auf Arbeitsplätze zu vermitteln, de facto kaum erfüllbar, da es in jedem Beruf und in jeder Branche immer auch ausländische Arbeitslose gibt. Die Behördenarbeit wird zur Sisyphos-Arbeit, wertvolle Kapazität für soziale Aufgaben im engeren Sinn geht verloren, die Zunahme von Mißständen wird damit begünstigt. Die Verpolizeilichung des Arbeitsmarktes und der Gesellschaft löst eine Spirale der Entdemokratisierung aus. Ohne aktive Sozialpolitik nimmt die Zahl prekärer und illegaler Beschäftigungsverhältnisse zu, und der Ruf nach mehr Polizei wird immer lauter.

Gleiches Recht am Arbeitsmarkt setzt auch die Gleichstellung in- und ausländischer Arbeitskräfte im Betrieb voraus. Ein Ausschluß vom passiven Wahlrecht in Betrieb und Arbeitnehmervertretungen ist durch nichts zu rechtfertigen. Es gehört zu den schändlichsten Versäumnissen der österreichischen Gewerkschaften und der Arbeiterkammern, den ArbeitsmigrantInnen ein zentrales Recht zu verweigern, das in ganz Europa bereits eine Selbstverständlichkeit geworden ist. In Betrieben mit hohem Anteil an ausländischen Beschäftigten können deshalb oft gar keine Betriebsräte gebildet werden. Personen mit dem größten Vertrauen in der Belegschaft werden auf Grund ihrer Staatsbürgerschaft von der betrieblichen Vertretung ausgeschlossen. Es entstehen Patronage-Verhältnisse, da die ausländischen ArbeitnehmerInnen ihre Rechte nicht selbst vertreten können. Diese Diskriminierung von AusländerInnen schwächt insgesamt die Rechte von ArbeitnehmerInnen, vor allem in jenen Branchen, in denen engagiertes Auftreten der Arbeitnehmerschaft auf Grund der schlechten Konditionen dringend angesagt wäre. Das passive Wahlrecht muß daher im Betrieb, in der Gewerkschaft sowie in der in dieser Frage besonders negativ eingestellten Arbeiterkammer unbedingt eingeführt werden.

d) Wohnbürgerschaft

In einem Land wie Österreich, das in der Geschichte fortwährend mit Einwanderung und Integration konfrontiert war, muß dem durch ein anderes Verständnis von Bürgerschaft auch Rechnung getragen werden. Der EWR-Vertrag sieht für Personen aus EU- und EFTA-Staaten sowie ihre Angehörigen eine Art Wohnbürgerschaft vor. Dabei wird diese Personengruppe explizit von den Regelungen für Fremde und AusländerInnen ausgenommen. Gleiches sollte für alle AusländerInnen gelten, die über eine gewisse Zeit – etwa drei Jahre lang – den Mittelpunkt ihrer Lebensverhältnisse in Österreich hatten. Daran muß das aktive und passive Wahlrecht auf kommunaler Ebene geknüpft sein, weiters das Recht zur Teilnahme an Volksbegehren, Volksbefragung sowie das Petitionsrecht. Für alle AusländerInnen muß auch das Recht der Vereins- und Versammlungsfreiheit gelten. In manchen Gebieten beträgt der Anteil der AusländerInnen an der Wohnbevölkerung 30 Prozent und mehr. Der Ausschluß dieser MitbürgerInnen vom Wahlrecht und von anderen demokratischen Artikulationsmöglichkeiten führt dazu, daß so mancher Wiener Bezirksvorsteher nicht mehr ernsthaft auf eine demokratische Legitimation pochen kann. Das kommunale Wahlrecht der ausländischen BürgerInnen ist unerläßlich, um allen Lebensinteressen in einer Wohnumgebung zum Durchbruch zu verhelfen.

Alternativen zur Wohnbürgerschaft, also der Öffnung der Bürgerrechte für AusländerInnen, wären eine erleichterte Einbürgerung bzw. die Möglichkeit einer Doppelstaatsbürgerschaft. Nach drei Jahren sollte es ein Recht auf die Verleihung der Staatsbürgerschaft (oder der Doppelstaatsbürgerschaft) geben. In Frankreich, Großbritannien und anderen Ländern erhalten die im Land geborenen oder aufgewachsenen Kinder ausländischer StaatsbürgerInnen automatisch die jeweilige Staatsbürgerschaft. Auch in diesem Bereich der demokratischen Partizipation hat Österreich einen gewaltigen Nachholbedarf.

Ob eine Person die österreichische Staatsbürgerschaft annimmt oder demokratische Mitspracherechte im Rahmen der Wohnbürgerschaft ausübt, sollte der freien Wahl obliegen; Österreicherin oder Österreicher sollte jede/jeder aus freier Entscheidung und nicht aus Angst vor bürokratischen Schikanen werden.

Selbstverständlich beinhaltet das Konzept der Wohnbürgerschaft auch eine gleiche Teilhabe an sozialen Rechten. Sozialleistungen werden von allen gemeinsam finanziert; sie müssen daher auch allen zugute kommen.

Es sind daher unabhängig von der Staatsbürgerschaft nach objektiven Voraussetzungen zu gewähren:

- Wohnbauförderung und Gemeindewohnungen
- Wohn- und Mietbeihilfe
- Sozialhilfe
- Behindertenbeihilfe
- Studienbeihilfe
- Verbrechensopferentschädigung

Um der sozialen Realität von AusländerInnen Rechnung zu tragen und den mannigfaltigen Schwierigkeiten von Behörden und im Rechtsverkehr entgegenzuwirken, muß für die ausländischen MitbürgerInnen ein eigener Ombudsmann/eine Ombudsfrau bestellt werden. Diese/r sollte einen ähnlichen Tätigkeitsbereich haben wie die Volksanwaltschaft, die zwar theoretisch auch für die Anliegen von AusländerInnen zuständig, deren Inanspruchnahme aber für Fremde schwierig ist. Allein die Häufung sozialer Probleme in AusländerInnenhaushalten rechtfertigt eine eigene Ombudsstelle.

Weiters müssen die unzulänglichen Bestimmungen gegen rassische Diskriminierung in den Verwaltungsverfahrensgesetzen ergänzt und erweitert werden: Ein Anti-Diskriminierungsgesetz muß sämtliche Formen rassischer oder ethnischer Ungleichbehandlung verbieten und unter Strafe stellen.

e) Flucht und Zuwanderung

Seitens der Regierung wird argumentiert, man müsse bei der Zuwanderung restriktiv sein, um den echten Flüchtlingen helfen zu können. In Wirklichkeit wurden alle AusländerInnen einem unmenschlichen Regime unterworfen. Flucht und Einwanderungen können kaum getrennt werden; die Grenzen sind fließend.

Der Flüchtlingsbegriff nach der Genfer Konvention ist heute obsolet; er entsprach der Situation des Kalten Krieges. Menschen, denen die Überwindung des „Eisernen Vorhangs" gelang, erhielten nahezu automatisch einen Flüchtlingsstatus zuerkannt. Dieser Grund zur Flucht ist (weitgehend) weggefallen. Die heute dominierenden Ursachen – ökologische Katastrophen, Bürgerkrieg, Hungersnöte, extreme Armut oder auch die Mißachtung von Menschenrechten, von Frauenrechten in totalitären bzw. fundamentalistischen Staaten – sind keine legitimen Gründe für Flucht im Sinne der internationalen Abkommen. Deshalb muß Österreich im Rahmen der internationalen Gremien für einen neuen, zeitgemäßen Flüchtlingsbegriff eintreten, auch wenn dazu die Bereitschaft zur Zeit gering erscheint. Die Anerkennungsquote im Asylverfahren liegt international kaum irgendwo über 10 Prozent. 90 Prozent der AsylwerberInnen werden abgelehnt, obwohl viele von ihnen aus verständlichen und berücksichtigungswürdigen Gründen die Heimat verlassen haben bzw. verlassen mußten. Für Flüchtlinge im Sinn der Genfer Konvention darf es keine zahlenmäßige Limitierungen oder Quoten geben. Sie brauchen unverzüglich einen vollen Rechtsschutz und damit die De-facto-Gleichstellung mit den InländerInnen. Aber auch im Rahmen von Einwanderungsregelungen sollte über den Rechtsanspruch für Familienmitglieder hinaus nach Möglichkeiten für die Aufnahme von „Beinahe-Flüchtlingen" bzw. MigrantInnen mit besonders berücksichtigungswürdigen Gründen gesucht werden. Jeder Industriestaat sollte solche Aufnahmemöglichkeiten mindestens im Ausmaß von einem Promille der Wohnbevölkerung einräumen. Im Falle Österreichs wären das zumindest 7000 Menschen im Jahr.

Im neuen österreichischen Asylgesetz gibt es einen positiven Ansatzpunkt für eine solche Erweiterung des Flüchtlingsbegriffes; die Einführung des Status von De-facto-Flüchtlingen. Diese Rechtstellung kommt derzeit den bosnischen Kriegsflüchtlingen zugute. Dieser Ansatz könnte erweitert werden: Auch bei den abgelehnten Asylwerber-

Innen sollte geprüft werden, ob sie die Heimat aus besonders berücksichtigungswürdigen Gründen verlassen mußten. Sie sollten ebenfalls den Status von De-facto-Flüchtlingen erhalten, wobei eine rasche Stabilisierung der Rechtssituation anzustreben wäre. Das Bleiberecht müßte auch für diese De-facto-Flüchtlinge gelten, wenn der Grund ihrer Flucht nicht nur vorübergehend ist und länger (mehr als ein Jahr) andauert. Rechtliche Unsicherheit und Schwebezustände schaden den Betroffenen und den von ihnen angestrebten Aufnahmeländern gleichermaßen.

f) Integration als gesellschaftliche Aufgabe

Eine verfassungskonforme, rechtsstaatliche Absicherung von Fremden ist eine notwendige Voraussetzung, um eine Integration von ausländischen BürgerInnen zu erreichen; doch eine rechtliche Absicherung allein reicht bei weitem nicht aus. Die unterschiedliche Behandlung von Einwanderern hält oft an, selbst wenn diese die österreichische Staatsbürgerschaft erhalten haben. Es bedarf daher über die Gebote zur Nicht-Diskriminierung hinaus gesellschaftlicher „Beziehungsarbeit", um Integration zu erleichtern. Die Namen führender österreichischer PolitikerInnen zeigen, daß Einwanderung und Integration konstitutive Elemente der österreichischen Identität waren und sind. Diese multikulturelle Dimension des österreichischen Kollektivbewußtseins wird oft verdrängt. Es ist deshalb eine wichtige Gesellschaftsaufgabe, diese Dimension der österreichischen Identität bewußt zu halten und für eine positive Bewältigung von Integrationsproblemen zu nutzen.

Für die Organisation von Integration als Gesellschaftsaufgabe wäre erforderlich, ein Staatssekretariat für Migrationsfragen einzurichten und mit der Förderung und Durchführung von gesellschaftlichen Integrationsmaßnahmen zu beauftragen. Dazu gehören sowohl Maßnahmen der Bewußtseinsbildung wie auch konkrete Projekte zur Konfliktlösung. Eine zentrale Rolle kommt dabei der integrativen Bildung und Weiterbildung im Schulwesen sowie im Erwachsenenbildungsbereich zu.[25] Dabei geht es nicht allein um den Erwerb von Sprach-

---

[25] Susanne Jerusalem, Die Krise der Schule. Ausländische Kinder dürfen nicht zu Sündenböcken der Schulkrise gemacht werden. In: Moderne Sklaven. Asyl- und Migrationspolitik in Österreich, Hrsg. Thomas Prader, Wien 1992, Seite 131ff.

kenntnissen oder Kenntnissen über die österreichische Kultur auf seiten der Fremden. Es geht genauso um das Lernen von den Fremden, um den konstruktiven Umgang mit dem Fremden auf seiten der InländerInnen.[26]

Besonderes Augenmerk ist der Situation ausländischer Frauen zu widmen. Im Rahmen eines integrativen Ansatzes muß auf die Frauen zugegangen werden; sie müssen ermutigt werden, Integration und Frauenemanzipation zu verbinden. Über den Bildungsbereich hinaus muß es integrative Einrichtungen für alle Lebensbereiche geben, z. B. im Bereich des Wohnens. Dabei ist es unerläßlich, wirkungsvolle Maßnahmen gegen die Wucherkonditionen am Wohnungsmarkt und gegen die Absiedlungsspekulation zu setzen. Vor allem in schlechteren Wohngebieten mit hohem Althausbestand sollte es Beratungsstellen geben, die sich um den Rechtsschutz der in- und ausländischen Opfer von Spekulationspraktiken kümmern und als Clearing-Stelle fungieren können.

Mit einem Netzwerk von Integrationsangeboten, mit Maßnahmen der Bewußtseinsbildung im gesamten Bildungsbereich und nicht zuletzt durch die Vorbildfunktion von Persönlichkeiten des öffentlichen Lebens können durchaus Voraussetzungen geschaffen werden, um das Modell einer multikulturellen Demokratie durchzusetzen, anstatt verschiedene Gruppen von Menschen mit unterschiedlichem Rechtsstatus zu produzieren. Es ist nicht nur unmenschlich, sondern demokratiepolitisch höchst gefährlich, gesellschaftliche Bruchlinien beim Umgang mit Fremden durch Gesetze und polizeiliche Admininistration zu befördern. Integration hat aber nur dann eine Chance, wenn Mißstände ernsthaft bekämpft werden und wenn die Sorgen und Ängste der Bevölkerung ernstgenommen werden. Ohne eine aktive Sozialpolitik für alle wird Integration ein Schlagwort bleiben, das von PolitikerInnen bei Sonntagsreden im Munde geführt wird, aber nicht zur Umsetzung gelangt.

Ökologie durch Verfassung und Recht

In der sogenannten „Ausländerfrage“ geht es um die Defizite bei der Durchsetzung und Erweiterung der liberalen Grundfreiheiten. In an-

---

[26] Rainer Bauböck, Gerhard Baumgartner, Bernhard Perchinig, Karin Pintr (Hrsg.) ... und raus bist du! Ethnische Minderheiten in der Politik, Wien 1988.

deren Bereichen hat umgekehrt die zu exzessive Ausübung der liberalen Grundfreiheiten – scheinbar paradox – zu einer Aushöhlung grundrechtlich geschützter Werte geführt. Die schrankenlose Durchsetzung wirtschaftlicher Freiheiten führt zu Emissionen im Bereich von Industrie, Gewerbe und Verkehr, die zusammen mit den Haushalts-Emissionen die Grenze des ökologisch Verkraftbaren weit überschritten haben. Im folgenden muß deshalb auch von den Grenzen der wirtschaftlichen Freiheitsrechte die Rede sein. Der Schutz von Leben und Gesundheit und letztlich auch der Schutz des Eigentums wird in Zukunft nur durch eine ökologische und demokratische Begrenzung dieser Rechte möglich sein. Es geht um die Balance von Freiheiten bzw. heute auch um den Vorrang von Leben und Gesundheit vor einer falsch verstandenen, einseitig verabsolutierten Wirtschaftsfreiheit. Dies bedeutet aber keine Absage an die Grundrechte des Individuums, sondern eine Neudefinition der Bedingungen, unter denen sie auf Dauer abgesichert werden können. Das Recht auf Leben ist ohne sauberes Wasser und saubere Luft nicht zu schützen, umgekehrt hat das Recht auf Eigentum keinen Sinn in bezug auf einen gestorbenen Wald oder eine durch die Verkehrsbelastung entwertete Wohnung. Deshalb ist ein ökologisch und sozial verträglicher Umgang mit Eigentum und wirtschaftlichen Nutzungsrechten rechtlich zu verankern.

Zugleich muß es auch Änderungen bei der Verfügung über Vermögenswerte und -rechte geben. Das Prinzip der Vertragsfreiheit braucht dabei grundsätzlich nicht angetastet zu werden. Es muß lediglich die Möglichkeit eines Eingriffes für potentiell Geschädigte geben, wenn durch die Ausübung der Privatautonomie die Lebens- und Freiheitsrechte anderer in Gefahr geraten. Nach der klassischen zivilrechtlichen Theorie sind Verträge zulasten Dritter ungültig. Die heute abgeschlossenen Wirtschaftsverträge belasten aber vielfach die Rechte und Interessen Dritter sowie auch die künftiger Generationen oder der Umwelt. Deshalb muß ein Instrumentarium geschaffen werden, das Zukunftsrechte schützt. Heute gefährden riesige Spekulationsgeschäfte ganze volkswirtschaftliche Planungen. Sie erzeugen Währungsturbulenzen und Krisen, die große wirtschaftspolitische Steuerungskapazitäten binden. Es bedarf daher eines Instrumentariums, um solche Gefahren zu verhindern und in Schranken zu halten. Da Grund- und Freiheitsrechte, Rechte an Sachen sowie Schuldrechte sich auf (natürliche oder juristische) Personen beziehen, fehlt im rechtlichen Instrumentarium derzeit eine Handhabe, um künftige Generationen, um

Bevölkerungsgruppen oder ganze Volkswirtschaften effizient gegen die negativen Auswirkungen schrankenlos ausgeübter individueller Freiheiten zu schützen.

Führende Staatsrechtler haben sich für eine grundsätzliche Änderung der europäischen Verfassungen ausgesprochen. In Deutschland hat vor allem Klaus Bosselmann einen Weg zum ökologischen Rechtsstaat skizziert, in dem das Recht auch im Namen der Natur gesprochen wird.[27] In Österreich hat Peter Pernthaler einen konkreten Vorschlag für eine ökologische Gesamtänderung der Bundesverfassung erarbeitet. Dem könnte man entgegenhalten, daß derzeit keine Anzeichen zur Realisierbarkeit einer derartig fundamentalen Änderung im Bereich des Verfassungsrechts gegeben scheinen. Im Zuge des europäischen Integrationsprozesses ist hingegen durchaus über tiefgreifende Verfassungsänderungen zu entscheiden.

Pernthaler geht davon aus, daß ein ökologisches Prinzip als Baugesetz der Verfassung nicht durch eine bloße Deklaration zum umfassenden Umweltschutz erreicht werden kann, sondern nur durch eine institutionelle Verwirklichung in der Verfassung.[28] Dazu wäre eine Fülle formaler Änderungen erforderlich: eine Reform der Kompetenzverteilung in Richtung einer Aufwertung der Gemeinden, der Länder sowie der bundesstaatlichen Kooperationsinstrumente; eine Neuordnung von Kompetenzen mit dem Ziel, umfassende Verantwortungsbereiche zu begründen; eine Reform der Verwaltung in Richtung Öffentlichkeit und Kooperation mit den BürgerInnen sowie ein Ausbau der parlamentarischen Kontrollrechte.

Zudem wären neue Rechtsinhalte nötig. Der Vorschlag Pernthalers zieht erstens auf ein Gesetz, das Rechte der Natur und künftiger Generationen statuiert. Der Staat sollte darin die Rechte von Menschen, Tieren, Pflanzen und der unbelebten Natur als Lebensgrundlage anerkennen. Diese Rechte müßten durch gerichtliche Verfahren geschützt und durch Umweltprokuratoren – dem Bundesumweltanwalt,

---

[27] Klaus Bosselmann, Im Namen der Natur. Der Weg zum ökologischen Rechtstaat, Bern, München, Wien 1992, Seite 335ff.

[28] Peter Pernthaler, Reform der Bundesverfassung im Sinne des ökologischen Prinzips, in: Umweltpolitik durch Recht, Hrsg. Bundesministerium für Umwelt, Jugend und Familie, Wien 1992, Seite 1ff.

die Umweltanwälte der Länder, die Umweltschutzverbände und Bürgerinitiativen – sowie durch alle Personen, die ein rechtliches oder faktisches Interesse glaubhaft machen, wahrgenommen werden.

Durch die Einräumung von Rechten für künftige Generationen würde der Begriff des Umweltschadens einen neuen Inhalt erfahren: Es ginge dann nicht nur um bereits eingetretene Vermögensschäden, sondern auch um Umweltrisken z. B. durch Emissionen und Immissionen, auch wenn diese noch nicht zu einem in Geld meßbaren Schaden geführt haben.

Zweitens zieht der Vorschlag Pernthalers auf eine Statuierung von Umweltschutzgrundpflichten. Die Menschenrechte künftiger Generationen und die Rechte der Natur wären dann von jedem/jeder zu achten; es bestünde eine Verpflichtung zur Mitwirkung an der Erhaltung der natürlichen Existenzgrundlagen. Weiters würden solche Umweltschutzgrundpflichten erfordern, daß jeder/jede im voraus über die möglichen Umweltfolgen seines Handelns informiert wäre bzw. sich von Umweltsachverständigen beraten ließe. Dieses Gesetz müßte zu einer verschärften Haftung für bloße Gefährdungen führen; und auf Grund der Informationspflicht könnte der Hinweis auf mangelndes Wissen über die negativen Umweltfolgen von (Wirtschafts-)Tätigkeiten nicht befreiend wirken.

Als drittes Element einer ökologischen Gesamtänderung der Bundesverfassung werden folgende Änderungen der klassischen Grundrechte vorgeschlagen (im Text kursiv):[29]

Eigentum

Artikel 5 Staatsgrundgesetz 1867: Das Eigentum ist unverletzlich. *Jeder hat sein Eigentum so umweltschonend wie möglich zu nützen.* Eine Enteignung gegen den Willen des Eigentümers kann nur in den Fällen und in der Art eintreten, welche das Gesetz bestimmt.

Erwerbsfreiheit

Artikel 6 Staatsgrundgesetz 1867: Jeder Staatsbürger kann an jedem Orte des Staatsgebietes seinen Aufenthalt und Wohnsitz nehmen, Liegenschaften jeder Art erwerben und über dieselben frei verfügen sowie unter den gesetzlichen Bedingungen jeden

---

[29] Peter Pernthaler, Karl Weber, Norbert Wimmer, Umweltpolitik durch Recht – Möglichkeiten und Grenzen. Rechtliche Strategien zur Umsetzung des Umweltmanifests, Wien 1992, Seite 17f.

Erwerbszweig *unter möglichster Erhaltung der natürlichen Rohstoffe und Hilfsmittel so umweltverträglich wie möglich* ausüben.

Gleichheit

Artikel 7 Abs. 1 Bundesverfassungsgesetz 1920: Alle Bundesbürger, *auch die der künftigen Generationen,* sind vor dem Gesetz gleich.

Artikel 2 Staatsgrundgesetz 1867: Vor dem Gesetz sind alle Staatsbürger, *auch die der künftigen Generationen,* gleich.

Wissenschaft, Bildung

Artikel 17 Staatsgrundgesetz 1867: Die Wissenschaft und ihre Lehre ist frei. *Die in Wissenschaft und Lehre Tätigen haben diese Freiheit in der Verantwortung für die Erhaltung von Mensch, Tier, Pflanzen, unbelebter Natur und die künftigen Generationen auszuüben.*
Dem Staat steht rücksichtlich des gesamten Unterrichts- und Erziehungswesens das Recht der obersten Leitung und Aufsicht zu. *Der Staat gewährleistet und fördert eine umfassende Umweltbildung.*

Datenschutz

§ 1 Abs. 2 Datenschutzgesetz: Beschränkungen des Rechts nach Abs. 1 sind nur
a) zur Wahrung berechtigter Interessen eines anderen,
b) *auf Grund von Gesetzen zum Schutz der Umwelt* oder
c) auf Grund von Gesetzen, die aus den in Artikel 8 Abs 2 der Europäischen Konvention zum Schutz der Menschenrechte und Grundfreiheiten (Bundesgesetzblatt Nr. 210/1958) genannten Gründen notwendig sind,
zulässig. Auch im Falle solcher Beschränkungen muß der vertraulichen Behandlung personenbezogener Daten Vorrang gegeben werden.

Meinungsfreiheit

Artikel 1 Abs. 2 des Bundesverfassungsgesetzes über die Sicherung der Unabhängigkeit des Rundfunks, Bundesgesetzblatt 1974/396:
Die näheren Bestimmungen für den Rundfunk und seine Organisation sind bundesgesetzlich festzulegen. Ein solches Bundesgesetz hat insbesondere Bestimmungen zu enthalten, die die Objektivität und Unparteilichkeit der Berichterstattung, die Berücksichtigung der Meinungsvielfalt, die Ausgewogenheit der Programme, *die Förderung des Umweltschutzes und der Umweltsbildung* sowie die Unabhängigkeit der Personen und Organe, die mit der Besorgung der im Abs. 1 genannten Aufgaben betraut sind, gewährleisten.

In Summe müßten derart umfassende formalorganisatorische und inhaltliche Änderungen als Gesamtänderung der Verfassung angesehen und der österreichischen Bevölkerung im Rahmen einer Volksabstimmung zur Entscheidung vorgelegt werden. Mit diesen rechtlichen Instrumenten wäre die Vorrangstellung von Wirtschaftsfreiheiten und Wirtschaftsrecht vor dem Umweltschutz gebrochen. Wirtschaftliches und gesellschaftliches Handeln könnte dann in umweltverträglichen

Bahnen durchgesetzt werden. Auch wenn ein solcher Gesellschaftsvertrag noch utopisch klingt, gibt es wahrscheinlich bereits heute eine hohe Akzeptanz für den Vorrang des Umweltschutzes, nicht nur in Österreich, sondern auch in anderen Industriestaaten.

Der Beitritt zur EU und allfällige zukünftige Integrationsschritte nach dem Maastrichter Vertragswerk haben in den europäischen Staaten tiefgreifende Verfassungsänderungen notwendig gemacht, und die Zustimmung der Bevölkerung war nicht in allen Staaten einzuholen. Dort, wo es Referenden gab, konnte keine überwältigende verfassungstragende Mehrheit erzielt werden. Die Grundprinzipien der Europäischen Union sind der freie Warenverkehr, die Freizügigkeit von ArbeitnehmerInnen, der freie Dienstleistungs- und Kapitalverkehr. Diese wirtschaftlichen Freiheiten werden durch Wettbewerbsregeln abgesichert, die Eingriffe in Marktprozesse grundsätzlich verbieten und staatliche Beihilfen einem strengen Reglement unterwerfen. In der Währungspolitik wird eine Zusammenführung zu einem europäischen Währungssystems angestrebt. In Hinblick auf eine solche Konvergenz werden die Grundsätze der offenen Marktwirtschaft und des freien Wettbewerbs – ebenso wie für die Wirtschaftspolitik im allgemeinen – ausdrücklich verankert. Der Vertrag enthält auch Bestimmungen über Gesundheits- und Verbraucherschutz, kann aber dabei auf keine Grundfreiheiten oder tragenden Prinzipien verweisen. Im Bereich des Umweltschutzes wird das Ziel eines hohen Schutzniveaus angeführt, allerdings mit dem Zusatz, daß bei der Erarbeitung der Umweltpolitik auf die wirtschaftliche Entwicklung Rücksicht zu nehmen ist. Höhere Umwelt-Schutzniveaus in den einzelnen Mitgliedstaaten können zwar beibehalten werden; sie müssen aber von der Kommission notifiziert werden und mit den Grundprinzipien des EU-Vertrags vereinbar bleiben.

Ohne Zweifel haben damit in der EU die Wirtschaftsfreiheiten klaren Vorrang vor der Umweltpolitik. Das kommt auch bei den Aufnahmevoraussetzungen für beitrittswillige Staaten klar zum Ausdruck. Die sogenannten Konvergenz-Kriterien zielen auf Währungsstabilität, auf moderate Budgetdefizite sowie auf Schranken bei der Staatsverschuldung bzw. der jährlichen Neuverschuldung ab. Umweltzerstörung oder soziale Krisenindikatoren wie Jugend- oder Langzeitarbeitslosigkeit sind hingegen keine zentralen Qualitätskriterien für Beitrittswerber.

Könnte ein Staat nach einer ökologischen Gesamtänderung der Verfassung im Sinne Pernthalers der EU beitreten? Vielleicht, allerdings wären die ökologischen Errungenschaften nur von kurzem Bestand. Die substantiellen Beschränkungen beim freien Warenverkehr und bei der Ausübung der Dienstleistungsfreiheit (etwa bei Transportleistungen) würden mit dem Geist der Maastrichter Verträge nicht übereinstimmen.

Doch heute sind die europäischen Staaten in und außerhalb der EU noch keine ökologischen Rechtsstaaten. Es wird umfangreicher Vorarbeiten bedürfen, bevor eine ökologische Gesamtänderung der Verfassung in Reichweite rückt. Solche Änderungen müssen zunächst auf der Ebene der Einzelstaaten durchgesetzt werden, um schließlich auch die EU selbst zu verändern. Die demokratischen Voraussetzungen für das Eingreifen von Bürger- und Umweltinitiativen sind im Rahmen der EU derzeit noch schlechter als auf der Ebene der Einzelstaaten. Dieses demokratische Defizit ist weit gravierender als die Unterschiede bei bestehenden Schutzniveaus, was einzelne Umweltgesetze, Schadstoffgrenzwerte oder die unterschiedliche Zulassung chemischer Stoffe betrifft.[30] Die Verfassung der Europäischen Union weist dem Europäischen Parlament immer noch eine überaus bescheidene Funktion zu; die Rechtsfortbildung liegt beim Rat der Minister und vollzieht sich auf Grundlage von nicht-öffentlichen Beratungen. Die wichtigen Ausführungs- und Konkretisierungsbefugnisse liegen bei der Europäischen Kommission als Exekutivorgan. Die nicht-öffentliche Gesetzgebung durch europäische Regierungsmitglieder und die bürokratische Ausführungskompetenz im Rahmen der Europäischen Kommission bewirken aber, daß die Einflußmöglichkeiten „von unten" denkbar gering sind. Bei den Brüsseler Zentralstellen dominiert die Repräsentanz von großen Wirtschaftsunternehmungen bzw. von Handelskammern und Industriellenverbänden aus ganz Europa. Sozial- und Umweltlobbying hat demgegenüber geringe Bedeutung.

Die Umweltbewegung muß daher auf der Ebene der Mitgliedstaaten Druck entfalten. Ob dieser Druck dann von den jeweiligen Ministern in den Ministerrat der EG hineingetragen wird, läßt sich weder über-

---

[30] Gerda Falkner, Michael Nentwich, Das Demokratiedefizit der EG und die Beschlüsse von Maastricht 1992, in: Österreichische Zeitschrift für Politikwissenschaft Nr. 3/92, Wien 1992, Seite 273ff.

prüfen, noch gibt es dafür eine generelle nationale Verantwortlichkeit. Aber auch innerhalb der Union signalisieren Umfragen, daß immer mehr Menschen wirkliche Demokratisierung und effizienten Umweltschutz wünschen. Die Abstimmungsergebnisse über die Maastrichter Verträge in Dänemark und Frankreich spiegeln nicht zuletzt auch die enttäuschten Hoffnungen der Umweltbewegung wider.

Bestünde die Bereitschaft zu einer europäischen Verfassung mit grundlegenden demokratischen Rechten sowohl für die BürgerInnen wie auch für die Länder und Regionen, dann hätte eine Veränderung der EU „von innen" tatsächlich große Chancen. Den BürgerInnen wäre durch Wahlen und Europaparlament Einfluß auf eine demokratische Gesetzgebung zuzugestehen, und diese Gesetzgebung müßte vor der Tätigkeit von Rat und Kommission Vorrang haben. In weiterer Folge wären die grundlegenden Normen des Gemeinschaftsrechtes auf eine neue ökologische Basis zuzustellen. An die Stelle des Prinzips des kleinsten gemeinsamen Nenners in Umweltangelegenheiten müßte die Verpflichtung der Union treten, aktive Hilfestellungen für ökologisch und sozial rückständige Länder und Regionen zu leisten. Das jeweils höchste Niveau müßte dabei zur Zielvorstellung für das Handeln werden. Die rein monetären Konvergenzkriterien wären durch die Kennzahlen aus dem Umwelt- und Sozialbereich zu ersetzen.

Die relativ geringe Akzeptanz der EU sogar innerhalb der Mitgliedstaaten wird es erforderlich machen, neue Koalitionen einzugehen. Mit einer Zustimmung von plus/minus 50 Prozent werden sich keine großen Verfassungsänderungen realisieren lassen. Wenn die supranationale Gemeinschaft den Ängsten und Sorgen der Bürger weiterhin nicht Rechnung trägt, werden anti-europäische und nationalistische Kräfte vor dem Hintergrund steigender Arbeitslosenraten und hoher regionaler Ungleichgewichte eine wachsende Zahl von Verunsicherten und Ausgegrenzten in ihren Bann ziehen können. Auf der anderen Seite gibt es auch die Möglichkeit, neue Koalitionen mit den Bürgerbewegungen ganz Europas für eine Demokratisierung und Ökologisierung Gesamteuropas zu schaffen. Darin liegt meines Erachtens auch der einzig gangbare Weg, um langfristig den Frieden in Europa zu sichern. Die Entwicklung wird nicht anders laufen als seinerzeit bei der industriellen Revolution: Die Absicherung auf der Ebene der Verfassungen wird dann erfolgen, wenn die Grundlagen dafür im Bereich von Wirtschaft, Gesellschaft und Wissenschaft bereits vorhanden sind. Damit diese Änderungen rechtzeitig erfolgen, damit sie friedlich und demokratisch ablaufen, ist auch in der EU eine BürgerInnenbeteiligung auf allen Ebenen unerläßlich. Eine entscheidende Ebene wird nach wie vor die nationalstaatliche sein.

Hebel für die Durchsetzung ökologischer und sozialer Grundrechte

Der österreichische Grundrechtskatalog geht im wesentlichen auf das Staatsgrundgesetz von 1867, auf die Bundesverfassung von 1920 sowie auf Regelungen über den Schutz von Minderheiten in den Staatsverträgen nach den Weltkriegen zurück. Dementsprechend richten sich diese Rechte primär auf eine Abwehr staatlicher Eingriffe in die Privatsphäre, auf die Absicherung individueller Freiheiten und auf bürgerliche Partizipationsrechte. Eine grundrechtliche Absicherung der sozialen Sicherheit und des Schutzes vor Umweltgefahren fehlt hingegen weitgehend. Um diese Defizite zu beseitigen, wird seit geraumer Zeit an einer Neukodifizierung der Grundrechte gearbeitet.

a) Ein Grundrecht auf Gesundheit

Im österreichischen Grundrechtskatalog gibt es kein Recht, das direkt die Gesundheit der Menschen schützt. Wohl gibt es die Staatszielbestimmung des umfassenden Umweltschutzes, doch sind daraus keine subjektiven und durchsetzbaren Rechte ableitbar. Auch aus anderen verfassungsgesetzlich gewährleisteten Rechten wie dem Grundrecht auf Leben ergibt sich keine unmittelbare Handhabe zur Abwehr chronischer Gesundheitsgefährdungen, die zu keiner akuten Lebensbedrohung führen. Auf einfacher gesetzlicher Ebene gibt es Bestimmungen über den Schutz der Gesundheit wie etwa im Straßenverkehrsrecht, bei den Bestimmungen über Smogalarm und im Gewerberecht, doch fehlt es auch hier an subjektiven Durchsetzungsrechten und vor allem an rechtlichen Handhaben gegen säumige Behörden.

Die Grünen haben deshalb auf Basis einer parlamentarischen Enquete ein Grundrecht auf Gesundheit vorgeschlagen. Dieser Vorschlag stellt ein Bindeglied in Richtung umfassender ökologischer Grundrechte auch für künftige Generationen dar. Er zielt auf ein individuell durchsetzbares Recht zur Abwehr typischer, statistisch-epidemiologisch nachweisbarer Gesundheitsgefahren, das auch gegen eine staatliche Duldung von Gesundheitsgefahren durchsetzbar sein muß. Dabei wäre nicht der Nachweis der eingetretenen Gesundheitsbeeinträchtigung, sondern nur der Wahrscheinlichkeit einer negativen Beeinflussung des Gesundheitszustandes durch Umweltfaktoren erforderlich. Daraus ergibt sich auch die Notwendigkeit, aussagekräftige epidemiologische Grundlagen zu schaffen, die den Zusammenhang zwischen Umweltbelastungen und Gesundheit dokumentieren.[31]

b) Wirtschaftliche und soziale Grundrechte

Die Einführung von wirtschaftlichen und sozialen Grundrechten, die der gesellschaftlichen Marginalisierung entgegenwirken, wird immer wieder als unsinnig abgetan, da ein demokratischer Staat keine Möglichkeit habe, durchsetzbare Ansprüche auf Beschäftigung und Teilnahme am Wirtschaftsleben zu gewährleisten. Es käme daher nur auf die wirtschaftliche Prosperität an, damit es adäquate Beschäftigungs- und Einkommenschancen geben könne. Diese Argumentation geht fehl: Natürlich können soziale Grundrechte keinen Arbeitsplatz garantieren, doch sie können den Staat dazu verpflichten, Ausgrenzungsprozessen wirksam entgegenzutreten.

Ein vom Bundeskanzleramt auf Basis der Arbeiten der Grundrechtskommission vorgelegter Entwurf eines Bundesverfassungsgesetzes über wirtschaftliche und soziale Rechte, dessen Umsetzung leider bislang von den Regierungsparteien blockiert wird, betont in diesem Sinne die Bedeutung der Arbeit als Mittel zur Entfaltung der Persönlichkeit. Er schreibt das Recht der freien Berufswahl fest und definiert die Vollbeschäftigung als ein wesentliches Ziel der Politik. Arbeitsvermittlung und Berufsberatung werden als unentgeltliche Dienstleistungen des Staates grundrechtlich verankert.

Bemerkenswert ist auch, daß der Entwurf Beschränkungen der Berufsausübung vorsieht, soferne sie zum Schutz der Gesundheit, der Umwelt, der öffentlichen Sicherheit sowie der Rechte und Freiheiten

---

[31] Elisabeth Schadler in: Marlies Meyer (Hrsg.), Grundrecht auf Gesundheit, Wien 1993.

anderer notwendig sind. Solche Grundrechte könnten einen wichtigen Schritt in Richtung einer ökologischen Neuorientierung der Staatstätigkeiten bedeuten. Hier gilt es, Verbündete zu suchen, um diesem Gesetzesentwurf möglichst bald zum Durchbruch zu verhelfen.

c) Frauenrechte: Gleichheit durch das Gesetz

Das wohl bekannteste verfassungsrechtlich garantierte Bürger-Innenrecht ist der Gleichheitsgrundsatz: „*Alle Bundesbürger sind vor dem Gesetz gleich. Vorrechte der Geburt, des Geschlechtes, des Standes, der Klasse und des Bekenntnisses sind ausgeschlossen*“ (Artikel 7, Abs. 1 Bundesverfassungsgesetz). Dieser allgemeine Gleichheitsgrundsatz bedeutet für sich genommen nichts anderes als die Pflicht, Unterscheidungen im Recht sachlich zu rechtfertigen. So ist etwa eine Mutterschutzregelung für Frauen ohne Zweifel mit dem Gleichheitsgrundsatz nicht nur vereinbar, sondern auf Grund der zugrunde liegenden Lebenssituation, die ausschließlich Frauen betrifft, auch sachlich geboten. Hingegen legt der Gleichheitsgrundsatz eine geschlechtsneutrale Karenzregelung nahe.

Über derartige Selbstverständlichkeiten hinaus müßte der Gleichheitsgrundsatz im Sinne einer emanzipatorischen Gleichheitsidee offensiv gewendet werden, um in der Realität bestehende – sachlich aber nicht notwendige – Ungleichheiten abzubauen. „*Ist die Gleichheit in der sozialen Wirklichkeit das Ziel, so sind kompensatorische Gesetze, die insbesondere eine Zurücksetzung des Mannes im Berufsleben de jure und de facto bedeuten oder durch ein Gleichbehandlungsgebot die Privatautonomie einschränken, nur eine Fortentwicklung des Gleichheitsgrundsatzes.*“ [32]

Eine solche Sichtweise ist auf Grund der Textierung des Gleichheitsgrundsatzes in der Verfassung zwar möglich, in der Praxis wird diese Bestimmung aber stets auf traditionalistische Weise ausgelegt. So begründete der Verfassungsgerichtshof das Nachtarbeitsverbot für weibliche Bäckereiangestellte mit der sonst so befürchteten Doppelbelastung der Frauen: „*Frauen sind aber bei den gegenwärtigen Verhältnissen auf*

---

[32] Marlies Meyer, Anti-Diskriminierungsgesetz. Einführung in den Grünen Gesetzesantrag, in: Im eigenen Namen ... auf eigene Rechnung. Vom Recht der Frauen auf Arbeit, Name und Sexualität, Hrsg. Marlies Meyer, Wien 1990, Seite 54.

dem Arbeitsmarkt doch (noch) häufig besonderem Druck zur Übernahme von Nachtarbeit ausgesetzt, da es ihnen diese ermöglicht, sich tagsüber den häuslichen Angelegenheiten zu widmen." [33]

Um die Frauen also von einem allzu starken familiären Druck zu schützen, wird das Nachtarbeitsverbot für Frauen als eine sachlich gerechtfertigte Nicht-Gleichbehandlung von Männern und Frauen eingestuft. Außer Betracht bleibt, welche Maßnahmen zu setzen wären, um einerseits die Position von Frauen in der Familie so zu stärken, daß de facto Pressionen keine Chance haben, sowie um andererseits zu Arbeitszeitmodellen für Frauen und Männer zu kommen, die mit dem Gesundheitsschutz vereinbar sind. Nachtarbeit, vor allem in der Form wechselnden Schichtbetriebes, ist aus Gründen des Schutzes der Gesundheit und der Bewahrung des Familienlebens weder für Männer noch für Frauen zuträglich; daher muß sie für Frauen und Männer zurückgedrängt und möglichst abgeschafft werden.

Die Grünen haben 1989 ein umfangreiches Anti-Diskriminierungsgesetz vorgelegt, das heute zum Teil bereits verwirklicht ist. Die ursprünglich vollkommen zahnlose Norm des Gleichbehandlungsgesetzes ist mittlerweile verschärft worden; eine Diskriminierung von Frauen in Bewerbungsverfahren ist mit einem durchsetzbaren Schadenersatzanspruch ausgestattet und auch die Forderung nach Schutz vor sexueller Belästigung am Arbeitsplatz ist ansatzweise umgesetzt. Im Bereich des öffentlichen Dienstes gibt es bereits die Einrichtung einer Frauenbeauftragten; für Wirtschaftsbetriebe ist dies noch nicht realisiert. Wichtige Förderungen des grünen Antidiskriminierungspaketes sind jedoch noch immer unerfüllt. Vor allem ist die Verpflichtung für öffentliche Dienstgeber – und in weiter Folge auch für private – zur adäquaten Berücksichtigung von Frauen auf allen hierarchischen Ebenen, eine positive Diskriminierung also, nach wie vor nicht erreicht. Auch im Bereich des Ehenamensrechtes sind zwar bereits intensive politische Diskussionen im Gange; die Realisierung einer völlig freien Wahl der Ehegatten über ihren jeweiligen Ehenamen scheiterte bislang aber an verschiedenartigen Vorurteilen.[34]

---

[33] Erkenntnis des Verfassungsgerichtshofs vom 30. 6. 1988, B 806/87-11, zitiert nach Marlies Meyer, ebenda.

[34] Die Grünen haben bereits in der 17. Legislaturperiode in ihrem Antidiskriminierungsgesetz das Prinzip des getrennten Ehenamens festgelegt und diesen Gesetzesan-

Damit der gleichen Teilhabe von Frauen im Erwerbsleben auf allen Ebenen rascher Nachdruck verliehen werden kann, sollte das Gleichheitsgebot in der Verfassung so klar und deutlich formuliert werden, daß einer traditionalistischen Auslegung jeglicher Raum entzogen wird. Die Änderungen im Bereich einzelner Gesetze sind weit genug gediehen, um die „Gleichheit vor dem Gesetz" auch in der Verfassung völlig unmißverständlich zu ergänzen, und zwar durch eine Verpflichtung des Staates, bei krassen sozialen Ungleichheiten „Gleichheit durch das Gesetz" anzustreben. Dies könnte dadurch erreicht werden, daß die UN-Konvention zur Beseitigung jeder Form von Diskriminierung der Frau direkt in die Verfassung aufgenommen und das Gleichbehandlungsgebot entsprechend ergänzt und präzisiert wird. Diese Konvention, der Österreich bereits 1982 beigetreten ist, enthält den klaren Auftrag, traditionelle soziale Verhaltensmuster zu korrigieren und die Herstellung der De-facto-Gleichberechtigung von Mann und Frau zu beschleunigen. Eine Berücksichtigung dieser Konvention könnte zu einer Reihe von Maßnahmen führen, die weit über das 1992 beschlossene Gleichbehandlungspaket hinausgehen. Ohne gleiche Positionierung auf dem Arbeitsmarkt, ohne gleiche Einkommen und ohne gleiche Sicherheiten bleibt das Gleichheitsgebot der Verfassung eine Leerformel.[35]

d) Das Recht auf Zivildienst

Die österreichische Verfassung enthält ein Bekenntnis zur umfassenden Landesverteidigung (Art. 9a Bundesverfassungsgesetz). Dazu gehören

---

trag in der 18. GP erneut eingebracht: Antrag der Abgeordneten Stoisits, Freunde und Freundinnen betreffend ein Bundesgesetz, mit dem das Allgemeine Bürgerliche Gesetzbuch und das Ehegesetz zur Beseitigung der Diskriminierung der Frau im Ehenamensrecht und anderen Rechtsinstitituten geändert wird (130/A).

[35] Die Grünen haben entsprechende Anträge eingebracht: Antrag der Abgeordneten Stoisits, Heindl, Freunde und Freundinnen betreffend ein Bundesverfassungsgesetz, mit dem zur Beseitigung der Diskriminierung der Frau im öffentlichen Dienst das Bundesverfassungsgesetz, das Beamten-Dienstrechtsgesetz, das Vertragsbedienstetengesetz, das Ausschreibungsgesetz, das Gleichbehandlungsgesetz, das Bundesbedienssteten-Schutzgesetz und das Bundespersonalvertretungsgesetz geändert werden (246/A); und Antrag der Abgeordneten Heindl, Petrovic, Freunde und Freundinnen betreffend ein Bundesgesetz, mit dem zur Beseitigung der Diskriminierung der Frau im Arbeitsleben, das Arbeitsverfassungsgesetz, das Gleichbehandlungsgesetz, das Arbeitsinspektionsgesetz, das Arbeitnehmerschutzgesetz und das Arbeitsmarktförderungsgesetz geändert werden (247/A).

die militärische, die geistige, die zivile und die wirtschaftliche Landesverteidigung. Männliche Staatsbürger sind wehrpflichtig, haben jedoch nach der Verfassung das Recht, aus Gewissensgründen den Dienst mit der Waffe abzulehnen und einen Ersatzdienst zu leisten. Obwohl die Verfassung diese Möglichkeit eines zivilen Ersatzdienstes gleichrangig neben der Erfüllung der Wehrpflicht nennt, wurde von Anfang an versucht, die Entscheidung für den Zivildienst zu erschweren. Zunächst gab es eine sogenannte Gewissenskommission, die über Anträge auf Ableistung des Zivildienstes negativ entschied, wenn sie die vorgebrachten Gewissensgründe als nicht stichhaltig ansah. Diese Gewissensprüfung wurde 1991 abgeschafft. Im Gegenzug wurde der Zivildienst verlängert, um die Wehrpflicht attraktiver zu machen. Das neue Zivildienstgesetz bringt den Betroffenen eine Reihe von Verschlechterungen. Der Zivildienst dauert seit 1994 11 Monate und könnte 1995 auf 12 Monate verlängert werden. Angesichts der Tatsache, daß sogar die Landesverteidigungsakademie Umweltprobleme, Nationalismus und soziale Probleme aller Art bis hin zur Verelendung des Südens als die gefährlichsten Bedrohungen Österreichs nennt,[36] beruht die Entscheidung für den Zivildienst aber auf durchaus rationalen Überlegungen der jungen Österreicher. Engagement im Sozialbereich, im Umweltbereich, sowie im Bereich präventiver, nicht militärischer Konfliktlösung sind tatsächlich eher geeignet, nachhaltige Sicherheit aufzubauen, als eine anachronistische Militärpolitik, die zu offensiven Doktrinen, neuen Waffen und provokativen Bündnissen führt.

Die Nicht-Behinderung des Entwicklungstrends in Richtung Zivildienst in Verbindung mit einem weiter verkürzten Wehrdienst von sechs oder fünf Monaten wäre ein Weg zur schrittweisen Entmilitarisierung und demokratischen Transformation der Sicherheitspolitik. Das Recht auf Zivildienst muß heute als das Recht der Bevölkerung verstanden werden, Landesverteidigung pluralistisch, defensiv und nicht-militärisch zu interpretieren und Alternativen zu entfalten.

e) Meinungsfreiheit und Medienzugang

Im Rahmen einer ökologischen Grundrechtsreform ist auch die Änderung des Rundfunkgesetzes anzustreben; einerseits in Richtung einer

---

[36] Landesverteidigungsakademie (Hrsg.), Europäische Sicherheit – europäische Instabilitäten. Trends und Alternativen, Wien, Mai 1993.

Verpflichtung zur Förderung von Umweltschutz und Umweltbildung, andererseits in Richtung der Herstellung einer umfassenden Rundfunkfreiheit, die es Bürgerinitiativen, regionalen Gruppierungen oder ethnischen Minderheiten ermöglicht, selbst Radioprogramme zu konzipieren und auszustrahlen.

Auf europäischer Ebene hat sich die Auffassung durchgesetzt, daß nur ein dreigliedriges Rundfunksystem wirklichen Pluralismus und Meinungsfreiheit im Sinne der europäischen Menschenrechtskonvention (Artikel 10) gewährleistet. Neben einem staatlichen Rundfunk mit Objektivitätsgebot und Kulturauftrag sollte es nicht nur Möglichkeiten für kommerzielle Radioveranstalter geben, sondern auch für nichtkommerzielle private Initiativen. Das Europäische Parlament hat in einer Entschließung vom 16. 9. 1992 zur Medienkonzentration gefordert, „die Meinungsvielfalt in den audiovisuellen Medien auch durch positive Maßnahmen zugunsten von kleineren und mittleren Unternehmen (privaten und öffentlichen) sowie nicht-kommerziellen Privatradios zu schützen. Auch der Europarat fordert die offizielle Anerkennung nicht-kommerzieller Privatradios durch gesetzliche Regelungen (Europaratsdokument 6344).“ [37] Im Bericht an das UNO-Menschenrechtskomitee [38] fordert die internationale Menschenrechtsorganisation „Article 19“ die österreichische Bundesregierung auf, „*Schritte zur Reform des vollständigen Staatsmonopols von Radio und Fernsehen zu unternehmen und Zulassungsverfahren zu prüfen, die privaten — im speziellen nicht gewinnorientierten Gemeinschafts- und Minderheitenorganisationen — die Möglichkeiten sichern, Programme zu senden, um sicherzustellen, daß ein breites Spektrum an Stimmen und Meinungen zum Ausdruck kommt*“.[39]

Zur Durchsetzung eines dreigliedrigen Rundfunksystems läuft ein Verfahren vor dem Europäischen Gerichtshof für Menschenrechte, in dem unter anderem der Anspruch der slowenisch-sprachigen Bevökerungsgruppe in Kärnten auf gleichberechtigten Zugang zum Recht der Meinungsäußerung via Rundfunk geltend gemacht wird.

---

[37] Abweichende Stellungnahme zum Bericht des Verfassungsausschusses über das Regionalradiogesetz, 1149 d. Beil. zu den Stenographischen Protokollen des Nationalrates, XVIII. GP.

[38] „Freedom of Expression on Information in Austria“, London 1991.

[39] Ebenda, Seite 10.

Demgegenüber hat die Bundesregierung im Sommer 1993 ein Regionalradiogesetz im Nationalrat durchgepreßt, das diesem zeitgemäßen europäischen Verständnis von Meinungsfreiheit nicht gerecht wird. Das Monopol des österreichischen Rundfunks wurde zwar beseitigt; de facto gibt es allerdings nur für kommerzielle Privatanbieter die Möglichkeit, als Rundfunkanbieter aufzutreten. Schon der Entwurf der Regierungsvorlage wurde von Bundesländern, Minderheitenorganisationen und ExpertInnen heftig kritisiert: statt BürgerInnenfreiheit werde hiermit nur eine Entwicklung vom Monopol zum Kommerz vorangetrieben. Ein grüner Entwurf, der dem Modell eines dreigliedrigen Rundfunksystems Rechnung trägt, wurde mit fadenscheinigen Argumenten abgelehnt.

Die grüne Hörfunk-Konzeption sieht vor, daß die nicht-kommerziellen Radiosender der BürgerInnen durch einen Fonds finanziert werden, in den ein Teil der Werbeeinnahmen der kommerziellen Radios abzuführen ist. Für die kommerziellen Radioveranstalter werden strenge Auflagen vorgesehen; einerseits um der Medienkonzentration vorzubeugen – Zeitungsunternehmer und ausländische Kapitalbeteiligungen dürften nur zu maximal 25 Prozent an den privaten Radiogesellschaften beteiligt sein; andererseits, um auch bei kommerziellen Radios Unparteilichkeit, Objektivität und Limitierung der Werbezeiten sicherzustellen.[40]

Über eine solche Öffnung des Rundfunks hinaus erfordert vor allem die weltweit einzigartige Medienkonzentration in Österreich dringliche Reformmaßnahmen. Die Bundesregierung müßte verpflichten werden, eine offizielle Pressestatistik einzuführen und regelmäßig einen Medienbericht an den Nationalrat zu erstatten. Die Zuweisungen von Presseförderungsmitteln wären an die Bereitschaft der Medienprodukte zur Offenlegung wichtiger wirtschaftlicher Eckdaten zu binden. Bilanzen größerer Medienbetriebe müßten unabhängig von der rechtlichen Unternehmensform veröffentlicht werden. Die Presseförderung sollte tatsächlich der Medienvielfalt dienen statt zu einer Morgengabe für die großen Printmedien zu verkommen. Die Art und Weise, wie der Nationalrat die Presseförderung im Rahmen von Abänderungsanträgen zum Budget jeweils in letzter Minute durchsetzt, ist demo-

[40] Grüne Bildungswerkstatt Tirol in Zusammenarbeit mit dem Klub der Grünen Alternative (Hrsg.), Grüne Medienkonzeption, Wien, Innsbruck 1992.

kratiepolitisch bedenklich. Die Presseförderung ist derzeit vom kommerziellen Standpunkt für kleine Medien zuwenig, für die großen hingegen nicht erforderlich. Im Rahmen einer – von der Regierung bislang abgelehnten – Medienenquete müßten endlich Schlüsse aus der Fehlkonstruktion der bisherigen Presseförderung gezogen werden; nicht in Richtung einer Auferlegung von Schranken für kommerziell erfolgreiche Medien, aber in Richtung einer Beendigung von Gießkannenförderungen.

f) Tierrechte – Rechte für Lebensräume

Seit langem schon fordert die Tierschutzbewegung Rechte für Tiere und für Biotope. Doch sind es nicht nur mächtige Interessen von Agro- und Pharma-Industrie, die der Erfüllung dieser Forderungen entgegenstehen, sondern auch Befürchtungen, daß damit eine wichtige Grenze zwischen Mensch und Tier verwischt werde. Allerdings kennt unsere Rechtsordnung bereits andere Sonderrechte, die Schutz einräumen: beim Denkmalschutz können Kulturgüter im Interesse der menschlichen Gesellschaft gegen die Verwertungsinteressen der Eigentümer geschützt werden.

Bei den Tierrechten geht es darum, Tiere um ihrer selbst willen der nahezu gänzlich freien Verfügbarkeit durch Menschen zu entziehen. Berühmte Humanisten wie Albert Schweitzer und viele KünstlerInnen traten und treten immer mehr mit Nachdruck für Eigenrechte von Tieren ein.[41] Eine Fülle von Petitionen und Bürgerinitiativen fordert die Abschaffung der Massentierhaltung, den Ausstieg aus der tierversuchsgestützten Forschung und den Schutz von Lebensräumen für Menschen und Tiere zugleich. Zum einen führt die Behandlung von Tieren als industrielle Massenware zu unsäglichem Leid, vielfach zu einem Dahinvegetieren ohne jede Chance auf Bewegung und artgerechtes Verhalten.[42] Zum anderen betreffen die negativen Auswirkungen der millionenfachen Tierqualen immer stärker auch die Menschen. Ein Fleisch- und Lebensmittelskandal jagt den anderen. Ständig

---

[41] Gotthard M. Teutsch (Hrsg.), Da Tiere eine Seele haben. Stimmen aus zwei Jahrtausenden, Stuttgart 1987.

[42] Manfred Karremann, Karl Schnelting, Tiere als Ware. Gequält – getötet – vermarktet, Frankfurt am Main 1992.

neue, immer gefährlichere Keime und Bakterien werden dann wiederum nur mit industriellen Mitteln bekämpft: Tierische Lebensmittel müssen penibel pasteurisiert, gegart, ultrahoch erhitzt werden, um nicht zur mitunter tödlichen Gefahr zu werden. Dennoch sterben in Österreich jedes Jahr etliche Menschen an bakterieller Lebensmittelvergiftung, überwiegend an Salmonellose. Die Dunkelziffer ist sicherlich hoch, da die Krankheitssymptome sehr verschiedenartig auftreten. Bedingt durch das massenhafte Auftreten anderer Erreger (z. B. Campylobakter, Listeria) werden etliche Erkrankungen derzeit überhaupt nicht statistisch erfaßt. Die enormen ökologischen Belastungen für Grundwasser und Böden durch Massentierhaltungen gefährden die Gesundheit von Menschen in den agrarisch intensiv genutzten Regionen. Der Tierschutz läßt sich somit von den ureigensten Interessen der Menschen her begründen. Die Ablehnung von Tierrechten führt letztlich zu einer massiven Beeinträchtigung von (gesundheitlichen) Menschenrechten.

Die Diskussion um die Rangordnungen von Lebewesen verstellt den Blick für ökologische Kreisläufe. Seit Mitte 1988 gelten Tiere in Österreich rechtlich nicht mehr uneingeschränkt als Sachen. Durch eine Änderung im bürgerlichen Recht wurden Tiere aus dem Sachbegriff herausgenommen; allerdings gelten nach wie vor die Bestimmungen für Sachen, solange keine speziellen Regelungen eingeführt werden. Der juristisch fast revolutionäre Schritt der Sprengung der scharfen Abgrenzung zwischen Rechtssubjekten und Rechtsobjekten hat deshalb in der Praxis bislang keine großen Konsequenzen gehabt. Eine Änderung im Schadenersatzrecht, wonach im Falle der Verletzung von Tieren der Täter für die vollen Heilungskosten aufzukommen hat, nützt weniger dem Tier als dem Eigentümer. Die Tierschutzgesetze der Länder verbieten die Zufügung „unnötiger Qualen". In der Praxis der Behörden wird die Massentierhaltung aber als nötige Qual angesehen und trotz wahrer Anzeigenfluten und Proteststürme weiterhin geduldet. Die AnrainerInnen haben gegenüber Anlagen der Massentierhaltung wenig Rechtsschutz, weil diese agro-industriellen Produktionskomplexe nach wie vor als Landwirtschaftsbetriebe gelten und nicht unter die Gewerbeordnung bzw. das Betriebsanlagengenehmigungsverfahren fallen. Der Nationalrat hat in verschiedenen Entschließungen von den Ländern Maßnahmen zur Kontrolle und Eindämmung der Massentierhaltung gefordert; Erfolge blieben bislang aus. Auf grüne Initiative wurde die Bundesregierung bei den

Beratungen zur Gewerbeordnung in einer Entschließung aufgefordert, in Kooperation mit den Bundesländern einheitliche gesetzliche Regelungen für den Tierschutz und eine artgerechte Tierhaltung festzulegen.[43] Letztlich wird die Verankerung von Tierrechten und der Schutz ihrer Lebensräume auf Verfassungsebene aber unerläßlich sein, weil es die Eigeninteressen der Menschen erforderlich machen werden.

Ein vorrangiges Anliegen wäre die Schaffung eines bundeseinheitlichen Tierschutzgesetzes. Die Haltungsformen für Nutztiere müßten sich an den Erfordernissen der Tiere orientieren und nicht umgekehrt. Die Hühnerbatterien, die Anbindehaltung von Schweinen, die Boxenmast von Kälbern und die auslauflose Haltung von Rindern müßten aus Gründen des Tierschutzes und des Konsumentenschutzes verboten werden. Die artgerechte Tierhaltung wäre für alle Haus- und Nutztiere durch die Festlegung gesetzlicher Mindeststandards umzusetzen. Daraus ergeben sich Konsequenzen für die Landwirtschaft: Im Rahmen einer eigenständigen österreichischen Qualitätspolitik müßte dem europäischen Trend in Richtung noch größerer Tierbestände und weiterer Transportdistanzen Einhalt geboten werden; die Bestandsobergrenzen wären herunterzusetzen und die fälschlicherweise aufgehobene Bindung der Tierhaltung an die vorhandene Grundfläche wieder einzuführen. Die Bauern müßten bei der Umstellung auf ökologisch verträgliche und tiergerechte Haltungsformen vom Staat unterstützt werden. Hingegen müßten die Subventionen für Massen- und Intensivtierhaltungsbetriebe unterbleiben. Schließlich sollten sämtliche tierische Produkte in einer für KonsumentInnen klaren und verständlichen Weise nach der Haltungsform gekennzeichnet werden. Die Produktqualität wird maßgeblich dadurch bestimmt, wie die Nutztiere gelebt haben, wie sie ernährt wurden und wie schonend mit ihnen bei Transport und Schlachtung umgegangen wurde. Die KonsumentInnen haben das Recht auf derartige Informationen und erhalten damit auch die Chance, mit ihrem Verhalten die Ökologisierung der Landwirtschaft voranzutreiben.

Ein weiterer Vorstoß der Grünen zielte auf die Einführung eines Tiertransportgesetzes. Internationale Langstreckentransporte sind im

---

43 Entschließung vom 9. 12. 1992 im Anschluß an den Bericht des Handelsausschusses zur Gewerbeordnungsnovelle 1992, 876 d. Beil. zu den Stenographischen Protokollen des Nationalrates, XVIII. GP.

Fleischgeschäft leider zur Regel geworden; das Leid der Tiere beim Transport ist grenzenlos. Verluste werden einkalkuliert und scheinen kostengünstiger als tiergerechte Vorgangsweisen. Dem müßte ein neues Gesetz Einhalt gebieten: Transporte sollten hinsichtlich Zeitdauer (max. 6 Stunden) und Distanz (max. 150 km) limitiert werden. Auch hier fallen die Interessen des Tierschutzes und des Konsumentenschutzes zusammen: Langzeittransporte führen notwendigerweise zu einer dramatischen Verschlechterung der Produktqualität. Der ursprüngliche Gesetzesentwurf wurde im Rahmen der parlamentarischen Beratung im Frühjahr 1994 von den Regierungsparteien verwässert – Autobahntransporte werden priviligiert. Doch ein erster Schritt zur Abkehr von der Selbstverständlichkeit des Tierleidens auf den Straßen konnte damit durchgesetzt werden. Diese grüne Initiative zur Beschränkung von Tiertransporten wurde international aufgegriffen und hat für TierschützerInnen in ganz Europa erste Priorität. Und im österreichischen Nationalrat wurde eine Arbeitsgruppe Tierschutz gebildet, die gemeinsam mit Tierschutzgruppierungen weitere legistische Verbesserungen anstrebt.

g) Ökologische Schlüsselgesetze

Das staatliche Handeln sollte in Zukunft ganz allgemein auch danach gemessen werden, ob es umweltpolitischen Prinzipien entspricht. Es geht präventiv um die Vermeidung immer neuer Risken; im Zweifel dürfen unsichere Technologien und Verfahren nicht mehr zum Einsatz gelangen. Dieses Sicherheitsprinzip muß durch ein Vorsorgeprinzip ergänzt werden, sodaß auch alte, oft praktizierte und bewährte Verfahren nur unter größtmöglicher Vorsorge für Störfälle angewendet werden dürfen. Für den Fall, daß es trotzdem zu Umweltbeeinträchtigungen kommt, ist das Verursacherprinzip zu wahren, d. h. die Haftung für Schäden durch den Verursacher. Darüber hinaus muß es ein umfassendes Nachsorgeprinzip geben, um auch im Falle von Altlasten, bzw. von Schäden, die vom Verursacher nicht mehr abgedeckt werden können, eine Minimierung bzw. Reparatur durch die Allgemeinheit sicherzustellen.[44] Diesen Prinzipien ist durch allgemeine Normen Rech-

---

[44] Karl Weber, Prinzipien umweltpolitischen Handelns, in: Umweltpolitik durch Recht – Möglichkeiten und Grenzen, Hrsg. Bundesministerium für Umwelt, Jugend und Familie, Wien 1992, Seite 49ff.

nung zu tragen, um die mühselige Praxis des Ringens um BürgerInnen bei jedem einzelnen Projekt zu überwinden.

Einige Schlüsselgesetze wurden bereits erwähnt: Informationsrechte der BürgerInnen müssen sukzessive ausgebaut werden. Umweltinformationen müßten auch gegen widerstrebende Wirtschaftsinteressen herausgegeben werden. In Verbindung mit einem Grundrecht auf Gesundheit ergäbe sich auch ein aus der Verfassung ableitbarer Anspruch auf Offenlegung gesundheitsrelevanter Daten.

Ebenso darf es im Bereich der Prüfung der Umwelt- und Sozialverträglichkeit von Projekten keinen Stillstand geben. Es ist ein zentrales Anliegen der Grünen, den mittlerweile erreichten Kompromiß bei der Umweltverträglichkeitsprüfung im Sinne der BürgerInnenrechte auszubauen. Die Einbeziehung der BürgerInnenpartei in das Verfahren konnte bereits durchgesetzt werden; die Teilnahmerechte müssen aber weiter ausgebaut werden, z. B. durch die Mitentscheidung der BürgerInnen bei der Sachverständigenauswahl.

Um Planungswillkür in Zukunft zu verhindern, bedarf es neuer Kriterien für die Bewertung von Umweltverträglichkeit. Einzelprojekte müssen im Einklang mit allgemeinen Konzepten stehen, die einer Überprüfung durch die BürgerInnen standhalten. Die Verpflichtung zur Erstellung solcher Konzepte und ihre Verbindlichkeit für Einzelentscheidungen muß festgeschrieben werden. Vorangehende Planungen sind vor allem für die folgenden Bereiche unerläßlich:

- Abfallanlagen
- (elektrische) Energie-Erzeugungsanlagen
- Verkehrsanlagen: Straße, Bahn und Flughäfen
- Gewerbe- und Industrieanlagen
- Bergbauanlagen
- Atommüllager

Die Rechtsgrundlagen für solche vorausschauenden Planungen und Konzepte sind heute noch zu lückenhaft, zu unübersichtlich, zu sehr unterschiedlich. So gibt es das Bundesstraßenverzeichnis in Gesetzesform, das Abfallwirtschaftskonzept in Verordnungsform und dann noch Konzepte ohne eigene rechtliche Grundlage, z. B. das Energiekonzept der Bundesregierung, das Gesamtverkehrskonzept und einige regionale Planungen. Das immer wieder verlangte Konzept für die Atommüllendlagerung ist nach wie vor ausständig. Entsprechend einer grünen Initiative müssen amtliche Planungen in allen oben aufgelisteten Bereichen einer eigenen Umweltverträglichkeitsprüfung unterzogen und österreichweit veröffentlicht werden. Im Rahmen allgemeiner und transparenter Planungen kann mit BürgerInnen auch über die Verteilung nicht vermeidbarer Lasten gesprochen werden. Im Zuge dieser Neuorientierung in Richtung vorausschauender Planungen muß es auch zu einer Änderung der einzelnen umweltrelevanten Materiengesetze kommen. Manche dieser Gesetze erwähnen bereits den Gesundheitsschutz als Prinzip, andere nicht. Vor allem im Bereich des Straßenbaues, der Eisenbahn-Hochleistungsstrecken, der Luftfahrt-Anlagen, der Atommüllager sowie bei elektrischen Leitungsanlagen muß das Prinzip der Vermeidung von Gesundheitsgefahren als gesetzliches Ziel verankert werden.

Um eine grundlegende ökologische Neuorientierung zu erreichen, muß es neben präventiven Mechanismen zur Vermeidung von Umweltbeeinträchtigungen auch Instrumentarien zur Geltendmachung von Schadenshaftungen geben. „*Das Haftungsrecht (soll) so ausgestaltet sein, daß jeder, der eine umweltgefährdende Tätigkeit ausführt, damit rechnen muß, für allen daraus entstehenden Schaden einstehen zu müssen. Nur dann wird eine Kosten-Nutzen-Abschätzung vorgenommen und es besteht ein Anreiz in Sicherheit — sprich Umweltschutz — zu investieren. Die ökonomische Theorie vom Haftungsrecht schlägt deshalb der Rechtsordnung vor, den für den Schaden haften zu lassen, der den Schaden mit dem geringsten Aufwand verhindern kann. ... Von der ökonomischen Theorie wird außerdem postuliert, daß eine verschuldensunabhängige Haftung der Verschuldenshaftung vorzuziehen ist. Während die Verschuldenshaftung den Schädiger veranlassen kann, optimale Sorgfalt einzuhalten, beeinflußt die verschuldensunabhängige Haftung auch das Aktivitätsniveau des Schädigers. Muß der Schädiger damit rechnen, daß er für jeden verursachten Schaden zur Verantwortung gezogen wird, erhöhen sich die zu erwartenden Kosten und er wird die Tätigkeit entsprechend seltener ausführen.*“[45] Ein grüner Antrag in Richtung Umwelthaftungsgesetz wurde schon vor einigen Jahren vorgelegt.[46] Zähe Verhandlungen führten dazu,

---

[45] Monika Gimpel-Hinteregger, Braucht Österreich ein Umwelthaftungsgesetz? In: Marlies Meyer (Hrsg), Haftung und Pflichtversicherung für Umweltschäden (1991), Seite 20ff.

[46] Der Antrag betreffend ein Bundesgesetz über die Haftung für Schäden aus Bestand

daß es im Jahr 1992 zu einer Regierungsvorlage des Justizministeriums kam, die auf grünen Vorschlägen aufbaute und bahnbrechende Veränderungen erwarten ließ. Die Widerstände blieben dann auch nicht aus. Wirtschaftsminister und Verstaatlichtenminister legten sich quer, vor allem in Hinblick auf die geplante Gefährdungshaftung, unabhängig vom Nachweis eines unmittelbaren Verschuldens des Betreibers einer Anlage. Außerdem verlangten die Wirtschaftslobbyisten eine Haftungsausnahme für sämtliche behördlich genehmigte Tätigkeiten. Die sogenannte „Verwaltungsakzessorietät", d. h. die Vermutung, daß eine behördlich genehmigte Tätigkeit nicht zu Schäden führen kann, hätte das Gesetz von Anfang an stark entwertet.[47]

Viele umweltbeeinträchtigende Anlagen werden heute auf Grund veralteter oder mangelhafter Bescheide betrieben. Die Fiktion, daß die Einhaltung von Bescheiden die Bevölkerung vor Schäden bewahrt, gehört mittlerweile in ein juristisches Skurrilitätenkabinett. Natürlich ist den Wortführern der Wirtschaftslobby klar, daß ein Umwelthaftungsgesetz „mit Zähnen" weitreichende Konsequenzen hätte. Die Versicherungsprämien für gefährliche Anlagen würden beträchtliche Höhen erreichen. Bestimmte Anlagen wären nicht mehr versicherbar und müßten zusperren. Genau das wird mit der Einrichtung einer strengen Umwelthaftung angestrebt. Es zeichnet sich bereits ab, daß der Übergang von der Verschuldens- zur Gefährdungshaftung bzw. die Verpflichtung zur Versicherung von Umweltrisken ganz entscheidende Hebel für eine Neuorientierung werden.[48]

Es wird weiterer rechtlicher Umkrempelungen bedürfen, um die Umwelthaftung noch effizienter zu gestalten. So ist z. B. auch eine Neuorientierung im Gesellschaftsrecht notwendig. Es geht nicht an, daß Kapitalgesellschaften mit minimaler Kapitalausstattung Risikopotentiale verursachen – mit oder ohne Versicherung, die weit über jenen Rahmen hinausgehen, der im Ernstfall zur Abdeckung von Schäden

---

und Betrieb umweltgefährdender Anlagen (Umweltschädenhaftpflichtgesetz) wurde erstmals in der 17. GP eingebracht (376/A) und erneut auch in der 18. GP (169/A).

[47] Daß das Prinzip der Verwaltungsakzessorietät in Widerspruch zu einem effizienten Umweltschutz steht, beweist auch die gewählte Regelung im Umweltstrafrecht (§ 180 ff. StGB), nach welchem umweltschädigendes Handeln kaum strafbar ist, weil auf entsprechende Bewilligungsbescheide der Behörden verwiesen werden kann.

[48] Ulrich Beck, Die Erfindung des Politischen. Zu einer Theorie reflexiver Modernisierung, Frankfurt am Main 1993, Seite 51 f.

zur Verfügung steht. In Zukunft sollte möglich sein, bei nachhaltigen Umweltbeeinträchtigungen einen Zugriff auf die Anteilseigner rechtlich zu verankern, d. h. die beschränkte Haftung der Kapitalgesellschaften in eine unbeschränkte Haftung der Anteilseigner für Umweltschädigungen überzuführen.

Weiters sollten auch Behörden, die Schutzgesetze zugunsten der Bevölkerung nicht oder nachlässig vollziehen, Amtshaftungen befürchten müssen. Die derzeitige Regelung des Amtsmißbrauchs ist insofern unzulänglich, als sie eine wissentliche Schädigung der Rechte Dritter, also der Rechte von StaatsbürgerInnen, voraussetzt. Dieser wissentliche Mißbrauch läßt sich aber kaum nachweisen. In Anlehnung an ausländische Vorbilder (z. B. USA) sollte auch das bloße Nichthandeln der Behörde, die Gesetzes-Ignoranz, eine Haftung auslösen. Die typisch österreichische Unart, augenzwinkernd wohlklingende Umweltgesetze zu erlassen und über die Untätigkeit der Behörde geflissentlich hinwegzusehen, würde dann schlagartig verschwinden. Die konsequente Verwirklichung eines ökologischen Rechtsstaates erfordert nicht nur, daß sich die Verwaltungstätigkeit auf Gesetze stützt, sondern auch, daß diese Gesetze umgesetzt und eingehalten werden. Schlampige oder einseitige Vollzugspraktiken schaden dem Rechtsstaat und bewirken Politikverdrossenheit.

2. ARBEIT UND WOHLFAHRT DURCH ÖKO-ENTWICKLUNG

> *„Ich sympathisiere darum mit denen, die die wirtschaftlichen Verflechtungen zwischen den Nationen nicht maximieren, sondern möglichst gering halten wollen. Ideen, Wissen, Kunst, Gastfreundschaft, Reisen – solche Dinge sind ihrem Wesen nach international. Doch Waren sollten, wann immer es vernünftig und praktisch ist, hausgemacht sein: und vor allem sollten die Finanzen überwiegend national bleiben."*
>
> John Maynard Keynes

Traditionelle Wirtschaftstheorien gehen davon aus, daß den Märkten eine Tendenz zum Gleichgewicht innewohne, daß also Arbeitsplatzverluste in veralteten Wirtschaftsbranchen durch neue Bedürfnisse bzw. neue Märkte kompensiert werden könnten. In Wirklichkeit verstärkt sich die gegenläufige Tendenz: Arbeitsplatzverluste in der Landwirtschaft und den traditionellen Industrien können durch den Dienstleistungssektor und durch neue Aufgabenbereiche in Industrie und Gewerbe nicht wettgemacht werden. In den OECD-Staaten sank zwischen 1960 und 1988 der Anteil landwirtschaftlicher Arbeitsplätze von 22 auf 8 Prozent, und in der Industrie von 35 auf 30 Prozent. Im gleichen Zeitraum stieg der Anteil der Dienstleistungsberufe von 43 Prozent auf 62 Prozent.[1] Auch in Österreich hat sich der Anteil der Beschäftigten in Landwirtschaft und Industrie in den letzten Jahren laufend verringert; seit 1982 sank der Index der Industriebeschäftigung um etwa 10 Prozent. Die abgebauten Arbeitskräfte und die neu auf den Arbeitsmarkt drängenden Personen können nicht zur Gänze im Dienstleistungssektor und in den neuen Industrien wie Elektronik, Telekommunikation oder Biotechnologie Beschäftigung finden. Seit den siebziger Jahren kämpfen die meisten Industriestaaten mit struktureller Arbeitslosigkeit. In Österreich trat diese Entwicklung zeitverzögert ein, doch mittlerweile sind auch hierzulande Langzeitarbeitslosigkeit und Beschäftigungsprobleme zu Dauererscheinungen geworden.

---

[1] Michael Renner, Schaffung nachhaltiger Arbeitsplätze in den Industrieländern, in: World Watch Institute Report, Zur Lage der Welt – 1992. Daten für das Überleben unseres Planeten, Hrsg. Lester R. Brown, Frankfurt am Main, Mai 1992, Seite 199ff.

Das Fehlen umweltpolitischer und arbeitsmarktpolitischer Prioritäten in der Wirtschaftspolitik hat dazu geführt, daß Arbeitslosigkeit und Umweltzerstörung durch Wirtschaftsprozesse Hand in Hand gehen: *„In seinem Buch The Poverty of Power faßt es Barry Commoner 1976 so zusammen: ‚Die zur Erreichung der gleichen Aufgabe erforderlichen Mengen an Energie und Kapital haben zugenommen; die Arbeit zur Produktion desselben Ausstoßes nahm ab; die Auswirkungen auf die Umwelt haben sich verschlimmert.' Die Effizienz industriellen Energieverbrauchs ist seit 1973 um 30 Prozent gestiegen, aber die chronisch im Überfluß vorhandene menschliche Arbeit wird immer noch durch Kapital und Energie ersetzt."*[2]

In fast allen Industriestaaten stieg dieser Einsatz von Energie und Kapital in Relation zur Arbeit stark an. Besonders die Metall- und Aluminiumindustrie, die Bereiche Papier, Chemie und Düngemittelerzeugung, die Erdölraffinerien und der industrielle Bereich der Bauwirtschaft (Straßenbau, Hoch- und Tiefbau) verbrauchen insgesamt große Anteile des Energieaufkommens, bieten aber – mit sinkender Tendenz – relativ wenige Arbeitsplätze.

Die traditionelle Wettbewerbswirtschaft verlangt den Beschäftigten immer mehr ab. Es besteht ein starker Druck in Richtung Erhöhung der Produktivität. In Landwirtschaft und industrieller Produktion ist dies nach wie vor mit einer Tendenz zur Erhöhung des Einsatzes von Energie und Kapital verbunden. Gleichzeitig hat sich in den achtziger Jahren das Lohnwachstum in den Industriestaaten nicht zuletzt durch die rasch zunehmende Arbeitslosigkeit deutlich verlangsamt. Zudem nehmen die Export-/Importbeziehungen im internationalen Handelsverkehr nach wie vor zu. Die Summe der Exporte aller Staaten steigerte sich von rund 0,4 Billionen Dollar im Jahr 1950 auf mehr als 3,5 Billionen Dollar im Jahr 1991. Mehr Handel setzt vermehrte Produktion voraus, aber bedeutet auch ein Mehr an Transportleistungen; das wiederum ist mit höherem Energieeinsatz – und tendenziell mit höheren Emissionen – verbunden.[3]

---

[2] Barry Commoner, The Poverty of Power, New York 1976; entnommen aus: Michael Renner, Schaffung nachhaltiger Arbeitsplätze in Industrieländern, in World Watch Institute Report, Zur Lage der Welt – 1992. Daten für das Überleben unseres Planeten, Hrsg. Lester R. Brown, Frankfurt am Main, Mai 1992, Seite 202f.

[3] Dazu Hillary F. French, Versöhnung von Welthandel und Umwelt, in: World Watch Institute Report. Zur Lage der Welt – 1993. Daten für das Überleben unseres Planeten, Hrsg. Lester R. Brown, Frankfurt am Main, Juni 1993, Seite 213ff.

Die Vorgaben der Industriestaaten bestimmen die weltweite Entwicklung von Produktion und Handel. Billige Arbeitskraft, niedrige Energiekosten und geringe Auflagen im Umwelt- und Sozialbereich führten zu Produktionsverlagerungen nach Korea, Singapur, Hongkong oder Taiwan. Die enormen Produktions- und Handelszuwächse dieser Staaten beeinflussen den statistisch ausgewiesenen Anteil der sogenannten Entwicklungsländer signifikant. Der Kostenfaktor der Arbeit nimmt dabei eine wesentlich größere Bedeutung ein als die angeblich negativen Effekte strenger Umweltauflagen, die von westlichen Industrievertretern immer wieder in den Vordergrund gestellt werden. Umwelt-Kosten spielen in Relation zu den Arbeitskosten nach wie vor eine untergeordnete Rolle, sodaß aus diesem Grunde kaum Standorte verlegt werden. Bei neuen Betriebsgründungen hingegen sind die umweltpolitischen Standards durchaus entscheidungsrelevant. Branchen und Unternehmungen, die in den Industriestaaten in Zukunft mit strengeren Gesetzen gegen umweltschädigende Emissionen rechnen müssen, planen neue Betriebsansiedlungen oft gleich in umweltpolitischen Nachzüglerstaaten. So führten z. B. bereits geplante umweltpolitische Verschärfungen in Kalifornien dazu, daß Risikobranchen Neuinvestitionen in Mexiko tätigten.[4]

Neben den vier südostasiatischen „Tigern" verzeichneten Staaten wie Mexiko, aber auch Brasilien, Malaysia und Thailand relativ deutliche Zuwächse, während die am wenigsten entwickelten Staaten, die reinen Rohstoffexporteure, im Welthandel viel krasser zurückfielen, als dies globale Statistiken ausweisen.

Gegen die im traditionellen Sinn mittlerweile hoch wettbewerbsfähigen asiatischen Industriestaaten und die Schwellenländer wurde seitens der westlichen Industriestaaten eine Fülle von Handelsbarrieren errichtet. So wurden oft mit nicht geringem Druck sogenannte freiwillige Exportbeschränkungen vereinbart und Anti-Dumping-Verfahren ohne sachliche Rechtfertigung angedroht bzw. durchgeführt. Damit kam es einerseits de facto zu einer starken Erosion der im Welthandelsvertrag (GATT) festgeschriebenen Grundsätze der Gewährung von Handelsbegünstigungen (sogenannte Meistbegünstigung) sowie der Nicht-

---

[4] Hilary F. French, Versöhnung von Welthandel und Umwelt, in: World Watch Institute Report. Zur Lage der Welt – 1993. Daten für das Überleben unseres Planeten, Hrsg. Lester R. Brown, Frankfurt am Main, Juni 1993, Seite 227.

diskriminierung von Staaten. Andererseits setzte sich die Verschlechterung der Handelsrelationen zu Lasten der Entwicklungsländer fort, bei gleichzeitiger Auslagerung ökologisch und sozial bedenklicher Produktionen aus den Industriestaaten.

Vor diesem Hintergrund waren es vor allem die Entwicklungsländer, die nach einer neuen Verhandlungsrunde des GATT riefen. In dieser – nach dem Veranstaltungsort der Eröffnungskonferenz benannten – „Uruguay-Runde" wurde von den Entwicklungsländer nicht nur der freie Zugang zu den Märkten der Industrieländer verlangt, sondern auch die Verankerung ihrer Souveränitätsrechte in bezug auf ausländische Direktinvestitionen. So sollte es für ein Entwicklungsland möglich sein, den Investor zu verpflichten, Vorprodukte und Leistungen in bestimmtem Ausmaß im Standortland zu beziehen und Gewinne dort zu reinvestieren. Im Verlauf der Verhandlungen traten große Interessensgegensätze zutage: Die europäischen Staaten befürchteten den völligen Zusammenbruch ihrer landwirtschaftlichen Produktion, sämtliche Industriestaaten bangten um ihre Vorrangstellung bei industriellen Fertigerzeugnissen, und die Entwicklungsländer beklagten die mangelnde Bereitschaft des Nordens zu gerechteren Welthandelsstrukturen. Der Abschluß der Uruguay-Runde im April 1994 stellt nach siebenjährigen Verhandlungen nur einen vorläufigen Kompromiß dar. Die weitere Entwicklung deutet sich bereits an. Durch den langen Verhandlungszeitraum kamen auch neue Impulse in die Diskussion um das GATT. Immer deutlicher zeigte sich, daß die bestehenden Weltwirtschaftsbeziehungen nicht nur ökologische und soziale Zielsetzungen außer acht lassen, sondern auch im ureigensten Bereich der Ökonomie nicht mehr funktionieren. Grüne und Umweltgruppierungen haben sich in diese wirtschaftspolitische Diskussion eingemischt und fragen kritisch nach den Bedingungen, unter denen internationale Handelsbeziehungen positive Effekte für alle Beteiligten bringen könnten: Einerseits könnte eine Erweiterung der Handelsabkommen um Maßnahmen gegen ökologisches und soziales Dumping den Ängsten in den Industriestaaten vor einer Überschwemmung durch Produkte aus Raubbauwirtschaft begegnen. Andererseits müßte die Liberalisierung der Märkte für ökologisch und sozial verträglich hergestellte Güter mit Nachdruck durchgesetzt werden.

Ein solcher völlig neuer Diskussionsansatz ist nötig, um die festgefahrene Situation bei den Interessensgegensätzen zwischen Nord und

Süd zu überwinden. Über Jahre und Jahrzehnte war es nicht möglich, mit dem klassischen wirtschaftspolitischen Instrumentarium zu gerechteren Austauschbedingungen im Welthandel zu kommen. Es fehlte an den nötigen Voraussetzungen: Die Wirtschaftspolitik agierte weltweit abseits der Sozialpolitik sowie abseits der Umweltpolitik. Die Forderung nach neuen und vernetzten Steuerungsinstrumenten auf breiter internationaler Basis wurde bislang nicht erfüllt. Was heute nötig ist, läßt sich unter dem Schlagwort „Greening of the GATT" zusammenfassen.

Internationale Handelsbeziehungen sind auf Grund der engen Verflechtungen der Weltwirtschaft und der unterschiedlichen Kostenvorteile in der Produktion (komparative Kosten) weiterhin wünschenswert und erforderlich. Nationale Abschottungstendenzen und Protektionismen sind nicht geeignet, eine positive Neuorientierung der Weltwirtschaft herbeizuführen. Aber es bedarf eines internationalen Diskurses über die Kriterien, unter denen Handelsbeziehungen zu wechselseitigen Vorteilen ohne negative ökologische Auswirkungen und soziale Ungerechtigkeiten führen. Die internationale Gemeinschaft und die Staaten werden Rahmenbedingungen für einen ökologisch verträglichen Welthandel schaffen müssen, indem sie einerseits extrem umweltgefährdende bzw. sozial schädliche Verfahren gänzlich ächten, und andererseits den KonsumentInnen Wahlmöglichkeiten nach ökologischen und sozialen Kriterien ermöglichen. In einem Stufenplan sollte deshalb auf Ebene der UNO und des GATT angestrebt werden, Giftmüllexporte, Plutonium- und Atommüllgeschäfte, Anlagen mit nachweislicher Gesundheitsbeeinträchtigung der AnrainerInnen sowie schädliche Kinderarbeit bzw. sklavenähnliche Arbeitsbedingungen zu verbieten. Produkte mit solchem Hintergrund wären zum einen vom Freihandel auszuschließen. Zum anderen müßten Güter, die in nicht nachhaltiger Weise erzeugt werden oder beträchtliche Umweltgefährdungen mit sich bringen – etwa sämtliche Produkte aus Tropenhölzern oder Produkte aus Massentierhaltung und Intensivlandwirtschaft mit hohem Chemie- und Pestizideinsatz – als solche deklariert werden. Handlungsrelevante Informationen für KonsumentInnen dürften sich nicht länger auf unverständliche chemische Formeln oder Strich-Codes beschränken, sondern müßten Klassifikationen nach der Erzeugungsart zulassen. Voraussetzung wäre die Schaffung international abgestimmter Kriterien, um die Produkte aus Kreislaufwirtschaft, aus ökologischer Umstellungsproduktion bzw.

aus ökologisch nicht befriedigender Produktion unterscheiden und kenntlich machen zu können. Besonders in der verfahrenen Diskussion um die Liberalisierung im Bereich der Landwirtschaft könnte ein derartiger Vorstoß neue Akzente bringen. An der Notwendigkeit der Senkung der Angebotsmengen durch weniger intensive Produktionen in den Industriestaaten führt aber letztlich kein Weg vorbei. Dann wäre auch die Öffnung der Märkte leichter zu erreichen als in der heutigen Situation extremer mengenmäßiger Überangebote – bei gleichzeitig hoher ökologischer Belastung in den Industriestaaten.

„Eco-labelling" findet gegenwärtig nur in Marktnischen statt; bei einzelnen Produktsparten, z. B. bei Teppichen ohne Kinderarbeit, tierischen Lebensmitteln aus Freilandhaltungen, Pelzen ohne Fallenstellerei, und meist über spezielle Angebotsstrukturen wie in Dritte-Welt-Läden. Es bedarf einer politischen Anstrengung, um diese Nischenidee zu einem allgemein tragenden Prinzip zu machen. Hier wird es gerade an Staaten mit einer ökologisch hoch motivierten Bevölkerung wie Österreich liegen, im Rahmen von UNO und GATT Neuorientierungen anzuregen. Diese Institutionen bieten sich vorrangig als Foren einer ökologischen Transformation des Welthandels an, da ihr umfassender räumlicher Wirkungsbereich einen Ausgleich von Nord-Süd-Konflikten ermöglichen könnte. Im Interesse der Errichtung dieses Zieles ist die Abgabe staatlicher Souveränität akzeptabel und wünschenswert. Derzeit sind die Interessen der „Weltwirtschaftsriesen" weitgehend festgefahren, und die Entwicklungsländer wiederum haben kaum Voraussetzungen für großräumige und langfristige Öko-Initiativen. Die wirtschaftspolitische Vermittlung im Nord-Süd-Konflikt wird eine Schlüssel-Aufgabe sein, um Frieden und gerechte soziale Entwicklung auf globaler Ebene zu fördern. Ein ernsthafter Interessensausgleich muß die Interessen der Entwicklungsländer am Zugang zu den Märkten in den Industriestaaten berücksichtigen. Im Rahmen internationaler Entwicklungspolitik wird es hier erforderlich sein, neue Vertragsbedingungen und Kriterien zu vereinbaren. Die Öffnung der Märkte, Schuldennachlaß und die Gewährung von Wirtschaftshilfe müßten auf Basis eines wechselseitig akzeptierten Prinzips der Ökologisierung erfolgen. Voraussetzung der Kooperation wäre dann nicht mehr das Bekenntnis zu einem nebulosen Prinzip der freien Marktwirtschaft, sondern konkrete Umwelt- und Verteilungspolitik. Handelspartner-Staaten sollten auch gemeinsame Maßnahmen gegen Korruption, politische Unterdrückung, offensive Rüstungsprojekte und den Transfer von Fluchtkapital zu westlichen Banken als Ziele vereinbaren. Diese Maßnahmen müßten sich an beide Seiten, an Anbieter und Nachfrager richten und sollten auch auf beiden Seiten zu Konsequenzen führen.[5]

Natürlich hätte eine solch grundlegende Neuorientierung des Welthandels unterschiedliche Auswirkungen für verschiedene Branchen und Unternehmungen. Und genau das soll damit angestrebt werden. Für ökologisch nachhaltig wirtschaftende Betriebe könnte sich ein entscheidender Wettbewerbsvorsprung ergeben, während ökologisch bedenkliche Güter mit Schranken auf den Märkten und mit Boykottmaßnahmen der KonsumentInnen rechnen müßten. Die Leitungsgremien von Unternehmungen müßten sich dann allerdings an neuen Erfolgskriterien orientieren, im Gegensatz zu denen, die heute gelten: „*Der Vorstand einer Aktiengesellschaft wird auf der Hauptversammlung nicht dafür gelobt, daß er besonders schonend mit den natürlichen Ressourcen umgegangen ist, sondern dafür, daß die Renditen für die eingesetzten Kapitale stimmen. Extrem formuliert bedeutet das, daß es für den Betrieb richtig ist, die letzte billige Naturressource auszubeuten, wenn dadurch die Rentabilität gesteigert werden kann.*“[6]

Neben den Kontrollen durch die Staatengemeinschaft – im Rahmen einer reformierten UNO bzw. eines grünen GATT – werden umfassende Produkt- und Verfahrenskennzeichnungen nach ökologischen Kriterien, die den KonsumentInnen echte Wahlrechte eröffnen, entscheidende Hebel für eine Ökologisierung der Ökonomie sein. In Hinblick auf eine Unterbindung bzw. Einschränkung der Marktprozesse für ökologisch unverträgliche Produkte scheinen Maßnahmen zur Entbürokratisierung oder sogar zum Abbau von Grenzkontrollen durchaus überlegenswert. Die UmweltschützerInnen kritisieren die Binnenmarktkonzeptionen wie z. B. diejenige der Europäischen Union vor allem deshalb, weil durch einen freien Warenverkehr mit ökologisch nicht bewerteten Produkten indirekt das gesamte Umweltschutzniveau eines Staates unterlaufen werden kann. Es genügt nicht, wenn supranationale Gemeinschaften den Einzelstaaten die Beibehal-

---

5 Manfred Wöhlcke, Umweltzerstörung und Ressourcenplünderung, in: Grundprobleme der Entwicklungsländer, Peter J. Opitz (Hrsg.), München 1991, Seite 222ff.
6 Hans Immler, Welche Wirtschaft braucht die Natur? Mit Ökonomie die Ökokrise lösen, Frankfurt am Main 1993, Seite 92.

tung höherer Umweltstandards gestatten. Durch den freien Verkehr von Waren, die hohen Umweltstandards nicht genügen, werden die nationalen Umweltnormen de facto wieder entwertet, solange diese Produkte tendenziell niedrigere Preise haben und nicht gekennzeichnet sind.

Unökologische Wirtschaftspraktiken müssen zu einem gravierenden Wettbewerbsnachteil werden, indem sie sowohl höhere Kosten durch Abgaben und Steuern als auch mögliche Diskriminierungen durch die KonsumentInnen zur Folge haben. Die Interessen „grüner" Unternehmungen und ökologisch motivierter BürgerInnen werden auf diese Weise beim Wettbewerbsvorteil Ökologie zusammentreffen und den Beharrungstendenzen in jenen Branchen und Unternehmungen entgegenwirken, deren kommerzieller Erfolg vom schonungslosen Umweltverbrauch und vom Einsatz billiger Energie und Ressourcen abhängt.

Eine solche neue ökologische Verständigung wird in wirtschaftlichen Krisenzeiten aber auch durch die immer wieder auftretenden Polarisierungstendenzen behindert. Zum einen müssen die traditionell organisierten Korporationen und Parteien um ihre Existenzberechtigung bangen – ihre Restideologien graben die veralteten wirtschaftlichen Rollenbilder wieder aus. Zum anderen können nicht-ökologische Gewinn-Maximierungsstrategien ohne Öko-Skrupel leichter realisiert werden. Öko-Abbau und Sozialschmarotzerdebatten sind deshalb ständige Begleiterscheinungen von Wirtschaftskrisen. In den nordwestlichen Waldgebieten der Vereinigten Staaten von Amerika wurde ein Aufkleber der Holzunternehmungen berühmt-berüchtigt, der diese Polarisierungstendenz auf die Spitze trieb: *„Rette einen Holzfäller. Töte einen Kauz"*. Der durch Waldrodungen in seiner Existenz gefährdete nördliche Fleckenkauz mußte als Symbol des künstlich hochgehaltenen Konflikts zwischen Arbeitsplatzerhaltung und Umweltschutz herhalten.

Die Überwindung dieser Polarisierung ist eine politische Herausforderung für die Grünbewegung. Die auch in Österreich bekannten Drohungen, Fabriken stillzulegen, mobilisieren nicht selten ArbeiterInnen und Gemeinden gegen Umweltbestimmungen, obwohl gerade die ArbeitnehmerInnen und die BürgerInnen der Standortgemeinde am meisten von diesen Auflagen profitieren würden. Das Druckmittel

Arbeitsplätze erschwert Koalitionen zwischen ArbeitnehmerInnen und Umweltbewegung, die aber notwendig sind, um eine Ökologisierung des Wirtschafts- und Gesellschaftslebens zu erreichen. Proteste vor den Werkstoren werden in der Übergangsphase unerläßlich sein. Auf Dauer geht es aber um Maßnahmen, die auch in die Produktions-, Verteilungs- und Konsumprozesse hineinreichen. Daher sind alle Hebel anzusetzen, um die Ökologie zum zentralen Thema des Wirtschaftens zu machen. Wirtschaftliches Wohlergehen und ökologische Nachhaltigkeit müssen Hand in Hand gehen. *„In einem Bericht der United Steelworkers of Amerika (Metallarbeitergewerkschaft) heißt es so: ‚Langfristig ist die Alternative nicht Arbeitsplätze oder Umwelt. Sie ist beides oder keines. Was für Arbeitsplätze kann es geben in einer Welt erschöpfter Ressourcen, vergifteten Wassers und übler Luft, einer Welt, in der der Ozonabbau und der Treibhauseffekt selbst das Überleben schwer machen?‘ “*[7] Diese an sich so einfache und selbstverständliche Erkenntnis ist aber noch nicht zum Leitprinzip der internationalen und nationalen Wirtschafts- und Sozialpolitik geworden. Am Beispiel der österreichischen Wirtschaftspolitik soll daher aufgezeigt werden, welche Hebel angesetzt werden können, um dieser Erkenntnis zum Durchbruch zu verhelfen.

Hebel für eine Ökologisierung der Wirtschaft

„Wirtschaftspolitik ist vor allem und in erster Linie Politik. Das muß betont werden, weil oft der Eindruck erweckt wird, daß Wirtschaftspolitik ein überwiegend technokratisches Problem sei, wobei mit genügendem Fachwissen die ‚richtige‘ Lösung schlechthin gefunden werden könne. Angesichts der Komplexität des Wirtschaftsgeschehens und einer äußerst mangelhaften Allgemeinbildung in ökonomischen Angelegenheiten kann dieser technokratische Schein bewahrt werden. Tatsache ist jedoch, daß es bei wirtschaftspolitischen Fragen und Strategien ebenso wie in anderen Politikbereichen um Fragen der Macht, der Interessen und der Ziele verschiedener gesellschaftlicher Gruppen geht. Es gibt keine generell ‚gute‘ Wirtschaftspolitik, die sich rein sachlich aus den ‚Erfordernissen der

---

[7] Bericht der Task Force on Environment, Our Children's World: Steelworkers and the Environment, in: United Steelworkers of America, Report of the Committee on Future Directions in the Union, 25th Constitutional Convention, Toronto, Canada, 27. – 31. 8. 1990. Zitiert nach: Michael Renner, Schaffen nachhaltiger Arbeitsplätze in Industrieländern, in: Worldwatch Institute Report, Zur Lage der Welt – 1992. Daten für das Überleben unseres Planeten, Hrsg. Lester R. Brown, Frankfurt am Main 1992, Seite 201.

Wirtschaft' ableiten läßt. Wenn so argumentiert wird, handelt es sich häufig um die Verschleierung von Interessen, um den Versuch, ökonomische Argumente ideologisch auszunützen, um bestimmte Zielsetzungen zu legitimieren." [8]

Wirtschaftpolitik wird meist auf der technokratischen Ebene von „Experten" abgehandelt. Sie erscheint nur für jene zugänglich, die sich das entsprechende Fachwissen erworben haben, und unzugänglich für alle, die sich im kaum überschaubaren System einer internationalisierten Wirtschaft nicht zurechtfinden können. Einseitige Lösungen für hochkomplexe wirtschafts- und strukturpolitische Probleme werden als Patentrezepte verkauft. Eine Diskussion über den politischen Stellenwert der ökonomischen Zielsetzungen wird hingegen nicht geführt. So verfällt man blindlings einer Politik der Sachzwänge und läßt zu, daß sowohl das volkwirtschaftliche Ziel der Vollbeschäftigung zugunsten einer Budgetkonsolidierung aufgegeben, als auch die Umweltpolitik in Zeiten der Rezession systematisch abgebaut wird.

Die BürgerInnen, die ArbeitnehmerInnen, die KonsumentInnen, die in unterschiedlicher Art und Weise an diesem Marktsystem teilnehmen, sind die Adressaten dieser Expertenkonzepte, doch wer vertritt ihre Interessen? Eine gleichberechtigte Teilnahme und Mitbestimmung an der Wirtschaftspolitik wird ihnen nicht gewährt. Sie können ihre Zustimmung oder Ablehnung nur am Wahltag kundtun. Eine Vielzahl von Bürgerinitiativen beweist aber, daß die Möglichkeiten zur Partizipation damit keineswegs ausgeschöpft sind. Sie fordern Mitbestimmungsrechte ein – und artikulieren sich zumeist in sehr konkreten Vorstellungen.

Die Grünen haben sich einer nachhaltigen Wirtschaftspolitik verpflichtet, die sowohl zugunsten der Menschen und als auch zugunsten der Umwelt betrieben werden muß und nicht auf deren Kosten. Dazu bedarf es einer gesellschaftlichen Demokratisierung der Wirtschaftspolitik. Die zentrale Frage lautet: In wessen Dienst wird die Wirtschaft gestellt? Der alte Traum der Ökonomen vom freien Markt mit grenzenloser Konkurrenz hat sich ausgeträumt. Solange die nichtvermarktbaren Interessen in das System der freien Marktwirtschaft keinen Eingang gefunden haben, werden wir Regulierungsmechanismen brau-

---

[8] Kurt Rothschild, Probleme der Wirtschaftspolitik, in: Beigewum (Hrsg.), Steuerungsprobleme der Wirtschaftspolitik, Wien, Bremen 1990.

chen. Menschen sind mehr als nur MarktteilnehmerInnen, ihre Interessen und Bedürfnisse gehen weit über rein ökonomische Bereiche hinaus. Die Ökologisierung der Wirtschaft verlangt deshalb nicht kleine Konzessionen im Bereich des Umweltschutzes, sondern einen Primat der Ökologie und der sozialen Gerechtigkeit über die Ökonomie.

Die Wirtschaftspolitik sollte daran gemessen werden, wieweit sie in der Lage ist, die Herausforderungen der Zeit anzunehmen. Die ökologische Transformation wurde bislang ebenso wenig angenommen wie der Kampf gegen die Gefahr einer Entwicklung zur Zweidrittelgesellschaft. Es bleibt bei halbherzigen Bekenntnissen. So bekennen sich die österreichischen Parteien allesamt zur umweltverträglichen Orientierung der Wirtschafts- und Industriepolitik. Auf dem Papier hat es den Anschein, als hätte man die Zeichen der Zeit erkannt. Das Konzept der Kreislaufwirtschaft hat mittlerweile in das SPÖ-Parteiprogramm Eingang gefunden. Das Konzept der ökosozialen Wirtschaftspolitik ist Schlagwort der ÖVP geworden. Allein die Bekenntnisse nützen nichts. Immer dann, wenn es um gesetzliche Maßnahmen geht, um diesen Konzepten zum Durchbruch zu verhelfen, findet man die Zustimmung dieser Parteien nur selten. Eine Erweiterung der Wirtschaftspolitik um die ökologische Dimension hat nahezu revolutionären Charakter, und sie erfordert ein radikales Umdenken, ein neues Koordinatensystem mit den Eckpunkten der sozialen Gerechtigkeit und des ökologischen Gleichgewichts. Die umweltpolitischen Korrekturen sind ganz einfach „unrealistisch", solange sie nur flankierend zum System der „freien Marktwirtschaft" angebracht werden. Wirklich realistische Perspektiven lassen sich nur formulieren, wenn statt einer isolierten Umweltpolitik das Prinzip einer ökologischen Wirtschaft verankert wird. Die Umsetzung dieses Prinzips ist eine zentrale Aufgabe des grünen Projekts, wobei nationale Schritte unter Bedachtnahme auf das Ziel einer weltweiten Ökologisierung zu erfolgen haben.

Vorrangig muß aufgezeigt werden, daß das fetischhafte Ziel eines gesamtwirtschaftlichen Wachstums mit immer absurderen Konsequenzen verbunden ist. Die traditionelle Wachstumsrechnung erzeugt eine Wohlfahrtsillusion, die immer noch Zuwächse des wirtschaftlichen Wohlstands vorgaukelt, wenn diese in der Realität längst nicht mehr vorliegen. Seit geraumer Zeit wachsen die Reparaturkosten-Anteile des Bruttoinlandsprodukts stärker an als die positive Wertschöpfung. Die rapide zunehmenden Umweltschäden werden in der volkswirtschaftlichen Gesamtrechnung nicht als gesellschaftliche Kosten erfaßt, obwohl ein Teil des volkswirtschaftlichen Vermögens oft unumkehrbar zerstört wird und die Menschen erhebliche Einbußen an ihrer Lebens- und Umweltqualität erleiden. Die ökonomischen Berechnungen herkömmlicher Art entbehren einer „biologischen Buchhaltung". Im System der volkwirtschaftlichen Gesamtrechnung, nach der das Bruttosozialprodukt berechnet wird, wird zwar logischerweise die Wertminderung der Anlagen und Einrichtungen von der Gesamtproduktion der Güter und Dienstleistungen abgezogen. Unberücksichtigt bleibt aber die Wertminderung der natürlichen Ressourcen, der Verlust von Böden durch Erosion, die Schädigung der Wälder durch sauren Regen, die Abnahme der Ozonschicht in der Stratosphäre. Deswegen zeigt die volkswirtschaftliche Gesamtrechnung ein einseitiges Bild, welches die Realität nicht adäquat widerspiegelt.

Bis heute ist ein Modell einer berechenbaren biologischen Bestandsaufnahme noch kaum entwickelt. Das politische Interesse daran ist bislang zu gering gewesen. Niemand kann genau sagen, wieviele verschiedene Pflanzen- und Tierarten jedes Jahr tatsächlich aussterben. Durch gelegentliche nationale Untersuchungen und durch Satellitendaten läßt sich feststellen, daß in vielen Ländern die Wälder verschwinden oder massiv geschädigt werden. Auf Grund ebenso unvollständiger Daten ist bekannt, daß immer mehr Weideland zerstört wird, verbunden mit großflächigen Erosionen und Wüstenbildungen. Trotz der zentralen wirtschaftlichen Bedeutung des Bodens existiert kein globales Datenerfassungssystem für diese Entwicklungen. Informationen über nachhaltige Bewirtschaftung fehlen oder werden zurückgehalten. Während in den meisten Industriestaaten wenigstens für größte Teile der Bevölkerung eine soziale Absicherung des Krankheitsrisikos ermöglicht wird und mit der Reparaturmedizin zumindest die Krankheitssymptome behandelt werden, führt die Mißachtung ökologischer, insbesondere humanökologischer Prinzipien in den Dritt-Welt-Staaten zu einer lebensbedrohenden Armutsspirale.

Neben Kapital und Arbeit müssen die natürlichen Kreisläufe als Grundvoraussetzung allen Lebens und Wirtschaftens erkannt werden. Umweltbelastungen und Umweltzerstörungen entstehen, weil Wachstumsziele und Produktivitätserhöhungen in zunehmendem Maße Natur verbrauchen. Wenn wir weiterwirtschaften wie bisher, wird es auch volkswirtschaftlich bedenklich: Einerseits werden zwar die Mittel für Umweltschutzmaßnahmen steigen, andererseits werden die Anforderungen an den Umweltschutz wegen der durch das Wirtschaftswachstum verursachten zusätzlichen Belastungen immer größer. Werden die zusätzlichen Belastungen so groß wie die zusätzlichen Mittel, die man durch das Wachstum gewinnt, dann wird der Zuwachs des Sozialprodukts nur noch verwendet, um die Folgen dieses Zuwachses zu korrigieren, und es herrscht Leerlauf oder Schwund.

Das oft bemühte Argument, daß wirtschaftliches Wachstum eine Voraussetzung für vermehrten Umweltschutz sei, erweist sich deshalb nur beschränkt und bedingt gültig. Das ökonomisch-ökologische Paradox besteht darin, daß die Ökonomie sich umso weniger um die Ökologie bzw. die Natur kümmern muß, je natürlicher sie funktioniert, aber umso mehr, je größer die Distanz ist.

Eine radikale Kritik am Indikator Wirtschaftswachstum heißt nicht gleichzeitig, daß ein Nullwachstum oder Schrumpfen des Bruttosozialprodukts angestrebt oder auf wirtschaftlichen Fortschritt verzichtet werden muß. Das sei jenen ins Stammbuch geschrieben, die grüne Wirtschaftspolitik gerne mit einem Rückzug ins Steinzeitalter gleichsetzen. Diese Kritik geht daneben. Es geht vielmehr darum, qualitativ andere Erfolgsindikatoren für ein gesellschaftlich und ökologisch eingebundenes Wirtschaften zu finden.

Eines der zentralen Ziele einer solchen Wirtschaftspolitik muß die Erhaltung bzw. Wiederherstellung der ökologischen Grundlagen des Wirtschaftens sein. Das erfordert eben nicht nur Umweltpolitik, sondern auch ökologische Wirtschafts- und Finanzpolitik. Nicht nur ordnungspolitische, ökologisch orientierte Rahmenbedingungen werden gebraucht, sondern auch eine ökologisch orientierte Lenkung des Wirtschaftsprozesses.

Aber die Zielsetzungen der UnternehmerInnen, der ArbeitnehmerInnen und der KonsumentInnen müssen sich ebenso ändern wie die der Wirtschaftspolitik. Andernfalls gelänge vielleicht eine nachsorgende, reparierende Umweltpolitik, nicht aber eine präventive Schadensvermeidung. Oder es könnte sich ein noch bedenklicheres Szenario abzeichnen: Das Ausufern von Schäden, die immer stärker Gesellschaft und Gesundheit beeinträchtigen, könnte den Ruf nach mehr Umweltpolizei und Öko-Diktatur hervorrufen. Um dieses Szenario nie Realität werden zu lassen, muß die Ökologisierung der Wirtschaft auf der Grundlage einer immer stärkeren Demokratisierung aller wirtschaftlichen Entscheidungen beruhen. Hier ist der Staat mit all seinen Akteuren gefordert. Der zukünftig erforderliche Mix verschiedener marktwirtschaftlicher und ordnungspolitischer Instrumente muß in einem permanenten gesellschaftlichen Dialog erarbeitet werden.

Der Zielkatalog einer ökologischen Wirtschaftspolitik der Zukunft könnte folgendermaßen aussehen:[9]

- Das traditionelle Ziel, gesamtwirtschaftliches Wachstum anzustreben, wird durch den Primat der umwelt- und sozialverträglichen Entwicklung der Volkswirtschaft ersetzt. Die Bewahrung der ökologischen Grundlagen des Wirtschaftens hat dabei oberste Priorität.

- Der ökologische Umbau erfordert, daß die Trennung von Wirtschafts- und Umweltpolitik überwunden wird. Der Verbesserung der Umweltsituation muß ein zentraler Stellenwert eingeräumt werden.

- Die Wirtschafts-, Konjunktur- und Finanzpolitik der Gebietskörperschaften muß mit einer strukturell ausgerichteten konjunkturpolitischen Konzeption, im Einklang mit ökologischen Erfordernissen, beschäftigungswirksamer gestaltet werden.

- Eine mittelfristig angelegte, koordinierte Rahmensteuerung für die öffentlichen Finanzen, die öffentlichen Investitionen, den Arbeitsmarkt und die Umwelt tritt an die Stelle kurzfristiger, reaktiver und unkoordinierter Politik.

- Eine solche Neugestaltung der Wirtschafts- und Finanzpolitik muß zu einer gleichmäßigeren Einkommens- und Vermögensverteilung beitragen.

- Die volkswirtschaftliche Gesamtrechnung muß nach ökologischen Kriterien erfolgen.

---

[9] Vgl. dazu auch Eckhard Stratmann-Mertens, Rudolf Hickel (Hrsg.), Wachstum, Abschied von einem Dogma, Frankfurt am Main 1991.

Neben dem Sozialprodukt werden umweltpolitische Leitindikatoren berücksichtigt.

- Aus den Öko-Indikatoren sind gesamtwirtschaftliche mittelfristige Umweltqualitätsziele abzuleiten, verbunden mit Schadstoffreduktionsplänen, die zu einer ökologisch nachhaltigen Entwicklung („sustainable development“) führen (Ökologische Rahmenpläne). Diese Rahmenpläne stellen ein gesamtwirtschaftliches Pendant zu den umweltpolitischen Grenzwerten in der Einzelwirtschaft dar, wie sie z. B. in der Luftreinhaltepolitik existieren. Ökologische Abfallwirtschafts-, Verkehrs- und Energiekonzepte etc. werden einerseits gegenüber den BürgerInnen verbindlichen Charakter erhalten und andererseits die Verwaltung zur Aktivität verpflichten.

Der Staat verfügt bereits jetzt über eine Reihe von Instrumenten, deren kombinierter Einsatz für die Erreichung der oben genannten Ziele richtungsweisend sein könnte. Dabei zeichnen sich einige ganz konkrete Hebel für eine Ökologisierung der Wirtschaft ab.

a) Verantwortungsbewußte Außenwirtschaftspolitik

Eine Neuorientierung des Außenhandels und der Außenhandelspolitik – unter Einbeziehung der sogenannten Entwicklungshilfekonzeption – muß auf eine wirksame Verwirklichung des Rechtes auf Entwicklung abzielen. Die österreichische Entwicklungshilfe war bisher alles andere als ein Ruhmesblatt für Österreich: quantitativ unbedeutend, oft mehr Hilfe für einen notleidenden österreichischen Exporteur als für ein Entwicklungsland und zunehmend konzentriert auf einen Handel mit den Schwellenländern.[10]

Die derzeit geplanten Änderungen im Bereich der österreichischen Entwicklungshilfepolitik – Konzentration auf wenige besonders arme Staaten bei gleichzeitiger Aufstockung der Mittel – sind ohne Zweifel notwendig. Ohne eine auf Ökologie und Menschenrechte abstellende

---

[10] Elisabeth Beer, Wirtschaftliches Abstellgleis. Versuch einer Bilanz der Waren- und Kapitalströme zwischen Österreich und den Entwicklungsländern, in: Soll und Haben. Konturen der österreichischen Entwicklungspolitik 1, Hrsg. Arbeitsgemeinschaft Entwicklungszusammenarbeit, Wien 1992, Seite 56ff.

allgemeine Außenhandelspolitik werden sie aber stets nur ein Tropfen auf dem heißen Stein bleiben. Insgesamt spiegelt die mangelnde Effizienz der Entwicklungshilfe von Industriestaaten die allgemeine Unzulänglichkeit dieses Ansatzes wider. Das übermächtige System der internationalen Weltwirtschaft läßt sich nicht mit Almosen auf eine neue Basis stellen. An die Stelle der Entwicklungshilfepolitik, die einer unökologischen Weltwirtschaft hinterherläuft, muß die Ausrichtung der Weltwirtschaftspolitik selbst nach sozialen und ökologischen Indikatoren treten. Die Aufholjagd der Entwicklungsländer zur Erreichung eines überkommenen Wohlstandsmusters muß in dieser Form chancenlos bleiben. Stattdessen muß ein gemeinsamer Neubeginn versucht werden. Es ist bemerkenswert, daß sogar die Weltbank eine schonungslose Bilanz über die Ergebnisse der Entwicklungshilfepolitik der achtziger Jahre zieht: *„Vielen Entwicklungsländern ist es nicht nur mißlungen, mit den Industrieländern Schritt zu halten; ihre Einkommen sind vielmehr absolut gesunken. ... Für viele Arme in der Welt waren die achtziger Jahre ein verlorenes Jahrzehnt – in der Tat eine Katastrophe.“* [11]

Mächtige internationale Wirtschaftsinstitutionen wie die Weltbank haben mittlerweile tendenziell erkannt, daß Umweltschutz Menschenschutz bedeutet und daß die Bewahrung der natürlichen Ressourcen für eine nachhaltige Entwicklung unerläßlich ist. Die konkreten Schlußfolgerungen für die internationale Wirtschaftspolitik selbst lassen auf sich warten. Die etablierte Wirtschaftspolitik setzt in der Regel immer noch auf die Illusion einer rein technologischen Lösung der globalen Umwelt- und Entwicklungsdilemmata. Die gemeinsame Krise in den Industriestaaten und Entwicklungsländern kann aber nicht durch bessere Umwelttechnologien überwunden werden, sondern nur durch eine strukturelle Veränderung der Weltwirtschaftsbeziehungen. Industriestaaten, die ihre eigene Wirtschaft und ihre eigene Außenhandelspolitik darauf abstimmen, können nicht nur einen wichtigen Beitrag zur Überwindung der weltweiten Interessensgegensätze leisten, sondern werden auch ihrer eigenen Wirtschaft eine Umstellung erleichtern und international einen ökologischen Wettbewerbsvorsprung nützen können.

---

[11] Weltbank, Weltentwicklungsbericht 1990, Washington D.C. 1990, Seite 7ff., zitiert nach: Gerald Braun, Entwicklung jenseits des Wachstums, in: Jahrbuch Dritte Welt 1992. Daten. Übersichten. Analysen, Hrsg. Deutsches Übersee-Institut, München 1991, Seite 71ff.

Hochrangige PolitikerInnen reisen nicht zufällig in jene Länder, in denen sich die Exportwirtschaft Chancen auf größere Geschäfte ausrechnet. Regierungschefs und Minister agieren als Handelsreisende für die Produkte der eigenen Volkswirtschaft. Die etablierte Wirtschaftspolitik wird auf den Plan gerufen, wenn es darum geht, ökologisch oder sozial unbehinderte Exportbeziehungen bzw. Ansiedlungen ausländischer Betriebe durchzusetzen. Die Beseitigung der von den UmweltschützerInnen errungenen österreichischen Tropenholz-Kennzeichnungspflicht ist dafür ebenso ein Beispiel wie Kniefälle vor ausländischen Investoren, die Ausnahmen von den Gesundheits-Normen zur Bedingung einer Betriebsansiedlung im Inland machen (z. B. vom Verbot der Nachtschichtarbeit für Frauen) und nicht selten damit erfolgreich sind.

Ähnliche Tendenzen lassen sich auch bei der Fülle der bi- und multilateral abgeschlossenen Freihandelsabkommen erkennen.

Im Sinne einer verantwortungsbewußten Außenwirtschaftspolitik wäre es an der Zeit, daß Investitionsprojekte in Entwicklungsländern nicht bloß aus Gründen der Vermeidung von ökologischen bzw. sozialen Restriktionen im Herkunftsland zustandekommen. Die Auslagerung von Produktionen zur Vermeidung eines hohen Schutzniveaus müßte im Rahmen internationaler Wirtschaftsabkommen verboten werden. Bis eine solche Veränderung internationaler Vertragswerke zustande kommt, sollte im Rahmen national deklarierter Selbstverpflichtung eine ökologische Überprüfung zumindest jener Auslandsinvestitionen durchgesetzt werden, die direkt oder indirekt staatliche Unterstützung ansprechen. Zugleich dürften Beteiligungen an der Finanzierung von Großprojekten im Ausland nur nach Maßgabe von Kriterien der Umwelt- und Sozialverträglichkeit geduldet werden. Die österreichische Wirtschaftspolitik hat hier bisher Verantwortungsbewußtsein vielfach vermissen lassen. Die Liste der Kraftwerks-, Staudamm- und Fabriksprojekte von Unternehmungen der Verstaatlichten Industrie oder von privaten Unternehmungen unter Zuhilfenahme staatlicher Investitionsförderungen ist lang.[12] Bei der Finanzierung von Großprojekten im Ausland spielen österreichische Banken im staat-

---

[12] Alexis Wiederstein, Helmut Haberl, Die Beteiligung österreichischer Firmen am Kraftwerksbau in Afrika, Asien und Lateinamerika, Eine Publikation des Österreichischen Ökologie-Institutes, Wien, Dezember 1990.

lichen Einflußbereich eine zentrale Rolle, wie etwa beim ungarisch-slowakischen Kraftwerksprojekt Nagymaros. Die Interessen der Bevölkerung wurden zugunsten kurzfristiger Gewinninteressen der österreichischen Geschäftsbanken mißachtet. Das Beispiel Nagymaros verdeutlichte aber auch, wie rasch durch ökologische Unverantwortlichkeit internationale Spannungen zwischen Staaten entstehen können.

Die Mißachtung von Menschenrechten wird auch ökonomisch immer kostspieliger. Das zeigte sich besonders klar bei der Fehleinschätzung des politischen Risikos in den ehemaligen Ostblockstaaten. Österreich gewährte für Exportgeschäfte in die ehemaligen Ostblockstaaten großzügige Förderungen in Form von Haftungsübernahmen; dementsprechend beträchtlich waren und sind die Forderungsausfälle der Republik. Der Rechnungshof kam bei der Überprüfung des staatlichen Systems der Ausfuhrförderung auch auf die Rolle des politischen Risikos zu sprechen: *„Gegen Ende des Berichtszeitraumes wurde es vor allem bei Abnehmern in Osteuropa zunehmend schwieriger, das politische Risiko abzuschätzen. Bis in die jüngste Vergangenheit erfolgten Haftungsübernahmen unter der Annahme, die Kreditwürdigkeit des Staates als Abnehmer stehe außer Zweifel. Der Eintritt des politischen Risikos hatte jeweils zur Folge, daß ein großer Teil der Forderungen gegenüber Abnehmern in diesem Schuldnerstaat gleichzeitig schlagend geworden ist. Für die Deckung solcher Großschadenereignisse hätten die aufgesammelten Erlöse aus den Haftungsentgelten kaum hingereicht, vor allem nicht, weil solche umfangreichen Schadensereignisse vermehrt auftraten und die Schadensbeträge sich vergrößerten.“* [13]

Wenn die Wirtschaftspolitik derzeit schon nicht von hohen sozialen und ökologischen Zielvorstellungen geleitet ist, so sollte sie doch wenigstens – im Sinne der etablierten ökonomischen Ratio – aus Schaden klug werden. Doch ist diese Einsicht keineswegs selbstverständlich. Das extrem intransparente System der österreichischen Ausfuhrförderungen konzentriert sich mehr und mehr auf Geschäfte mit Vertragspartnern in Risikoländern, die vom Standpunkt der Menschenrechte bzw. der Ökologie große Konfliktpotentiale aufweisen. Die Grünen dringen demgegenüber auf mehr Transparenz und auf

---

[13] Bericht des Rechnungshofes über die Durchführung besonderer Akte der Gebarungsprüfung betreffend die Haftungsübernahmen des Bundes bei der Ausfuhrförderung, Rechnungshof Zl. 0704/7-PR/6/93, Wien 1993, Seite 2.

eine Bindung jeglicher staatlichen Förderung an die Beachtung der fundamentalen Menschenrechte. Die Annahme des folgenden grünen Entschließungsantrages – er wurde bisher im Parlament stets abgelehnt – könnte für ein künftiges System der Ausfuhrförderung richtungsweisend sein. Er sollte von den österreichischen Stellen im Rahmen internationaler Wirtschaftsgremien und bei den Vereinten Nationen mit Nachdruck vertreten werden:

Der Nationalrat wolle beschließen: Der Bundesminister für Finanzen wird ersucht, in Zusammenarbeit mit dem Bundesminister für Auswärtige Angelegenheiten eine Novellierung des Ausfuhrförderungsgesetzes dahingehend vorzubereiten, daß über die Bewertung der kommerziellen Risken hinaus eine Bewertung der Menschenrechts-Situation in den jeweiligen Abnehmerländern zwingend vorzunehmen ist, mit der Maßgabe, daß für Geschäfte mit Vertragspartnern aus Staaten, in denen laut den Berichten internationaler Flüchtlings- und Menschenrechtsorganisationen zahlreiche und schwerwiegende Menschenrechtsverletzungen zu konstatieren oder in naher Zukunft zu befürchten sind, von Unterstützungen gem. Ausfuhrförderungsgesetz auszuschließen sind bis zum Nachweis einer wesentlichen und nachhaltigen Verbesserung der Menschenrechts-Situation.

Eine verantwortungsbewußte Außenwirtschaftspolitik muß aber auch auf die Vermeidung und Minimierung von ökologischen Risken für die eigene Bevölkerung abzielen. Wirtschaftspolitische Instrumente wie das Förderungswesen sollten durchaus offensiv dazu eingesetzt werden, gefährliche Anlagen und Schadstoffemissionsquellen im benachbarten Ausland durch ökologisch verträgliche Alternativen zu ersetzen. Eine große Bedrohung stellen in diesem Zusammenhang die extrem gefährlichen Atomkraftwerke in Tschechien, in der Slowakei und in Slowenien dar.

Etwa zur selben Zeit, als die Bundesregierung bei der Tropenholz-Kennzeichnung dem Druck von österreichischen Exporteuren nachgab, die um ihr Indonesien- und Malaysia-Geschäft bangten, lehnte sie einen grünen Vorstoß in Richtung eines Einsatzes von Förderungsinstrumenten zur Beschleunigung der Schließung von grenznahen AKW's (Temelin, Krsko) dezidiert ab. Im März 1993 beschloß der Nationalrat die Erhöhung der Mittel, die dem Ost-West-Fonds zur Förderung von Beteiligungen österreichischer Unternehmungen im Ausland zur Verfügung stehen, von 5 Milliarden Schilling auf die stattliche Summe von 10 Milliarden Schilling. Solche Beteiligungen können grundsätzlich sowohl für die österreichische Wirtschaft als auch für die ehemaligen Ostblockstaaten von Vorteil sein. Nichts läge näher, als eine freiwillige Förderungsmaßnahme aus österreichischen Steuermitteln mit der Erreichung ökologischer Ziele zu verknüpfen. Aber es wurde nicht einmal versucht, auf einer partnerschaftlichen Verhandlungsebene mit Tschechien und Slowenien Atomausstiegsszenarien zu vereinbaren und im Gegenzug die Förderungen wesentlich aufzustocken. Warum in diesem Kontext die Wirtschaftspolitiker der österreichischen Regierungsparteien von einer unzulässigen Einmischung in die inneren Angelegenheiten unserer Nachbarstaaten sprechen, ist absolut unverständlich. Die Gefahren grenznaher AKW's enden nicht an den Staatsgrenzen. Bloße Informationssysteme über Unfälle werden dem Sicherheitsbedürfnis der Bevölkerung nicht gerecht. Es wäre nur zum beidseitigen Vorteil und mit dem wirtschaftlichen Prinzip von Leistung und Gegenleistung im Einklang, würde man durch eine staatliche Anreizpolitik zwei Ziele vereinen und die Hilfe zur ökonomischen Entwicklung mit einer ökologischen Neuorientierung in der Energiepolitik verbinden.

Durch Öko-Anreize auf der Ebene von bilateralen ökologischen Partnerschaften könnte ein stärkerer Impuls für positive Veränderungen in Europa ausgehen als durch die Dotierung großer Entwicklungsbanken wie der Europäischen Bank für Wiederaufbau und Entwicklung (EBRD). Während solche Großförderungseinrichtungen immer wieder durch große und einflußreiche Staaten dahingehend beeinflußt werden, bloß eine Politik der „Sanierung" schrottreifer AKW's zu betreiben, besteht diese Gefahr auf der bilateralen Ebene nicht. Die Verknüpfung der Förderungsinstrumente mit ökologischen Aktivitäten böte Österreich eine Chance für modellhafte grenzüberschreitende Kooperationen. Es gilt dabei, gezielt den lukrativen Geschäften der europäischen Atom-Industrie mit der Sanierung schrottreifer AKW's im ehemaligen Ostblock entgegenzutreten. Der tiefere Grund, warum die Regierung ihre Möglichkeiten zur Beeinflussung der Energiepolitik in unseren Nachbarstaaten nicht genutzt hat, liegt wohl auch darin, daß sie einerseits den Konflikt mit Westinghouse, Siemens und Co scheut, andererseits auch österreichische Unternehmen wie die VOEST am Ost-Atom-Business interessiert sind. So geht die AKW-Sanierung in den osteuropäischen Reformstaaten mit amerikanischen und europäischen Milliardenkrediten Hand in Hand mit dem österreichischen Einsatz von 600 Millionen Schilling, um den westeuropäischen Atomstromimport aus den Reformstaaten in großem Stil anzukurbeln. Das lebensbedrohliche AKW Mohavce ist ohne die von der österreischischen Verbundgesellschaft forcierte 380-kV-Leitung durch das Burgenland unvorstellbar. Die europäische Atomlobby versucht nach der Stagnation des AKW-Ausbaus in den entwickelten Industriestaaten verstärkt neue Märkte in den Reformstaaten aufzubauen. EURATOM und EBRD drohen zu Instrumenten einer neuen Phase der Atompolitik zu werden. Durch den Beitritt zu diesen Institutionen in der EU könnte die ohnehin nur halbherzige Anti-AKW-Politik der österreichischen Bundesregierung gänzlich zusammenbrechen. Eine neue grüne Energiepolitik muß hier anknüpfen und eine entschlossene transnationale Öko-Partnerschaft im Energiebereich aufbauen. Um eine solche Politik glaubwürdig zu vertreten, muß allerdings im eigenen Bereich alles getan werden, um grenzüberschreitende Emissionen und eine Auslagerung von sozial oder ökologisch schädlichen Aktivitäten bewußt zu vermeiden.

b) Geldkreisläufe ökologisch nutzen

Fast alle Staaten heben Steuern ein und erstellen Budgets, in denen sie die eingenommenen Mittel mit bestimmten Zielsetzungen verschiedenen Ressortbereichen zuteilen. Schon das Wort „Steuern" signalisiert die Lenkungsfunktion der staatlichen Einnahmentätigkeit. Das Budget ist nichts anderes als eine in Zahlen gekleidete Regierungspolitik. Nichts wäre daher erfolgreicher, als die Mechanismen der Mittelaufbringung und der Mittelverwendung in den Dienst einer ökologischen Neuorientierung der Wirtschaft zu stellen.

Allerdings ist es schwierig, einen neuen ökologischen Kurs einzuschlagen, wenn große Unklarheiten über die Ausgangsposition bestehen. Wie andere Industriestaaten verfügt Österreich über keine kostenechte volkswirtschaftliche Gesamtrechnung. So kann der Reparaturanteil an der gesamten volkswirtschaftlichen Produktion nicht herausgerechnet und die Verursachung ökologischer und sozialer Belastungen der Allgemeinheit nicht bis zu ihren Ursachen hin verfolgt werden. Die theoretischen Konzepte zur Messung negativer Auswirkungen des Wirtschaftens wären durchaus entwickelt. Auch für Österreich wurden bereits Modelle erstellt. Im Rahmen einer Studie des

Umweltministeriums wurde z. B. ein Konzept zur Berechnung sogenannter „Defensiv-Kosten" vorgelegt, die notwendige Aufwendungen erfassen, um negative Auswirkungen des Wirtschaftens auf die Umwelt zu verhindern oder zu reparieren. Solche Umweltdefensivkosten lassen sich für alle einzelnen Ausgabenströme in der volkswirtschaftlichen Gesamtrechnung berechnen und könnten zu einem System der Schadensbewertung nach verschiedenen Umweltmedien (Luft, Boden, Wasser, Lärm) ausgebaut werden.[14] In der Studie wird auch die Größenordnung der Schäden für die Bereiche Wasser und Wald in Österreich quantifiziert:

„Die Umwelt-Defensivkostenrechnung stellt einen wichtigen Baustein bei der Errichtung einer verbesserten Informationsbasis bezüglich der Wechselwirkungen zwischen Wirtschaft und Umwelt dar. Als in Geldeinheiten ausgedrücktes Spiegelbild von wichtigen Teilen der Umweltpolitik und des Umweltverhaltens von Menschen und Unternehmungen leistet sie einen Beitrag zum besseren Verständnis der Folgekosten menschlichen Verhaltens. Die Größenordnung der für die Bereiche Wasser und Wald registrierten Defensivkosten allein (ca. 1,5 Prozent des jährlich erzeugten Brutto-Inlands-Produkts) zeigt schon, daß es sich dabei auch ökonomisch nicht um ein vernachlässigbares Phänomen, sondern um einen wichtigen Teil wirtschaftlicher Aktivitäten handelt. Ein wichtiger (und wachsender) Teil der wirtschaftlichen Tätigkeit in Österreich wird zur Abwehr, Milderung und Kompensation von negativen Umweltauswirkungen absorbiert. Durch diese Tätigkeit werden zwar Einkommen generiert, jedoch keine neuen Werte geschaffen. Sie dienen primär der Erhaltung des Umwelt-Vermögens in seiner Funktion als Produktionsfaktor."[15]

Angesichts solch klarer Aussagen aus dem Bereich der Wissenschaft ist es mehr als unverständlich, daß die Regierungspolitik weiterhin einen traditionellen Kurs fährt, ohne das Funktionieren der Steuerungsinstrumente sowie die Genauigkeit der von den Instrumenten abgelesenen Daten zu hinterfragen. Das System der Erfassung von Schäden in den einzelnen Umweltmedien müßte durch eine anteilsmäßige Zurechnung zu den einzelnen Emissionsbereichen ergänzt werden (Industrie und Gewerbe, gegliedert nach Sparten, sowie Land-

---

[14] Kurt Bayer, Ruperta Lichtenecker, Konzept einer Umwelt-Defensivkostenrechnung für Österreich, Hrsg. Interuniversitäres Institut für Fernstudien, Österreichisches Ökologie-Institut für angewandte Umweltforschung, Wien, Dezember 1991.
[15] Ebenda, Seite 46.

wirtschaft, Haushalte und Verkehr). Dabei darf nicht übersehen werden, daß z. B. die Nachfrage nach Verkehrsleistungen wiederum von den Vorgaben im Rahmen der Produktionsprozesse abhängig ist; auch hier könnte eine weitere ursächliche Aufteilung und Zurechnung stattfinden. Dadurch würde z. B. der Emissions- bzw. der Schadensanteil der in großen Einheiten produzierenden Industrie teilweise stark erhöht.

Selbst in Ermangelung einer ausgereiften und detaillierten volkswirtschaftlichen Gesamtrechnung auf Basis ökologischer Erkenntnisse reichen die bekannten Tendenzen aus einzelnen Studien aus, um solche neuen Methoden zu begründen. Die ökologischen Kosten sind jedenfalls beachtlich; die Summe der Reparaturkosten übersteigt in den Industriestaaten bereits die nominell ausgewiesenen Wachstumsraten. Es gibt kein Wirtschaftswachstum mehr, vielmehr gibt es einen starken Aufwärtstrend bei den Reparaturen. Das bedeutet aber auch, daß umgekehrt eine Politik der Vermeidung oder Zurückdrängung von Schäden volkswirtschaftliche Ressourcen gerade für jene Bereiche freimachen könnte, bei denen in wirtschaftlichen Krisenzeiten wie heute immer mit Sparmaßnahmen begonnen wird. Umweltschutzinvestitionen im engeren Sinn, Subventionen für die ökologische Umstrukturierung von Wirtschaftsbetrieben und Haushalten, vor allem auch Bildungsinvestitionen dürfen nicht eingeschränkt werden, wenn sich die Relation zwischen der positiven Wertschaffung und den Reparaturkosten nicht weiter negativ entwickeln soll.

Schlüssige Argumente sprechen daher für eine ökologische Neuorientierung im Bereich der staatlichen Mittelaufbringung und -verwendung. Wir brauchen ein System von Ökosteuern und eine ökologische Budgetpolitik!

c) Das grüne Ökosteuerkonzept

Während das historisch gewachsene Steuersystem unter dem Diktat der leeren Kassen, dem Druck der Sozialpartner und dem Drängen bestimmter Lobbyisten immer wieder reichlich konzeptlos adjustiert wird, baut das Grüne Ökosteuerkonzept auf einer durchdachten Klimaschutz-Konzeption auf. Ein neues Steuersystem soll das gegenwärtige Steuersystem, dessen Schwerpunkt im Bereich der Besteuerung von Arbeit und wirtschaftlichem Umsatz liegt, nach und nach ablösen. Ausgangspunkt ist die Tatsache, daß die globale Zunahme der CO_2-Emissionen durch weltweite Maßnahmen – vor allem durch Maßnahmen der Industriestaaten – sukzessive zurückgedrängt werden muß. Österreich hat sich 1990 entsprechend dem Toronto-Abkommen mit verpflichtet, bis zum Jahr 2005 die CO_2-Emissionen um 20 Prozent zu reduzieren. Dieses weltweite Reduktionsziel muß unbedingt erreicht werden, um zu verhindern, daß die Auswirkungen des Treibhaus-Effektes und der dadurch bewirkten Klimakatastrophe zu einem sprunghaften Anwachsen der ökologischen Schadensprozesse führen.

● Im Bereich der Energiepolitik müssen sämtliche Einsparpotentiale genützt werden. 60 Prozent der Energie gehen bereits bei der Umwandlung fossiler Primärenergieträger (Kohle, Gas, Erdöl) in Strom verloren. Im Bereich der Haushalte ließen sich ohne Wohlstandsverluste bis zu 60 Prozent der nötigen Energie für Heizung, Warmwasser und Elektrogeräte allein durch technische Verbesserungen einsparen. Auch die Sparpotentiale in Gewerbe, Industrie und Verkehr sind beachtlich: ca. 24 Prozent in Gewerbe und Landwirtschaft, ca. 27 Prozent im Bereich der Industrie und ca. 50 Prozent im Verkehr. Österreich hat den zweitniedrigsten Industrie-Strompreis in ganz Europa; die Erhöhung des Stromverbrauchs wird von den Energieversorgungsunternehmen weiterhin beworben, während die Bedingungen für die Rückleitung von Energie aus industriellen Prozessen (Kraft-Wärme-Kopplungen) sowie die Einspeisung von Strom aus Alternativenergieanlagen extrem ungünstig gestaltet werden. Wertvolle Einsparpotentiale kommen so nicht zum Tragen. Ausländische Beispiele wie das dänische beweisen die Effizienz von Stromspar-Initiativen. Es gibt auch hervorragende Privatinitiativen wie die Arbeitsgemeinschaft Erneuerbare Energie in Gleisdorf (Steiermark), die durch ihre Beratungsleistungen bereits 10 Prozent der oststeirischen Haushalte zu einer Ausstattung mit Solarkollektoren verholfen hat. Österreichs Energieversorgungsunternehmen setzen in überwiegendem Ausmaß weiterhin auf eine Ankurbelung des Stromverbrauchs, obwohl zusätzliche Strommengen in der Erzeugung weit teurer kommen als Investitionen in Energiesparmaßnahmen. Manche ausländische Energiedienstleistungsunternehmen – in Österreich auch die Grazer Stadtwerke – haben erkannt, daß solche Investitionen auch kommerziell interessante Geschäfte sein können. Das Prinzip des Least-Cost-Planning, das Neuinvestitionen erst nach Ausschöpfung aller Sparpotentiale zuläßt, muß in Zukunft österreichweit verankert werden.

- Im Bereich Bauen und Wohnen liegen wichtige Ansatzpunkte für Strategien zur CO_2-Reduktion einerseits in einer verbindlichen Festlegung von Dämmwerten in Bauordnungen, andererseits in einer Verknüpfung der Gewährung von Wohnbauförderungen mit einer Einhaltung ökologischer Baukriterien.

- Im Bereich des Verkehrs sind Maßnahmen zur CO_2-Reduktion wie attraktive öffentliche Verkehrsangebote und die Verteuerung des Individualverkehrs, die ein Umsteigen schmackhaft machen, unabdingbar. Darüber hinaus werden ein genereller Stopp des Ausbaus von Autobahnen und Schnellstraßen, die Einführung strenger Abgasgrenzwerte sowie Maßnahmen gegen Kapazitätserweiterungen im Flugverkehr erforderlich sein.

Alle drei großen Maßnahmenpakete zur CO_2-Reduktion – im Energiebereich, im Bereich Bauen und Wohnen und im Verkehrswesen – lassen sich in einem marktwirtschaftlichen System auf Basis der derzeitigen niedrigen Energiepreise schwerlich erreichen. Deshalb verweisen die Experten der CO_2-Kommission des Umweltministeriums, die Mitglieder des parlamentarischen CO_2-Unterausschusses und die Fachleute aus der österreichischen Umweltbewegung unisono auf die Notwendigkeit einer raschen Einleitung der ökologischen Steuerreform, weil sonst die Erreichung des Toronto-Zieles unmöglich ist.

Der Einstieg in die grüne Ökosteuer-Politik als wichtige Voraussetzung und Bestandteil einer umfassenden Klimaschutz-Konzeption wäre durch eine Erhöhung der Mineralölsteuer in zwei Etappen zu realisieren, wobei die Erhöhung jeweils einen Schilling betragen sollte. Durch beide Schritte käme es zu zusätzlichen Einnahmen von insgesamt 12,8 Milliarden Schilling. Gleichzeitig sollten mit der zweiten Etappe der Mineralölsteuererhöhung auch die Steuern auf die sogenannten Nicht-Treibstoffe wie Gas, Kohle, Öl und Strom eingeführt bzw. auf deutsches Niveau angehoben werden. Daraus würden Einnahmen von 6 Milliarden Schilling resultieren.

In einem dritten Schritt sollte zwischen 1994 und 1998 sukzessive eine generelle Energieabgabe von durchschnittlich 10 Groschen pro Kilowattstunde eingeführt werden, wobei fossile Energieträger (Erdöl, Kohle) am stärksten zu belasten wären. Dadurch würden dem Öffentlichen Haushalt jährlich mindestens 35 Milliarden Schilling zukommen. Alle Mehreinnahmen müßten zu zwei Dritteln zur Entlastung des Faktors Arbeitskraft, also zur Senkung von sozialen Belastungen und insbesondere der Sozialabgaben verwendet werden. Das restliche Drittel könnte für gezielte ökologische Investitions- und Förderungsmaßnahmen im Bereich der Wirtschaft und der Haushalte, zum Ausbau des öffentlichen Verkehrs sowie zur Förderung von Alternativenergien eingesetzt werden.

Die Grünen haben diese Vorstellungen über den Ausbau ökologischer Elemente im Steuersystem sehr konkret formuliert, um zu beweisen, daß eine solche Umstellung machbar ist. Und es gibt keine vernünftige Alternative dazu. Eine schrittweise anwachsende Energiebesteuerung bildet das zentrale Element aller Klimaschutz-Strategien. Sie stellt ein marktwirtschaftliches Element dar, um durch berechenbare und kalkulierbare Steigerungen der Energiepreise in den Bereichen Energiewirtschaft, Bauen und Wohnen sowie Verkehr nachhaltige Einsparungseffekte auszulösen.

Der Umstieg auf ein ökologisches Energiebesteuerungssystem scheint zwingend, um von der Praxis willkürlicher Steuer- und Abgabenerhöhungen im Sozialbereich zum Ausgleich akuter Finanzierungslücken wegzukommen. Die Grünen werden für eine Durchsetzung mit Nachdruck eintreten. Wer heute eine solche ökologische Neuorientierung des Steuersystems ablehnt, handelt unwirtschaftlich und unsozial.

d) Wege zu einem grünen Budget

Unter dem Leittitel „Umbau – Abbau – Ausbau" brachte der Grüne Parlamentsklub 1991 erstmals einen umfangreichen Entwurf einer „gestaltenden Budgetpolitik" in die Debatte über den Bundesvoranschlag 1992 ein. Mit diesem „Gegenentwurf" sollte der Beweis angetreten werden, daß grünalternative Projekte keine abstrakten Utopien, sondern durchdachte, sachorientierte und vor allem finanzierbare Alternativkonzepte darstellen. Sie wollen den Staat nicht länger in einer bloß verwaltenden Tätigkeit belassen, sondern an seine ökologische und soziale Verantwortung erinnern, die er allerdings nur in einem permanenten Dialog mit den BürgerInnen umsetzen kann.

Die Einseitigkeit großkoalitionärer Budgetpolitik tritt bei den alljährlichen Budgetverhandlungen immer wieder in den Vordergrund. Die einzige Zielvorgabe scheint nach wie vor darin zu bestehen, die Nettodefizitquote zu verringern. So wichtig dieses Ziel auch sein mag, so sehr macht es auch die nachlassende Steuerungskapaziät des Staates sichtbar. Die Budgetverhandlungen reduzieren sich auf den „Status quo" der erreichten finanziellen Ausstattung der einzelnen Ressorts sowie auf marginale Korrekturen nach oben oder unten. Rein quantitative Ziele müssen langfristig zur Budgetstarrheit führen und lassen keinen Platz für längst notwendige qualitative Strukturreformen. Ein Blick auf die Voranschlagsdaten der Budgets der letzten Jahre zeigt, daß die Schwächen des Staatshaushaltes immer stärker in den Vordergrund treten.

Entgegen der ursprünglichen Absicht, die Budgetkonsolidierung vorrangig über die Ausgabenseite zu finanzieren, erfolgte sie bislang hauptsächlich über die Einnahmenseite. Maßnahmen wie Rücklagenentnahmen und Privatisierungen erfolgen offensichtlich vorwiegend aus Anlaß der Budgeterstellung und orientieren sich vor allem am Diktat der leeren Kassen. Sie ändern aber nichts an der Struktur der Einnahmen und tragen daher auch nichts zur strukturellen Beseitigung des Budgetdefizits bei.

Das strukturelle Budgetdefizit fällt naturgemäß wesentlich höher aus, weil man die Rücklagenentnahmen, die Privatisierungen und die außerbudgetären Investitionen hinzurechnen muß. Während die Regierung bis 1992 gerne eine durch Privatisierungseinnahmen gesenkte Nettodefizitquote auswies, kletterte die reale Budgetdefizitquote unaufhaltsam in die Höhe. 1993 konnte die Regierung diese Budgetkosmetik nicht mehr halten; das Defizit stieg um rund 20 Milliarden höher an als geplant. Im Ausgabenbereich erfolgten die bisherigen Einsparungen primär bei den sogenannten Ermessenausgaben, also bei Förderungen und Investitionen. Da sie weitgehend linear erfolgen, gehen sie ebenfalls am Ziel einer Strukturveränderung vorbei.

Grüne Haushaltspolitik setzt auf zwei Ebenen an: zum einen bei den Formen, in denen der haushaltspolitische Entscheidungsprozeß abläuft; zum anderen bei den im Haushalt festgeschriebenen Inhalten, Prioritäten und Optionen. Grundsätzlich gilt es, auch in der Budgetpolitik Kriterien der Demokratisierung, der Ökologisierung und der

Verteilungsgerechtigkeit durchzusetzen. Ein konkreter „Gegenentwurf“ muß aber auf einer Analyse der derzeitigen Budgetpolitik basieren und davon ausgehend neue Wachstumsbereiche (z. B. im Bildungssektor) aufzeigen, Abbaubereiche festlegen und Umverteilungsmaßnahmen für die einzelnen Ressorts bestimmen.

Die vielbeschworene Krise der Staatsfinanzen und damit der öffentlichen Verschuldung ist nicht – wie gern behauptet wird – die Folge eines zu „teuren Sozialstaats“. Sie ist Folge des Ausmaßes, in dem die Industriestaaten bei Ausgaben und Einnahmen, direkt und indirekt, ganze Wirtschaftszweige alimentieren – seien es der Bausektor, das Agro-Business, der Energiesektor, der Straßenverkehr oder die Banken. Es lohnt sich dabei, den Blick von der Ausgabenseite mehr auf die Einnahmenseite des Budgets zu wenden. Die massive Besteuerung des Faktors Arbeit, bei gleichzeitiger Entlastung des Energie- und Rohstoffverbrauchs, sowie der Vermögen und höheren Einkommen, verweist auf Machtfragen und mit ihnen auf die Tabuzonen der Intervention. Die Wissenschaft von den Staatsfinanzen hat sich in auffälliger Weise auf die Staatsausgaben konzentriert. Sie krankt daran, daß sie die nichtbezahlten Steuern auf unwissenschaftliche Weise ausblendet.

Gleichzeitig spiegelt das Budget die absurde Nichtberücksichtigung der ökologischen und sozialen Folgekosten wieder. Ein nicht unerheblicher Teil der Ausgaben muß in die Reparatur von Schäden investiert werden, anstatt die meist billigeren Präventivmaßnahmen zu finanzieren. Gelänge es zum Beispiel, die Unfallfolgekosten auf der Straße – rund 40 Milliarden Schilling pro Jahr – auch nur zu halbieren, würden die eingesparten Mittel eine Höhe erreichen, die in etwa das gesamte Wissenschaftsbudget ausmacht.

Soll der Staatshaushalt seine tragende Rolle als gestaltendes Instrument der Gesellschaftspolitik zurückgewinnen, darf er nicht zum bloßen Spiegelbild der machtpolitischen Verhältnisse verkommen. Das kann längerfristig nur über eine zielorientierte Änderung der Budgetstrukturen, eine demokratische Budgetgestaltung und eine effiziente Budgetkontrolle realisiert werden. Es bedarf einer Grundsatzdebatte, die nicht nur an den kurzfristigen Interessen der einzelnen Minister, sondern an den langfristigen Zielen der Gesellschaft orientiert ist. Auch mittelfristige ökologische Planungen brauchen vorausschauende, über kurzfristige Kassenrechnungen hinausgehende Finanz- bzw. Budgetprogramme. Die künstliche Senkung des Budgetdefizits durch den Verkauf von Vermögenswerten und Rücklagenauflösungen sowie eine ausufernde außerbudgetäre Finanzierung engt den Handlungspielraum künftiger Budgets erheblich ein. Dennoch ist diese „Selbstfesselung" fixer Bestandteil der praktizierten Budgetpolitik. Die alljährlichen Budgetdebatten geraten zur Farce, weil nicht einmal das ausgewiesene Defizit der Wahrheit entspricht. Doch welche Erfolge hätte man sonst zu verkaufen?

Es stellt sich natürlich die Frage, auf welchem Wege man zu einer umfassenden Budgetreform kommen kann. Bereits heute ordnet das Bundeshaushaltsrecht (BHG) an, daß für jeden Entwurf eines Bundesgesetzes oder auch einer Verordnung eine Abschätzung der daraus resultierenden Ausgaben vorzunehmen ist. Weiters sieht das Haushaltsrecht vor, daß Untersuchungen über die Kosten-Nutzen-Relation einzelner (Gesetzes-)Projekte anzustellen und daß allfällige Folgekosten eines Vorhabens zu beziffern sind. Diesen Bestimmungen der Paragraphen 14 und 17 BHG wird heute nur sehr oberflächlich Genüge getan. Die Quantifizierung der Ausgaben reduziert sich zumeist auf die unmittelbar zu erwartenden Verwaltungskosten, umfaßt jedoch nicht die indirekt auftretenden Belastungen der Allgemeinheit durch externe ökologische oder soziale Effekte. Und hinsichtlich der vom Gesetz angeordneten Kosten-Nutzen-Untersuchungen fehlt es an einer Präzisierung der Kriterien. Für eine einheitliche Vorgangsweise wäre deshalb die Formulierung näherer Vorgaben erforderlich. Finanzminister und Bundesregierung waren hier bisher säumig; entsprechende Richtlinien wurden nicht erlassen. So verblaßt das im BHG vorgesehene wichtige Instrument, das andernfalls zur Erhöhung der Rationalität und Transparenz staatlicher Aufgabenerfüllung beitragen könnte.

Dringend notwendig wäre jedenfalls die Erlassung von Richtlinien zur Verankerung ökologischer Kriterien bei der Beurteilung zukünftiger Großvorhaben. Dieses Instrument müßte auch als Entscheidungshilfe für den Budgetausschuß dienen. Die Kosten-Nutzen-Kalkulation unter Berücksichtigung der umfassenden Folgekosten sollte verbindlich in diesem Ausschuß vorgelegt werden; eine alleinige Information des Finanzministers ist absolut unzureichend.

Es muß in Zukunft vermieden werden, daß ökologisch bedenkliche Großprojekte, deren Finanzierung etliche Budgetperioden umfaßt und deren Auswirkungen ganze Generationen betreffen könnten, in solchen Nacht-und-Nebel-Aktionen zustandekommen. Die Grünen fordern deshalb eine Änderung des Haushaltsrechtes im Sinne eines Bewilligungsrechtes für den Nationalrat. Sämtliche umweltgefährdenden Großprojekte wie Großkraftwerke, Bundesstraßen, Tunnelbauten, Abfalldeponien, Kanalbauten und Großproduktionsanlagen, für die Bundesmittel von 500 Millionen Schilling oder mehr aufgewendet werden, sollten zwingend dem Nationalrat zur Genehmigung vorzulegen sein. Solche Großprojekte sind für die Lebensqualität der Bevölkerung oft wichtiger als viele Gesetzesvorhaben; trotzdem werden sie in intransparenten, der Kontrolle des Nationalrates nur bedingt zugänglichen Verfahren beschlossen und durchgezogen. Eine Bewilligung durch den Nationalrat würde die politische Verantwortlichkeit der einzelnen Abgeordneten für derartige Projekte gegenüber der Öffentlichkeit deutlich machen und eine persönliche Entscheidung verlangen, die sie vor ihren WählerInnen zu rechtfertigen hätten. Verzögerungen durch lange Behördenverfahren und Blockaden durch AnrainerInnen würden durch transparente Verfahren im Nationalrat, unter Beteiligung der betroffenen BürgerInnen, vermeidbar oder zumindest mehr versachlicht.

Aus grüner Sicht lassen sich in Hinblick auf eine gestaltende Budgetpolitik folgende Reformschritte zusammenfassen:

- Festlegung eines zukunftsorientierten Zielkatalogs für die Haushaltsführung. Der derzeit vorrangige Parameter für erfolgreiche Budgetpolitik, die Reduzierung des Nettodefizits, hat erstens jede Aussagekraft verloren und ist zweitens völlig unzureichend.

- Staatliche Aktivitäten müssen auf mittlere Sicht überschaubar gestaltet werden („mittelfristige Budgetplanung“).

- Jede Form von Budgetverschleierung und Budgetkosmetik ist abzulehnen, weil dadurch künftige Spielräume eingeengt werden. Statt dessen hat das Prinzip der Budgetwahrheit zu gelten, vor allem bei außerbudgetären Finanzierungen, Vorbelastungen und Bundeshaftungen.

- Eine Prioritätenliste der einzelnen „Vorhaben“ muß eine vorausschauende Planung staatlicher Aufgabenerfüllung ermöglichen. Darüberhinaus sollte die Entwicklung von Entscheidungsalternativen und die Offenlegung von Bewertungskriterien verbindlich vorgeschrieben werden.

- Eine garantierte demokratische Willensbildung muß sowohl über alternative Finanzierungsformen (z. B. Beteiligungen, extrabudgetäre Aktivitäten) wie über die möglichen Belastungen künftiger Haushalte befinden und setzt entsprechende Informationsgrundlagen für den Gesetzgeber voraus.

Es würde den Rahmen sprengen, den grünen Budgetentwurf für die verschiedenen Ressortbereiche hier im Detail darzustellen. Stattdessen sollen zwei zentrale Anliegen aus den Ressortbereichen Verkehr und Soziales exemplarisch verdeutlicht werden.

Der Verkehrsbereich gehört ohne Zweifel zu den volkswirtschaftlichen Verlustquellen ersten Ranges. Die verkehrsspezifischen Steuern und Abgaben für das Auto decken ungefähr die Ausgaben für Straßenbau und Straßenerhaltung. Der Autoverkehr verursacht aber insgesamt weit höhere Kosten: Die Kosten von Krankenhausaufenthalten und Rehabilitationsmaßnahmen durch Verkehrsunfälle, die Kosten der Entwertung von Grundstücks- und Wohnungseigentum entlang Hauptverkehrsstraßen, die Kosten für Lawinenschutzverbauungen, die auf Grund von Abgasschädigungen der Schutzwälder erforderlich werden, schließlich die Kosten der immer intensiveren Verkehrsüberwachung mit einer immer teureren technischen Ausstattung. Ein grünes Verkehrsbudget muß von einer solchen ökologischen Bilanz der Verkehrsmittel ausgehen, die – bei aller Ungenauigkeit der Schätzungen – eine eindeutige Präferenz zugunsten öffentlicher Verkehrsmittel ergibt.

Die notorischen Schmerzensschreie der Straßenverkehrslobby vom „Autofahrer als Melkkuh der Nation“ erweisen sich demgegenüber als Propaganda; z. B. werden bei den Rechnungen zum Nachweis der Kostendeckung, die von den Autofahrerorganisationen vorgelegt werden, ganz allgemeine Steuern und Abgaben wie etwa die Mehrwertsteuer auf PKWs unzulässigerweise mit eingerechnet.

Die Konsequenzen für eine ökologische Budgetpolitik sind klar: Dem Straßenverkehr sind sukzessive die volkswirtschaftlichen Kosten anzulasten. Teilweise wäre das durch eine ökologische Steuerreform realisierbar, teilweise bedürfte es aber einer zusätzlichen Unterstützung durch raumspezifische Elemente. Insbesondere in den Ballungsräumen, wo ein Umsteigen auf öffentliche Verkehrsmittel möglich ist, könnten zusätzliche Maßnahmen wie eine Parkraumbewirtschaftung gesetzt werden. In Ballungsräumen wären auch jegliche budgetbelastende Maßnahmen zur Förderung der Automobilbenützung einzustellen. Steuerbegünstigungen für PendlerInnen wären nur dort vertretbar, wo ein Umsteigen auf öffentliche Verkehrsmittel nicht möglich oder nicht zumutbar ist. Umgekehrt müßte die staatliche Investitionspolitik – wo immer sich dies volkswirtschaftlich vertreten läßt – attraktive öffentliche Verkehrsverbindungen aufbauen.

Aus der ökologischen Bilanz der Verkehrsmittel wäre auch abzuleiten, daß jeder Parallelausbau von Straße und Bahn in Zukunft vermieden werden muß. Die volkswirtschaftliche Überlegenheit des öffentlichen Verkehrs zeigt sich so klar, daß die Prioritäten des Budgets ganz eindeutig in diesem Bereich zu setzen sind. In weitere Autobahnen und Schnellstraßenprojekte und in den Ausbau von Straßen parallel zu Bahnstrecken dürfte nicht investiert werden. Dies bedeutet z. B. konkret, daß unabhängig von der Realisierung des umstrittenen Projektes des Semmeringbasistunnels – der Ausbau der Semmeringschnellstraße mit Vorleistungen der Republik Österreich sofort einzustellen wäre. Hier wird fern der öffentlichen Aufmerksamkeit Steuergeld in die Ablöse von Grundstücken gesteckt, während der Betrieb der künftigen Straße von einem privaten Konsortium mit Bankennähe durchgeführt werden soll. Eine Finanzierung auf Kosten der Allgemeinheit ermöglicht die Abschöpfung künftiger Gewinne durch private Betreiber.

Demgegenüber wird beim Budgetressort Soziales oft argumentiert, der Staat könne eine aktive Arbeitsmarktpolitik nicht länger finanzieren. Statt dessen sei verstärktes Augenmerk auf die Vermittlung arbeitsloser Personen zu legen. Zunächst ist anzumerken, daß es im Bereich der Arbeitsmarktpolitik überwiegend um Gelder geht, die durch Versicherungsleistungen erbracht werden, während im Verkehrsbereich tatsächlich die breite Allgemeinheit – unabhängig von der Teilnahme am motorisierten Straßenverkehr – zur Kasse gebeten wird. Der Löwenanteil der Gelder der Arbeitslosenversicherung wird zur Abdeckung von Arbeitslosigkeit herangezogen statt in Maßnahmen der Arbeitsbeschaffung und der aktiven Arbeitsmarktpolitik investiert. Legitimiert wird diese kurzsichtige Politik mit den berüchtigten Sozialschmarotzerdebatten.

Volkswirtschaftlich vernünftig ist eine solche Ausgabenpolitik aber nicht. Denn die Kosten der Arbeitslosigkeit, die den Staat insgesamt treffen, sind weit höher als die Ausgaben der Arbeitslosenversicherung. Es kommt zum Entfall von Steuern und von Sozialversicherungsbeiträgen und damit zum Entfall von nicht unbeträchtlichen Einnahmen für den Staat. Ein Arbeiter mit einem Brutto-Monatslohn von ca. S 14.000,– erhält im statistischen Durchschnitt etwa S 7000,– Arbeitslosengeld. Der Arbeitslosenversicherung selbst fallen Kosten von knapp S 9000,– an, da auch Beiträge für Kranken- und Pensionsversicherung zu entrichten sind. Die fiskalischen Kosten der Republik Österreich betragen jedoch bereits rund S 18.000,–, also das zweieinhalbfache des Arbeitslosengeldbezuges, wenn man die Einnahmenausfälle quantifiziert. Hinzu kommt noch der volkswirtschaftliche Schaden durch die Schmälerung des Bruttoinlandsproduktes; auf Basis von 1988 müssen dafür pro Monat mehr als S 40.000,– angesetzt werden.

In Summe kostet ein Prozent mehr an Arbeitslosigkeit rund 3 Milliarden Schilling an unmittelbar anfallenden Aufwendungen; durch den Entfall an Wertschöpfung ergibt sich eine Multiplikatorwirkung, die rund das Dreifache ausmacht. Die gesamten volkswirtschaftlichen Kosten von einem Prozent mehr an Arbeitslosigkeit sind also mit knapp 10 Milliarden Schilling exorbitant hoch. Es wundert daher wenig, daß allein durch die Entwicklung der Arbeitslosigkeit in den letzten Jahren die budgetären Handlungsspielräume auf Grund von verfehlten staatlichen Reaktionen gegen Null gegangen sind. Mehr Geld für aktive Arbeitsmarktpolitik nimmt deshalb im grünen Alternativbudget einen zentralen Stellenwert ein.

So lassen sich die Fehlorientierungen im Budget Kapitel für Kapitel und Punkt für Punkt klar aufzeigen. Statt linearer Kürzungen oder Steigerungen wäre ein bewußter Ausbau der ökologischen Hoffnungsbereiche notwendig, die zu größeren Spielräumen führen können und ein Zurückdrängen der heimlichen Verlustbereiche, wie des motorisierten Straßenverkehrs.

e) Anreize durch ökologische Förderungen

Der Staat tritt nicht nur dort hoheitlich auf, wo er Steuern festlegt oder Budgets bestimmt. Er greift auch als Träger von Privatrechten fördernd und unterstützend in das Wirtschaftsgeschehen ein. Auch dieser Mitteleinsatz wäre hervorragend dazu geeignet, ökologische Zielsetzungen zu verwirklichen.

Es ist grundsätzlich legitim, öffentliche Förderungen zu gewähren, um erwünschte volkswirtschaftliche Entwicklungen einzuleiten oder zu unterstützen. Das österreichische Förderungswesen zeichnet sich jedoch durch vielfache Überschneidungen, rechtliche Unklarheiten, unzureichende Kontrolle und fehlende Mitspracherechte über Förderungsziele, Prinzipien und Prioritäten aus. Eine allgemeine, nach einheitlichen Kriterien aufgebaute Kosten-Nutzen-Betrachtung des Förderungswesens fehlt seit langem. Verschiedene Formen existieren nebeneinander; einerseits relativ überholte, weil undifferenzierte Förderungen, nach Art von Förderungsaktionen bzw. Prämienaktionen, die eine anteilige Beteiligung an Investitionskosten durch die öffentliche Hand vorsehen, und andererseits einzelfallbezogene Förderungen nach Maßgabe volkwirtschaftlicher bzw. regionalpolitischer Kriterien. Eine vorangehende, antizipative Abstimmung bzw. Durchforstung des Förderungswesens wurde bislang ebenso verabsäumt wie die Aufnahme von Verhandlungen mit den Bundesländern, die über eigene Förderungsinstrumente verfügen. Dadurch sind strukturelle Fehlentscheidungen vorprogrammiert. Gleichzeitig wird mit einem solchen intransparenten Förderungssystem der parteipolitischen Intervention Tür und Tor geöffnet.

Auch hier liegt der Änderungsbedarf auf der Hand: zum einen mehr Transparenz und öffentliche Kontrolle, zum anderen eine inhaltliche Ausrichtung auf die Ökologisierung und Demokratisierung von Wirtschaft und Gesellschaft. Keine einzige Förderungsmaßnahme sollte gewährt werden, ohne daß eine entsprechende Überprüfung und Beratung des Förderungswerbers stattfindet. Die Förderung müßte z. B. von der Bereitschaft der Ökologisierung des Betriebes abhängig gemacht werden. Selbstverständlich wird ein realistischer Zeitplan zu gewähren sein, aber das Verschieben von Umweltinvestitionen auf den St. Nimmerleinstag könnte auf diese Weise unterbunden werden. Im Klartext bedeutet dies, daß bei reinen Investitionsförderungen oder bei Subventionen für die Ausbildung von ArbeitnehmerInnen immer auch ein Junktim mit den ökologischen Maßnahmen erfolgen müßte. Auch dafür sollten selbstverständlich öffentliche Unterstützungen nach transparenten Kriterien gewährt werden.

Da Ökologie und soziale Partizipation nicht voneinander zu trennen sind, muß ein ökologisches Förderungswesen gleichzeitig auch auf die Umstrukturierung der Wirtschaft, in Hinblick auf eine Zurückdrängung von Niedriglohnbranchen, abzielen. Die Einhaltung sämtlicher Sozialvorschriften und die aktive Förderung von Gleichberechtigung im Betrieb sollten deshalb bei öffentlich unterstützten Projekten in den Förderungsverträgen gleichfalls verankert werden.

Im einzelnen lassen sich folgende Vorschläge für eine grüne Förderungspolitik ableiten:

- Die Durchforstung der bestehenden Förderungen müßte über eine Evaluierung der existierenden Instrumente erfolgen. Erst nach einer qualitativen Bewertung des Zielerreichungsgrades und einer expliziten Erfassung der unterschiedlichen Nutznießer einzelner Förderungen wird eine aussagekräftige Bestandsaufnahme möglich sein.

- Um eine wirksame Änderung des Förderungsdschungels herbeizuführen, sollten die Grundsätze der österreichischen Wirtschaftsförderung in einem Bundesförderungsgesetz (Rahmengesetz) verankert werden. Die Grundsätze sollten auf jeden Fall folgende Punkte umfassen:
  – ökologische und soziale Orientierung (verbindliche Vorlage von Öko- und Sozialbilanzen durch die Förderungsempfänger);
  – Festlegung von Erfolgskriterien unter Berücksichtigung regionaler Gesichtspunkte;
  – Verpflichtung zur Rückzahlung der Förderung bei Nichteinhaltung der Kriterien, Bereitstellung entsprechender Sicherheiten;
  – Informationspflicht gegenüber dem Nationalrat, wobei einer qualitativen Analyse gegenüber der bisherigen Praxis wenig aussagekräftiger „Förderungsberichte“ im „Telefonbuchformat“ der Vorzug gegeben werden sollte;
  – Festlegung von Ausschließungsgründen bei einem mehrmaligen Verstoß gegen die Bestimmungen des Arbeits- und Sozialrechts.

- Die eingeforderten Sozialbilanzen sollten eine realistische Abschätzung der sozialen Auswirkungen der Förderungen bieten. Nachdem Wirtschaftsförderung in besonderem Maße auf spezifisch regionale Probleme Rücksicht zu nehmen hat, müßte durch eine Aufwertung der regionalen Arbeitsmarktberatung eine Serviceleistung geschaffen werden, die maßgeschneiderte Qualifikationsmaßnahmen und Individualförderungen in Paketlösung anbieten kann. Sozialbilanzen sollten zudem die Effizienz der Förderungen im nachhinein kontrollieren.

- Die Förderungswerber müßten in Zukunft die Energie- und Stoffströme in Form von gesamtstofflichen und verfahrenstechnischen Ökobilanzen systematisch erfassen. Eine transparente Unternehmensführung („gläserne Fabrik") hätte einerseits eine Offenlegung von Emissions- und Immissionsdaten für die Öffentlichkeit, andererseits die Möglichkeit des Zugangs der Behörden zu den Daten von Verfahrenstechnologien und Stoffflüssen zu bedeuten. Die Erfassung der Stoff- und Energieumwandlungsprozesse über eine Input-Output-Analyse müßte Klarheit über die im Betrieb eingesetzten Materialen und Emissionsmengen schaffen und könnte damit zur Grundlage einer umfassenden Darstellung von Umweltwirkungen werden.

f) Ein grünes Investitionsprogramm

Bis heute werden die Grünen noch oft als wirtschaftspolitische Verhinderer mißverstanden. Solange die vorherrschende Wirtschaftspolitik Projekte durchsetzt, die den Kriterien einer sozial-ökologischen Demokratie widersprechen, bleibt oft auch kein anderer Weg als Protest und Blockade. Aber zugleich lernen jetzt auch wir die Positionen umzudrehen: Grüne verlangen eine ökologische Wirtschaftsoffensive und machen konkrete Vorschläge für deren Finanzierung.

Die grüne Wirtschaftsoffensive ist nur die konsequente Fortsetzung der grünen Strategien beim Klimaschutz und bei der Öko-Steuerreform. Es geht um grüne Investitionsvorhaben in den drei für den Klimaschutz besonders relevanten Wirtschaftsbereichen. Erstens gilt es, den öffentlichen Personen-Nahverkehr entschlossen auszubauen. Dichtere Netze, kürzere Intervalle und bessere Anschlüsse können zum einen die Schadstoffreduktion verringern und ein Umsteigen auf den öffentlichen Verkehr attraktiver machen. Zum anderen kann die Durchführung von Investitionen im Verkehrsmittelbereich und die Errichtung von Infrastruktur positive Effekte für den Arbeitsmarkt auslösen und darüber hinaus Impulse für die Fahrzeugindustrie, die Gleisbauindustrie, die Elektro- und Bauindustrie und sogar für die Verkehrsbetriebe selbst bewirken.

Zweitens geht es auch im Bereich Bauen und Wohnen um Investitionen, die den Klimaschutz voranbringen und gleichzeitig neue Arbeitsplätze schaffen. Schlechte Wärmedämmungen und veralterte Heizungssysteme führen zu einer immensen Energieverschwendung und damit zu einer absolut vermeidbaren CO_2-Belastung der Atmosphäre. Also muß man staatliche Anreize zur Sanierung privater Wohnhausanlagen und öffentlicher Gebäude anbieten. Durch die Gründung eines Klimaschutzfonds sollten derartige Investitionsprojekte – im Ausmaß von etwa einem Drittel des Investitionspräliminares – öffentlich gefördert werden. Der grüne Vorschlag einer anfänglichen Mittelbereitstellung in Höhe von 2 Milliarden Schilling könnte ein Gesamtinvestitionsvolumen von 6 Milliarden Schilling in Bewegung setzen. Damit dieses Förderungsangebot auch angenommen wird, müßten teilweise neue rechtliche Konstruktionen im Wohnrecht bzw. im Rahmen der Verwaltung öffentlicher Gebäude eingeführt werden. Wenn der Eigentümer das Gebäude nicht selbst nutzt, erhält er die jeweiligen Betriebskosten vom Nutzer in voller Höhe, egal, ob diese Betriebskosten hohe Energieanteile beinhalten oder nicht. Damit für den Eigentümer ein Anreiz zur Durchführung energiesparender Investitionen entsteht, dürfte er über einen Zeitraum von etwa zehn Jahren unveränderte Betriebskosten inklusive des hohen Energiekostenanteils einheben, auch wenn die Einsparungsinvestitionen bereits gegriffen haben. Auf Basis einer derartigen Rechtskonstruktion wäre es für den Eigentümer attraktiv, so früh wie möglich energiesparende Maßnahmen zu setzen und damit möglichst lang Vorteile aus der Differenz zwischen eingehobenen und tatsächlichen Kosten der Nutzung zu ziehen. Die Investitionen in Heizungsverbesserungen und Wärmedämmung schaffen Impulse für das Baugewerbe, die Baustoff- und Dämmstoffindustrie, den Anlagenbau, das lokale Gewerbe und die Hersteller von Heizungsanlagen und kommen ebenfalls dem Arbeitsmarkt zugute.

Drittens geht es um Investitionen in der Energiewirtschaft. Der Wirkungsgrad von kalorischen Kraftwerken ohne Kraft-Wärme-Koppelung ist mit durchschnittlich ca. 37 Prozent erschreckend niedrig. Eine Nutzung der Abwärme durch solche Kraft-Wärme-Koppelungen wäre daher verbindlich vorzuschreiben; dies würde auch die Festsetzung eines Mindestwirkungsgrades von ca. 65 Prozent ermöglichen. Neben diesen Kraftwerksinvestitionen könnten Investitionen im Bereich von Industrie und Gewerbe die Einspeisung aus industriellen Kraft-Wärme-Koppelungen sowie die Nutzung von Biomasse ermöglichen. Die Unternehmungen der Energiewirtschaft wären zu verpflichten, für derartige Einspeisungen attraktive, d. h. marktkonforme Konditionen zu gewähren. Der dafür bezahlte Preis müßte sich an den Kosten der jeweils teuersten Stromproduktion orientieren.

Weitere Investitionschancen könnten sich durch die Gründung von Stadtwerken zur zentralen Wärme- und Stromversorgung in kleineren und mittleren Städten ergeben; eine Förderung von Blockheizkraftwerken ist bereits sinnvoll, wenn zumindestens ein Großabnehmer wie eine Schule oder ein Spital vorhanden ist. Schließlich müßte im Rahmen einer grünen Wirtschaftsoffensive ein Investitionsprogramm zur Förderung solarer Energieträger realisiert werden.

Mit diesen Vorschlägen wollen die Grünen den Beweis antreten, daß die Erreichung des Klimaschutzzieles (Toronto-Ziel) Hand in Hand mit dem Ziel der Sicherung von Arbeitsplätzen verfolgt werden kann. Gerade in der wirtschaftlichen Rezession könnte die Umsetzung eines Öko-Investitionsprogrammes einen wesentlichen Beitrag zum Abbau der Polarität zwischen Umweltschutz und Arbeitsplatzsicherung leisten. Mit dem weiter oben dargestellten ökologischen Steuerkonzept könnten bereits in der ersten Phase (Anhebung des Mineralölpreises um insgesamt zwei Schilling sowie Besteuerung fossiler Brennstoffe) Mittel von ca. 15 Milliarden Schilling für eine grüne Wirtschaftsoffensive zur Verfügung stehen. Damit wird auch unter Beweis gestellt, daß es bei den Grünen keine undifferenzierte „Wirtschaftsfeindlichkeit“ gibt. Wachstums- und Beschäftigungsimpulse, die zu ökologischen Entlastungseffekten führen, bedeuten eine qualitative volkswirtschaftliche Weiterentwicklung. „Öko-Entwicklung“ in einem solchen Sinn wäre nur zu begrüßen. Mit einem Investitionsvolumen von ca. 15 Milliarden Schilling könnten unter Berücksichtigung internationaler Pionierstudien und Pilotprojekte nach vorsichtigen Schätzungen 13.000 bis 15.000 zusätzliche Arbeitsplätze geschaffen werden. Diese Zahlen betreffen nur die direkten Auswirkungen, während die tatsächlichen Arbeitsplatzwirkungen erheblich größer sein dürften, da durch die Vorlieferungen bzw. die zusätzlichen Arbeitsmöglichkeiten im Bereich der Landwirtschaft (Biomasse) Multiplikatoreffekte zu erwarten sind.

g) Ökologisierung der Landwirtschaft

Das mangelnde Differenzierungsvermögen der volkswirtschaftlichen Gesamtrechnungen und die traditionellen Budgetierungsverfahren, die den Verbrauch von Umwelt und die entstehenden Folgekosten als „externe Faktoren" der Allgemeinheit anlasten, bewirken auch unterschiedliche Vor- und Nachteile für verschiedene Bereiche der Wirtschaft. Großindustrielle Produktions- und Verteilungsmethoden werden durch den exzessiven Einsatz fossiler Brennstoffe zu niedrigen Preisen überproportional begünstigt. Gewerbliche Nahversorgungsbetriebe und die Land- und Forstwirtschaft geraten ins Hintertreffen. Eine ökologische Wirtschaftsreform muß daher die verzerrten Relationen zwischen den verschiedenen Wirtschaftssparten wieder ausgleichen. So wie die industrielle Revolution die Landwirtschaft zwar stark verändert, aber nicht zum Verschwinden gebracht hat, so wird es auch im Zuge der Ökologisierung kein Verschwinden für die Industrie geben. Im Gegenteil: Es gilt, ökologisch orientierte Industrien zu schaffen und diese bewußt zu fördern. Umgekehrt liegt auf der Hand, daß die Landwirtschaft und die Nahversorgung im ökologischen Kontext einen entscheidenden Bedeutungszuwachs bekommen müssen. Nach wie vor werden aber Phänomene wie das Bauern- und Greißlersterben quasi wie Naturgesetze hingenommen. Sicherlich handelt es sich dabei um internationale Phänomene, dennoch wäre es möglich und notwendig, auf nationaler Ebene Instrumente einer Gegensteuerung einzuführen.

Die Landwirtschaft steht heute an einem Scheideweg. Sie kann sich für den Trend zur künstlichen Biologie bzw. zur Übertechnisierung und Zentralisierung im Rahmen agro-industrieller Bewirtschaftungsmethoden entscheiden, riskiert damit aber die eigene Existenzgrundlage, die Qualität der Tierhaltung und die Bodenfruchtbarkeit. Sie kann aber auch zu einer ökologischen Betrachtungsweise übergehen und gute Bodenpflege, Fruchtwechsel, organische Düngung, flächendeckende Bewirtschaftung sowie artgerechte Tierhaltung zu den Leitlinien einer nachhaltigen und konsumentenorientierten Landwirtschaftspolitik machen, die aus der Agrarkrise herausführen kann.

Die EU-Politik einer Förderung bäuerlicher Betriebe für Flächenstilllegungen, bei gleichzeitig intensivierter Bearbeitung der verbleibenden Flächen, ist ein Weg in eine Sackgasse – und ein sehr teurer: Die Vermarktung und Vernichtung landwirtschaftlicher Überschüsse verschlingt knapp 60 Prozent des gesamten EU-Budgets. Der ökologische Landbau ist die einzige Perspektive für eine dauerhafte Entwicklung – auch in der EU. Trotz unzulänglicher Förderungsmaßnahmen wird die Zahl der Biobetriebe in Österreich 1994 auf über 16.000 ansteigen – nicht zuletzt ein Erfolg der grünen Bewegung. Damit der ökologische Landbau auch flächendeckend eine Chance hat, muß die Umstellung vom Staat großzügig gefördert werden. Dabei handelt es sich nicht um ein Geschenk, sondern um einen Beitrag der Allgemeinheit zur Bewahrung natürlicher Kreisläufe. Sie erhalten nicht zuletzt auch die Grundlagen für andere Wirtschaftsbereiche wie etwa den Tourismus. Die Mittel dafür müßten durch Kürzungen und Streichungen bei den unökologischen Exportstützungen aufgebracht werden; d. h. durch Umschichtungen im Landwirtschaftsbudget.

Die Übertragung industrieller Prinzipien auf die Landwirtschaft hat sich als Fehlschlag erwiesen. Grundnahrungsmittel und Güter des täglichen Bedarfs müssen ökologisch und regional erzeugt und vermarktet werden. Zentralisierte agro-industrielle Produktionskomplexe führen zu schlechten, ungesunden Produkten sowie zu einer unbewältigbaren Zunahme des Güterverkehrs auf der Straße. Die Bewahrung kleinstrukturierter bäuerlicher Produktionsweisen ist nicht Ausdruck einer romantischen Nostalgie, sondern das einzig realistische und zukunftsorientierte Prinzip für eine moderne ökologische Landwirtschaft.

Neben der staatlichen Förderung der Umstellung von Betrieben müßte ein Netzwerk von ökologischen Beratungseinrichtungen aufgebaut werden, die sowohl die Bauern als auch die VerbraucherInnen betreuen sollten. Gemeinsam mit den Verbandsorganisationen der Biobetriebe müßte auch ein flächendeckendes Kontrollsystem eingeführt werden, um sicherzustellen, daß kein Etikettenschwindel erfolgt. Nur wer in

Kreisläufen arbeitet, auf Düngemittel und Pestizide verzichtet und die Grundsätze einer artgerechten Tierhaltung beachtet, kann als Biobetrieb gelten.

Schließlich müßte eine lückenlose Produktdeklaration in Hinblick auf die Ökologieverträglichkeit selbstverständlich sein, auf die sich die KonsumentInnen verlassen können müssen. Bessere Qualität sollte aber auch höhere Preise erzielen.

Die Ökologisierung der Landwirtschaft sowie die Erschließung neuer Einnahmequellen für bäuerliche Betriebe, etwa im Bereich der Energieerzeugung durch Biomasse, könnte den andauernden Verlust von Arbeitsplätzen in der Landwirtschaft nicht nur stoppen, sondern möglicherweise in das Gegenteil verkehren. Organisch-biologische Produktionsweisen erfordern weniger Energieeinsatz, aber viel mehr Arbeitseinsatz. Die Erweiterung des Spektrums der landwirtschaftlichen Tätigkeiten, von der Verarbeitung zu hochwertigen Produkten bis zum Energiebereich, bietet Anknüpfungspunkte für Beschäftigungsprogramme, die anzuregen und breit zu fördern wären. Auch Direktzahlungen des Staates an die Landwirte werden in einer Übergangsphase nötig sein, um den Ausstieg aus unökologischen Produktionsweisen, in die die bäuerlichen Betriebe hineingedrängt wurden, zu ermöglichen.

h) Grüne Industriepolitik

In wirtschaftlich prosperierenden Zeiten kann man über mangelhafte bzw. fehlende Konzepte leichter hinwegtäuschen. Aber in wirtschaftlich rezessiven Zeiten treten die Auswirkungen einer einseitigen und kurzfristigen Interessenspolitik klar zutage. So haben die Debatten um ein österreichisches Industriekonzept eine lange Geschichte, doch wurde es bisher verabsäumt, ein strategisches Konzept zu erarbeiten. Zunächst gab man der neoliberalen Forderung nach Privatisierungen nach, ohne daß dabei ein konkretes Programm zugrunde gelegt wurde; jetzt entdeckt man wieder staatlichen Handlungsbedarf. „Die beste Industriepolitik ist keine Industriepolitik“ – diese These ist restlos überholt. Nun ist es an der Zeit – und die steigenden Insolvenzen der letzten Zeit unterstreichen die Dringlichkeit – gemeinsam mit ArbeitgeberInnen, ArbeitnehmerInnen und ExpertInnen ein zukunftsorientiertes Industriekonzept zu erstellen.

Die Grünen werden in diese industriepolitische Strategiefindung zwei Hauptzielrichtungen einbringen: einerseits einen Strukturwandel in Richtung energieeffizienter und emissionsarmer Branchen und Unternehmen und andererseits eine Prioritätensetzung in Richtung besonderer Stärken und Eigenständigkeiten auf regionaler und nationaler Ebene. Daraus ergeben sich folgende grüne Forderungen an einen industriepolitischen Ausweg aus der Krise:

- Für die Wettbewerbsfähigkeit der österreichischen Wirtschaft kann eine ökologische Umorientierung nur von Vorteil sein. Das hohe Entwicklungsniveau unseres Landes und die Einbindung in die EU erfordern wirtschafts- und industriepolitische Strategien einer ganz neuen Qualität, die auch internationale Impulse setzen. Die Zukunft der österreichischen Wirtschaft kann nicht im Öko-Raubbau und in den Billiglohnbranchen liegen. „Grüne" Industrien sollten sich am jeweils besten Stand der Technik orientieren; dies könnte mit einem System zeitlich befristeter Betriebsanlagengenehmigungen auch rechtlich verankert werden. Aber grüne Industrieunternehmen wären zugleich ökologisch optimiert: sie setzen Energie so effizient wie möglich ein, sie organisieren die Produktionsprozesse unter bestmöglichster Einsparung von Ressourcen, und sie minimieren konsequent die betrieblichen Abfälle. Modellstudien in der Schweiz und in Österreich beweisen, daß sich je nach Branche und Betrieb bis zu 95 Prozent der Abfälle vermeiden lassen; im Durchschnitt 60 bis 70 Prozent. Investitionen in die Abfallvermeidung weisen erstaunlich kurze Amortisationszeiten von drei bis fünf Jahren auf.[16] Diese Größenordnungen sprechen für sich. Sechs Siebentel der insgesamt anfallenden Müllmenge kommen aus Industrie und Gewerbe, und davon könnten etwa 70 Prozent vermieden werden. In diesem Lichte zeigt sich auch die Unzulänglichkeit der Abfallpolitik der Bundesregierung, die immer nur bei den Haushalten ansetzt und dort lediglich die Mülltrennung anordnet.

- Zentrales Element einer ökologischen Industriepolitik müßte die Verpflichtung zu einer stufenweisen Realisierung ökologisch op-

[16] Bundesamt für Umwelt, Wald und Landwirtschaft (BUWAL) Hrsg., Verminderung von Sonderabfällen durch Vermeiden und Verwerten. Fallbeispiele aus der Produktion; Handlungsmöglichkeiten für Behörden, Verbände und Betriebe, Bern, Dezember 1991.

timaler Produktionsformen sein; und zwar zunächst aller neuen Betriebe, sowie aller Unternehmen, die Förderungen ansprechen, schließlich mit kurzen Übergangsfristen auch aller bestehenden Betriebe .

- Eine strategische Industriepolitik müßte sich schwerpunktmäßig entsprechend ihrer regionalpolitischen Veranwortung an einer Qualifizierung der lokalen Standorte orientieren. Dabei sollte es nicht nur um die Bereitstellung der Infrastruktur (Verkehr und Telekommunikation) gehen, sondern vor allem um die Qualifizierung der Arbeitskräfte.

- Gleichzeitig dürfte sich eine strategische Industriepolitik nicht als strukturkonservierend verstehen, sondern müßte ganz im Gegenteil den Strukturwandel offensiv vorantreiben. Eine ökologische Transformation würde auch das gezielte Schrumpfen bzw. die Einstellung bestimmter Produktionen erfordern (z. B. von Chlorchemie). Durch Konversionsprozesse könnte der Umstieg in umweltfreundliche Produkte auch gelingen.

- Eine österreichische Industrieansiedlungspolitik wäre nur dann zielführend, wenn sie sich – anders als heute – um qualitativ hochwertige Projekte bemüht. Die Förderung von Großprojekten à la Chrysler und General Motors entspräche eher noch der spezifischen Prägung der wachstumsorientierten Industriepolitik der 70er und 80er Jahre und könnte wenig dazu beitragen, die tiefgreifenden strukturellen Schwächen der österreichischen Wirtschaft zu beheben. Erst nach einer umfassenden Cluster-Analyse sollten Kriterien für Industrieansiedlungen auf Basis der unterschiedlichen regionalen Bedürfnisse aufgestellt werden. Nur durch diese Neuorientierung könnten Synergieeffekte erzielt und Arbeitsplätze nachhaltig gesichert werden.

- Kurzfristig wäre eine Umstrukturierung der Billiglohnbranchen anzustreben. Insbesondere sollte durch umfangreiche Schulungsmaßnahmen der Arbeitsmarktverwaltung der Übergang von unattraktiven zu höherwertigen und besser bezahlten Arbeitsplätzen ermöglicht werden.

- Längerfristig müßte eine zukunftsorientierte Industriepolitik auf einen ökologischen Strukturwandel abzielen; einerseits durch technische Innovationen zur Schaffung ökologischer Produktionsprozesse; andererseits durch den Abbau umweltgefährdender und unsozialer Produktions- und Konsumtionsverhältnisse.

- Schließlich müßte auch die Frage der Eigentumsverhältnisse geklärt werden. Die Beibehaltung strategischer Eigentümerfunktionen in staatlicher Hand könnte nur durch eine Modernisierung der österreichischen Kapitalmarktpolitik erreicht werden. Umgekehrt könnten gerade in ökologisch sensiblen Bereichen mit unzulänglichen Marktmechanismen (öffentlicher Verkehr, Energiewesen) unreflektierte Privatisierungen zu fatalen volkswirtschaftlichen Auswirkungen führen. Im industriellen Bereich geht es nicht mehr primär um die Frage, wem das Eigentum an den Produktionseinheiten zukommt, sondern um effiziente ökologische und soziale Rahmennormen. Aber insbesondere in den Sparten, die für die Versorgung mit essentiellen Gütern und Leistungen und für eine funktionierende Entsorgung (Abfallwirtschaft) von zentraler Bedeutung sind, wäre auch auf die Wahrung heimischer Verfügungsrechte zu achten. Der Verkauf der österreichischen Sonderabfallgesellschaft ASA an den französischen Müll- und Atomriesen TIRU kann hier als Musterbeispiel einer staatlichen Flucht aus der Öko-Verantwortung gelten.

- Die besten Industriekonzepte nützen nichts, wenn sie nicht in die politischen Entscheidungen einfließen. Viele interessante Studien landen unbeachtet in den Schubladen der Träger der Wirtschaftspolitik. Deshalb fordern die Grünen die Umwandlung des ohnehin nicht wirklich existierenden Verstaatlichtenausschusses in einen volkswirtschaftlichen Industrieausschuß, der unter Beiziehung von Industrie- und Regionalexperten einem Industriekonzept zum Durchbruch verhelfen sollte.

i) Chancengleichheit für Gewerbebetriebe

Ähnlich wie die Landwirtschaft leiden vor allem die arbeitsintensiven Gewerbesparten unter dem unökologischen Wirtschafts- und Steuersystem. Je höher der Anteil der Lohnkosten von Nahversorgungsbetrieben und Dienstleistungsunternehmen ist, desto mehr schlägt sich die Belastung der Arbeit in den Betriebsergebnissen nieder. Kleine und mittlere Unternehmungen würden daher von einer ökologischen Steuer- und Wirtschaftspolitik stark profitieren.

Eine ungerechte Behandlung dieser Betriebe besteht auch darin, daß sie prinzipiell noch immer den gleichen Vorschriften hinsichtlich Steuern und Rechnungswesen unterworfen sind. Während industrielle Großbetriebe über eine eigene Rechnungswesenabteilung verfügen und diese auch auslasten können, bleibt für die InhaberInnen von Gewerbebetrieben oft nur die mühsame Abwicklung dieser bürokratischen Erfordernisse am Wochenende. Die bisherigen Ansätze von Pauschalierungen und Erleichterungen reichen nicht aus, um diese Nachteile der Gewerbebetriebe wettzumachen. In diesem Zusammenhang werden das staatliche Wirtschafts- und Finanzressort verstärkt Dienstleistungen für das Gewerbe erbringen müssen. Echte Wettbewerbsgleichheit für kleine und mittlere Betriebe, für arbeitsintensive Gewerbeunternehmen, kann nicht mit bürokratischen Bevormundungs- und Schutzkonzepten erreicht werden, sondern nur mit einer Überprüfung und Korrektur wettbewerbsverzerrender Einflüsse staatlicher Infrastruktur- und Steuerpolitik.[17]

Die Bundesregierung legt mit schöner Regelmäßigkeit dicke Berichte über die Situation kleiner und mittlerer Unternehmungen vor und präsentiert dabei einen bunten Bauchladen von alten und neuen Förderungsaktionen. Das allein genügt offensichtlich nicht. Das staatliche Handeln müßte in Zukunft viel stärker auf die Schaffung geeigneter Rahmenbedingungen für diese Betriebe abstellen – insbesondere auf das Steuersystem und auf kostenechte Wirtschaftsstrukturen –, anstatt ein System weitgestreuter Einzelprojektförderungen zu betreiben.[18]

Wenn das Anliegen der Erhaltung von Nahversorgungsbetrieben ernst genommen werden soll, muß es Chancengleichheit für kleine und mittlere Betrieb geben. Zudem wird eine eigenständige österreichische

---

17 Abweichende Grüne Stellungnahme zum Bericht des Handelsausschusses über ein Wettbewerbs-Deregulierungsgesetz vom 5. 2. 1992, 398 d. Beil. zu den Stenographischen Protokollen des Nationalrats, XVIII. GP.

18 Kurt Bayer, Die Auswirkungen der Vollendung des EG-Binnenmarktes auf die österreichische Sachgüterproduktion, WIFO-Studie, Wien 1991, sowie Beirat für Wirtschafts- und Sozialfragen (Hrsg.), Industriepolitik III, Wien 1991.

Politik auf internationaler Ebene unerläßlich. Ob die EU die Interessen der kleinen und mittleren Unternehmungen im Auge hat, darf bezweifelt werden. Zum einen zählen Betriebe, die für österreichische Verhältnisse durchaus stattlich sind, in der EU zum Kreis der sogenannten Klein- und Mittelunternehmen. Zum anderen sind die Chancen auf Gehör bei den europäischen Institutionen nicht gerade hervorragend. Der Präsident des Diskussionskreises Mittelstand im Europäischen Parlament, Dr. Ingo Friedrich, schildert die Einflußmöglichkeiten für kleine und mittlere Unternehmungen ohne Illusionen: *„Für Mittelstandsverbände erweist sich angesichts dieser Probleme folgende Art der Kontaktaufnahme noch am günstigsten: Unter Mithilfe eines befreundeten Europa-Abgeordneten lädt man die Mitglieder des für eine bestimmte Richtlinie federführenden Parlamentsausschusses in Brüssel während der Mittagspause in das Parlamentsrestaurant zu einem Fachgespräch ein. Es empfiehlt sich dabei, ein kurzes, aber präzises Papier vorzulegen, das die gewünschten, schriftlich formulierten Änderungsanträge begründet und überzeugend darstellt. Die Wirksamkeit einfacher Einflußversuche, indem man pauschal die Abgeordneten auffordert, kann als null und nichtig betrachtet werden.“* [19]

Eine durchgehende Ökologisierung der Wirtschaft kann nicht in Brüssel beginnen. Sie muß von einzelnen Ländern wie Österreich ausgehen. Die arbeitsintensiven Gewerbebereiche gehören wie die Landwirtschaft tendenziell zu den Gewinnern einer ökologischen Neuorientierung. Aber auch die Sparten der Industrie, die sich einem andauernden ökologischen Optimierungsprozeß unterziehen, werden davon profitieren, allerdings unter der Voraussetzung, daß auch die Sozialpolitik auf eine neue Grundlage gestellt wird.

Hebel für eine grüne Sozialpolitik

Die ökologische Krise ist der Ausdruck von neuen, globalen Bedrohungen für die Lebensgrundlagen, für Ernährungssituation und die Gesundheit. In der gegenwärtigen Umbruchsituation tauchen aber auch alte Probleme des Industrialismus wieder auf: massenhafte Arbeitslosigkeit, Armut, Migration. Es hat den Anschein, daß die über-

[19] Abweichende Grüne Stellungnahme zum Bericht über die Situation der kleinen und mittleren Unternehmungen der gewerblichen Wirtschaft 1991 vom 5. 5. 1992, 467 d. Beil. zu den Stenographischen Protokollen des Nationalrates, XVIII. GP.

kommenen sozialen Regelungsmechanismen der „entwickelten Wohlfahrtsstaaten“ diesen Problemen nicht mehr gerecht werden können. In den Schwellen- und Reformländern haben sich überaus brutale Formen des Kapitalismus herausgebildet. Unter unsozialen und unökologischen Arbeitsbedingungen werden dort zu geringen Kosten Produkte erzeugt, die weltweit auf die Märkte gelangen. In den Wohlfahrtsstaaten wird wieder der Ruf nach Kürzung von Sozialleistungen laut, um die Konkurrenzfähigkeit zu erhalten.[20]

„Unter der Bedingung ökonomischer Knappheit relative Autonomie gegenüber ökonomischen Zwängen zu stiften — das ist der entscheidende Beitrag von Sozialpolitik zur Entwicklung der Moderne.“ [21]

Unter der neuerlichen globalen Verschärfung der ökonomischen Zwänge ist es entscheidend, die Frage zu klären, ob und inwieweit der Sozialstaat heute noch in der Lage ist, diese relative Autonomie tatsächlich sicherzustellen. Die Aufgaben des Sozialstaates müssen in umfassender Weise hinterfragt und unter dem Aspekt der Sicherung individueller Handlungsspielräume korrigiert werden. Ohne eine neue Sozialpolitik wird die Ökologie ein Schlagwort bleiben. MindestrentnerInnen kaufen im Diskonter statt im Bioladen, weil die in Plastik verpackten, konservierten Nahrungsmittel billiger zu haben sind. Wenn es um die nackte Existenz geht, treten langfristige ökologische Überlegungen in der Hintergrund.

Die Errungenschaften des Sozialstaates sind heute daran zu messen, ob sie geeignet sind, individuelle Selbstbestimmung zu gewährleisten, Marginalisierung zu verhindern und größere Partizipationschancen einzuräumen. Sie müssen auch hinsichtlich ihrer ökologischen Auswirkungen kritisch beleuchtet werden. Der Sozialstaat muß immer mehr Folgelasten der Marktwirtschaft übernehmen. Die Gesundheitsbeeinträchtigungen durch Umweltschäden führen zu immer größeren Belastungen der Sozialversicherungen; eine verursachungsgerechte Zurechnung findet aber nur bei Arbeitsunfällen und altbekannten Berufskrankheiten statt. Die explosionsartige Entwicklung neuer Gefah-

---

[20] Gerda Bohmann, Paradigmata im Verständnis des Wohlfahrtsstaates. Zum Wiederaufleben der Staatstheorie in den Sozialwissenschaften, Österreichische Zeitschrift für Politikwissenschaft 1993/1, Seite 5ff.

[21] Georg Vobruba, Jenseits der sozialen Fragen, Frankfurt am Main 1991, Seite 156.

ren am Arbeitsplatz und in der Lebensumwelt geht hingegen zu Lasten des Sozialstaates. Weiters erzeugt der Staat aber auch selbst neue Gefahrenpotentiale, indem er z. B. Kernenergieforschung oder gentechnologische Projekte fördert. Und schließlich schafft er auch marktliche Voraussetzungen für Risiko-Wirtschaftszweige – etwa für die pharmazeutische Industrie. Während der Sozialstaat also individuelle Risken zu einem Gutteil noch immer abdeckt, ruft er teilweise neue Risken selbst hervor bzw. übernimmt Lasten, die durch schädliche Auswirkungen des Wirtschaftens entstehen. Die ökologische Krise und die Risikorevolution zwingen daher zu einer kritischen Sichtung und Neuorientierung der Sozialpolitik. Den Grünen geht es dabei um Bewahrung und Funktionsfähigkeit des Sozialstaates, nicht um seine Zerschlagung. Es geht um neue Handlungsspielräume, die für die Ökologisierung von Wirtschaft und Gesellschaft unerläßlich sind, um Schutz vor alten aber auch neuen Risken, und nicht zuletzt auch um eine neue Umverteilungspolitik.

Umverteilung muß heute national wie international angestrebt werden; auf vielen Ebenen: Nur ein Ausgleich zwischen Nord und Süd, zwischen Ost und West, zwischen städtischen und ländlichen Gebieten, zwischen Männern und Frauen, zwischen ökonomisch bevorzugten und benachteiligten Gruppen, wird Überleben, Frieden und Freiheit auf Dauer ermöglichen können.

Die weltweite Krise geht Hand in Hand mit einer Bevölkerungsentwicklung, die von der wirtschaftlichen Entwicklung drastisch abweicht. Zwar ist in vielen Entwicklungsländern der Zenit der Geburtenüberschüsse bereits überstiegen, dennoch verhindern traditionelle Lebens- und Verhaltensweisen immer noch einen signifikanten Geburtenrückgang. Eine wirtschaftliche und soziale Entwicklung dieser Länder setzt aber sowohl sinkende Sterblichkeitsraten als auch sinkende Geburtenzahlen voraus. In der Dritten Welt wird Entwicklung deshalb mit der emanzipatorischen Partizipation der Frauen verbunden sein. Nur durch eine Einbeziehung der Frauen in die Entwicklungsprogramme kann auf die komplexen gesellschaftlich-wirtschaftlichen Bedingungen, Vorgaben und Traditionen auf demokratische Weise eingegangen werden, um nachhaltige Änderungen zu bewirken.[22]

---

[22] Hilde Wander, Bevölkerungspolitik: Möglichkeiten und Grenzen der Förderung sozio-ökonomischen Fortschritts, in: Grundprobleme der Entwicklungsländer, Hrsg. Peter J. Opitz, München 1991, Seite 45ff.

Während die internationalen Wirtschaftsorganisationen wie das GATT oder auch die EU über Mechanismen zur Durchsetzung von Wirtschaftsfreiheiten und marktwirtschaftlichem Wettbewerb verfügen, hat die Sozialpolitik keine internationale Handhabe gegen eine unzulängliche und nachlässige Sozialpolitik in einzelnen Ländern. Für die Zukunft wird auch im Rahmen der internationalen Staatengemeinschaft die Einführung von sozialen Grundrechten unerläßlich sein. Dem Recht der Staaten auf eigenständige Entwicklung entspricht das Recht der Menschen auf Befriedigung sozialer Grundbedürfnisse. Ohne soziale Mindeststandards werden massenhafte Migrationen sowie die Zunahme von bewaffneten Unruhen und Sezessionsbestrebungen nicht zu verhindern sein.

Der Auftrag der UNO zur Friedenswahrung muß deshalb nach dem Ende des Kalten Krieges die Frage sozialer Grundsicherungen in den Mittelpunkt der Aktivitäten der Staatengemeinschaft zu stellen. Der UNO-Einsatz zugunsten der hungerleidenden Bevölkerung in Somalia beweist, daß es bei solchen ökologischen und sozialen Katastrophen nahezu unmöglich ist, mit Exekutivkräften einen Beitrag zur Stabilisierung zu leisten.

Die Weltarbeitsorganisation (ILO) und die Weltgesundheitsorganisation (WHO) verfügen über fundierte Analysen und Konzepte zur Verbesserung. Doch ihre Dokumente werden meistens – auch in Österreich – nur am Rande zur Kenntnis genommen und gelten nur als wohlgemeinte Ratschläge. Bei Verstößen gegen den Freihandel oder den (angeblich) freien Wettbewerb gibt es hingegen ein entwickeltes Instrumentarium von Sanktionen, das von Strafzöllen bis hin zu wirtschaftlichen Boykottmaßnahmen reichen kann. Im Sinne einer dauerhaften Friedensordnung wird es zu einem umgekehrten Trend der Bewertung solcher internationaler Einrichtungen und Politikbereiche kommen müssen. Feuerwehraktionen und Katastrophenhilfe überfordern die Möglichkeiten der Vereinten Nationen und ihrer Mitglieder; aber simples Wegschauen bei Hunger- und Umweltkatastrophen, bei Massenvertreibungen oder Kriegen ist nicht mehr möglich. Die kurdische Tragödie, die bosnische Katastrophe, das unendliche Leid in Somalia oder Ruanda stehen im Mittelpunkt medialer Aufmerksamkeit; kaum jemand kann sich den Horrorberichten entziehen. In dem Maße aber, in dem die Unfähigkeit der Industriestaaten, der Vereinten Nationen oder der EU zutage tritt, eine wirksame Konfliktlösung in Gang zu setzen – wächst auch die Kritik und die Unzufriedenheit mit ihren unzulänglichen Mechanismen und Methoden und kommt die Notwendigkeit einer präventiven und sozialen Weltpolitik ins Blickfeld.

Die Festlegung sozialer Mindeststandards auf einer internationalen Ebene müßte zur Konsequenz haben, daß die Staatengemeinschaft sich verpflichtet, Defizite auszugleichen sowie Entwicklungsprogramme gemeinsam mit der betroffenen Bevölkerung durchzuführen. Auch im Rahmen von wirtschaftlichen Kooperationen wäre auf die Erreichung dieser sozialen Zielsetzung Bedacht zu nehmen; Projekte ohne soziale Indikatoren und Folgewirkungen sollten nicht gefördert werden. Die Effizienz wirtschaftlicher Kooperation müßte anhand der sozialen Auswirkungen für die ärmsten Bevölkerungsgruppen gemessen werden.

Auch auf der europäischen Ebene führt kein Weg an sozialen Mindeststandards vorbei. Die Verkleinerung Europas auf die reichen EU- und EFTA-Staaten wird ebenso wenig haltbar sein wie die Duldung von Massenarbeitslosigkeit und extremen regionalen Unterschieden in Westeuropa. Eine gesamteuropäische Sozialpolitik müßte auf einem Ausgleich mit ganz Osteuropa abzielen und die Wirtschaft in den Dienst einer gesamteuropäischen sozialen Mindestabsicherung stellen. Wachsender Nationalismus und regionaler Separatismus werden durch ungezügelte Wirtschaftsfreiheiten begünstigt, weil sie es für die privilegierteren Regionen attraktiv machen, sich von den (vermeintlich) Schwächeren abzusetzen. Die immer wieder diskutierte, aber bislang nicht verbindlich vereinbarte europäische Sozialcharta wird deshalb gemeinsam mit einer ökologischen Neuorientierung zum Angelpunkt der weiteren Entwicklung ganz Europas werden.

Es wird aber noch großer Anstrengungen bedürfen, um soziale Mindeststandards auf der internationalen Ebene, vor allem im Rahmen der Vereinten Nationen und der EU, zu vereinbaren und umzusetzen. Dadurch wird Sozialpolitik auf der nationalen Ebene keinesfalls obsolet, im Gegenteil. Gerade deshalb muß auch auf der nationalen Ebene eine konsequente Weiterentwicklung stattfinden, um existentielle Lebensbedürfnisse, sozialen Frieden und eigenständige Entwicklung auf der Basis kleinerer Gemeinschaften abzusichern und zum Ausgangspunkt einer gemeinsamen Entwicklung in ganz Europa zu machen.

Im folgenden werden daher grüne Hebel für eine österreichische Sozialpolitik vorgeschlagen.

a) Sozialstaat ja, aber ökologisch

Sozialpolitik war immer schon ein „Reibebaum" gesellschaftspolitisch und wirtschaftlich gegensätzlicher Interessen. Die Unternehmer klagten schon immer, daß Sozialpolitik nicht mehr finanzierbar sei. Bereits im Jahr 1911 vertraten Unternehmerorganisationen vehement die Auffassung, daß sozialstaatliche Regelungen ihre Grenzen erreicht hätten.[23]

In der zweiten Republik wurden die Auseinandersetzungen moderater. Es bestand eine grundsätzliche Einigkeit über die Wachstumspolitik, und dafür duldeten die Gewerkschaften auch ein Auseinanderdriften der Einkommen in verschiedenen Wirtschaftsbranchen.

Oft kam es zu einem sozialpartnerschaftlichen Abtausch von Gesetzen im Interesse der Interessensvertretungen von ArbeitgeberInnen und ArbeitsnehmerInnen. So wurde z. B. das Allgemeine Sozialversicherungsgesetz 1954 dadurch ermöglicht, daß die Vertretungen der ArbeitnehmerInnen ihre Zustimmung zu den Kapitalmarktgesetzen gaben. Ein weiterer Grund für die Abschwächung der Interessensgegensätze lag in der allgemeinen Anerkennung der Bedeutung sozialer Leistungen zur Sicherung des Massenkonsums. Schließlich gab es stets auch sozialpolitisch fortschrittlich orientierte Unternehmungen, die – auch aus Konkurrenzgründen – an der Verallgemeinerung eines hohen Schutzniveaus interessiert waren. Eine ähnliche Tendenz zeichnet sich derzeit im Bereich der Ökologie ab: „Grüne" Unternehmungen könnten von höheren Umweltstandards und Ökosteuern durchaus profitieren.

Während es vor allem in der Nachkriegszeit eine große (wohl zu hohe) Annäherung von seiten der Sozialpartner gab, konnten einige Interessensgegensätze innerhalb der unselbständig Beschäftigten nicht überwunden werden: Das soziale Sicherungssystem wurde im 19. Jahr-

---

[23] Emmerich Tálos, Widerspruch und Übereinstimmung. Sozialpolitik – Interessengegensätze? In: Mitbestimmung Nr. 3-4/1992, Wien 1992.

hundert in Orientierung an der Erwerbstätigkeit von Männern geschaffen; und diese männliche Prägung hat sich bis heute erhalten. Weiters blieb das menschliche Grundbedürfnis auf soziale Absicherung ausschließlich an Erwerbsarbeit gekoppelt. 1976 versuchte der damalige Sozialminister Rudolf Häuser im Rahmen der 32. ASVG-Novelle einen ersten Schritt in Richtung Entkoppelung von Dienstverhältnis und sozialer Sicherheit. Der Plan scheiterte am harten Widerstand der Wirtschaft.

Seit den achtziger Jahren verstärkt sich wieder das sozialpolitische Spannungsfeld. Unter dem Schlagwort der Deregulierung plädieren Unternehmerorganisationen mit Hinweis auf die immer stärkere internationale Konkurrenz auf einen Abbau des Wohlfahrtsstaates. Die Einführung von Mindeststandards und die Zurückdrängung des Versicherungsprinzips zugunsten eines Solidaritätsprinzips werden strikt abgelehnt. Im besonderen wird eine Flexibilisierung des Arbeits(zeit)rechts nach den Anforderungen kapitalintensiver Produktionsverfahren verlangt. Die Position der Gewerkschaften unterstreicht hingegen die Schutzfunktion des Arbeitsrechtes, betont die Notwendigkeit einer besseren Absicherung atypischer Arbeitsverhältnisse und fordert eine Flexibilisierung nach den Bedürfnissen der ArbeitnehmerInnen (Bildungsurlaub, Pflegeurlaub etc.). Doch erscheinen diese Forderungen eher als gewerkschaftliche Pflichtübungen. Im Lichte der Zustimmung zu Saisonarbeitsmodellen und der Duldung sogenannter geringfügiger Dienstverhältnisse ohne vollen sozialen Schutz – vor allem bei ausländischen ArbeitnehmerInnen – sind sie nicht mehr glaubwürdig. De facto orientiert sich die Politik beider großen Interessensvertretungen in Österreich an einer Bewahrung erreichter Standards statt nach neuen, bedarfsgerechten, sozialen Leistungen zu suchen, die auch die AusländerInnen zu integrieren hätten. In der Konsequenz tritt aber schleichend und weitgehend ohne Änderung sozialer Normen eine Aushöhlung sozialer Errungenschaften ein. Immer mehr Lebensfragen werden vom bestehenden Normierungssystem nicht mehr umfaßt und spielen sich im rechtsfreien oder rechtlich wenig geregelten Raum ab. Und während jede Diskussion um sozialpolitische Alternativen zum Stillstand gekommen ist, wird vordergründig eine Auseinandersetzung darüber inszeniert, welche gesellschaftliche Subgruppe das soziale System am meisten mißbraucht. Da werden Montags- und Freitags-Krankenstände von ArbeitnehmerInnen gegen Sozialleistungen von BetriebsinhaberInnen an Familienmitglieder aufgerechnet. Die soziale Realität sieht anders aus – die Dauer der Krankenstände geht ständig zurück und von einer Häufung an Montagen und Freitagen kann keine Rede sein.[24]

Die Entwicklung des österreichischen Sozialstaates ist durch folgende Tendenzen gekennzeichnet:

- Auseinanderdriften von unteren und oberen Einkommen
- Auseinanderklaffen von Frauen- und Männereinkommen
- Erosion und Rückgang von Normalarbeitsverhältnissen
- extrem ungleiche Branchenentwicklungen
- Stagnation der Sozialdiskussion um zukunftsorientierte Alternativen (Durchsetzung von Mindestlöhnen, Eindämmung prekärer Dienstverhältnisse usw.)

Die Kluft zwischen Hoch- und Niedriglohnbranchen deckt sich mit der Trennung in Männer- und Frauenbranchen. 1989 arbeiteten in der Erdölindustrie 94 Prozent Männer und nur 6 Prozent Frauen, während in der Bekleidungsindustrie 92 Prozent Frauen und 8 Prozent Männer beschäftigt waren. Der kleine Unterschied ist ganz schön groß.

Man kann mit gutem Recht behaupten, daß in Österreich ein großes soziales Kompetenzvakuum entstanden ist. Es wird seit einiger Zeit hauptsächlich von konservativen und neoliberalen Ideologen besetzt. Nach deren Auffassung würde die Freiheit der Individuen, ihre Arbeitsverhältnisse selbst zu wählen, durch das geltende Recht eingeschränkt. Flexible Gestaltungsmöglichkeiten seien erforderlich, um für neue Industrien in hochtechnisierten Bereichen bessere Entwicklungsmöglichkeiten zu schaffen. Nachtarbeitsverbote, generelle Tariflöhne oder gar gesetzliche Mindestlöhne, sowie gesetzliche Beschränkungen von Sonn- und Feiertagsarbeit seien Hindernisse für die Entwicklung der Wirtschaft. Schutznormen für bestimmte Gruppen hätten sich als Bumerang für die Betroffenen erwiesen; geschützte Personen (Behinderte, Schwangere) bekämen dadurch von vornherein weniger Chancen.[25]

Die aus diesen konservativ-liberalen Positionen abgeleiteten Forde-

---

[24] Karl Wörister im Standard-Interview vom 10. 9. 1993.

[25] Emmerich Tálos, Umbau des Wohlfahrtsstaates. Konträre Begründungen und Optionen, in: Österreichische Zeitschrift für Politikwissenschaft 1993/1, Seite 37ff.

rungen sind klar: freie Bahn für den Markt, Deregulierung und Flexibilisierung nach den Bedürfnissen von Unternehmungen, Entflechtung von Arbeits- und Sozialverhältnissen. Diese Forderungen gehen teilweise Hand in Hand mit Vorstellungen einer staatlich geregelten Grundsicherung von rechts – eine lohnunabhängige Existenzsicherung auf sehr niedrigem Niveau. Eine Netto-Rente in Höhe von etwa 40 Prozent des Durchschnittseinkommens für alle würde in Summe zu einer wesentlichen Entlastung der Betriebe führen – und gleichzeitig zu einer völligen Abhängigkeit der BezieherInnen einer solchen Grundsicherung vom Staat. Nicht alles, was sich Grundsicherung oder Grundeinkommen nennt, gewährleistet also jene relative Autonomie von ökonomischen Zwängen, die den Sinn staatlicher Sozialpolitik ausmachen sollte.[26]

Wenn dieser konservativ-liberalen Ideologie kein neues sozialökologisches Leitbild entgegengesetzt würde, dann wären die Konsequenzen auch ohne gravierende Änderungen im Normensystem katastrophal. Allein durch Marktprozesse und immer findigere Vertragsgestaltungen degeneriert das Sozialrecht zu einer leeren Hülse, die die Sicherheitsbedürfnisse großer Bevölkerungsteile nicht mehr umfaßt.Damit steigt die Gefahr, daß der soziale Konsens insgesamt rissig und brüchig wird, während mit einer immer exklusiveren wohlfahrtsstaatlichen Sicherung materielle und soziale Teilhabechancen für viele Menschen verlorengehen. Für Grüne sind Freiheit und Sicherheit hingegen kein Gegensatzpaar, sie bedingen einander. Wenn es einen Weg aus der Risikogesellschaft geben soll, braucht es individuelle Handlungsautonomie und neue Spielräume, aber ebenso eine neue, eine problemorientierte Sozialpolitik als eine Grundvoraussetzung der Ökologisierung.

Welche sozial-ökologischen Änderungen sind daraus abzuleiten?
Erstens müßten sämtliche Sozialleistungen darauf überprüft werden, ob sie soziale Marginalisierung tatsächlich vermeiden und die soziale Kohäsion wirklich befördern. Es müßte um Umverteilung gehen. Transferleistungen und Begünstigungen, die dieses Ziel nicht fördern, müßten grundsätzlich neu überdacht werden. Seit 1988 zögert die Regierung einen neuen Verteilungsbericht für Österreich hinaus; die Ergebnisse wären wohl wenig erfreulich. Bekannt ist z. B. die Tatsache, daß die Wohnbauförderung stark umverteilend – und zwar von unten

---

[26] Emmerich Tálos, ebenda.

nach oben – gewirkt hat. Auch geförderte (Eigentums-)Wohnungen sind so teuer, daß sie für sozial Schwache unerschwinglich sind. An diesem Beispiel zeigt sich sogleich, daß mit sozialpolitischen Maßnahmen allein, etwa mit Wohnungsbeihilfen, keine echte Abhilfe geschaffen werden kann. Am Wohnungsmarkt hat sich ähnliches ereignet wie am Arbeitsmarkt mit seiner wachsenden Zahl von prekären und ungeschützten Arbeitsverhältnissen: Immer mehr Wohnungen sind aus dem Mieterschutz herausgefallen; sie unterliegen keinen Zinsbeschränkungen mehr und haben nur eingeschränkten Kündigungsschutz. Das im Herbst 1993 verabschiedete Mietrecht bewirkt, daß rund zwei Drittel aller Wohnungen (66,2 Prozent) nicht mehr unter die gesetzlichen Schutzbestimmungen fallen; und für das geregelte Drittel erweisen sich die Normierungen als so kompliziert und bürokratisch, daß sie nicht wirksam sein können. Hier könnte nur ein neues und umfassendes Mietrecht Abhilfe schaffen, das für sämtliche Wohnungen ein transparentes Preissystem mit leistbaren Obergrenzen (etwa in Höhe des Mietzinses bei geförderten Neubau-Mietwohnungen) einführt. Gleichzeitig müßten günstige ältere Objekte im Einflußbereich der öffentlichen Hand (Gemeinde- und Genossenschaftswohnungen sowie öffentlich geförderte Sanierungsobjekte) ausschließlich sozial Schwachen – und nicht Protektionskindern – zugute kommen. Neue Sozialwohnungen müßten sich im Preis an der Leistungsfähigkeit mittlerer bzw. unterer EinkommensbezieherInnen orientieren. Bei späterem Wegfall der Förderungswürdigkeit sollte die Sozialwohnung behalten werden dürfen, allerdings gegen einen höheren Preis: In Form einer Fehlbelegsabgabe wäre die Differenz zu den Kosten einer vergleichbaren geförderten Neubaumietwohnung zu berücksichtigen. Schließlich bedürfte es einer regen Neubautätigkeit und eines Individualförderungssystems, um zusätzlichen Bedarf zu decken.

Es ist bemerkenswert, daß die verteilungspolitisch so fragwürdige Wohnbauförderung in den diversen Schmarotzerdebatten nicht vorkommt. Bei Arbeitslosengeld, Karenzgeld oder Kinderbeihilfe, die umgekehrt stark von oben nach unten verteilend wirken würden, wird hingegen das Argument von der Überforderung und der leistungshemmenden Wirkung des Sozialstaates immer wieder strapaziert. Dabei geht es um durchaus vergleichbare Größenordnungen. Die Wohnbauförderung durch diverse Rechtsträger beträgt in Österreich jährlich insgesamt etwa 40 Milliarden Schilling. Die Gesamtsumme im Budgetkapitel Soziales beträgt insgesamt ca. 51 Milliarden (Voranschlag

1993), im Bereich Sozialversicherung 65 Milliarden. Der ideologische Gehalt der Diskussion ist offensichtlich: Wenn es um geförderte Wohnungen für Bessergestellte geht, schweigt die Sozialabbau-Genossenschaft, beim Arbeitslosengeld oder gar bei der erhöhten Kinderbeihilfe sowie beim Karenzgeld wird pausenlos Mißbrauch geortet.

Auf ähnliche Weise müßten sämtliche Sozialleistungen in Hinblick auf ihre umverteilende Wirkung untersucht werden. Wie das Beispiel aus dem Bereich Wohnen gezeigt hat, sind sachgerechte Lösungen nicht immer in derselben Rechtsmaterie angesiedelt. Lösungen müßten sich am zugrunde liegenden Grundbedürfnis orientieren und nicht einfach und primär am Förderungsdenken.

Zweitens müßte auch das Steuersystem auf seine umverteilende Wirkung überprüft werden. Das österreichische Steuersystem ist nicht so progressiv, wie der Grenzsteuersatz annehmen ließe. Gerade in den oberen Einkommensrängen gibt es enorme Gestaltungsmöglichkeiten, die den BezieherInnen kleiner und mittlerer Einkommen nicht offenstehen. Auch aus diesem Grund ergeben sich Argumente für den sukzessiven Umstieg von der Arbeits- zur Energiebesteuerung, da die zusätzlich lukrierten Mittel zur Entlastung kleinerer und mittlerer EinkommensbezieherInnen eingesetzt werden könnten.

Drittens müßten prekäre Dienstverhältnisse konsequent zurückgedrängt werden. In Österreich gab es im Jahr 1992 83.000 Betriebe, welche sogenannte geringfügige Dienstverhältnisse gemeldet hatten; die exakte Zahl der Beschäftigten war auf Grund der unvollständigen Datenerfassung nicht eruierbar. Das heißt, daß zigtausende Unternehmungen ArbeitnehmerInnen ohne volle Sozialversicherung, nur mit einem Schutz gegen Arbeitsunfälle beschäftigen. Daneben haben sich Leiharbeitsverhältnisse aller Art etabliert, Arbeit auf Abruf in Bürobranchen sowie eine Fülle von werkvertraglichen Konstruktionen. Auch seitens der Printmedien werden diese Praktiken wohl nie scharf angeprangert werden, denn die Zeitungen beschäftigen ihre Kolporteure als „freie Unternehmer", obwohl allgemein bekannt ist, daß es sich um typische unselbständige Dienstverhältnisse handelt. Statt immer mehr Arbeitsverhältnisse aus dem Sozialrecht hinausgleiten zu lassen, müßten im Gegenteil die sozialen Errungenschaften auch auf Teilzeitarbeitsverhältnisse und untypische Arbeitsverträge ausgeweitet werden.

Viertens müßten ausgehend von allgemeinen sozialpolitischen Überlegungen diskriminierende arbeits- und sozialrechtliche Normen für ausländische Arbeitskräfte beseitigt werden. Wie weiter oben erläutert wurde, gibt es auf der Basis einer Limitierung der erlaubten Niederlassung in Österreich keinen Grund mehr für ein diskriminierendes Arbeitsrecht. Diejenigen, denen innerhalb der Kriterien für die Niederlassung Rechte zugestanden werden, sollten auch arbeiten dürfen und Funktionen als VertreterInnen der Arbeitnehmerschaft im Betrieb, in Kammern und in den Gewerkschaften ausüben können.

Fünftens bedürfte es einer intensiven Forschung und gesellschaftlichen Auseinandersetzung über neue Risken, die in die sozialen Sicherungssysteme einbezogen werden müssen. Neue Technologien, neue Vertragsverhältnisse und neue gesellschaftliche Phänomene machen eine andauernde dynamische Anpassung des Sozialsystems unerläßlich. Das Prinzip der Verteidigung des Besitzstandes gegenüber denen, die noch nicht in das gesellschaftliche System integriert sind, kann nicht länger aufrecht erhalten werden. Die Sozialpolitik untergräbt sich damit selbst ihre eigenen Bedingungen. Unter diesen Gesichtspunkten werden sozialstaatliche Leistungen neu zu definieren sein. Dieser Sozialstaat ist finanzierbar; er orientiert seine Leistungen an gesellschaftlichen Bedürfnissen, die sonst zu kurz kommen; er tritt der Individualisierung von Risken entgegen und fördert die Entwicklung individueller Entfaltung im sozialen Kontext. Ist ein solches Konzept, bei dem die Umverteilung im Zentrum steht, mit der wachstumskritischen Position der Grünen vereinbar? Durchaus. Die grüne Kritik gilt nur dem quantitativen, ressourcen- und energieverzehrenden Wachstum, nicht jedoch der qualitativen, werteschonenden Entwicklung an sich. Und überdies sind mit der fortschreitenden Ökologisierung von Staat und Wirtschaft auch weniger gesellschaftliche Mittel für Schadensreparaturen erforderlich und werden daher für andere Aufgaben frei. Die Gesellschaft braucht neue Möglichkeiten und Freiräume. Eine lebenswerte ökologische Stadt zwingt nicht mehr zur zeit-, geld- und energieintensiven Fahrt ins Grüne. Die Einrichtung von Nahversorgungseinrichtungen, Naherholungsmöglichkeiten und lokalen Arbeitsplatzangeboten eröffnet neue Einsparungspotentiale bei den Haushalten. Umverteilung ist also machbar, wenn man sie will. Die Grünen wollen einen umverteilenden Sozialstaat, der dort Leistungen erbringt, wo individuelle Autonomie gegenüber ökonomischen Sachzwängen und damit auch die Möglichkeit zu ökologischem Handeln gefährdet ist.

b) Maßnahmen gegen die „Problemgruppen-Gesellschaft“

Das Fehlen sozialpolitischer Mindeststandards bzw. das Fehlen sozialer Grundrechte in der Verfassung hat dazu geführt, daß eine wachsende Zahl von Menschen sogenannten Problemgruppen zugeordnet wird. Ein Blick auf diese als Problemgruppen bezeichneten Menschen zeigt, daß offenbar vielen das Überleben unter der Dominanzkultur des Wirtschaftssystems zum Problem geworden ist. Behinderte und alte Menschen, AlleinerzieherInnen, Langzeitarbeitslose, Notstandhilfe- und Sozialhilfe-BezieherInnen zählen dazu; ihr Anteil in der Gesellschaft ist steigend.

Auch hier liegen die erforderlichen gesellschaftlichen Antworten durchaus nahe: Behinderte und alte Menschen brauchen Integration in die Gesellschaft. Das erforderte zum einen eine finanzielle Absicherung, die vor allem bei Behinderten den individuellen Möglichkeiten Rechnung tragen muß. Die von den Grünen seit Jahren angestrebte Pflegevorsorge kann als ein wichtiger erster Schritt in diese Richtung gesehen werden. Aber es geht nicht nur um Geld, sondern um gesellschaftliche Aufmerksamkeit, z. B. durch die Beendigung der Ignoranz bei öffentlichen Planungen aller Art. Für ältere Menschen ginge es auch um die Schaffung einer Infrastruktur von Leistungsangeboten, die ein Altern in Würde und in der gewohnten Umgebung ermöglichen. Zugleich müßte auch die begründete Angst vor unmenschlichen und anonymen Massenpflegeeinrichtungen beseitigt werden, indem man diese durch humane, überschaubare und bedarfsgerechte Einrichtungen ersetzt.

(Langzeit-)Arbeitslose und die BezieherInnen von Notstandshilfe oder Sozialhilfe bräuchten nicht nur soziale Sicherheit, sondern auch eine aktive staatliche Arbeitsmarktpolitik. Ziel müßte sein, die vorhandene Arbeit auf möglichst viele Menschen aufzuteilen. Dabei wird die Reduktion der Wochenarbeitszeit auf zunächst 35, dann 30 Stunden, ein sozialpolitisch unerläßlicher Schritt für ganz Europa sein. Darüber hinaus sollte es keinerlei Anreize bzw. Begünstigungen für vermehrte Überstundenleistungen geben.

Aktive Arbeitsmarktpolitik in Hinblick auf die sogenannten Problemgruppen setzt eine individuelle Betreuung und Beratung voraus. Das derzeitige System der Arbeitsmarktverwaltung war auf die Anforderungen der sechziger und siebziger Jahre abgestellt, also auf rasche und im wesentlichen unproblematische Vermittlungstätigkeiten. Die geänderte Struktur der Arbeitslosigkeit und eine unnötige Bürokratisierung – z. B. die Doppeladministration bei ausländischen Arbeitskräften durch ein Nebeneinander von Aufenthaltsrecht und Beschäftigungsrecht – haben zu einer völligen Überforderung der Arbeitsmarktverwaltung geführt. Mit Privatisierung bzw. Ausgliederung der Arbeitsmarktverwaltung aus der staatlichen Administration kann hier nichts gewonnen werden. Es bedürfte einerseits einer Durchforstung und Neuregelung von Leistungen und andererseits einer effizienten Beratung und Betreuung, damit nicht immer mehr Menschen in die betreuungsintensiven „Problemgruppen" hineinschlittern. Einmal erworbene Berufskenntnisse reichen nicht mehr für ein ganzes Arbeitsleben; es mußte daher ein vermehrtes Angebot an Beratungsdiensten, an Maßnahmen der Erwachsenenbildung und an individuellen Betreuungsformen geben, das wiederum dem sozialen Gefüge insgesamt zugute käme. Die Zugehörigkeit zu einer „Problemgruppe" über längere Zeit wirkt für sich selbst marginalisierend und stigmatisierend; der Weg heraus ist schwierig und ohne (teure) Unterstützungen in der Regel kaum möglich. Gleichzeitig sind die Ausfälle für die Volkswirtschaft beträchtlich. 80 Prozent aller Frauen, die Notstandshilfe bezogen, erhielten im Jahr 1991 weniger als 7000 Schilling im Monat, bei den Männern waren es immerhin 50 Prozent.[27]

Grüne Sozialpolitik zielt darauf ab, möglichst von vornherein keine „Problemgruppen" entstehen zu lassen. Dies wäre nicht nur ein sozialhumanitäres Gebot, sondern auch eine volkswirtschaftliche Notwendigkeit und eine politische Priorität. Denn die in die Enge getriebenen Angehörigen von Problemgruppen werden dazu tendieren, ihre vom „Sozialstaat" enttäuschten Hoffnungen auf gefährliche Populisten zu projizieren. Die Jagd auf Sündenböcke ermöglicht eine illusionäre Flucht vor der eigenen Ausgrenzung, Armut und Resignation. In einem problemorientierten Sozialstaat hätten die Rechtspopulisten wenig Chancen.

Der Zugang zur sozialen Sicherheit müßte für diese von Ausgrenzung bedrohten Bevölkerungsgruppen ohne prozedurale Hemmnisse möglich sein. Die sozialen Leistungen haben nicht nur inhaltlich mit vielen

---

[27] *Statistische Nachrichten*, 47. Jahrgang 1992 (neue Folge), Heft 6, Seite 453.

Entwicklungen nicht Schritt gehalten, sondern sind auch zusehends verbürokratisiert worden. Viele Sozialgesetze sind wie das Allgemeine Sozialversicherungsgesetz (ASVG) gänzlich unverständlich. Der Zugang zu fachkundiger Beratung und Beanspruchung von Leistungen ist mit zahlreichen Hürden verbunden. Das Beantragen und Durchsetzen von Ansprüchen ist gerade für Angehörige von „Problemgruppen" mit spezifischen Kommunikationsschwierigkeiten verbunden. Im Sozialrecht braucht man adäquate verfahrenstechnische Instrumente, die einen einfachen Zugang zum Recht ermöglichen.

Es bedarf gerade bei der Sozialhilfe, aber auch bei anderen Sozialleistungen, eines auf die KlientInnen zugeschnittenen Verfahrens. Das Sozialrecht ist erst dann sozial, wenn es tatsächlich und nicht nur theoretisch das Ausmaß sozialer Marginalisierung möglichst gering hält. Ein derartiges Sozialrecht fördert mündige BürgerInnen und damit demokratische Handlungsfähigkeit.

c) Gleiche Rechte für Frauen – mehr Rechte für Männer

Maßstab des Sozialstaates ist immer noch der typisch männliche Lebenszusammenhang. Weibliche Arbeit ist vielfach nicht existenzsichernd; sie wird zu einem großen Ausmaß ohne Entlohnung verrichtet (Hausarbeit, Kinderbetreuung) oder zu schlechteren Konditionen erbracht (geringfügige Beschäftigungsverhältnisse, Teilzeitarbeit, weit zurückbleibende Frauenlöhne). Das mittlere Einkommen (Medianeinkommen) von Frauen betrug 1991 mit knapp S 13.000,– um ein ganzes Drittel weniger als das vergleichbare Männereinkommen von etwas über S 19.000,– brutto.[28] Die Frauenpensionen erreichen im Durchschnitt nur knapp mehr als das halbe Niveau der Männerpensionen (1990: 50,2 Prozent, 1991: 51,3 Prozent).[29]

Die Beschlußfassung über das sogenannte Gleichbehandlungspaket und die von den Grünen maßgeblich betriebene Einrichtung eines parlamentarischen Gleichbehandlungsausschusses können bestenfalls als ein erster Schritt in Richtung Abbau von Ungleichheiten betrachtet

---

[28] Bundeskammer für Arbeiter und Angestellte (Hrsg.), wirtschafts- und sozialstatistisches Taschenbuch 1993, Seite 208.
[29] *Statistische Nachrichten*, Nr. 2/1993, Wien 1993, Seite 88.

werden. Nach wie vor fehlen wesentliche Voraussetzungen zu einer echten wirtschaftlichen Gleichstellung und damit zur Unabhängigkeit und Autonomie von Frauen.

- Noch immer gibt es keinen gesetzlichen Mindestlohn, der vor allen den Frauen zugute käme.
- Kollektivverträge und Branchenregelungen beinhalten indirekte Diskriminierungen von Frauen, indem etwa körperliche Kraft höher bewertet wird als Ausdauer oder Geschicklichkeit.
- Frauen haben de facto nach wie vor keinen Zugang zu vielen männlichen Domänen. Besonders skandalös war z. B. die Tatsache, daß im Verfassungsgerichtshof, der den Gleichheitsgrundsatz der Verfassung anzuwenden hat, bis Anfang 1994 keine Richterin fungierte – und auch ein weibliches Mitglied unter zwölf männlichen Kollegen ist kein emanzipatorisches Ruhmesblatt. Die Staatsbürokratie behauptet sich noch weitgehend als ein Herrenklub. „Republikanisierung und Parlamentarisierung haben der männerbündischen Struktur ein demokratisches Alibi geboten.“[30]
- Es fehlt eine strenge Handhabung bei bestehenden Gleichbehandlungsbestimmungen sowie ihre laufende Erweiterung und Anpassung an die Erkenntnisse aus der Praxis.
- Prekäre Beschäftigungsverhältnisse betreffen vor allem Frauen; und sogenannte geringfügige Beschäftigungsverhältnisse sind in den umfassenden sozialen Schutz nicht einbezogen.

Es müßte auch mehr Rechte für Männer geben, und zwar im Haushalt und bei der Kindererziehung. Das ist durchaus nicht zynisch gemeint, sondern entspricht heute bereits einem gesellschaftlichen Bedürfnis. Durch die ungleichen Einkommensverhältnisse zwischen Männern und Frauen ist eine Inanspruchnahme von Karenzregelungen für Männer ohne Gefährdung des Familien- bzw. Haushaltseinkommens oft nur schwer möglich. Die Grünen treten daher für neue Formen der Unterstützung von Familien bzw. Eltern ein. Hier sollten flexible Möglichkeiten angeboten werden, um in partnerschaftlicher Weise Kinderbetreuung und Beruf von Anfang an kombinieren zu können. Anzustreben wäre eine Art Elternversicherung, die zumindest eine Sockelabsicherung im Ausmaß des erhöhten Karenzgeldes vorsehen

---

30 Eva Kreisky, Der Staat ohne Geschlecht? Ansätze feministischer Staatskritik und feministischer Staatserklärung, in: Österreichische Zeitschrift für Politikwissenschaft 1993/1, Wien 1993, Seite 32.

müßte, sowie darüber hinaus eine einkommensabhängige Komponente bis zu einem (nicht wesentlich darüberliegenden) Höchstbetrag. Für Frauen und Männer, die auf Grund von Betreuungspflichten vorübergehend ihren Beruf aufgeben, müßte es Schulungsmaßnahmen und eine aktive Hilfe zum Wiedereinstieg in den Beruf geben. Schließlich wären ausreichende und qualitativ entsprechende Kinderbetreuungseinrichtungen auch für Kinder unter drei Jahren zur Ergänzung der Betreuung durch die Eltern anzubieten. Erst wenn die Männer bei der Kindererziehung und im Haushalt gleichberechtigt sind, werden ArbeitgeberInnen bei Einstellungsgesprächen nicht immer nur Frauen nach ihren Familienplanungen befragen und dementsprechend diskriminieren.

Die mangelnde Flexibilität der überkommenen Karenzregelung wirkt sich also auch nachteilig im Sinne einer partnerschaftlichen Aufgabenbewältigung in der Familie aus. Auch hier hat das Sozialrecht mit einem wachsenden gesellschaftlichen Bedürfnis, auch mit den Bedürfnissen jener Männer, die die Bedeutung der Frauenemanzipation für die Entwicklung der Gesellschaft erkannt haben, nicht Schritt gehalten.

d) Wege zur Grundsicherung

Die Erosion der traditionellen Normalarbeit stellt die Aufrechterhaltung des erwerbszentrierten sozialen Sicherungssystems in Frage. Leiharbeitsverträge, werkvertragliche Konstruktionen, Heim- und Telearbeit sowie die sogenannten geringfügigen Dienstverhältnisse ermöglichen eine Flucht aus dem Arbeitsrecht im großen Stil. In Saisonbetrieben wird außerhalb der Saison nicht selten die gesamte Belegschaft gekündigt; die Kosten dieser vorübergehenden „Freistellung“ werden auf die Allgemeinheit übergewälzt. Der Betrieb spart sich Löhne, Abgaben und auch Abfertigungen von ArbeitnehmerInnen, da durch die andauernden Unterbrechungen des Dienstverhältnisses keine kontinuierlichen Anwartschaften entstehen.

Gegen solche Aushöhlungs- und Mißbrauchstendenzen müßte durch ein Nachziehen arbeits- und sozialrechtlicher Schutzmechanismen reagiert werden, z. B. durch die Einbeziehung auch geringfügiger Dienstverhältnisse bzw. durch kostenechte Arbeitgeberbeiträge zur Absicherung des Risikos der Arbeitslosigkeit. In Saisonbetrieben (Baugewerbe, Hotelerie und Gastgewerbe), in denen Versicherungsleistungen über dem Branchendurchschnitt in Anspruch genommen werden, sollte ein kostenorientierter Zuschlag zu den Arbeitgeberbeiträgen zur Sozialversicherung eingehoben werden. Daneben müßte auch die Idee einer bedarfsorientierten Existenzsicherung konkretisiert werden, um das Schutzvakuum zurückzudrängen. Modelle einer von der Erwerbsarbeit unabhängigen Grundsicherung üben zweifellos eine große Faszination aus, sind aber realpolitisch noch mit Gefahren verbunden. Nicht umsonst werden solche Grundsicherungsmodelle verstärkt von konservativ-liberalen TheoretikerInnen favorisiert. Sie verbinden damit die Intention, die Unternehmungen mehr und mehr aus der sozialen Verpflichtung herauszunehmen und die Kosten der Grundsicherung auf die breite Allgemeinheit zu überwälzen. Damit entsteht die Gefahr, daß eine minimale finanzielle Sicherheit gegen gesellschafts- und wirtschaftspolitische Partizipations- und Teilnahmerechte eingetauscht wird. Im überaus realistischen Fall weiterer budgetärer Engpässe würde dies die Bezieher von Grundsicherungen auf Gedeih und Verderb vom jeweiligen Regierungskurs abhängig machen.

Für eine grüne Sozialpolitik bleibt die Orientierung an einer echten Existenzsicherung auch ohne Erwerbsbezug eine programmatische Zielvorstellung. Es bedarf aber zunächst eines breiten gesellschaftlichen Konsenses darüber, daß solche Existenzsicherungen niemals ein Ersatz für Teilnahme- und Partizipationsrechte im Wirtschaftsprozeß und im gesellschaftlichen Leben sein dürfen. Der Staat muß im Rahmen einer aktiven Arbeitsmarkt- und Bildungspolitik weiterhin gefordert bleiben.

Ein solcher gesamtgesellschaftlicher Konsens müßte seinen Ausdruck auch in der Verankerung von sozialen Grundrechten in der Verfassung finden. Bis dahin kann ein emanzipatorisches Konzept einer Abkoppelung von Existenzsicherung und Erwerbsarbeit nur in der Erweiterung und Vereinfachung des Zugangs bei den bestehenden sozialen Errungenschaften bestehen sowie in einer Sockelung von Ansprüchen. Daraus leiten sich folgende Forderungen ab:

- Zugang zum sozialen Netz müßte es auch bei atypischen Erwerbsverläufen geben.

- Der Zugang zum sozialen Netz müßte auf individueller Basis und unabhängig vom Familienstand ermöglicht werden; dies bedeutet eine Absage an unterschiedliche staatliche Zuschußleistungen zu kleinsten Pensionen für Alleinstehende und für Ehepaare. Das Modell solcher unterschiedlichen Mindestsicherungen, wie es derzeit beim sogenannten Ausgleichszulagenrichtsatz existiert, ist mit der grundsätzlichen Intention, beim Sozialrecht individuelle Handlungsspielräume zu sichern, unvereinbar. Ebenso wäre es unvereinbar, die Absicherung sozialer Risken vom Einkommen anderer Familienmitglieder abhängig zu machen, da dies v. a. die Ehefrauen von Besserverdienern in patriarchalische Lebensverhältnisse drängt. Alle BesserverdienerInnen sollten im Rahmen eines progressiven Steuersystems adäquate Beiträge leisten, damit soziale Risken ohne Differenzierung nach den Familienverhältnissen abgesichert werden können. In diesem Zusammenhang ist es unverständlich, daß gerade die Sozialdemokraten einen grünen Antrag abgelehnt haben, der auf eine Solidaritätsabgabe für alle BesserverdienerInnen (ab ca. 1 Mio. Jahreseinkommen) abzielt, um die sozialen Mindeststandards in der wirtschaftlichen Rezession abzusichern.

- Sämtliche Möglichkeiten von Erwerbstätigkeit ohne soziale Absicherung müßten aufgehoben und beseitigt werden; von den sogenannten geringfügigen Beschäftigungsverhältnissen bis zu geduldeten Umgehungen des Arbeits- und Sozialrechts (etwa bei den Zeitungskolporteuren).

- Beim Arbeitslosengeld, bei der Notstandshilfe und bei den Sozialhilfesystemen der Länder müßten einerseits die Verfahrensvorschriften drastisch vereinfacht werden. Andererseits sollte ein betragsmäßiger Sockel eingeführt werden; in einer Höhe, die eine existentielle Sicherung ermöglichen würde. Sie sollte auf die grüne Mindestpensionsforderung abgestimmt werden.

- Statt des Systems der Ausgleichszulagen, die im Falle eines geringen Zusatzeinkommens von PensionistInnen sofort wieder entzogen werden, bedürfte es einer echten Mindestpension unabhängig vom Familienstand. Sie müßte in einer existenzsichernden Höhe gewährt werden (der grüne Vorschlag auf Basis 1993: S 8500,–). Durch eine Einbeziehung der atypischen Dienstverhältnisse und die Aufhebung von Höchstbeitragsgrundlagen in der Versicherung kann die Finanzierung einer solchen Mindestpension bewerkstelligt werden.

- Ein weitergehender grüner Vorschlag zielt auf die Einführung einer Mindestpension ab eines bestimmten Alters unabhängig von der vorherigen Erwerbstätigkeit. Ein derart umfassendes System könnte durch eine allgemeine Versicherungspflicht (wie sie in der Schweiz besteht) oder durch eine Volkspension (nach dem Beispiel der skandinavischen Länder) erreicht werden. Die heute bestehenden Möglichkeiten einer freiwilligen Versicherung sind für viele Menschen unerschwinglich. Eine allgemeine Versicherungspflicht sollte sich daher an der Beitragsfähigkeit orientieren, wobei ein Mindestbeitrag notfalls von der Sozialhilfe getragen werden müßte. Gerade für alte Menschen ist der Weg zum Bezug von Sozialhilfe oft übermäßig beschwerlich; für viele ist er auch entwürdigend und stigmatisierend.

- Neben der Erweiterung des Zugangs zum sozialen Netz in Richtung einer Grundsicherung wäre auch die Einführung von gesetzlichen Mindestlöhnen notwendig. Gerade in den Niedriglohnbranchen können Kollektivvertragsverhandlungen nicht mit dem selben Nachdruck geführt werden wie in den Hochlohnbranchen mit einflußreichen ArbeitnehmerInnenvertretungen. Im Jahr 1991 verdienten immerhin noch etwa 220.000 Beschäftigte unter S 10.000,– brutto pro Monat. Die schlechte Verhandlungsposition der ArbeitnehmerInnen in den Niedriglohnbranchen und die mangelnde Orientierung der österreichischen Gewerkschaftsbewegung an einer konsequenten Verhinderung großer Lohndifferenzen führten zur immer größerer Segmentierung bei Löhnen und Gehältern.[31] Es ist daher eine öffentliche Aufgabe, diesen Spaltungstendenzen entgegenzutreten. Die Grünen setzen sich auf parlamentarischer Ebene für die gesetzliche Verankerung eines Mindestlohnes ein, der zumindestens S 14.000,– netto (auf Basis 1993) betragen müßte.

In Verbindung mit der weiter oben skizzierten Wirtschaftsstrukturpolitik könnte eine solche Mindestlohnpolitik ein hervorragender Bei-

---

[31] *Statistische Nachrichten*, 47. Jahrgang 1992 (neue Folge), Heft 12, Wien 1992, Seite 980.

trag zu den notwendigen wirtschaftlichen und sozialen Reformen in Österreich und in ganz Europa sein. Der real utopische Schritt in Richtung einer echten erwerbsunabhängigen Grundsicherung muß heute schon durch solche konkreten Reformen vorbereitet werden. Dabei ist alles, was dazu beiträgt, die verschiedenen arbeitsrechtlichen und sozialversicherungsrechtlichen Systeme anzugleichen, als Fortschritt anzusehen.

● Schließlich wäre ein einheitliches Arbeits- und Sozialrecht für alle, also für ArbeiterInnen, Angestellte und BeamtInnen anzustreben. Ein solches Sozialrecht hat nur dann eine Chance, wenn die Sozialdiskussion von der Ebene eines rein ideologischen Hickhacks wegkommt und eine rationale Basis erhält. Die Vor- und Nachteile der verschiedenen Systeme sind möglichst problemorientiert abzuwägen. Anachronistische dienstrechtliche Regelungen bei den BeamtInnen (Amtsverschwiegenheit, strikte Weisungshierarchie bis zur Grenze der Strafrechtswidrigkeit) müßten ebenso beseitigt werden wie die Nachteile gegenüber dem Angestelltenrecht (mangelnde Leistungsanreize, extrem niedrige Anfangsgehälter, keine Abfertigungen). Von diesem Ausgangspunkt könnten die sogenannten BeamtInnenprivilegien auch ohne polemische Untertöne in Frage gestellt werden. Ein einheitliches Arbeits- und Sozialrecht – orientiert an einem verbesserten Angestelltenmodell – könnte auch einen jeweils berufsspezifischen Schutz vor willkürlichen Kündigungen beinhalten (z. B. wegen anderer politischer Überzeugung als die der Unternehmensleitung oder des jeweiligen Ministers/der Ministerin). Ziel ist auch hier individuelle Freiheit, die Gewinnung von Handlungsspielräumen und die Verbesserung der Möglichkeiten, an der Ökologisierung von Wirtschaft und Gesellschaft mitzuwirken.

e) Menschengerechte statt krankmachende Arbeit

1992 gingen mehr als 60.000 ArbeitnehmerInnen in Pension. Davon waren 40,6 Prozent (!) oder mehr als 24.000 Personen InvaliditätspensionistInnen. Bei den Arbeitern erreichte der Anteil gar 56,1 Prozent. Fast jeder zweite Mann und jede vierte Frau ging im Jahr 1991 auf Grund von Invalidität vorzeitig in Pension.[32] Neben der dramatischen

[32] Kammer für Arbeiter und Angestellte für Wien (Hrsg.), Invaliditätspension, Wien 1992.

Beeinträchtigung der Lebensqualität erleiden InvaliditätspensionistInnen auch finanzielle Einbußen von durchschnittlich 12 bis 20 Prozent gegenüber AlterspensionistInnen. Und schließlich schlägt sich gesundheitliche Schädigung auch in einer geringeren Lebenserwartung nieder: Männliche Invaliditätspensionisten haben eine um zehn Jahre geminderte Lebenserwartung gegenüber dem Durchschnitt; bei Frauen beträgt der Abstand fünf Jahre.

Ausländische Untersuchungen belegen, daß bei ArbeiterInnen in gesundheitsgefährdenden Branchen und Betrieben die Lebenserwartung teilweise sinkend ist; und die Lebenserwartungen von ArbeiterInnen und Angestellten gehen auseinander.[33] Menschen werden also in unterschiedlicher Weise massiv durch Arbeitsprozesse geschädigt. Die Forderung, daß Arbeit nicht krank machen darf, ist für viele ArbeitnehmerInnen eine Utopie. Invaliditätspensionen und Arbeitsunfälle, von denen etwa sechs Prozent der unselbständig Beschäftigten pro Jahr betroffen sind, sind nur die Spitze eines Eisbergs. Gefährliche Arbeitsprozesse und -stoffe, Lärm, schlechte Beleuchtung und Temperierung, Gase und Dämpfe, Monotonie oder Streß, sowie schwere körperliche Arbeit überfordern eine wachsende Zahl von ArbeitnehmerInnen. Vor allem wird Streß zu einem immer gefährlicheren Krankmacher. Bei den Neuzugängen in die Invaliditätspension zeigt sich, daß vor allem jüngere Personen von psychiatrischen Leiden, Unfällen und Krankheiten des Zentralnervensystems betroffen sind, die zu dauernder Arbeitsunfähigkeit führen. Die psychiatrischen Krankheiten wurden 1991 nur von Erkrankungen des Bewegungs- und Stützapparates übertroffen.

Schlechte Arbeitsbedingungen verursachen also zunehmend akute und chronische körperliche sowie psychische Erkrankungen. Aber die Angst um den Verlust des Arbeitsplatzes führt gleichzeitig zu sinkenden Krankenständen. Das menschliche Maß ist in vielen Tätigkeitsbereichen verlorengegangen. Die unmittelbaren Konsequenzen haben die ArbeitnehmerInnen zu ertragen. Darüber hinaus verhindern solche krankmachenden Arbeitsverhältnisse auch die Ökologisierung der Wirtschaft. Die Gifte kommen zu einem Gutteil aus den Betrieben; ein effizienter Gesundheitsschutz am Arbeitsplatz wäre daher ein ganz entscheidender Beitrag für die Ökologisierung der Wirtschaft. Auch

---

33 *Die Alternative*, Nr. 2/1993, Wien 1993, Seite 12.

hier zeigt sich, daß Gesundheitsschutz, Ökologie und volkswirtschaftliche Rationalität Hand in Hand gehen müssen.

Die jährlichen Folgekosten von Arbeitsunfällen betragen ca. 25 Milliarden Schilling. Sozialdumping auf Kosten der Gesundheit von ArbeitnehmerInnen rechnet sich also nicht. Dies hat mittlerweile auch die EU erkannt und in einer Entschließung des Rates (vom 21. 12. 1987 über Sicherheit, Arbeitshygiene und Gesundheitsschutz am Arbeitsplatz) ein besseres Schutzniveau für den Produktionsfaktor Arbeitskraft eingeführt. Durch die Rahmenrichtlinie 89/391 gilt der ArbeitnehmerInnenschutz in der EU für alle privaten und öffentlichen Tätigkeitsbereiche – anders als in Österreich, wo der gesamte Öffentliche Dienst sowie die Land- und Forstwirtschaft ausgenommen sind. Arbeitgeber sind verpflichtet, Maßnahmen der Gefahrenverhütung zu planen. Sämtliche Tätigkeiten im Unternehmen sind auf die Möglichkeiten zur Vermeidung oder Verringerung von Gefahren hin zu überprüfen; den ArbeitnehmerInnen kommen dabei Vorschlags- und Mitwirkungsrechte zu. Ferner wird ein Ausbau der Präventivdienste (Arbeitsmedizin, Sicherheitstechnik) normiert.

Das in Österreich per 1. 1. 95 in Kraft tretende neue ArbeitnehmerInnenschutzgesetz hat zwar den Anspruch, die EU-Richtlinien zu erfüllen, kann dies in Wirklichkeit jedoch nicht realisieren. Öffentlicher Dienst, Land- und Forstwirtschaft, Bergbau sowie HeimarbeiterInnen bleiben weiterhin richtlinienwidrig von einer einheitlichen ArbeitnehmerInnenschutzregelung ausgeschlossen. Das Gesetz beinhaltet Übergangsfristen bis zum Jahr 2000 und tritt für große Teile der ArbeitnehmerInnen in wesentlichen Bereichen erst zwischen 1996 und 2000 in Kraft. Wichtige und teilweise äußerst umstrittene Inhalte werden mittels zukünftiger Verordnungen geregelt; deren Erlassung wurde jedoch keiner zeitlichen Befristung unterworfen. Damit existiert zwar ein neues ArbeitnehmerInnenschutzgesetz; seine Inhalte sind aber in weiten Teilen noch nicht bekannt, beziehungsweise noch nicht in Kraft. Seine Auswirkungen können somit noch nicht in allen Bereichen abgeschätzt werden; daß eine komplette Erfüllung der EU-Richtlinien im Sinne der ArbeitnehmerInnen nicht gegeben ist, steht allerdings bereits jetzt eindeutig fest.

- Im Zusammenhang mit dem ArbeitnehmerInnenschutz sind folgende Forderungen wichtig:

- Der gesamte Inhalt der relevanten EU-Richtlinien müßte sofort erfüllt werden. Das bedeutet unter anderem die Einbeziehung aller ArbeitnehmerInnengruppen, sowie die umgehende Erlassung aller erforderlichen Verordnungen, welche erst die Inhalte der Einzelrichtlinien im Detail umsetzen können.

- Konkrete Maßnahmen sollten ermöglichen, die arbeits- und sicherheitstechnische Betreuung aller ArbeitnehmerInnen raschest zu realisieren. Der im Gesetz festgelegte Endtermin mit dem Jahr 2000 sollte möglichst unterschritten, jedenfalls aber hundertprozentig eingehalten werden.

- Arbeitsmedizinische und sicherheitstechnische Betreuung sollten allen ArbeitnehmerInnen offenstehen; zeitgemäße Ausbildung und Weiterbildung müßten normiert werden.

- Die Tätigkeit der Arbeitsinspektion sollte wesentlich ausgebaut werden. Derzeit gibt es in ganz Österreich rund 300 ArbeitsinspektorInnen, die über 200.000 Betriebe zu kontrollieren haben. Diese Behörden müßten mehr Kompetenzen erhalten, also selbst Strafen verhängen können (und nicht im Wege der Bezirksverwaltungsbehörde) und im Extremfall eines akuten und schwerwiegenden Gesundheits- oder Umweltrisikos Betriebe auch schließen können.

- Die Liste der anerkannten Berufskrankheiten ist seit langem reformbedürftig und müßte erweitert werden. Sie deckt bei weitem nicht mehr den wachsenden Katalog der Gefahren und Schädigungen ab, die durch Arbeitsprozesse verursacht werden. Weiters könnte in diesem Zusammenhang ein effizienter Schutz nur dann Platz greifen, wenn eine Beweislastumkehr gilt. Der Nachweis, daß eine Schädigung ausschließlich durch Einwirkungen des Arbeitsprozesses eingetreten ist, ist nahezu nicht zu erbringen. Daher müßte in den Fällen einer wahrscheinlichen Schädigung am Arbeitsplatz der Unternehmer den Nachweis erbringen, daß andere Faktoren kausal waren. Selbstverständlich wären für erkrankte ArbeitnehmerInnen auch die PatientInnenrechte wesentlich zu verbessern.

- Bei den Arbeitsstoffen kann eine Kennzeichnung allein nicht genügen. Gesundheitsgefährdende Arbeitsstoffe – insbesondere krebserregende, erbgutschädigende und reproduktionstoxische

Stoffe – müßten verboten werden. Solche Stoffe können bei längerer Einwirkungszeit auch in kleinsten Mengen zu schwerwiegenden Gesundheitsschädigungen führen. Ihre Verwendung kommt einer bewußten Verletzung von Menschen gleich und ist daher sofort einzustellen. Hinsichtlich sonstiger gefährlicher Substanzen müßte eine uneingeschränkte Verpflichtung zur Verwendung von weniger schädlichen Substitutionsstoffen gesetzlich verankert werden. Das gesundheitliche Risiko muß so klein wie möglich gehalten werden. Auch hier sind die österreichischen Sozialbehörden säumig. Neue wissenschaftliche Erkenntnisse werden in letzter Zeit immer öfters erst mit großer Verspätung vom Sozialminister zur Kenntnis genommen. Österreichischen ArbeitnehmerInnen wird mehr an Giftkonsum am Arbeitsplatz zugemutet als ihren deutschen KollegInnen.

- Sämtliche Grenzwerte sollten nicht – so wie bisher – nur auf den gesunden männlichen Arbeitnehmer, sondern auf das Schutzbedürfnis besonders gefährdeter ArbeitnehmerInnen (Jugendliche, ältere ArbeitnehmerInnen, Schwangere) abgestellt werden.

Die Summe dieser Maßnahmen könnte einen wesentlichen Beitrag zur menschengerechten, nicht-krankmachenden Gestaltung von Arbeitsprozessen leisten. Dies wäre gleichzeitig ein entscheidender Schritt hin zu einer ökologischen Unternehmenskultur. Die grünen Vorstellungen gehen aber weiter.

- Die immer wieder versuchte Polarisierung „Arbeitsplätze oder Umweltschutz" muß überwunden werden. Die MitarbeiterInnen, die vielfach ja auch AnrainerInnen eines Betriebes sind, sollten nicht jeder Arbeitsplatzerpressung nachgeben müssen. In den arbeitsrechtlichen Normen müßte daher das Recht verankert werden, im Falle einer Kündigung wegen einer angeblichen Kostenexplosion durch Umweltauflagen, eine Untersuchung durch die Arbeitsinspektion respektive durch Umweltbehörden zu veranlassen, um die Stichhaltigkeit der Argumente der UnternehmerInnen zu überprüfen. Eine solche Möglichkeit sehen etwa die amerikanischen Clean Air and Clean Water Acts vor, allerdings bloß in Form einer nachträglichen Überprüfung der Gründe für die Stillegung der Fabrik. Solche Öko-Überprüfungen in Unternehmungen müßten die ökologischen Auswirkungen der Produkte, der Herstellungsverfahren sowie der behandelten Stoffe umfassen. Sie würden es den ArbeitnehmerInnen und den AnrainerInnen erlauben, sich einer unsachlichen Erpressung nach dem Motto „Umwelt gegen Arbeit" zu widersetzen. Eine solche Regelung würde auch das Bewußtsein stärken, daß wirtschaftliche und ökologische Nachhaltigkeit nicht voneinander zu trennen sind. Gerade Großbetriebe müßten die negativen Imagewirkungen einer fälschlicherweise behaupteten Kostenexplosion durch Umweltauflagen fürchten. Schließlich gäbe es in einem derartigen Verfahren auch die Möglichkeit, eine Betriebsstillegung bei einer ökologischen Sanierung auch mit öffentlicher Hilfestellung durchzuführen. All das ist nur vor durchgeführter Stillegung sinnvoll.

3. MEDIEN, BILDUNG UND WISSENSCHAFT ALS SCHRITTMACHER EINER ÖKOLOGISCHEN ZIVILISATION

Die überwältigenden und miteinander verwobenen ökologischen, sozialen und ökonomischen Probleme, mit denen die Menschheit konfrontiert ist, haben sich gerade in den letzten zwei Jahrzehnten zugespitzt, in denen zugleich immer mehr WissenschafterInnen die Erkenntnisse darüber in allen Disziplinen enorm weiterentwickelt haben. Längst mußten auch die größten Bibliotheken der Welt den Vollständigkeitsanspruch ihrer Sammlungen aufgeben. So verfügt etwa die Bücherei des US-Kongresses mit ihren gut 100 Millionen Dokumenten nur über einen verschwindenden Bruchteil der weltweit verfügbaren Bücher und Schriftwerke. Selbst in Einzeldisziplinen ist es schon lange unmöglich geworden, auch nur einen oberflächlichen Überblick über die Publikationen eines Jahres zu bewahren. Rund 600.000 Laborberichte, Dissertationen und Fachartikel müßte ein Chemiker pro Jahr lesen, um in seinem Fachgebiet am Puls der Zeit zu bleiben. „Die Folge: der Mann wird, gemessen am insgesamt verfügbaren Chemiewissen, immer dümmer.“ [1]

Die immer schwieriger zu lösende Aufgabe ist die Auswahl der relevanten Information aus der Unmenge der kommunizierten Daten und die Herstellung von Verknüpfungen zwischen den relevanten Informationen. Der Prozeß der Informationsbeschaffung und -verarbeitung wird zur eigentlichen Aufgabe. Kommunikationstechnologien entwickeln ihre eigenen Gesetze, lösen gesellschaftliche Wirkungen aus; die Fähigkeit zum selektiven Umgang mit Information wird dadurch teilweise verringert. Schule und Bildungssystem haben mit dieser Entwicklung nicht Schritt gehalten. Nach wie vor dominiert im staatlichen Bildungssystem die Vermittlung enzyklopädischen Wissens. Die Mechanismen zur Weiterentwicklung von Lehr- und Lernmodellen einerseits und der Lehrpläne und Inhalte andererseits blieben hinter der rasanten technologischen Entwicklung weit zurück. Ein traditionelles Bildungssystem, das die Kenntnisse über Kommunika-

---

[1] Hans-Dieter Degler, Wissenszwerge unter Druck. Die Krise auf dem Weg ins Informationszeitalter, in: Die Erde 2000. Wohin sich die Menschheit entwickelt, Hrsg. Spiegel-Verlag, Hamburg, Juli 1993.

tionstechnologien und Medien nur als neue Fachrichtung neben die anderen Wissensgebiete gereiht hat, kann dem globalen Einfluß der neuen Medien für die überlieferte Kultur, das kulturelle Bewußtsein, für Sprache und Wahrnehmung von Menschen nicht gerecht werden. Die Informationsflut der Medien erreicht Kinder, Jugendliche und Erwachsene neben und parallel zu Schule, Ausbildung oder Beruf. Eine Abschirmung ist nahezu unmöglich. Eine bewußte Auseinandersetzung mit den individuellen und gesellschaftlichen Auswirkungen bzw. den Möglichkeiten, damit umzugehen, erfolgt kaum.

KritikerInnen des „Medienzeitalters“ verweisen zurecht auf das gewaltige soziale Veränderungspotential der neuen Medien. Neil Postman hat die These vom Verschwinden der Kindheit oder gar vom Verschwinden der Realität aufgestellt.

„Die Idee der Kindheit ist eine der großen Erfindungen der Renaissance, vielleicht ihre menschlichste. Zusammen mit der Wissenschaft, dem Nationalstaat und der Religionsfreiheit hat sich die Kindheit als soziales Prinzip und als psychologisches Bedingungsgefüge im 16. Jahrhundert herausgebildet.“ [2] Im Mittelalter gab es auf Grund der Dominanz der gesellschaftlichen Hierarchie und dem Primat des Überlebens keinen Raum für eine eigene Sphäre der Kinder bzw. der Kindheit. Das Vordringen arbeitsteiliger Produktion und die steigenden Anforderungen an Wissen und Kenntnissen machten eine stärker abgeschirmte und behütete Phase des Lernens erforderlich. Im Mittelalter gab es praktisch keine Grundschulerziehung; diese breitete sich erst im 16. und 17. Jahrhundert aus. Bücher und Schriftwerke begannen in Inhalt und Form den speziellen Anforderungen von Kindern Rechnung tragen; schulische Institutionen und Lehrbehelfe verfeinerten sich nach Altersgruppen und Aufgabenbereichen.

Die Kommunikationsumwelt der elektronischen Medien hat diese Differenzierung grundsätzlich durchbrochen. Insbesondere das Fernsehen hat die Privatsphäre der Haushalte mit einer primär nicht-sprachlichen, von Symbolen geprägten Reizübermittlung weitgehend erobert. *„Das Fernsehen löscht also die Trennungslinie zwischen Kindheit und Erwachsenenalter auf doppelte Weise aus – zum einen, weil keine Unterweisung erforderlich ist,*

---

2 Neil Postman, Das Verschwinden der Kindheit, in: Die Verweigerung der Hörigkeit, Hrsg. Neil Postman, Frankfurt am Main 1988, Seite 173.

um seine Form zu begreifen, zum anderen, weil es sein Publikum nicht gliedert.“ [3] Plakate, Lichtreklamen und Titelseiten sind allgegenwärtig und inszenieren immer drastischere Bilderwelten; global, entdifferenzierend und ohne Möglichkeit der Abschirmung von den weitgehend auch unbewußt übermittelten Botschaften.

Die einzige Chance, trotz dieser unvermeidbaren Reizüberflutung Selbstbestimmung und Urteilsvermögen zu bewahren, liegt in einer bewußten Auseinandersetzung mit Kommunikations- und Wahrnehmungsmechanismen. Ohne die Entwicklung eines kritischen Unterscheidungsvermögens ist die Gefahr des Verschwindens der Grenze zwischen realer Welt und Medienwelt sehr groß. Auch politische Informationen kommen immer häufiger aus zweiter oder dritter Hand: Die Regierung faßt Beschlüsse, SprecherInnen teilen diese den Medien mit, und diese transformieren sie wiederum für ihr Publikum. Berichte über reale Vorgänge werden in der selben Art und Weise kommuniziert wie Filme und Fiktionen. *„Untersuchungen in Schweden ergaben, daß bereits 40 Prozent der Kinder zwischen sechs und zehn Jahren davon überzeugt sind, daß Menschen ausschließlich durch Mord und Totschlag sterben. Was das Fernsehen zeigt, gilt als wirklich. Aus* cogito, ergo sum *(Ich denke, also bin ich), wird* video, ergo sum: *Ich sehe, also bin ich.“* [4]

Elektronische Medien sind in der Lage, virtuelle Realitäten zu produzieren. Via Datenleitung lassen sich Telearbeitsprozesse organisieren und künstliche Fabriken aufbauen. Das Vordringen dieser virtuellen Welten führt zu einem Entzug von erlebbarer, fühlbarer Wirklichkeit. In einer Art Gegenreaktion wird der Erfahrungshunger, die Suche nach Erlebnis-Intensitäten, sowie nach Risiko und Gefahr, z. B. im Freizeitverhalten, immer größer.[5] Die Fähigkeit zur Medienkompetenz, zum selektiven Umgang mit der Informationsflut wird nicht auf breiter Basis vermittelt. Die Schulen konnten dieser Herausforderung bisher nicht gerecht werden, die Familien sind überfordert.

Die Wissenschaften haben anstatt einer Konzentration auf gesamt-

---

[3] Neil Postman, ebenda, Seite 179.

[4] Hans-Dieter Degler, Wissenszwerge unter Druck. Die Krise auf dem Weg ins Informationszeitalter, in: Die Erde 2000. Wohin sich die Menschheit entwickelt, Hrsg. Spiegel-Verlag, Hamburg, Juli 1993, Seite 99.

[5] Hans-Dieter Degler, ebenda, Seite 101.

haftes Wissen, auf das Erkennen von Zusammenhängen und die Abstraktion von Unwesentlichem, die Spezialisierung fast ins Extreme vorangetrieben. Auch hier sind die Beziehungen zur Realität, zu den konkreten Problemen allzu oft abhanden gekommen. Dadurch können die Wissenschaften immer weniger handlungsrelevante Erkenntnisse liefern, z. B. für die Bewältigung der globalen Umweltprobleme. Die hochspezialisierten Detailaussagen entziehen sich auch meist einer Umformulierung in politische und sozialtherapeutische Vorschläge. So ist eher eine gegenteilige Tendenz eingetreten: Verkürzte und isolierte wissenschaftliche Aussagen lassen sich oft zur Begründung jedweder Politik heranziehen (bzw. mißbrauchen).

Die meisten MedienexpertInnen und WissenschaftstheoretikerInnen stehen diesen Entwicklungstendenzen mit großer Ratlosigkeit und auch mit einer pessimistischen Zukunftseinschätzung gegenüber. Dennoch läßt sich sogar hier eine gewisse Chance erkennen. Angesichts der nicht mehr überschaubaren Informationsflut und der isolierten Details der Wissenschaften erlangen die einfacheren, aber auch engagierten Positionierungen von Bürgerinitiativen im Bündnis mit den DissidentInnen im Wissenschaftsbetrieb eine gar nicht so ungünstige Ausgangslage. Das Vertrauen in das segensreiche Wirken des Fortschritts und seine Experten ist schwer erschüttert. Giftkatastrophen, Atomunfälle, Waldsterben und Klimakollaps haben die Warnungen von TechnologiekritikerInnen – wie etwa des vor kurzem gestorbenen grünen Bundespräsidentenkandidaten Robert Jungk – bestätigt.

Das Anliegen der modernen Wissenschaften, die Natur beherrschbar zu machen, um die Menschen aus ihrer Abhängigkeit von den Naturgewalten zu befreien, hat sich in vielen Bereichen in das genaue Gegenteil verkehrt. Mit dem Versuch, die Fruchtbarkeit der Böden zu erhöhen, sind große landwirtschaftliche Gebiete nahezu unbrauchbar geworden. Die Fortschritte der Medizin haben in vielen Bereichen die Grenze der Unmenschlichkeit erreicht bzw. fallweise überschritten. Der Einsatz von fossilen Brennstoffen hat in den reicheren Staaten zu einer Erhöhung der Mobilität und zu einer Verbesserung der Lebensqualität geführt, zugleich sind seine Auswirkungen auf das Klima völlig außer Kontrolle geraten. Die von den Wissenschaften lange Zeit nicht erkannten und von der Politik geleugneten Risken und Gefahren sind derart offensichtlich geworden, daß sich daraus eine große Glaubwürdigkeit für WissenschaftskritikerInnen und für Bürgerinitiativen ergeben hat.

Das Erarbeiten von Gegeninformationen wurde staatlicherseits meist nicht gefördert oder unterstützt. Die KritikerInnen waren und sind darauf angewiesen, ihren eigenen handlungsrelevanten Zugang zu einer Materie zu finden. Die Bürgerinitiativen haben gelernt, den Informations- und Kommunikationsdschungel zu durchdringen. Waren es zu Beginn der Antiatomkraftbewegung noch wenig abgesicherte Bedrohungswahrnehmungen, so sind es heute bereits beweisbare Diagnosen über Schäden und Ursachen, die im wissenschaftlichen Methodenstreit bestehen können. Bürgerinitiativen und Umweltgruppierungen haben es nicht nur verstanden, Informationsbarrieren zu überwinden und empirische Daten zusammenzutragen, sondern sind darauf aufbauend dazu übergegangen, alternative Problemlösungsansätze zu entwickeln und zu konkretisieren.

Die Wissenschaft verharrt in ihrem Spezialistentum; die Politik klammert sich an die Grenzen von Zuständigkeitsbereichen und Ressorteinteilungen. Der Umgang der Bürgerinitiativbewegung mit Information und wissenschaftlicher Erkenntnis ist ein anderer: Hier dominiert das Ziel einer Vermeidung von Schäden für Mensch und Natur sowie der konsequenten Zurückdrängung von Schadensursachen. Erkenntnisse, die diesen Anliegen dienen, sind handlungsrelevant, gleich aus welchem wissenschaftlichen Fachbereich sie kommen. Diese werkorientierte, aber durchaus wissenschaftsfreundliche Ausrichtung des Handelns unterscheidet sich grundsätzlich von dem kausalen Verständnis der etablierten Wissenschaften und dem ideologischen Verständnis der traditionellen Politik. Für die Bürgerinitiativen ist die Klärung der Frage, was ursächlich ist, nur insoweit von Relevanz, als die Schadensursachen zu beseitigen sind. Aus diesem Grunde ist auch der letzte und exakteste Nachweis der Kausalität, der meist gar nicht möglich wäre, auch gar nicht erst erforderlich. Die Wahrscheinlichkeit, etwa ein statistisch relevanter Zusammenhang zwischen bestimmten gesellschaftlichen oder wirtschaftlichen Verhaltensformen und dem Auftreten von Schäden in der Biosphäre, ist ausreichend, um daraus die Forderung nach Veränderungen abzuleiten. Der Zugang der Grünen bei ihrem Vorschlag nach einem Grundrecht auf Gesundheit war genau dieser: Die wahrscheinliche Möglichkeit einer Gesundheitsbeeinträchtigung muß hinreichende Begründung sein für ein Recht zur Abwehr dieser Gefahr.

Natürlich bewirkt der stärkere Lebens- und Realitätsbezug im Rahmen der Bürgerbewegung für sich allein noch nicht das Zurückdrängen sämtlicher Gefahren der Risiko- und Informationsgesellschaft. Nach wie vor gibt es die Prozesse einer gesellschaftlichen Produktion von vielfältigen Möglichkeiten zur Flucht aus der Realität sei es nach innen, nach oben oder zurück, die einer politischen Aktivierung entgegenstehen. Wenn daher ZukunftsforscherInnen auf die enorme Rolle von neuer Aufklärung, Bildung und Forschung für die Bewältigung der existentiellen Fragen unserer Zeit hinweisen, dann ist es zuwenig, nur auf das größere Problembewußtsein und die größere Handlungsrelevanz des Alternativwissens zu bauen. Eine Weiterentwicklung der Demokratie und neue Formen der Konfliktlösung durch eine Gesellschaft mündiger BürgerInnen verlangen Neuorientierungen im Schul- und Bildungssystem und eine politische Auseinandersetzung mit dem Wissenschaftsbetrieb. Inadäquate Ausbildungsmethoden, die Gesellschaftsanalyse, Kulturkritik und Selbstreflexion nicht ermöglichen und unterstützen, schmälert die Chancen einer umfassenden Ökologisierung von Wirtschaft und Gesellschaft beträchtlich.

Im Rahmen des grünen Projektes ist es daher von entscheidender Bedeutung, verstärkt eine kritische Auseinandersetzung mit den Wirkungsweisen von Medien,Bildung und Wissenschaft zu suchen. Hebel, die hier angesetzt werden können, wirken zwar nicht unmittelbar, aber umso nachhaltiger.

Es geht dabei um nichts Geringeres als eine „Vorbereitung auf das 21. Jahrhundert" (Paul Kennedy).

Hebeln für eine Schule ohne Angst

„Die bisherigen Analysen zur Schule haben klare Hinweise gebracht, daß die Schule mit relativ großer Wahrscheinlichkeit für zahlreiche Kinder und Jugendliche einen potentiell schädigenden, zumindest aber schwer belastenden Lebensraum bildet, und daß diese Belastungen nicht lediglich – soweit dies überhaupt ein sinnvolles Argument sein kann – Folge unzureichender Lernvoraussetzungen der sie besuchenden Jugendlichen sind, sondern Auswirkungen der institutionellen Vorstrukturierung der Schule (z. B. Arbeitszeiten, Vorgaben zur Leistungsbeurteilung), der Nichtanwendung bestehender gesetzlicher Bestimmungen (z. B. hinsichtlich der lehrzielbezogenen Orientierung bei der Lei-

stungsbeurteilung) und nicht-sanktionierter menschlicher Unzulänglichkeiten der Lehrer darstellen. Man kann in Kenntnis und angesichts der Verbreitung dieser Phänomene nicht von vorne herein annehmen, daß Eltern im Sinne der Konvention (UN-Konvention über die Rechte des Kindes) zum Wohl ihrer Kinder handeln, wenn sie ein Kind in die Schule geben; ein rechtlicher Zwang zum Besuch einer bestimmten Schule erscheint vor dem Hintergrund dieser Sachverhalte jedenfalls als ethisch bedenklich. Zur Veränderung dieser Situation können Maßnahmen auf verschiedenen Ebenen angesetzt werden: Veränderung der institutionellen Struktur der Schule; wirksame Umsetzung der bestehenden gesetzlichen Bestimmungen; Schaffung von Handlungsspielraum für Eltern und Kinder." [6]

Die Schule als ein potentiell schädigender, zumindestens aber schwer belastender Lebensraum für Kinder und Jugendliche – eine derart drastische Einschätzung des österreichischen Schulwesens in einer Studie des Jugendministeriums – dies sollte eigentlich zu einem Aufschrei bei SchülerInnen, Eltern und Lehrpersonen führen. Aber fast hat es den Anschein, als sei die Schule als Zwangsanstalt bereits so stark im gesellschaftlichen Bewußtsein verankert, daß ein öffentlicher Druck in Richtung einer Befreiung von diesen Zwängen gar nicht mehr versucht wird. Während Eltern vom Wissensdrang der Kleinkinder oft gänzlich überfordert sind, scheint das Schulsystem im großen und ganzen – ohne die Rolle engagierter und hervorragender PädagogInnen dadurch schmälern zu wollen – diesen Wissens- und Erkenntnisdrang geradezu in das Gegenteil zu verkehren. Angst ist die schlechteste Motivation menschlichen Verhaltens. Dennoch ist sie ein zentraler Faktor im Schulwesen. Laut einer bundesweiten Studie des Unterrichtsministeriums greift jede(r) dritte Schüler bzw. Schülerin zu Beruhigungsmitteln; jedes vierte Kind bekommt am Abend vor wichtigen Schularbeiten eine Schlaftablette verabreicht; und gar 56 Prozent der Eltern geben ihren Kindern kreislaufstabilisierende Mittel.[7] Das schöne Motto, das Kindern mit auf den Weg gegeben wird, sie würden nicht für die Schule, sondern für das Leben lernen, trifft in der Praxis überhaupt nicht zu. Wissensvermittlung unter Angst,

---

[6] Ferdinand Eder, Schule und „Rechte des Kindes", in: Bundesministerium für Umwelt, Jugend und Familie (Hrsg.), Vortrag an den Ministerrat betreffend UN-Übereinkommen über die Rechte des Kindes (GZ 307788/23-IV/1/93) vom 7. 7. 1993, Seite 309f.

[7] G. Lukesch, C. Rajchl, Jeder dritte Schüler greift zu Beruhigungsmitteln! Bundesweite alarmierende Studie/Schulpolitiker fordern Aufklärungsarbeit, in: *Kurier* vom 18. 9. 1993, Seite 17.

Streß und Notendruck führt aber nicht nur zu einem Nachlassen der eigenen Motivation, sondern auch zu einer bedenklichen inhaltlichen Prägung von Bildung. Das Wesentliche, worum es eigentlich gehen sollte, die Lebensrelevanz, der „Gebrauchswert“ von Bildung tritt zurück gegenüber einem gesellschaftlichen „Tauschwert“. Fachspezifisch isolierte Inhalte werden auswendig gelernt, um sie gegen (gute) Noten einzutauschen, die guten Noten wiederum verhelfen zu akademischen Graden, und diese wiederum bestimmen neben dem Besitz über Status und Rolle in der Gesellschaft.[8]

Die dominierenden Formen von Schulorganisation sind mit einer enormen zeitlichen Belastung der SchülerInnen verbunden; bereits in der Grundschule wird die im Erwerbsleben als normale Belastungsgrenze akzeptierte 40-Stunden-Woche nicht eingehalten. Derart massive Beanspruchungen lassen keinen Raum für eine umfassende Realisierung von Freiheitsräumen, für eine konzeptuelle Autonomie der Kindheit. Kinder werden in die Sachzwänge der Industriegesellschaft eingepaßt; ihre Bedürfnisse stehen nicht im Mittelpunkt der Organisation von Lernprozessen. Auch im Rahmen von Institutionen der Kinderbetreuung haben sie selten mehr als einen Objekt-Status; sie werden „betreut“, anstatt daß ihre Subjekt-Bedürfnisse von den Institutionen gefördert und umgesetzt würden.[9] Eine ökologische Neuorientierung in Staat und Gesellschaft kann nicht Platz greifen, solange solche Freiräume der Kinder zur Selbstentfaltung noch nicht einmal als gesellschaftliche Zielsetzung formuliert werden. Der Paternalismus im Staatswesen und bei der Ämterbesetzung gilt als verpönt; die Rechte der Frauen sind zumindest als Forderungen angemeldet und in Teilbereichen auch bereits durchgesetzt; doch dort, wo der Paternalismus seinen Ausgang genommen hat, im Bereich der Gewalt von Vätern (und Müttern) über die Kinder, dort ist zumindest seit dem Niedergang der 68er-Bewegung das gesellschaftliche Problembewußtsein wenig entwickelt. Der Begriff Emanzipation rührt zwar aus dem Verhältnis zwischen Vater und Kindern her, hat sich aber in diesem Bereich am

---

[8] Herbert Pietschmann, Bildung zwischen Logik und Widerspruch, in: Vernetzung und Widerspruch. Zur Neuorganisation von Wissenschaft, Hrsg. Ada Pellert, München 1991, Seite 453ff.

[9] Helmut Wintersberger, Sind Kinder eine Minderheitsgruppe? Diskriminierung von Kindern gegenüber Erwachsenen, in: Bundesministerium für Umwelt, Jugend und Familie (Hrsg.), Vortrag an den Ministerrat betreffend UN-Übereinkommen über die Rechte des Kindes (GZ 307788/23-IV/1/93), Wien, 7. 7. 1993, Seite 35ff.

wenigsten ausgeprägt außer in seiner negativen Form – der „vaterlosen Gesellschaft". Auch das lange Ringen um das Verbot der „gesunden Ohrfeige" beweist, wie schlecht es um die häuslichen Rechte von Kindern bestellt ist. Angesichts der Tatsache, daß die meisten Verletzungen von Kinderrechten, bis hin zur massiven Gewalt und zur sexuellen Ausbeutung von Kindern, im Familien- und Bekanntenkreis der Kinder geschehen, wäre die Emanzipation von Kindern, ihr Bewußtsein um eigene, unveräußerliche Rechte, gerade in der eigenen Wohn- und Lebensumgebung, von besonderer Bedeutung. Kinder, von denen Ein- und Unterordnung verlangt wird, werden oft nur sehr schwer ein eigenes Selbstwertgefühl herausbilden. Ihre Entwicklung zu mündigen, ökologisch engagierten BürgerInnen wird ein mühsamer und langer Weg sein.

Daraus leiten wir eine Reihe von Hebeln für eine neue grüne Schule ab:

a) Demokratisierung des Schulsystems auf allen Ebenen

Die Schule müßte eine Modellgesellschaft werden; ein Ort, an dem der Umgang mit Demokratie erlernt wird. So wie man Gewalt lernen kann, kann man auch Gewaltfreiheit lernen. Kreative Konfliktlösung geschieht selten spontan, sondern muß trainiert und geübt werden. Schule darf sich daher nicht auf die kognitive Ebene beschränken, sondern müßte die Herausbildung von Gefühlen, von sozialen und spirituellen Fähigkeiten ebenso anregen wie den Bereich der Vernunft. Der Erziehungs- und Bildungsauftrag der Schule sollte auf der Erkenntnis aufbauen, daß in der Lernfähigkeit und Lernbereitschaft jedes Menschen der Schlüssel für seine Selbstbestimmung bzw. sein Weltbild und damit für die Veränderbarkeit überkommener Muster liegt. Die Gestaltung von Schule und Lernen sollte daher in erster Linie in Form von Diskussionsprozessen zwischen Kindern, LehrerInnen und Eltern erfolgen.

b) Kinderrechte

Kinderrechte ernst nehmen heißt, Kinder und Jugendliche über ihre Rechte zu informieren; auch Kleinkinder müßten wissen, daß sie nicht geschlagen, mißhandelt oder gequält werden dürfen; und daß sie ein Recht haben, sich zu wehren. Deshalb müßte es von Anfang an – im Kindergarten, in der Volksschule und in der Mittelstufe – Modelle geben, die geeignet sind, die Wünsche und Bedürfnisse von Kindern festzustellen und ihnen selbst schrittweise Verantwortung für Handlungs- und Entscheidungsmöglichkeiten zu überlassen. Darüberhinaus sollten auch Betreuungs- und Lehrpersonen die Kinder zur Wahrnehmung ihrer Rechte ermutigen. Lehrpersonen müßten über eine entsprechende Schulung verfügen, um die konkreten Bedürfnisse und die emotionalen (oft verschwiegenen) Verletzungen bei Kinder wahrzunehmen und konstruktiv bearbeiten zu können.

c) Lebensraum Schule

Die Belastungen des Schulbetriebs gehen zeitlich und intensitätsmäßig oft weit über die Anforderungen von Arbeitsverhältnissen hinaus. Unter diesen Voraussetzungen ist adäquates, zukunftsorientiertes Lernen schwer möglich. Pädagogische Erkenntnisse hinsichtlich Arbeitseinheiten, notwendigen Pausen, Größe von Gruppen etc., müßten absolute Priorität vor Sachzwängen und budgetären Restriktionen haben. Eine Gesellschaft, die bei der Ausbildung der Kinder spart, verbaut sich alle Chancen einer Neuorientierung von Staat und Gesellschaft angesichts der Herausforderungen des nächsten Jahrhunderts. In Zukunft müßte es verstärkt ganztägige Schulformen geben mit flexiblen Klassenteams, die Projekte gestalten und nicht an den traditionellen Schulstundentakt gebunden sind. Nachmittagsangebote sollten nicht noch „mehr vom Schlechten" bedeuten, sondern vor allem mehr Bewegung, mehr Spaß und mehr Förderung von Kreativität. Das würde auch entsprechende attraktive Räumlichkeiten, eine kindergerechte Ausstattung und ein Budget erfordern, mit dem die Schulgemeinschaft und die Arbeitsteams selbst umgehen könnten.

d) Schluß mit Schulangst, Streß und Schulunlust

Wenn Kinder für das Leben lernen sollen, dann ist Wissenserwerb ohne soziales Lernen rückschrittlich. Fördernde Lernbedingungen setzen voraus, daß die SchülerInnen von der Definition des Lernzieles an über die Umsetzung bis zur Beurteilung der Zielerreichung aktiv beteiligt sind. Schule sollte und wird auch in Zukunft Lernfortschritt und Leistung bedeuten, allerdings im sozialen Kontext eines Arbeitsteams und nicht als Kriterium für Abgrenzung und Selektion. Die Leistung von Kindern in der Gruppe kann nicht nur fremdbeurteilt werden, sondern müßte durch eine Selbsteinschätzung der SchülerInnen ergänzt und erweitert werden. Die Beurteilung von Leistungen dürfte nicht durch Noten mit Selektionsfunktion und Ausschlußdrohung erfolgen, sondern sollte fördernden, anspornenden und motivierenden Charakter haben. Das heißt auch, daß die Drohung mit dem „Sitzenbleiben“ wegfallen muß!

Der Beweis, daß Kinder und Jugendliche in alternativen Schulformen ohne Drohung mit dem Sitzenbleiben Leistung nicht verweigern, sondern im Gegenteil höchst motiviert sind, ist schon lange erbracht. Aber umgekehrt hätte ein einziger Selbstmord eines Kindes aus Angst vor schlechten Noten und vor dem Wiederholen einer Klasse schon lange zu einer grundlegenden Änderung des Systems führen müssen.

e) Lernen aus Neugier

Kinder, die aus Neugier, ohne Angst und mit eigener Verantwortung ihre eigenen Ziele formulieren, werden wenig Probleme haben, mit einer dynamischen Arbeits- und Lebensumwelt zurechtzukommen. Das Vorgeben von Zielen, Methoden und Inhalten macht eigene Kreativität entbehrlich und schafft eine schlechte Basis für die immer rascher erforderlichen Anpassungsprozesse an eine sich immer schneller ändernde Weltgesellschaft. Die Bereitschaft zu lebenslangem Lernen muß daher gelernt werden. Lernprozesse sind immer mit Unsicherheit verbunden, denn das Erreichen einer weiterentwickelten Form von Handlungsfähigkeit setzt die Überwindung eines bereits erreichten Niveaus an Realitätsbeherrschung voraus. Die Bereitschaft, Unsicherheit – den Sprung ins kalte Wasser – zu riskieren, wird nur dann in selbstverständlicher Weise gegeben sein, wenn keine tief verinnerlichte Verknüpfung von Lernen und Angst besteht. Lernen bedeutet Infragestellen, Zweifeln, Neuland zu betreten – sich riskieren. Sich selbst riskieren können wird erst ermöglichen, darauf verzichten zu können, Risken für andere zu produzieren.

f) Mehr Wahlrechte bei Alternativprojekten

Wenn Schule zur Modelldemokratie werden soll, dann bedarf es einerseits ihrer Demokratisierung auf allen Ebenen, und andererseits einer klaren Absage an alle Modelle einer Trennung von Kindern. Schule müßte für alle Kinder Raum bieten. Es wäre daher eine gemeinsame Schule aller Sechs- bis Fünfzehnjährigen anzustreben, ohne Ausschluß bzw. Ausgrenzung behinderter oder ausländischer Kinder. Dazu müßte es kleine Arbeitsgruppen zur Förderung der Kinder geben. Volle Integration ist nur bei entsprechender Unterstützung und finanzieller Ausstattung möglich. In pädagogisch richtungsweisenden Alternativprojekten, die die Besonderheit und Eigenständigkeit jedes Kindes bewußt fördern, liegt die Last der Finanzierung oft ausschließlich oder überwiegend bei den Eltern. Wahlrechte über alternative Schulprojekte werden so über den Finanzdruck des Staates unterminiert. Deshalb geraten viele Alternativprojekte in Widerspruch zu ihrem eigenen integrativen Anspruch: unter extremen finanziellen Engpässen ist die Integration behinderter oder nicht deutschsprachiger Kinder schwer möglich. Im Sinne eines umfassenden Verständnisses von Demokratie müßte es eine Gleichberechtigung für alternative Schulmodelle geben. Die freie Ausübung von Kinder- und Elternrechten dürfte nicht länger über den Weg der staatlichen Finanzierung ausgehöhlt werden. Die Grünen fordern daher einen „Schulscheck“, der eine gleiche staatliche Finanzierung für Plätze in der Regelschule und in anerkannten Alternativschulen sicherstellt.

g) Chancengleichheit – interkulturelles Lernen

Vor allem in städtischen Ballungsräumen entwickelt sich die Hauptschule – und noch mehr die allgemeine Sonderschule – immer mehr zu einer Schule für ausländische sowie für sozial auffällige Kinder. Diesen Tendenzen zu Prozessen einer Ghettoisierung muß entgegengewirkt werden, wenn soziale Integration als Anliegen der gesamten Gesellschaft erkannt wird. Interkulturelles Lernen sollte nach dem Prinzip der positiven Diskriminierung funktionieren, also etwa durch deutlich niedrigere SchülerInnenzahlen in Klassen mit nicht-deutschsprachigen Kindern. Eine multikulturelle Schule müßte weit mehr leisten als sprachliche Anpassung; die unterschiedliche Herkunft der Kinder könnte in den Unterricht einfließen und zur Chance des gegenseitigen Lernens werden. Muttersprachlicher Unterricht ist zur vollen Entfaltung der sprachlichen Fähigkeiten unerläßlich. Ein höherer Anteil an nicht deutschsprachigen Kindern, bedingt durch Ereignisse wie die bosnische Katastrophe, dürfte nicht Ausgrenzung erfordern, sondern müßte eine intensive Betreuung der Kinder in kleinen Gruppen (eventuell auch mit Einzelunterricht) nach sich ziehen. Die Kinder von GastarbeiterInnen beherrschen die deutsche Sprache in der Regel bereits vor dem Schuleintritt, die Forderung nach einer Quote für „Kinder mit nicht deutschsprachiger Muttersprache" entspringt daher extrem nationalistischen bis rein rassistischen Vorstellungen. Angesichts der räumlichen Konzentration von ArbeitsimigrantInnen in bestimmten Regionen bzw. Stadtteilen müßte hier eine frühzeitige Förderung aller Kinder in diesen in der Regel wenig begehrten Wohngebieten einsetzen. Kindergärten und Nachmittagsangebote sollten in typischen „AusländerInnenvierteln" gezielt auf Mehrsprachigkeit und interkulturelles Lernen abzielen und so allen Kindern zusätzliche Chancen eröffnen.

Chancengleichheit in der Schule bedeutet aber nicht nur eine Absage an die Trennung von In- und AusländerInnen, sondern auch das Bewußtmachen von geschlechtsspezifischen Sozialisationsprozessen. Schule müßte einen entscheidenden Beitrag dazu leisten, jeder Form von Diskriminierung von Mädchen und Frauen frühzeitig entgegenzuwirken.

h) LehrerInnenaus- und -fortbildung

Sparen im Bildungsbereich schadet nicht nur den SchülerInnen, sondern genauso den LehrerInnen, mit großen Klassen, mangelnder Berücksichtigung individueller Präferenzen, schlechter Ausstattung des Lehrbetriebes, sowie fehlenden Möglichkeiten, die eigenen Fähigkeiten ständig weiterzuentwickeln. Die LehrerInnenausbildung sollte vermitteln, daß es notwendig ist, Hilfe und Unterstützung in Anspruch zu nehmen und keine Hilflosigkeit, für die man sich genieren muß. In einer Schule der Zukunft müßten die Methoden des Teamteachings, der kollektiven Entscheidungsfindung und der Konflikt- und Friedenspädagogik weit stärker gewichtet werden. Die Selbstmordrate unter LehrerInnen in Österreich ist die höchste in Europa. Die Gesellschaft kann an den gravierenden Problemen der Überforderung im

Lehrbetrieb nicht länger vorbeisehen. Deshalb sollte auch die Möglichkeit zu Beratung und Supervision für LehrerInnen gefördert werden.

i) Viel mehr Schul-Forschung

Der große Reformbedarf im Schulwesen wird sich weder kurzfristig noch auf einmal bewältigen lassen. In vielen Bereichen wird in Alternativschulen und im Rahmen von Schulversuchen vielversprechendes Neuland beschritten. Positive Ansätze müßten bekannt gemacht, diskutiert und auf breiter Basis eingeführt werden. Insgesamt bedürfte es einer Intensivierung der praxisnahen und problemorientierten Forschung über die Schule. In- und ausländische Beispiele müßten studiert und nutzbar gemacht werden.

j) Die neue Schule verbindlich machen

Gesetze und Verwaltungspraktiken dürfen nicht länger hinter dem Wissensstand der Pädagogik zurückbleiben. Wenn etwas als besser erkannt ist, dann müßte es gerade heute im Schulbereich sofort eingeführt werden. Angesichts der erkennbaren Überforderung von SchülerInnen, LehrerInnen und Eltern, angesichts hoher Selbstmordraten und wachsenden Medikamentenmißbrauchs rund um den Schulbetrieb, gibt es keine Rechtfertigung, bewährte Modelle eines angstfreien und fördernden Schulbetriebes nicht auch auf gesetzlicher Ebene zu verankern.

Vernetzte Bildung und Wissenschaft

Die mannigfaltige Vernetztheit der gesellschaftlichen und ökologischen Probleme läßt nicht länger zu, daß das Bildungssystem von staatlichen und gesellschaftlichen Institutionen weitgehend abgekoppelt bleibt. Genauso wenig sollten die verschiedenen Sparten von Bildung voneinander abgegrenzt werden.

Die Schnittstellen zwischen Bildungsbereich, Gesellschaft und Wirtschaft müßten stärker ausgebaut werden. Ausbildungsgänge sollten in

Wirtschaftsunternehmen stattfinden, etwa im Rahmen der Lehrberufe. Das System einer dualen Ausbildung in Betrieb und Berufsschule hat angesichts höherer bzw. akademischer Ausbildungen an gesellschaftlicher Wertschätzung verloren; eine umfassende Qualitätssicherung der Ausbildung findet nicht statt, am wenigsten in kleineren Betrieben. Die Bedürfnisse nach einer allgemein höher im Kurs stehenden Ausbildung müßten dabei mit einer umfassenden Qualitätssicherung verbunden werden. Lehre mit Matura oder Studium wäre eine höchst erfolgversprechende Kombination für die einzelnen Individuen wie für die Wirtschaft. Es müßte sichergestellt sein, daß die Lehre nicht zur Rekrutierung billiger Arbeitskräfte mißbraucht wird. Im Rahmen des Lehrbetriebes sollten auch Kenntnisse über Ökologie im Betrieb, über Gesundheitsschutz und über die Optimierung von Arbeitsprozessen vermittelt werden. Lehrlinge müßten das Recht haben, ökologische Mißstände ohne Angst vor negativen Konsequenzen aufzuzeigen und abzustellen.

Zugleich wäre bei solchen Kooperationen zwischen Wirtschaft und Bildungssystem eine völlige Transparenz und die strikte Wahrung der Autonomie der Bildungsinstitutionen anzustreben. Die Wirtschaft finanziert heute bereits mehr als 50 Prozent der im Rahmen der universitären Forschung eingesetzten Mittel. Wer diese Mittel erhält, an welche Voraussetzungen sie geknüpft sind und welche Gegenleistungen erwartet werden, entzieht sich der öffentlichen Kontrolle. 50 Prozent Drittmittelfinanzierung bedeutet aber einen weit höheren Anteil im Bereich der „wirtschaftsrelevanten" Fächer und Studienrichtungen. Im Bereich der medizinischen Forschung bzw. der technischen Studienrichtungen ist Drittmittelfinanzierung schon fast zum Regelfall geworden. Dadurch geraten die „brotlosen" Studienrichtungen weiter ins Hintertreffen. Die Schwerpunktsetzung der wissenschaftlichen Forschung verschiebt sich weiter nach den Anwendungsnotwendigkeiten der Wirtschaft. Die Grünen verlangen daher, daß an den österreichischen Universitäten Drittmittel-Fonds eingerichtet werden, sodaß Sponsoren ein Forschungsprojekt nicht direkt bei einem bestimmten Institut in Auftrag geben und finanzieren können. Ein bestimmter Anteil der Förderungen – ein grüner Antrag schlägt 8 Prozent vor – sollte im Drittmittel-Fonds verbleiben und durch autonome Entscheidungen der jeweiligen Universität in eigene Schwerpunktprojekte fließen. Die Entscheidung über die Mittelvergabe sollte in universitären Kollegialorganen wie dem Akademischen Senat erfolgen, in dem sowohl HochschullehrerInnen wie auch StudentInnen vertreten sind. Über die geförderten Projekte und die Sponsoren müßte völlige Transparenz herrschen. Im Bereich der medizinischen Forschung z. B. könnte es im Zuge von Auftragsprojekten zu möglichen Interessenskollisionen mit den Rechten von PatientInnen kommen. Solche Transparenz gegenüber Betroffenen, gegenüber Hochschulgremien und gegenüber dem Parlament müßte als Minimalanforderung demokratischer Kontrolle gelten.

Neben den Forderungen nach mehr Kontrolle und Transparenz im Verhältnis zwischen Bildung und Wirtschaft bedarf es auch einer besseren Vernetzung der Bildungseinrichtungen untereinander. Die in den letzten Jahren geschaffenen Möglichkeiten, Universitätsstudien auch ohne Matura zu beginnen, haben sich bewährt und müßten ausgebaut werden. Jede Öffnung der Universitäten für junge Menschen, die eine Lehre absolviert haben, ist zu begrüßen. Die bloße Öffnung des Zugangs ist aber zu wenig, um Chancengleichheit herzustellen. Es bedürfte mehr spezieller „Einstiegshilfen" und Förderkurse, etwa im Angebot der Volkshochschulen. Der umgekehrte Weg müßte erst noch eröffnet werden: Für Menschen, die bereits im Berufsleben stehen, ist es nahezu unmöglich, später in einen Lehrberuf einzusteigen. Die Dynamik im Wirtschafts- und Arbeitsleben macht erleichterte Umstiegsmöglichkeiten im zweiten oder dritten Bildungsweg dringend erforderlich. Erfahrungen im Rahmen von arbeitsmarktpolitischen Projekten (sogenannter „Arbeitsstiftungen") zeigen, daß Langzeitarbeitslose von Umschulungs- und Umstiegsmöglichkeiten in ganz andere Tätigkeitsfelder stark profitieren. Der etwas irreführende Terminus der Arbeitsstiftung bedeutet, daß Arbeitslose eine neue, selbstbestimmte, berufliche Karriere mit staatlicher Unterstützung beginnen können. Diese selbstgewählten Maßnahmen der Umschulung oder Weiterbildung könnten der individuellen Motivation Rechnung tragen und die Resignation der Langzeitarbeitslosigkeit durchbrechen. Solche Ansätze sollten daher auf breiter Basis zugänglich gemacht werden.

Schließlich wäre auch der Wissensaustausch zwischen verschiedenen Sparten und Fachrichtungen zu intensivieren und zu fördern. Das Universitätsinstitut ist als Basiseinheit für Forschungsaktivitäten von gesellschaftlicher und ökologischer Relevanz in der Regel zu klein. Die Rahmenbedingungen für vernetzte bzw. projektorientierte Studienlehrgänge und Forschungsarbeiten sind allerdings von bürokratischen Hemmnissen stark belastet. Das Wissenschaftssystem kann heute deshalb der Aufgabe, gesellschaftliche Selbstreflexion als kollektiven Prozeß zu organisieren, nicht genügen. Ohne Vernetzung zwischen Studien- und Forschungsrichtungen entstehen sinnlose und qualitätsmindernde Doppelgleisigkeiten und bleiben Synergieeffekte unausgeschöpft. Einige auf Privatinitiative beruhenden Projekte in Richtung einer vernetzten Neuorganisation von Wissenschaft wurden bislang von der Wissenschaftsbürokratie nicht unterstützt. Die Spezialisierung der Einzeldisziplinen läßt sich aber nur überwinden, wenn das Prinzip der Selbständigkeit und Autonomie mit institutioneller und organisatorischer Vernetzung verbunden wird. Diese Zielsetzung sollte bei künftigen Forschungsförderungsprojekten in den Vordergrund treten. Interdisziplinäre und vernetzte Projekte müßten den Vorrang vor reinen Spezialprojekten genießen. Eine nachfolgende Beurteilung der gesellschaftlichen bzw. ökologischen Auswirkungen von Technologien setzt viel zu spät an. Durch die Vernetzung im Rahmen von konkreten Projekten – etwa durch Zusammenarbeit von GesellschaftswissenschaftlerInnen und TechnikerInnen bei der Weiterentwicklung von Technologien für die Wirtschaft – könnte eine begleitende, nicht nachfolgende Technikfolgenabschätzung leichter erreicht werden.

Ebenso dürfte das Auftreten von ethisch-moralischen Grenzsituationen in der Praxis nicht länger schicksalhaft abgewartet werden. Durch eine entsprechende Organisation von Wissenschaft müßte eine antizipative Risikoabschätzung und ethisch-moralische Bewertung ermöglicht werden. Im Bereich der Humanmedizin kann eine Diskussion und eine Reflexion über das Schicksal einer hirntoten Schwangeren, über siamesische Zwillinge mit nur einem Herzen und ähnlich gelagerte Fälle nicht erst dann geführt werden, wenn konkrete Entscheidungen zu treffen sind. Bei der Entwicklung von neuen medizinischen Technologien sollten auch Kenntnisse aus anderen Bereichen der Wissenschaft, den Sozialwissenschaften, den Geisteswissenschaften bzw. der Philosophie, einfließen und zu allgemeinen Richtlinien auf Basis transparent gemachter Wertungen führen. Über solche Richtlinien – wie weit soll eine Einzelwissenschaft gehen dürfen – müßte es einen breiten gesellschaftlichen Diskurs geben, der auch schon an den Schulen zu führen wäre. Die Fach- und Spezialdisziplinen werden ansonsten in Hinkunft mit immer problematischeren Einzelentscheidungen konfrontiert sein und nicht selten auch ökonomischem Druck unterliegen.

Beides könnte durch eine vorverlagerte und breite Diskussion gemildert werden. Auch in diesem Zusammenhang wäre eine Demokratisierung und Öffnung der Beratungsgremien in der Verwaltung unerläßlich; im Bereich der medizinischen Wissenschaften z. B. eine Öffnung des Obersten Sanitätsrates für alternative WissenschafterInnen, PatientenvertreterInnen und Angehörige von Pflegeberufen. Was als anerkannter Stand der Wissenschaften anzusehen ist, kann sich nicht nur aus den Fortschritten der Fachdisziplin ergeben, sondern sollte vor allem im gesellschaftlichen Kontext entschieden werden.[10]

Wert-volle Wissenschaften

Die Kritik der Ökologiebewegung an der Rolle der etablierten Wissenschaften hat eine lange Tradition. Der hohe Spezialisierungsgrad, die Vertiefung in isolierte Detailkenntnisse hätten die Wissenschaften zu Erfüllungsgehilfinnen eines Wirtschaftsbetriebes gemacht, dessen negative Auswirkungen auf Gesellschaft und Umwelt zur Kenntnis genommen und allenfalls analysiert, aber nicht zurückgedrängt werden. Im Rahmen der Ökologisierung von Wirtschaft und Gesellschaft werden die Wissenschaften, auch die Naturwissenschaft, ebenfalls eine wesentliche Rolle zu spielen haben, wobei allerdings Rahmenbedingungen, Ziele und Aufgaben zu hinterfragen sind.

„Die Wissenschaft und ihre Lehre ist frei", heißt es in Artikel 17 des Staatsgrundgesetzes von 1867. Der Grundsatz verbrieft das Recht einer unbehinderten wissenschaftlichen Forschung und Ausübung des Lehrbetriebes. Dies bedeutet eine Absage an Forschungsverbote, Einschränkungen in der wissenschaftlichen Methodik oder Vorgaben politisch erwünschter Ergebnisse.

Dieses Prinzip bedeutet aus grüner Sicht hingegen nicht jede Freiheit von gesellschaftlicher Verantwortung. Es kann auch keine Abkoppelung von den in der Gesellschaft verankerten Grundwerten bedeuten und keine willkürliche Mittelwahl, wonach der Zweck jegliches Mittel heiligen sollte. Die Freiheit der Wissenschaft wurde im obrigkeitlich geprägten absolutistischen Staat als Freiheit für die Bevölkerung er-

---

[10] John Desmond Bernal, Die soziale Funktion der Wissenschaft, Hrsg. Helmut Steiner, Berlin 1986.

rungen und kann daher niemals als eine Freiheit verstanden werden, deren Ausübung sich gegen die Interessen, Bedürfnisse und Werte der Gesellschaft richtet. Erst wenn die Wissenschaft die Verantwortung gegenüber der Gesellschaft akzeptiert und wahrnimmt, ist eine sinnvolle Diskussion über die Dimensionen der Freiheit der Wissenschaft möglich. Dieses Verständnis schließt auch mit ein, daß die Gesellschaft — auch aus der Volksvertretung heraus — Anforderungen, Zielsetzungen und Aufgaben an die Wissenschaft herantragen sollte. Heute bedarf es einer permanenten Kommunikation zwischen Gesellschaft bzw. Politik und Wissenschaft. Oft schon haben wir im Parlament in dieser Frage Auseinandersetzungen mit dem Wissenschaftsminister geführt. Mein Vorwurf, es würde zu viel konventionelle Forschung vom Staat gefördert, wurde stets mit dem Hinweis auf die Freiheit der Wissenschaften zurückgewiesen. Zu fördern sei, was im Rahmen ausreichend begründeter und schlüssig dargestellter Projekte an die diversen Fonds zur Förderung der Wissenschaften herangetragen werde; eine bewußte Beeinflussung in Richtung ökologischer Forschung sei mit der Freiheit der Wissenschaften unvereinbar. Auf Basis eines derartigen Verständnisses von Freiheit wird Wissenschaft aber tatsächlich zur Handlangerin der Wirtschaft. Unter den gegebenen Umständen werden Forschungsprojekte, die ja letztlich auch von Anwendungsinteressen getragen sind, dazu tendieren, sich an den wirtschaftlichen Rahmenbedingungen zu orientieren. Eine ökologische Neuorientierung der Forschung kann daher nur durch eine bewußte Förderung neuer Forschungsrichtungen in die Wege geleitet werden. Dabei sollte keine Beliebigkeit einkehren, sondern eine bewußte Schwerpunktsetzung erfolgen. Grüne Vorstöße in Richtung größerer Transparenz bei der Forschungsförderung zielen genau darauf ab: Anstatt endlos langer Aufzählungen über einzelne geförderte Forschungsprojekte sollte zunächst eine Planung von Forschungsschwerpunkten stattfinden, dann eine Ausschreibung solcher Schwerpunktprojekte und schließlich eine Evaluierung der Resultate im Hinblick auf die Aufgabenstellung. Schwerpunkte könnten bewußt Gegengewichte zur Entwicklung in gesellschaftlich umstrittenen Wirtschaftsbereichen darstellen. So sollte etwa die Zunahme des motorisierten Straßenverkehrs zum Anlaß genommen werden, einen Forschungsschwerpunkt zur Analyse und Vermeidung von sozialen und ökologischen Folgeerscheinungen anzuregen. Überall dort, wo ein starkes Engagement von Bürgerinitiativen und sozialen Gruppierungen zu konstatieren ist, sollte ein bewußt gesetzter Forschungsschwerpunkt erwogen werden. Damit könnte Schwerpunktsetzung wie auch die Vergabe von Schwerpunktprojekten zur Intensivierung der gesellschaftlichen Selbstreflexion über umstrittene Technologien, Verfahren und Verhaltensweisen in Gesellschaft und Wirtschaft führen. Eine solche Wissenschaft würde dem demokratischen Prinzip von Dialog und Diskurs gerecht. Sie sollte entscheidend zum Verständnis des gesellschaftlich-sozialen Wandels und zur Erarbeitung von Alternativen beitragen. So könnte die Wissenschaft selbst einen größeren Horizont von Freiheit gewinnen, im Sinn einer gesellschaftlichen Emanzipation vom Status quo.

Als Ideal von Forschung wird oft die Wertfreiheit oder Werturteilsfreiheit postuliert. Diese Forderung darf aber nicht selbst zu einer Parteinahme für etablierte Strukturen und Inhalte verkommen. Heute ist die demokratische Auseinandersetzung über die richtigen Werte und das richtige Maß zum sine qua non gesellschaftlicher Problemlösungen geworden, und diese Wert-Diskussion kann nur im Dialog mit der Wissenschaft auch demokratisch bleiben. De facto basieren die Ausstattung von Forschungseinrichtungen und ihre Mittelzufuhr auf Wertungen: hunderte Millionen Schilling fließen jährlich an internationale Organisationen im Rahmen der europäischen Weltraumforschung (ESA), der Kernenergieforschung (CERN) sowie in nicht näher spezifizierte Budgetansätze für die Stimulierung europäischer Kooperationen im Bereich der wirtschaftlichen und wissenschaftlichen Forschung. Auch in Österreich werden entsprechende Parallelprojekte vom Staat finanziert. In das Projekt „Österreichischer Kosmonaut" wurden trotz einer negativen Einschätzung des potentiellen Nutzens und der allfälligen Umwegrentabilität durch das Wirtschaftsforschungsinstitut jahrelang hohe Summen investiert. Auch die unterschiedliche Dotierung bei der Energieforschung spiegelt Wertungen wider: So war in Österreich in den späten siebziger Jahren ein deutlicher Anstieg der Forschungsausgaben für erneuerbare Energiequellen zu registrieren; in den letzten Jahren zeigte sich hingegen eine kontinuierliche Verringerung. Im Jahr 1990 erhielt sogar die Grundlagenforschung für die technologisch völlig unausgereifte Kernfusionsforschung mehr Mittel (24 Millionen Schilling) als die Weiterführung der Forschung zu erneuerbaren Energien (22,74 Millionen Schilling). Erst nach mehreren parlamentarischen Initiativen der Grünen erklärte sich der Wissenschaftsminister bereit, weitere Mittelzuflüsse für die Kernfusionsforschung nur nach einer vorhergegangenen Technologiefolgenabschätzung zu bewilligen.

Im Wissenschaftsbudget zählt heute vor allem der Gleichklang mit den europäischen Forschungsinstitutionen – trotz mangelnder österreichischer Möglichkeiten zur Beeinflussung der Forschungsinhalte. Hingegen finden von den österreichischen Hochschulen ausgehende Projekte einer interdisziplinären Vernetzung und internationalen Kooperation, die ihre inhaltliche Ausrichtung auf Ökologisierung offenlegen, kaum Unterstützung. Großteile des Forschungsbudgets gehen traditionellerweise entweder an Einzelpersonen bzw. Kleinstinstitute oder aber an nationale und internationale Großeinrichtungen. Der Bereich dazwischen – projektorientierte Forschung durch verschiedene Institute, Kooperationen mit außeruniversitären Einrichtungen – bleibt kraß unterbewertet. Auch das Fortschreiben dieser Förderungspolitik stellt eine Wertung dar, nämlich die Bevorzugung traditioneller Ansätze gegenüber einem Aufbruch zu neuen Strukturen und neuen Inhalten der wissenschaftlichen Forschung.

Im Bereich des Wissenschaftsprogrammes wird es aber immer dringlicher, der grünen Forderung nach mittel- und längerfristig ausgerichteten Budgetprogrammen Rechnung zu tragen. Es müßte transparent gemacht werden, wo die Schwerpunkte der staatlichen Forschungsförderung liegen und welche Ziele damit verbunden sind. Projekt- und Programmförderungen sollten an die Stelle von Personalsubventionen bzw. von nicht spezifizierten Beitragszahlungen an die Großforschungseinrichtungen treten. Auf der Basis transparenter Wertungen von Schwerpunktprogrammen und Projektausschreiben sollte es einen Wettbewerb zwischen den österreichischen Universitäten geben. Im Rahmen mittelfristiger Schwerpunktprogramme der Forschungsförderung wären auch die Universitäten veranlaßt, eigene Programme zu erstellen und Zielsetzungen in autonomer Weise anzustreben.

Eine Abkehr von der immer fragwürdigeren und heftig umstrittenen tierversuchsgestützten medizinischen Forschung könnte z. B. dann Realität werden, wenn auf der Grundlage eines solchen wissenschaftlichen Methodenwettstreits die Überlegenheit alternativer und gewaltfreier Forschungsmethoden sichtbar gemacht werden kann. In Österreich gibt es etwa an der Universität Graz bereits die Bereitschaft von ForscherInnen, aus Tierversuchen auszusteigen und Pionierarbeiten zu tierversuchsfreien alternativen Forschungsmethoden voranzutreiben. Die Grünen werden auf der parlamentarischen Ebene alles daran setzen, daß eine solche tierversuchsfreie Forschungsstätte an der Universität Graz Wirklichkeit wird.

Forschungsansätze, die im Einklang mit ökologischen Zielen oder Methoden stehen, brauchen einen wissenschaftlichen Methodenwettstreit nicht mehr zu scheuen. Konventionelle Werturteile und traditionelle Ansätze in Wissenschaft und Forschung – hinter denen jeweils mächtige Marktkräfte wirken – verhindern noch, daß die ökologische Forschung den Siegeszug antritt. Hier gilt es, Hebel anzusetzen: Einerseits muß die etablierte Politik dazu veranlaßt werden, ihre Wertungen offenzulegen. Andererseits muß Wettbewerb wie in der Wirtschaft auch in der Wissenschaft ermöglicht werden. Alternative Forschungsansätze sind heute trotz unzureichender staatlicher Unterstützung bereits soweit entwickelt, daß eine Aufnahme in den regulären Wissenschafts- und Forschungsbetrieb hoch an der Zeit ist. Dies wird und muß nicht an allen Universitäten gleichzeitig geschehen, sondern könnte auch auf Basis der autonomen Präferenzen und Schwerpunktplanungen der Universitäten erfolgen.

In den Human-, Kultur- und Sozialwissenschaften sollte es – analog zur ökologischen Forschung – darum gehen, menschliche Grundbedürfnisse zum Fokus von Forschung zu machen. Eine solche Orientierung folgt der Einsicht in ökologische Zusammenhänge und stellt vor allem den umfassenden Dominanzanspruch der wirtschaftlichen Bedürfnisse in Frage. Das führt zu Widerständen. Doch in der Geschichte der Wissenschaften gab es mehrfach Einsichten, die zunächst auf Widerstand stießen und dann kulturelle Erschütterungen auslösten. Galilei rückte die Erde aus dem Zentrum des Universums, Darwin reihte die Menschen in den Prozeß der Evolution ein, und Freud machte deutlich, daß es neben der selbstbewußten menschlichen Ratio die Kräfte des Unbewußten gibt. Heute sollte die Wissenschaft vom Menschen einer „Ökologie des Geistes" (Bateson) folgen. Sie sollte vernetzend vorgehen, anstatt an vielen vereinzelten „Fronten" die gesamte Entwicklung immer mehr aus den Augen zu verlieren.
Dies bedeutet keine Absage an Spezialwissen. Aber Zusammenhänge und Schnittstellen wären deutlich zu machen. Bei der Erarbeitung einzelner Bausteine der Forschung müßte der voranlaufende Zusam-

menhang von „Natur" und „Kultur" des Menschen stets mitreflektiert werden.
Wissenschaft sollte pluralistisch organisiert sein. Die Vorstellung einer einheitlichen, von Raum und Zeit unabhängigen Wissenschaft ist eine Fiktion. Aber Wissenschaft kann nicht mehr losgelöst von ihrer jeweiligen gesellschaftlichen Einbettung gesehen werden. Sie muß „selbstreflexiv" werden und sich ihrer Verantwortung für die menschlichen Bedürfnisse und aller Lebensgrundlagen klar werden.

Die Möglichkeit, durch Kernspaltung Energie zu erzeugen, beflügelte seinerzeit die Phantasien der WissenschaftlerInnen. Man werde Meerwasser entsalzen, Wüsten bewässern, entlegene arktische Gebiete nutzbar machen können. Industrie und Verkehr sollten auf die saubere und praktisch unbeschränkt zur Verfügung stehende Atomkraft umgestellt werden. Was von diesen großen Hoffnungen blieb, ist der bröckelnde, strahlende Sarkophag von Tschernobyl.[11]

Heute wird die Gentechnik seitens mancher WissenschaftlerInnen ähnlich euphorisch gesehen; die Politik ist zurückhaltender geworden; und die BürgerInnen sind in ihrer großen Mehrheit verunsichert, ratlos und skeptisch. Die Naturwissenschaften brauchen angesichts dieser forschungspolitischen Konflikte und Gefahren erneut die Verbindung zu anderen Wissenschaften wie der Philosophie, den Sozial- und Geisteswissenschaften, auch der Theologie, sowie ein wertendes, gesellschaftsbezogenes Korrektiv. Die mittelalterliche universitas ist aufgebrochen, die Universitäten behielten ihren Namen, haben jedoch ihre Funktion als exklusiver Ort einer gesamthaften und umfassenden Sammlung und Weiterentwicklung des Wissens verloren, zu viele Triumphe der (Natur)Wissenschaften haben sich heute als Pyrrhus-Siege erwiesen.

Gleichzeitig ist das Verhältnis zwischen Kosten der Forschung und Ertrag immer ungünstiger geworden. Die Kernfusionsforschung hat weltweit bereits riesige Forschungssummen verschlungen; und selbst

---

[11] Klaus Franke, Die Welt wird zum Labor. Widersprüche des wissenschaftlichen Fortschritts, in: Die Erde 2000. Wohin sich die Menschheit entwickelt, Hrsg. Spiegel-Verlag, Hamburg, Juli 1993.

Befürworter dieser Methode gehen jetzt davon aus, daß in den nächsten zehn bis fünfzehn Jahren mit keiner kommerziellen Anwendung zu rechnen sei. Dennoch setzt die Großindustrie und mit ihr die Politik immer noch lieber auf vage Chancen, statt die realistischen – aber für großindustrielle Strukturen kaum interessanten – Alternativtechnologien zu fördern und weiterzuentwickeln. Auch in der Medizin wird weiterhin mehr in die Perfektionierung von Präparaten, Eingriffen und Verfahren zur Reparatur der Gesundheit investiert, statt in eine Forschung, die darauf abzielt, daß Menschen gar nicht erst krank werden. Die Produktion von Gesundheit durch Pharmaka, medizinisch-technischen Großgeräte und Spitals- und Ordinationseinrichtungen ist zu einem gewaltigen Wirtschaftszweig geworden; die Transplantationschirurgie, Chemo- und Strahlentherapien, Krebs- und Aids-Forschungen sichern Arbeit und Einkommen für eine wachsende Zahl von Menschen. Warum immer mehr dieser Eingriffe und Behandlungen nötig werden, wird weit weniger erforscht. Die Welt ist gleichsam zu einem Forschungslabor geworden, in dem ein 1:1-Versuch abläuft, für den niemand verantwortlich zeichnet.

Die kritische Selbstreflexion der Wissenschaft ist jedoch bereits im Gange. Waren die industriellen Forschungsstätten, die Technologiezentren, oder die High-Tech-Medizin noch vor einigen Jahren der Öffentlichkeit weder bekannt noch Gegenstand einer allgemeinen Auseinandersetzung, so ist jetzt ein wachsendes Interesse in der (medialen) Öffentlichkeit zu bemerken. Die wachsende Unsicherheit, ob neue Technologien Segen oder Fluch bedeuten, ob medizinische Eingriffe mit der Würde des betroffenen Menschen oder der ärztlichen Verpflichtung vereinbar sind, führt zu öffentlichen Diskussionen und Auseinandersetzungen, an denen alternative WissenschafterInnen, vor allem die Frauen, führend beteiligt sind.

Der gesamte Kanon der etablierten wissenschaftlichen Methoden muß auf den Prüfstand. Ziele und Inhalte der Forschung sind im ökologischen Kontext kritisch zu hinterfragen. Die Trennung von Subjekt und Objekt kann nicht länger aufrechterhalten werden. Ebenso ist die funktionelle Trennung von Forschungsbereichen in Hinblick auf menschliche Bedürfnisse und Lebensinteressen in einem umfassenden Verständnis aufzugeben.

Einige Konturen einer Wissenschaft der Zukunft zeichnen sich bereits ab :

- Raum und Zeit müßten wieder in die wissenschaftlichen Überlegungen einbezogen werden. Die Bewahrung von Lebensräumen setzt voraus, daß die Unterschiedlichkeit von Räumen als Ökosysteme und Kultursysteme erkannt und erforscht wird. Angepaßte Technologien sowie soziale und politische Strategien müßten Rücksicht nehmen: auf die natürliche Umwelt, auf die jeweilige Kultur und Gesellschaft und auf die Befriedigung der spezifischen Bedürfnisse und Lebensinteressen in einer bestimmten Region. Während die Atomtechnologie keine solche Differenzierung ermöglicht, haben sich im Bereich der erneuerbaren Energiequellen nur Modelle bewährt, die auf regionale Besonderheiten abstellen: Dänemark wurde zum weltweiten Spitzenreiter in Sachen Windenergie; Österreich hat einen derartigen Heimvorteil bei der Ausnützung von Biomasse, insbesondere bei der Energiegewinnung auf Basis der Holzressourcen.

- Der Faktor Zeit ist vor allem den Wirtschaftswissenschaften abhanden gekommen. Gleichgewichtstheorien des Marktes unterstellen unendlich schnelle Anpassungsgeschwindigkeiten von Angebot und Nachfrage und setzen sich damit bewußt über die Realität hinweg. Demokratische und ökologische Anpassungsprozesse brauchen Zeit. Bildungsmaßnahmen greifen erst nach einer längeren Umsetzungsphase. Die Regeneration von Kreislaufprozessen läßt sich nicht von heute auf morgen bewerkstelligen. Eine bedürfnisorientierte Wissenschaft müßte daher auch die zeitliche Dauer ökologischer und sozialer Neuerungsprozesse in ihre Überlegungen einbeziehen.

- Schließlich gibt es die Wechselbeziehungen von Zeit und Raum: Durch die Existenz weniger entwickelter Regionen und Staaten, durch die unterschiedliche ökologische und soziale Entwicklung in verschiedenen Weltgebieten wird die Ausnützung des Entwicklungsgefälles zum ökonomischen Faktor. Dieser Faktor müßte Bestandteil der künftigen Theorien zur Grundlegung einer weltweit nachhaltigen Wirtschaft werden. Es ist kein Zufall, daß vor allem jene Märkte, für die die neoklassische Annahme des vollkommenen Marktes mit seinen unendlich schnellen Anpassungsvorgängen einigermaßen zutrifft, nämlich die Finanzmärkte, sich derart explosiv entwickeln konnten; für die anderen Bereiche der Realität war diese Theorie eine zu starke Abstraktion und damit letztlich falsch. Zeit und Raum können daher nicht lediglich Objekte der Geschichtsforschung bzw. der Geographie- und Regionalforschung sein, sondern müßten als Faktoren gerade in den Naturwissenschaften, den Wirtschaftswissenschaften, den Humanwissenschaften Beachtung finden.

- Ohne eine permanente Kommunikation zwischen den Forschungsrichtungen und ohne wechselseitige Ergänzung und Kontrolle werden Einzeldisziplinen in der Zukunft ihre wissenschaftliche Glaubwürdigkeit verlieren. *„Die Ökologie ist die erste Wissenschaft, die sich mit dem globalen System mit all seinen physikalischen, botanischen, soziologischen und mikrobiellen Bestandteilen befaßt, die alle jeweils zu einer spezialisierten Disziplin gehören. Die ökologische Erkenntnis erfordert Kompetenzen in all diesen verschiedenen Bereichen und vor allem ein Verständnis ihres Zusammenwirkens und ihrer systemischen Natur.“* [13] Die Ökologie hat sich bereits als eigenständige Forschungsrichtung etabliert; zugleich geht es jetzt darum, sämtliche Spezialdisziplinen zu ökologisieren, also Querverbindungen und Netzwerke herzustellen. Dies müßte sowohl im Rahmen transdisziplinärer Forschungsprojekte erfolgen als auch durch neue Curricula in den Ausbildungen.

- Jede Einführung neuer Technologien, auch ökologisch besserer Technologien, muß im Hinblick auf ihre gesellschaftlichen und kulturellen Implikationen, auf Widerstände und Auswirkungen in sozialen Systemen überprüft werden. Eine demokratische Ökologisierung hat nur dann eine Chance, wenn solche sozialökologischen Wechselwirkungen erforscht werden. Auch ökologische Umstellungen lösen Ängste aus: vor gesellschaftlichem Rückschritt, vor materiellen Verschlechterungen etc. Diesen Ängsten kann nur dann begegnet werden, wenn die komplexen gesellschaftlichen Auswirkungen von ökologischen Änderungen (Energiespartechnologien, Ökosteuersysteme, öffentliche Verkehrssysteme) erkannt und mit

[13] Edgar Morin, Das ökologisierte Denken, in: Edgar Morin, Gianluca Bocchi, Mauro Ceruti (Hrsg.), Einen neuen Anfang wagen. Überlegungen für das 21. Jahrhundert, Hamburg 1992.

den Methoden einer umfassenden Demokratie bearbeitet werden können.

Eine ökologische Forschung, die auf die Einbindung der Menschen in ökologische Kreisläufe abstellt, braucht neue Inhalte. Zentrale Zielsetzung ist die Befriedigung menschlicher Bedürfnisse in einer Art und Weise, daß möglichst keine Schäden und Beeinträchtigungen der Mit- und Umwelt verursacht werden. Die Rechte nachkommender Generationen müssen heute von den Wissenschaften mitgedacht werden.

Im Bereich der neuen Technologien müßten alle erfolgversprechenden Ansätze weiterentwickelt und ausgebaut werden; dies bedeutet vor allem eine Konzentration der Forschung in den Bereichen

- Energieeffizienz

- erneuerbare Energien
Hier geht es allerdings nicht nur um die Weiterentwicklung von Technologien, sondern auch um die politische Überwindung von Widerständen gegen die Reduktion des Einsatzes fossiler Brennstoffe. Gewaltige Wirtschaftslobbies verdienen am Erdöl und an Maschinen, die Erdöl verbrauchen.[14]

- Biotechnologien
Solche Technologien werden bereits seit undenklichen Zeiten eingesetzt. Sie dürfen nicht mit gentechnologischen Veränderungen der Lebensbausteine verwechselt werden. Abwässer und Abfall können biotechnisch aufbereitet werden, und die landwirtschaftliche Produktion kann unter Einsatz von Biotechnologien auf chemische Düngemittel und Pestizide verzichten.

- Abfallvermeidung, Abfallminimierung

- Informations- und Kommunikationstechnologie
Diese Technologien bergen viele Gefahren in sich. Einerseits sind strikte Schutzmechanismen (Datenschutz, Wahrung der Privatsphäre)

---

[14] Hermann Scheer, Sonnen-Strategie. Politik ohne Alternative, 2. Auflage, München 1993.

erforderlich. Andererseits ist eine Weiterentwicklung der Kommunikationstechnologien unerläßlich, um intelligente logistische Systeme aufzubauen und um Verkehrsvorgänge – Güterbewegungen, aber auch Personentransporte – entbehrlich zu machen.

Die Entwicklung von Ökotechnologien ist bereits relativ weit fortgeschritten; es geht noch um Verbesserungen, um kommerzielle Konkurrenzfähigkeit, doch die Grundlagenarbeit ist in den meisten genannten Bereichen bereits geleistet.

- Die größten Defizite betreffen jene Bereiche der Forschung, die die Menschen selbst betreffen, insbesondere die Medizin. Nirgendwo werden die negativen Auswirkungen des Fortschrittes deutlicher als in der etablierten Schulmedizin. In den letzten zwanzig Jahren hat sich der Gesundheitszustand der Bevölkerung in den Industriestaaten kaum verbessert. Hier fehlt es an einer grundsätzlichen Neuorientierung. Der Primat der Reparaturmedizin muß durch eine umfassende epidemiologische Forschung abgelöst werden. Die Bedingungen, unter denen Menschen krank werden, müssen erforscht und zurückgedrängt werden. Gerade in Österreich besteht hier ein enormer Nachholbedarf. Umweltbedingte Erkrankungen, Gesundheitsbeeinträchtigungen durch Arbeitsprozesse, Streß am Arbeitsplatz, schlagen immer mehr zu Buche, überfordern die Sozialversicherungen und schädigen die Volkswirtschaft. Gleichzeitig entstehen Ängste in der Bevölkerung, weil nicht erhobene oder nicht bekanntgegebene Gefahren nebulose Spekulationen zulassen. Niemand weiß mehr, welche Nahrungsmittel wodurch belastet sind, ob bzw. wie lange Kinder noch gestillt werden sollen und welche Gefahren Freizeitaktivitäten bei hohen Konzentrationen von bodennahem Ozon wirklich nach sich ziehen. Die erste Voraussetzung einer neuen, präventiven Medizin liegt daher in einer Erhebung und Auswertung sämtlicher gesundheitsbezogener Daten. Wichtige Erkenntnisse werden vor allem aus dem Bereich der Arbeitsmedizin abzuleiten sein. Eine ökologische Gesundheitsforschung lohnt langfristig auch ökonomisch – und vor allem menschlich.[15]

---

15 Ulrich Wemmer, Dieter Korczak, Gesundheit in Gefahr. Daten-Report 1993/94, Frankfurt am Main, Juni 1993.

V. EPILOG: FÜR EINE ÖKOLOGIE DER BEFREIUNG

Viele Defizite, die es zu beheben gilt, viele Hebel, die es anzusetzen gilt – kein Grund, kopfscheu zu werden oder gar resignativ. Wenn einmal die Notwendigkeit für eine grüne, eine ökologische Neuorientierung ins gesellschaftliche Bewußtsein eingedrungen ist – und das ist sie –, dann ist die erste und entscheidende Voraussetzung eines Neubeginns erfüllt. Jetzt geht es darum, Hindernisse aus dem Weg zu räumen und an der Umsetzung zu arbeiten.

Die Aufgaben, die auf die Gesellschaft mündiger BürgerInnen und auf die Politik zukommen, werden oft fälschlicherweise ausschließlich unter dem Aspekt der Beschränkung dargestellt: Schranken für die Wirtschaft, Schranken für die Mobilität und für viele liebgewordene unökologische Verhaltensweisen. Mit dieser einseitigen Sicht ist aufzuräumen, und dadurch könnte viel ökologische Energie frei werden.

Es geht um eine Ökologie der Befreiung: *„Eine Ökologie der Befreiung kann aus einer neuen Allianz entstehen, in der sich zum einen die libertären und antitotalitären Bestrebungen der letzten zwanzig Jahre aus dem Westen und dem Osten verbinden, für die das menschliche Leben in all seinen Aspekten Vorrang vor jeder möglichen Form der Politik und der Ideologie hat, und zum anderen die wissenschaftlichen Revolutionen, die etwa zur gleichen Zeit stattfanden.“* [1]

Ökologisch verhängnisvolle Entwicklungen und Tendenzen in Wirtschaft und Gesellschaft sind einzufangen und einzudämmen:

- Der Laissez-faire-Kapitalismus, der die Entwicklungsländer und die ehemaligen Ostblockstaaten immer mehr in ökonomische Abhängigkeiten drängt und zu ökologischem und sozialem Dumping

---

[1] Gianluca Bocchi und Mauro Ceruti, Die neuen planetarischen Spiele, in: Einen neuen Anfang wagen. Überlegungen für das 21. Jahrhundert, Hrsg. Edgar Morin, Gianluca Bocchi und Mauro Ceruti, Hamburg 1992, Seite 148.

zwingt, schadet allen, auch den Gesellschaften in den reichen Industriestaaten. Alle wirtschaftspolitischen Instrumente müssen genutzt werden, um das Ergrünen der Weltwirtschaft auch gegen widerstrebende Interessen durchzusetzen. Riesige Spekulationsgeschäfte auf den Finanzmärkten und den Immobilienmärkten gefährden eine planmäßige und kontinuierliche ökologische Entwicklung; wirtschaftliches Krisenmanagement behindert sinnvolle Schritte einer Ökologisierung. Ökologische und soziale Schranken der Nutzung von Eigentumsrechten und Maßnahmen gegen Verträge zulasten der Rechte künftiger Generationen sind erforderlich, um ökologische Freiräume zu bewahren, aber auch um die Grund- und Freiheitsrechte von Individuen zu schützen und zu verteidigen.

- Eine demokratische Ökologisierung setzt auch voraus, daß es Schranken für Rassismus, Nationalismus und ausländerfeindliche Ansätze in der Politik geben muß. Ohne eine Politik, die auf Integration, auf gesellschaftlichen Ausgleich abzielt, sind Spannungen und gesellschaftliche Zerreißproben vorprogrammiert; in einer Atmosphäre von Polarisierung gedeihen Ansätze einer demokratischen Ökologisierung nicht.
- Aus ökologischen Gründen muß es auch Schranken für soziale Abbauprozesse geben; die Gefährdung zentraler Lebensbedürfnisse nimmt den Betroffenen Freiräume, die für ein ökologisches Engagement unerläßlich sind.

In folgenden Bereichen muß es Beschränkungen und neue Regelungsmechanismen geben, um Freiräume zu gewinnen und Zwänge abbauen zu können:

- Ökologisch nicht begründete Protektionismen müssen aufgehoben werden.
- Die Entwicklungsländer müssen ihr Recht auf Entwicklung ökonomisch umsetzen und am Welthandel teilnehmen können.
- Internationaler Handel muß auf der Basis ökologischer und sozialer Verträglichkeit erfolgen; anstelle eines asymmetrischen Weltwirtschaftssystems, das Zonen der Unterentwicklung und Armut einerseits und Regionen mit Überentwicklung und ausufernden ökologischen Problemen andererseits schafft.
- Abzubauen sind auch Mechanismen und Zwänge, die der Umsetzung besserer ökologischer Technologien im Wege stehen. Eine nach volkswirtschaftlichem Nutzen strebende Politik muß die be-

reits existierenden grünen Technologien durch Neuerungen im Wissenschaftssystem, aber auch durch eine Ökologisierung der Politik auf breiter Basis vorantreiben.

- Eine Sichtung und Neubestimmung gesellschaftlicher Aufgaben muß zu einer Absicherung neuer Risken führen, die im bestehenden System der sozialen Sicherheit nicht abgedeckt sind. Es geht um die Einführung von Mindeststandards im Rahmen der sozialen Sicherheit und um die Verhinderung der Marginalisierung von sogenannten Randgruppen, denen immer größere Teile der Bevölkerung zugerechnet werden.

Ökologische Aufgaben stehen stets in einem gesellschaftlichen und wirtschaftlichen Kontext; ökologische Erkenntnisse und Techniken wurden von Bürgerinitiativen, von kritischen WissenschaftlerInnen entwickelt und müssen jetzt umgesetzt werden. Dies kann nur gelingen, wenn einerseits die auf zügelloses Wachstum ausgerichteten Wirtschaftskräfte in die Schranken gewiesen werden und wenn andererseits die Voraussetzungen einer demokratischen Teilhabe an ökologischen Planungs- und Entscheidungsprozessen für alle Bevölkerungsgruppen offenstehen. Ohne eine den aktuellen gesellschaftlichen Bedürfnissen Rechnung tragende Sozialpolitik und ohne eine Integration der an den Rand gedrängten Bevölkerungsgruppen werden sich diese Aufgaben schwer bewältigen lassen. Ökologie bedeutet Vielfalt; Vielfalt setzt zum einen Partizipation voraus; zum anderen ist umfassende Partizipation ohne Vielfalt nicht vorstellbar.

Die ökologischen Schäden sind bereits derart gravierend und manifest, daß Gegenmaßnahmen in der Politik nicht ausbleiben können. Auf welcher Basis diese jedoch erfolgen, wird von der Beteiligung der BürgerInnen an der ökologischen Neuorientierung abhängen. Die Grünen werden mit aller Kraft danach trachten, daß alle Tendenzen einer Umweltpolitik durch staatliche Befehls- und Zwangsgewalt, durch polizeiliche und obrigkeitliche Mechanismen zurückgedrängt werden. Die Gefahren einer derartigen Entwicklung bestehen durchaus, solange Elemente direkter Demokratie nicht aufgewertet werden, solange das Parlament sich nicht von einer von Sachzwängen geprägten Regierungspolitik emanzipiert, solange eine obrigkeitlich geprägte Verwaltung ohne volle Transparenz gegenüber den BürgerInnen agiert. Eine demokratische Ökologisierung setzt das Vordringen der Demokratie bis in die feinsten Blutgefäße des Staatswesens voraus.

Im Rahmen der staatlichen Institutionen sind die Rahmenbedingungen, die wirtschaftlichen und gesellschaftlichen Spielregeln der Ökologisierung festzulegen; die Planung, Umsetzung und Kontrolle von Projekten muß von einer offenen Verwaltung gemeinsam mit den BürgerInnen, mit Bürgerinitiativen, mit Sozial- und Umweltgruppierungen erfolgen.

Die Grünen sollten dabei von folgenden Prinzipien ausgehen:

(1) Ökologisierung setzt Dezentralisierung voraus; Kompetenz und Verantwortung müssen, soweit dies möglich ist, in kleine bürgernahe Einheiten verlagert werden. Die BürgerInnen müssen daher Parteistellung in allen Verfahren haben. Ihre Rechte auf Wahrung von Grundbedürfnissen müssen gegenüber den überkommenen Wirtschaftsfreiheiten Vorrang haben.[2]

(2) Ökologisierung von unten beginnt auf der lokalen Ebene, bedeutet aber auch Einbindung in ein ökologisches Geflecht, das über die regionale Ebene und die staatliche Ebene hinaus auch die globale Ebene einer neuen ökologischen Weltwirtschafts- und Gesellschaftsordnung umfaßt. Gemeinsames Handeln auf allen Ebenen läßt lokale ökologische Ansätze zu allen übergeordneten Einheiten auf Basis ökologischer Prinzipien in Beziehung treten.

(3) Die aktive demokratische Beteiligung mündiger BürgerInnen muß sich verschiedener Instrumente bedienen. Erstens wird es weiterhin die Bereitschaft zu absolut gewaltfreien und friedlichen Demonstrationen geben müssen. Blockaden dienen dem Schutz von Lebensinteressen dort, wo keine andere demokratische Artikulationsmöglichkeit offensteht. Zweitens gilt es, sämtliche bereits existierenden rechtlichen Partizipationsmöglichkeiten auszuschöpfen und auf der parlamentarischen Ebene auszubauen – Umweltinformationen, BürgerInnenbeteiligung und Umweltverträglichkeitsprüfungen sind derartige Ansätze, die verbessert werden müssen. Drittens muß KonsumentInnenmacht aufgebaut werden. Ökonomischer Druck ist einzusetzen, um Produkten, die ökologischen und sozialen Kriterien

[2] Johann Galtung, Prinzipien ökologischen Überlebens, in: Jahrbuch Ökologie 1992, Hrsg. Günter Altner, Barbara Mettler-Meibom, Udo E. Simonis und Ernst U. von Weizsäcker, München 1991, Seite 47ff.

standhalten, einen Vorteil im Wettbewerb zu verschaffen. Auf dieser Basis wird die Summe der Entscheidungen von KonsumentInnen zum ökonomischen Machtfaktor. Viertens muß das gesamte Bildungssystem vom Kindergarten bis zu den Universitäten von Grund auf demokratisiert werden und der Ökologisierung von Wirtschaft und Gesellschaft eine zentrale Stellung im Zielkatalog des Lernens und Lehrens einräumen.

(4) Das Grüne Projekt, das Projekt der Ökologisierung von Wirtschaft und Gesellschaft, muß neue Wege beschreiten. Es sollte daher auch über Instrumente verfügen, die den Erfolg oder Mißerfolg von neuen Ansätzen bestimmen helfen. Wirtschaftliches und staatliches Handeln muß einer andauernden Wirkungs-Bilanzierung unterzogen werden. In der Wirtschaft ist aus zweierlei Gründen die Ökologisierung angesagt: zum einen geht es um den Schutz der ArbeitnehmerInnen, zum anderen um den Schutz der betrieblichen Umwelt. Eine Aufwertung der Kontrollrechte von ArbeitnehmerInnen kann beiden Zielen gerecht werden; sämtliche Betriebsdaten hinsichtlich der Auswirkungen auf die Umwelt und die Gesundheit sind daher offenzulegen. Das Informationsinteresse der Allgemeinheit ist höher zu bewerten als das Geheimhaltungsinteresse des Betriebes.

Das staatliche Handeln, insbesondere die Verwendung öffentlicher Mittel, muß ebenfalls einer ökologischen Wirksamkeitskontrolle standhalten. Der Einsatz von öffentlichen Mitteln ist nur dort gerechtfertigt, wo gesellschaftliche Bedürfnisse, insbesondere auch das Bedürfnis nach gesunden Lebensgrundlagen, besser erfüllt werden als ohne einen solchen Mitteleinsatz. Es sind daher neue Bewertungsmaßstäbe, die ökologische und soziale Faktoren neben den klassischen ökonomischen Faktoren einbeziehen und stärker gewichten, zu schaffen; eine ökologische volkswirtschaftliche Gesamtrechnung muß Schadensprozesse identifizieren und von Prozessen der Schaffung positiver Werte abgrenzen können.

(5) Die verschiedenen Träger der Ökologisierung, mündige BürgerInnen, BürgerInneninitiativen, Umwelt- und Sozialgruppierungen, grüne PolitikerInnen und kritische WissenschaftlerInnen, können das grüne Projekt in enger Vernetzung vorantreiben. Eine solche Vernetzung wird sich sowohl im Rahmen konkreter projektbezogener Arbeit ergeben als auch durch konzeptive Arbeiten im Rahmen der

universitären und außeruniversitären Forschung. Die Ergebnisse derartiger Arbeiten müssen über diese Netzwerke eine Verbreiterung erfahren.

Die grünen Ziele sind hoch gesteckt, doch durchaus erreichbar. Es geht um Ökologie in der Politik und um neue Allianzen in Richtung Ökologisierung. Letztlich geht es um einen neuen Gesellschaftsvertrag, der die Ökologie ins Zentrum aller gesellschaftlichen Prozesse stellt. Der Bereich der Umweltpolitik im engeren Sinn ist seit langem bereits überschritten; heute geht es vor allem um drei große strategische Ziele:

a) Öko-Entwicklung muß an die Stelle von Wirtschaftswachstum und Ressourcenplünderung treten. Öko-Entwicklung bedeutet sehr wohl auch wirtschaftliche Weiterentwicklung, qualitativen Fortschritt und bessere Bedürfnisbefriedigung. Öko-Entwicklung heißt auch, daß wirtschaftliche und gesellschaftliche Verhaltensweisen keine unbeabsichtigten schädigenden Nebenwirkungen entfalten dürfen. Bereits bestehende Risken sind zurückzudrängen, neue sind zu vermeiden. Grüne Politik will keinen Stillstand, weder in der Wirtschaft noch in der Forschung; doch Dynamik darf nicht mit Blindflug verwechselt werden. Die ökologische und soziale Verträglichkeit ist daher eine Grundvoraussetzung für Öko-Entwicklung in diesem Sinne.

b) Ein neues Verständnis von Sicherheit und Frieden auf nationaler und internationaler Ebene muß überkommene Vorstellungen einer vorgegaukelten militärischen und exekutiven Scheinsicherheit ersetzen. Das grüne Verständnis von Sicherheit bedeutet präventives Ausschalten von Gefahrenquellen, und zwar sowohl im ökologischen als auch im sozialen Bereich. Auf der Ebene der weltweiten Staatengemeinschaft – vor allem im Rahmen der UNO – wird es daher unerläßlich sein, soziale Grundrechte und Grundsicherheiten zu definieren, um Menschen vor existentiellen Nöten zu bewahren, um Fluchtprozesse zu vermeiden und um ökologische Freiräume zu schaffen. Sicherheitspolitik bedeutet auch eine Beseitigung lebensbedrohender Risken; alle zu Gebote stehenden Mittel des friedlichen Protests, aber auch der ökonomischen Anreize, sind zu nutzen, damit eine atomfreie Zukunft Wirklichkeit wird. Neue Gefahren wie die Gentechnologie müssen von Anfang an einer gesellschaftlichen Kontrolle unterworfen werden.

c) Last, but not least, brauchen wir neue BürgerInnenrechte. Der Katalog der Grund-, Freiheits- und BürgerInnenrechte bedarf einer Ergänzung und Erweiterung. Zum einen geht es um ökologische Grundrechte, um den Vorrang von Gesundheitsinteressen und -bedürfnissen vor pseudo-ökonomischen Zwängen. Zum anderen geht es um die Grundvoraussetzungen einer multikulturellen Demokratie. Der Reisepaß muß in den Hintergrund treten und statt dessen ein Konzept der Wohnbürgerschaft eingeführt werden. Was für die Angehörigen der reichen Industriestaaten Westeuropas bereits Realität wird, ist auf gesamteuropäischer und internationaler Basis anzustreben.

„Die Entwicklung der Ökologie der Politik ist unserer Auffassung nach die conditio sine qua non, um das Zerstörungs- und Zersetzungspotential zu entschärfen, das die Nationalismen und aggressiven Regionalismen, die religiösen und kulturellen Fundamentalismen in sich bergen, die gegenwärtig an den verschiedenen Orten der Welt und auch in unserem gemeinsamen Haus wiederaufzuleben scheinen.“ [3]

---

[3] Gianluca Bocchi und Mauro Ceruti, Vom „Ende der Geschichte“ zur Ökologie der Geschichte, in: Einen neuen Anfang wagen. Überlegungen für das 21. Jahrhundert, Hrsg. Edgar Morin, Gianluca Bocchi, Mauro Ceruti, Hamburg 1992, Seite 126f.

VI. ANHANG: ÖKO-ENTWICKLUNG, GEMEINSAME SICHERHEIT UND NEUE BÜRGERRECHTE FÜR GANZ EUROPA

DIE PROGRAMMATISCHEN LEITLINIEN DER EUROPÄISCHEN FÖDERATION GRÜNER PARTEIEN

Mit dem Zusammenbruch des geopolitischen Status quo der Nachkriegsära ist Europa in eine Zeit der Unsicherheit und Veränderung getreten. Diese Gelegenheit muß nun ergriffen werden, um ein Netzwerk der Zusammenarbeit zu etablieren, an dem das gesamte Europa – von Dublin bis Tiflis, von Helsinki bis Lissabon, von Athen bis Reykjavik – die Möglichkeit hat, teilzunehmen.

Der sogenannte Fortschritt der vergangenen Jahrhunderte hat uns in eine Situation versetzt, in der die Grundlage des Lebens auf der Erde ernsthaft bedroht ist. Während die technologische Entwicklung den Zerfall der Umwelt eventuell für eine Weile aufhalten kann, kann sie den ökologischen und sozialen Zusammenbruch der Zivilisation ohne eine grundsätzliche Veränderung in der Ideologie des schrankenlosen materiellen Wachstums, die immer noch vorherrscht, nicht verhindern.

Als Pioniere der Industrialisierung, die der Kernpunkt der jetzigen Krise ist, tragen die EuropäerInnen die Hauptverantwortung für die Umkehr dieser zerstörerischen Trends.

Auch die Bewegung der „Europäischen Grünen" hat eine neue Phase erreicht. In den letzten zehn Jahren haben viele der Streitfragen, für die sich die Grünen einsetzen, Einzug in den alltäglichen Wortschatz der BürgerInnen, der Medien und der politischen Parteien in Europa gehalten. Die Grünen können mittlerweile Entscheidungsprozesse in nationalen Parlamenten und regionalen und kommunalen Ratsversammlungen beeinflussen. Dies erfordert ein neues Niveau bei der Koordination der Ziele, der Lösungen und der Denkansätze bei den

Grünen aus den verschiedenen Teilen des Kontinents und speziell zwischen den grünen Traditionen in West- und Osteuropa.

Dieses Dokument (beschlossen auf der Gründungskonferenz von Masala bei Helsinki am 20. Juni 1993) beschreibt die Hauptpunkte der Transformation, die nun sowohl Europa als auch dem Planeten als Ganzes bevorsteht. Die Wirtschaft – d. h. die Konsum- und Produktionsstrukturen – müssen der Tragfähigkeit der natürlichen Umwelt angepaßt werden. Eine neue globale Sicherheitsstruktur muß etabliert werden zur Erreichung eines Weltfriedens, der auf der gerechten Lösung von gegensätzlichen Interessen basiert. Eine neue Sicht der Staatsbürgerschaft, die auf gleichen Rechten für alle Individuen basiert, ungeachtet ihres Geschlechts, Alters, ihrer Religion, ihrer ethnischen oder nationalen Herkunft, ihrer sexuellen Orientierung, ihres Reichtums und ihrer Gesundheit, muß realisiert werden. Diese Ziele müssen mit demokratischen Mitteln und durch die Stärkung der Rolle der örtlichen Gemeinwesen bei den Entscheidungsprozessen erreicht werden.

Obwohl es große Unterschiede zwischen den verschiedenen Teilen Europas gibt, sind die hier vorgelegten prinzipiellen Leitlinien der erste Versuch, eine gesamteuropäische Strategie der ökologischen und sozialen Reform zu schaffen. Wir laden alle EuropäerInnen, die sich um die Zukunft der Erde Sorgen machen, zur Teilnahme an der Realisierung dieser Ideen ein.

A. ÖKO-ENTWICKLUNG

1. Einführung

Grüne Politik gründet sich auf nachhaltigen Verbrauch und nicht auf uneingeschränkten Konsum. Das bedeutet, daß die Reichen ihren Konsum einschränken müssen, um den Armen ihren gerechten Anteil an den Bodenschätzen der Erde zu überlassen. Die Grünen ziehen die Kooperation dem Wettbewerb, die Befriedigung der Bedürfnisse Aller der Habgier einiger Weniger, Frieden und Sicherheit dem Krieg und der Aggression vor.

Grüne Politik basiert auf der Überzeugung, daß alle Menschen in Harmonie mit ihrer Umgebung und ihren Nachbarn in einer Gesellschaft leben wollen, die eine saubere Umwelt, Sicherheit in der Gegenwart und Vertrauen in die Zukunft bietet.

Die ökologischen und sozialen Ziele grüner Politik sind weder vereinbar mit einer freien Marktwirtschaft, noch mit einer staatlich kontrollierten Wirtschaft, die beide auf uneingeschränktem Wachstum und Expansion basieren. Neue Modelle müssen entwickelt und eingesetzt werden, die sich auf die Notwendigkeit einer ökologisch und sozial geregelten Marktwirtschaft stützen.

Öko-Entwicklung muß sich auf Demokratie, Gleichberechtigung zwischen Frauen und Männern, das Recht aller Menschen auf freie Meinungsäußerung und auf vollständige Teilnahme an Entscheidungsprozessen gründen, mit dem dazu erforderlichen Zugang zu relevanter Information und zu Bildung.

Die Ziele der grünen Wirtschaftspolitik sind ökologische Verträglichkeit, Gleichberechtigung, soziale Gerechtigkeit und Unabhängigkeit. Zur Erreichung dieser Ziele ist die Stärkung regionaler und lokaler Wirtschaft notwendig.

Eine umweltverträgliche Weltwirtschaft wird es den heute Lebenden möglich machen, ihre eigenen Bedürfnisse zu erfüllen, ohne die Möglichkeit zukünftiger Generationen, ihre Bedürfnisse zu erfüllen, zu gefährden. Sie wird die Integrität ökologischer Systeme, von der alle menschliche Aktivität abhängt, respektieren.

Die gerechte Verteilung der Macht und der Bodenschätze ist nötig, um grundlegende menschliche Bedürfnisse uneingeschränkt zu erfüllen und um sicherzustellen, daß alle BürgerInnen die vollständige Möglichkeit zur persönlichen und sozialen Entwicklung haben.

Eine grüne Wirtschaftspolitik wird den Gemeinschaftssinn stärken, so daß alle Anteil an der Gesellschaft haben und niemand ausgeschlossen ist, und sie wird die gerechte Nutzung der Umwelt sicherstellen. Unabhängigkeit sollte auf der Region begründet sein und nicht durch nationale oder administrative Grenzen eingeschränkt werden.

2. Die globale Wirtschaft

Die Europäischen Grünen schlagen eine ökologische Weltwirtschaft vor, begründet auf planetarischer Solidarität, für die Europa eine besondere Verantwortung trägt.

In der Handhabung dieser globalen Wirtschaft ist ein Schutz der Vielfalt der ökologischen Ressourcen und der globalen Allgemeingüter wie Atmosphäre, Ozeane und Wälder die Voraussetzung. Die Vereinten Nationen müssen der Brennpunkt für alle Bemühungen zur Erhaltung der Lebensgrundlagen sein.

Die Schlüsselrolle der Frauen in der Öko-Entwicklung muß erkannt werden. Die Rechte der Frauen müssen durchgesetzt werden, besonders durch Bildung und gleichberechtigte Teilnahme in allen Lebensbereichen.

Die Rechte der indigenen Völker auf die Grundmittel ihres Überlebens und auf die wirtschaftliche Anerkennung ihres speziellen Beitrags zum gemeinsamen Erbe müssen geachtet werden.

Der momentane Fluß von Ressourcen aus dem Süden in den Norden muß umgekehrt werden. Die Schuldenlast der armen Länder verhindert ihre Entwicklung. Die Schulden der ärmsten Länder müssen bedingungslos gestrichen werden. Die Schulden der weniger entwikkelten Länder werden gestrichen, sobald lebenswichtige Ökosysteme und Menschenrechte ausreichend gesichert sind.

Das Bevölkerungswachstum muß eingeschränkt werden. Der effektivste Weg zur Verminderung der Geburtenraten ist die Erreichung eines Mindeststandards des wirtschaftlichen Wohlstands und die Vergrößerung der Kontrolle der Frauen über ihr Leben und ihre Fortpflanzung. Wir verurteilen alle autoritären Methoden zur Beschränkung des Bevölkerungswachstums.

Nachhaltige und gerechte Formen des Handels und der Zusammenarbeit, die auf Unabhängigkeit anstatt auf uneingeschränktem Welthandel aufbauen, müssen Grundlagen eines Umbaus von GATT, IWF und Weltbank sein, was eine Stärkung der Rolle einer demokratisierten UNO erfordert.

3. Die europäische Wirtschaft

Die Europäischen Grünen schlagen einen gemeinsamen Wirtschaftsraum der östlichen und westlichen Länder vor, der einen stabilen Handlungsrahmen für friedliche Zusammenarbeit, Handel und Entschädigungstransfers von den reichen in die armen Regionen bietet.

Die Europäischen Grünen befürworten die Entwicklung einer unabhängigeren nationalen, regionalen und lokalen Wirtschaft in einem zukünftigen Europa der Regionen.

Die grünen Parteien innerhalb der Europäischen Gemeinschaft wirken auf die Umwandlung der EG in eine demokratisch kontrollierte Föderation hin – offen für alle europäischen Staaten. In diesem Rahmen müssen Umweltschutz, soziale Sicherheit und globale Verantwortung Priorität haben.

4. Die Ökologisierung der Wirtschaft

Das Bruttosozialprodukt ist ein besonders irreführender Indikator der Entwicklung. Wir wollen ihn durch Indikatoren ersetzen, die den Fortschritt in Richtung auf ökologische Verträglichkeit und soziale Gerechtigkeit, einschließlich der Anerkennung des Wertes der unbezahlten Arbeit (wie Kindererziehung), die grundlegende Gemeinschaftsbedürfnisse erfüllt, angemessener bewerten. Ein „Grüner Volkswirtschaftlicher Indikator“ muß entwickelt und jährlich veröffentlicht werden.

Die Preise müssen die ökologische Wahrheit widerspiegeln, sie müssen alle sozialen und ökologischen Kosten beinhalten. Ein Weg, dies zu erreichen, ist die Schaffung eines Öko-Steuersystems für Energie, für knappe Ressourcen und für gefährliche Produktionen. Die dringendste steuerliche Maßnahme ist die Steuer auf nicht erneuerbare Energie. Öko-Steuern sollten vermehrt dazu benutzt werden, die Besteuerung der Arbeit zu vermindern, jedoch sollten einige der Steuereinnahmen aus Öko-Steuern zur Förderung einer ökologisch durchdachten Produktion verwendet werden.

Quoten für die Gewinnung und die Nutzung natürlicher Ressourcen können nötig sein, um die Rohstoffe vor der vollständigen Ausbeutung zu schützen.

Eine nachhaltige und umweltverträgliche Entwicklung wird nicht möglich sein, solange Armut herrscht oder Menschen in materieller Unsicherheit leben. Wir wollen ein garantiertes Mindesteinkommen für jede/n BürgerIn, entweder durch ein soziales Unterstützungssystem, durch Mindestlohngesetzgebung, durch verbesserte Fürsorgeleistungen, durch die Einführung eines Grundeinkommens oder durch eine Kombination der obigen Maßnahmen sicherstellen.

Der informelle Sektor der Wirtschaft trägt sehr zum Gemeinwohl bei. Dies wird durch die Garantie einer Sozialversicherung für geleistete Arbeit im informellen Bereich anerkannt.

Wiederverwertbare, reparierbare oder recyclingfähige Produkte werden gefördert. ProduzentInnen werden für den gesamten Lebenszyklus ihrer Produkte verantwortlich gemacht. Öko-Kennzeichnung, unter Beteiligung von Umweltgruppen, wird ein starkes Instrument des KonsumentInnenschutzes.

Von allen privaten und öffentlichen Körperschaften wird verlangt, jährliche Umweltanhörungen durchzuführen. Umweltverträglichkeitsprüfungen unter Beteiligung einzelner BürgerInnen und Umweltorganisationen werden verpflichtend. Einzelne BürgerInnen werden per Gesetz freien Zugang zu Daten privater Unternehmen oder öffentlicher Behörden bezüglich des Umweltzustandes erhalten.

Es gibt einen enormen Anstieg der Arbeitslosigkeit in Europa. Um mehr Arbeitsplätze zu schaffen, müssen mehrere Ansätze gleichzeitig zur Anwendung kommen:

- Durch die Ökologisierung der Wirtschaft werden mehr Arbeitsplätze geschaffen als durch die alte, umweltzerstörerische Art der Produktion und des Konsums zerstört werden.
- Durch die gerechtere Verteilung der bestehenden bezahlten Arbeit, durch die Förderung und Unterstützung der Verkürzung der Arbeitszeit.
- Beschäftigung wird zudem gefördert werden, indem man bezahlte Arbeit durch verminderte Besteuerung der Arbeit und erhöhte Besteuerung der Energie, der Nutzung natürlicher Rohstoffe und Kapital preiswerter macht.

5. Der Umbau der wirtschaftlichen Sektoren

Wir fördern spezifische Programme zur industriellen Umstellung in Bereichen wie dem militärisch-industriellen Komplex, der chemischen Industrie, der Autoindustrie und anderen gefährlichen und energieverschwendenden Industriebereichen.

Die Ökologisierung der Wirtschaft durch die Umstellung der verschiedenen wirtschaftlichen Bereiche bedeutet neue und ökologisch durchdachte Arbeitsplätze in Bereichen wie Energieeinsparung, erneuerbare Energien, Wiederverwertung, Recycling, öffentliche Verkehrsmittel, Landwirtschaft, Forstwesen, Naturschutz, Forschung und Entwicklung und umweltschonende Technologien.

Energie: Es dürfen keine neuen Atomkraftwerke gebaut werden, und existierende Atomkraftwerke müssen so schnell wie möglich außer Betrieb gesetzt werden. Energieeffizienz und -erhaltung müssen in ganz Europa Priorität haben. Der Kohlendioxidausstoß durch fossile Brennstoffe in Westeuropa muß bis zum Jahr 2000 um mindestens 20 Prozent und bis zum Jahr 2030 um mindestens 75 Prozent, verglichen mit dem Stand von 1990, vermindert werden. In Mittel- und Osteuropa muß er bis zum Jahr 2000 stabil bleiben und bis zum Jahr 2030 um 50 Prozent vermindert werden. Verstärkte Bemühungen werden gemacht, um Programme für erneuerbare Energie zu etablieren. Bei der Energieplanung muß die Monopolstellung der Elektrizitätswerke eingeschränkt und der Einfluß einzelner BürgerInnen und Umweltorganisationen vergrößert werden.

Verkehr: Der schädliche Umwelteinfluß des Verkehrs wird durch Investitionen in sauberen öffentlichen Verkehr, vernünftige Planung der Bodennutzung und Besteuerung der fossilen Brennstoffe in allen Bereichen, einschließlich des Luftverkehrs, reduziert werden. Autofreie Städte und Besteuerung der fossilen Brennstoffe werden die Regel sein. Umfangreiche Autobahnprojekte, die entworfen wurden, um den Frachtverkehr zwischen den verschiedenen europäischen Regionen zu erleichtern, werden aufgegeben; Investitionen in den Ausbau der Schienennetze werden bevorzugt.

Landwirtschaft und Fischereiwesen: Ökologische Formen der Landwirtschaft müssen gefördert werden anstatt der vermehrten Verwen-

dung von landwirtschaftlichen Zusätzen wie chemischen Düngemitteln, Pestiziden, importiertem proteinreichem Tierfutter, Hormonen und Genmanipulationen. Um die landwirtschaftliche Produktion in der EU zu reduzieren, muß die Unterstützung des Exports von Landwirtschaftsprodukten gestoppt werden. Doch sollen Lebensmittelpreise die realen Umwelt- und sozialen Kosten landwirtschaftlicher Produktion widerspiegeln. Die Landwirtschaft kann nicht verlagert werden, wie die Industrie, da sie ein essentieller Teil der regionalen Kultur ist. Die Erhaltung der Verschiedenheit der Anbaukulturen ist eine Vorbedingung für nachhaltige Nahrungsmittelerzeugung sowie für umweltverträgliche Produktion. Verträgliche Landwirtschaft muß auf dem Prinzip gründen, daß Tiere als fühlende Wesen behandelt werden.
Die Europäischen Grünen wollen nachhaltige und umweltverträgliche Fischereipraktiken, die auf international anerkannten Quoten und geringer Belastung basieren. Walfang soll nur in dem Ausmaß gestattet sein, wie er von der Internationalen Walfang-Kommission erlaubt ist.

Forstwesen: Das Forstwesen in der gemäßigten Zone, die den größten Teil Europas bedeckt, basiert auf Monokultur und dem Gebrauch schwerer Geräte. Verträgliche Forstpraktiken werden eingeführt, und der altgewachsene, ursprüngliche europäische Waldbestand wird besonders geschützt. Die Papier- und Zellstoffindustrien werden für den gesamten Zyklus ihrer Produkte verantwortlich gemacht.

Geschützte Gebiete: Biologische Arten, ihr Lebensraum und besonders empfindliche Öko-Systeme müssen geschützt werden. Naturschutzgebiete und Spezialprogrammgebiete sollten mindestens 20 Prozent Europas bis zum Jahr 2000 bedecken.

Forschung und Entwicklung: Die Finanzierung von offensiver militärischer Technologie, Atomenergie, Genmanipulation und Weltraumtechnologie wird drastisch reduziert, zugunsten von Energieeinsparung, erneuerbarer Energie, öffentlichen Verkehrsmitteln, ökologisch durchdachten Technologien und natürlicher Medizin. Wir werden Produktion, Patentierung und Freisetzung von genetisch modifizierten Organismen verbieten. Wir werden strengste Kontrollen bei der Vivisektion einführen.

6. Für einen ausgewogenen Umbau

Die Lage der reichen Länder Westeuropas und die Lage der Länder Mittel- und Osteuropas sind sehr unterschiedlich. Im Westen haben die Verminderung des Konsums, der Umbau des Gemeinwesens und die Sicherstellung einer gerechten Verteilung des Reichtums und der Ressourcen Vorrang. Im Osten liegt die Priorität auf der Wiederherstellung einer beschädigten Umwelt, dem Ausbau der industriellen und sozialen Infrastruktur und der Sicherstellung der Erfüllung der menschlichen Grundbedürfnisse.

Um die ehemalige zentralistische Planwirtschaft in Mittel- und Osteuropa auf Öko-Entwicklung auszurichten, ist die Hilfe des reichen industrialisierten Westens dringend nötig. Der Zustand der Umwelt in Mittel- und Osteuropa ist auf Grund der jahrelangen Kommando- und Militärwirtschaft verheerend. Diese Länder brauchen Hilfe, um die Umweltverschmutzung zu reduzieren und vergiftetes Land wieder urbar zu machen.

Westeuropa muß seine geschützten Märkte für Exporte aus mittel- und osteuropäischen Ländern öffnen, sodaß diese Länder auf eigenen Füßen stehen können. Dennoch müssen Handelsgesetze vor sozialem und ökologischem Dumping abschrecken.

Westeuropäische Regierungen und Firmen müssen die Umwelt- und Sozialstandards ihrer eigenen Länder beibehalten, wenn sie in Mittel- und Osteuropa investieren. Die Ausfuhr von Hausmüll sowie von giftigem und radioaktivem Abfall aus dem Westen in den Osten oder umgekehrt muß verboten werden.

Die zentralstaatlich verwaltete Wirtschaft Mittel- und Osteuropas muß entflochten und durch eine gemischte Wirtschaft, die aus verschiedenen Eigentumsformen zusammengesetzt ist, ersetzt werden. Um die Planung zu erleichtern, muß die Gemeinschaft die Kontrolle über das Grundeigentum behalten. Flexible, kooperative Besitzverhältnisse müssen eingeführt werden, um Kleinunternehmen zu fördern. Auch das Gemeindeeigentum ist wichtig. Besitz muß lokaler sein, um die Beteiligung der ArbeiterInnen und BürgerInnen zu ermöglichen.

Im Fall der Atomkraftwerke wird kein Wiederaufbau angemessene Sicherheitsstandards garantieren. Diese Reaktoren müssen auf der Grundlage von Energieeffizienz- und Energieerhaltungsprogrammen stillgelegt werden.

B. GEMEINSAME SICHERHEIT

1. Frieden ist unteilbar

Sicherheit ist schon zu lange verbunden mit dem militärischen Gleichgewicht der Mächte und dem Gebrauch von Zwangsherrschaft und Gewalt bei der Lösung internationaler Konflikte. Doch man kann Sicherheit nicht länger nur in militärischen Termini beschreiben. Die Europäischen Grünen beginnen mit einem größeren, umfassenderen Konzept der Sicherheit, das soziale, ökonomische, ökologische, psychologische und kulturelle Aspekte berücksichtigt. Auf diese Weise konzentriert sich unsere Politik auf die Verhinderung bewaffneter Konflikte, auf die Beseitigung von Kriegsursachen und auf die Entwicklung einer friedlichen Konfliktlösung. Investitionen in den Kampf gegen Rassismus, in das Verstehen und Respektieren anderer Kulturen und vor allem in die Beendigung der globalen Armut wären Europas stärkster und effektivster Langzeitsicherheitsplan.

2. Frieden muß organisiert werden

Sowohl in Europa als auch weltweit gibt es viele allgemeine Probleme, die leicht zu neuen bewaffneten Konflikten führen können. Die Probleme der Umweltschädigung, Grenzprobleme, ethnische und nationale Rivalitäten, Mangel an Bodenschätzen und die Weiterverbreitung von Waffen sind unausweichlich miteinander verbunden und müssen daher auf eine organisierte Art und Weise angegangen werden. Es ist zudem offensichtlich, daß sozialer Wandel und die Einhaltung internationaler Gesetze nicht mit militärischer Gewalt durchgesetzt werden können, sondern durch Einverständnis akzeptiert werden müssen.

Neutrale Staaten können als Orte für Verhandlungen, Informationen und aktive Konfliktlösung eine wichtige Rolle spielen. Neutralität muß kombiniert sein mit aktiver Solidarität, Konfliktverhinderung und nicht-militärischer Konfliktlösung. Die neutralen Länder können diese Rolle umso besser auf Grund ihrer wachsenden Unabhängigkeit von militärischen Interessen spielen. Wir befürworten ein kooperatives Sicherheitssystem, das sich auf nicht-militärische Mittel stützt, an dem neutrale Länder freiwillig teilnehmen können.

Um Krieg zu verhindern, müssen wir den Frieden organisieren. Anstatt eine europäische Militärsupermacht zu schaffen, wie vom Maastrichter Vertrag ins Auge gefaßt, fordern die Europäischen Grünen kooperative Sicherheitsstrukturen in verschiedenen Bereichen und auf verschiedenen Ebenen: lokal, regional, national und international. Dies erfordert eine Umschichtung nationaler Geldmittel und Kompetenzen auf internationale und regionale Körperschaften.

Die Hauptsicherheitsziele der Europäischen Grünen in der kommenden Dekade sind:

- Durchsetzung und Bewahrung der Freiheit und Demokratie,
- die Kluft zwischen Arm und Reich zu verkleinern,
- die gerechte Verteilung und nachhaltige sowie umweltverträgliche Nutzung der natürlichen Bodenschätze,
- Schutz der Umwelt und Biosphäre,
- Schaffung eines gesamteuropäischen Sicherheitssystems, das zur Verhinderung, Handhabung und Lösung von Streitigkeiten ohne Rückfall in die Gewalt fähig ist,
- generelle und vollständige Abrüstung, wie von der UNO befürwortet.

3. Für ein neues europäisches Sicherheitssystem

Das Ende des Kalten Krieges bringt neue Herausforderungen. Territoriale, ethnische und ökonomische Konflikte gefährden den Frieden und die Sicherheit. Die Veränderungen in Mittel- und Osteuropa haben zu mannigfaltigen Problemen geführt, die in manchen Ländern wirtschaftliches Chaos, hohe Arbeitslosigkeit, Mangel an Konsumgütern, Abbau von Staatsvermögen, große soziale Unruhen und wachsende nationalistische oder chauvinistische Tendenzen einschließen. Die ehemaligen Sowjettruppen sind noch nicht vollständig aus fremden Ländern abgezogen worden, und militärische Drohung wird immer noch als indirektes Argument in Verhandlungen benutzt. In der Ära nach dem Kalten Krieg wird Europa mehr von bewaffneten Konflikten gequält als jemals zuvor seit dem Zweiten Weltkrieg.

Von keiner einzelnen europäischen Institution kann erwartet werden, daß sie sich dieser Probleme annimmt, aber das System der „miteinander verbundenen Institutionen", das momentan entwickelt wird, ist durch die Vorherrschaft der westeuropäischen Verteidigungsinteressen (NATO und WEU) mit einem ernsthaften Makel belegt. Diese haben beinahe uneingeschränkte Mittel zur Verfügung, während sie die Friedenserhaltung und Konfliktlösung tatsächlich ignoriert haben.

Wir wollen NATO und WEU – die es nicht geschafft haben, eine neue Strategie zu entwickeln, die der dramatisch veränderten internationalen Situation entspricht – abschaffen und durch ein kollektives gesamteuropäisches Sicherheitssystem ersetzen, das aus allen europäischen Ländern besteht und das in der Lage ist, mit der Prävention, der Handhabung und der Lösung von Konflikten zwischen und in Mitgliedsstaaten fertig zu werden. In diesem System ist die Sicherheitspolitik der vollen Kontrolle durch Parlamente unterworfen, und sein wichtigstes Ziel ist die Verringerung der Gewalt bei der Konfliktlösung. Alle Aufgaben sollten durch einen verbindlichen Vertrag institutionalisiert werden: Untersuchungen, Vermittlung, Schlichtung, Versöhnung, Schiedssprüche und Rechtsprechung. Zur Erhaltung des Friedens, nachdem zwischen den kämpfenden Parteien Übereinkommen getroffen wurden, wird der Einsatz von Friedenstruppen unter Befehl der UNO von den Grünen akzeptiert.
Die beste Art und Weise, dieses Ziel zu erreichen, ist der strukturelle Umbau der Konferenz über Sicherheit und Zusammenarbeit in Europa (KSZE) in eine „regionale Sicherheitsorganisation", wie Artikel 52f. der UN-Charta sie vorsieht. Die endgültige Bestimmung des KSZE-Territoriums als ein europäisches kollektives Sicherheitssystem hängt von der Schaffung weiterer regionaler Sicherheitssysteme ab.

Wenn die KSZE wirksam arbeiten soll, muß sie über Geldmittel verfügen, die eine ernsthafte Verfolgung der Ziele Vertrauensbildung, Konfliktverhinderung und Demokratie ermöglichen. Ihr momentanes Budget von rund 3 Millionen US-Dollar entspricht einem winzigen

Teil des NATO-Budgets. Daher schlagen wir vor, daß das NATO-Budget, seine Geldmittel und sein Vermögen, der KSZE übertragen wird. Wir wollen, daß bis zum Jahr 2000 die KSZE das wichtigste europäische Sicherheitssystem ist und daß sich die NATO bis dahin freiwillig aufgelöst hat.

Auf lange Sicht sehen die Europäischen Grünen keine Aufgabe für nationale bewaffnete Kräfte. In der Zwischenzeit sollten nationale Truppen nur im Fall der Selbstverteidigung bzw. nur unter dem Mandat der KSZE oder der UNO eingesetzt werden.

Die zunehmende europäische Zusammenarbeit darf nicht zu einer weiteren Verschlechterung der Lage der Dritten Welt führen. Europäische Politik findet nicht nur in der Ost-West-Dimension statt. Viele europäische Probleme können nicht von der Nord-Süd-Dimension der Weltpolitik getrennt werden. Eine Hauptfrage der europäischen Sicherheit ist das Verhältnis Europas zum Mittelmeerraum und zum Nahen Osten. In beiden Gebieten gibt es Probleme, die durch Kooperation gelöst werden müssen. Die Errichtung einer politischen, wirtschaftlichen und militärischen „Festung Europa" würde nur Konflikte verstärken und Europas Sicherheitsbedürfnis komplizierter machen.

Die Probleme des Mittelmeerraums sollen auf einer Konferenz über Sicherheit und Zusammenarbeit für den Mittelmeerraum gelöst werden. Diese Konferenz soll sich mit gemeinsamer Sicherheit, Konflikthandhabung und -lösung, wirtschaftlicher Zusammenarbeit, Wanderungsbewegungen, Menschenrechten und ökologischer Sicherheit befassen.

4. Abrüstung

Atomwaffen dürfen in einem grünen Europa nicht existieren. Die Theorie der nuklearen Abschreckung würde alle Länder berechtigen, Atomwaffen zu besitzen. Ein umfassender Vertrag über das Verbot von Atomtests und die nukleare Abrüstung Frankreichs, Großbritanniens, Rußlands, der Ukraine und Weißrußlands sind dringend notwendig.

Unser Ziel ist die Kontrolle, Reduzierung und schließliche Beseitigung aller europäischen Exporte an militärischer, nuklearer oder anderer der Unterdrückung dienender Technologie, und das Überzeugen anderer nicht-europäischer Länder, das Gleiche zu tun. Wir sind gegen die staatliche Unterstützung von Waffenexporten und Ausgaben auf dem Gebiet der militärischen Forschung und Entwicklung.

Die KSZE muß zudem eine wichtige Rolle bei den stattfindenden Rüstungskontroll- und Abrüstungsprozessen spielen, unterstützt von integrierten KSZE-Institutionen für die Durchführung der Überprüfung und der Konversion. Im KSZE-Sicherheitsforum streben wir nach konkreten Maßnahmen mit dem Ziel:

- der vollständigen Abschaffung nuklearer, biologischer und chemischer Waffen. Die größte Gefahr ist momentan das Risiko, daß nukleare und andere Waffen zur Massenvernichtung weiterverbreitet werden. Alle Atomtests müssen verboten werden, und alle Waffen zur Massenvernichtung müssen unter UN-Kontrolle gestellt und danach zerstört werden;
- der Harmonisierung der verschiedenen Rüstungskontrollabkommen, die bisher beschlossen wurden;
- einschneidender Kürzungen der Ausgaben für konventionelle Waffen und Militär, sowie Restrukturierung der verbleibenden konventionellen Streitkräfte zu nichtangriffsfähigen, defensiven militärischen Verbänden;
- der Förderung multilateraler Einschränkungen im Waffenverkauf und der Zusammenarbeit in Hinsicht auf die Nicht-Verbreitung aller Waffenkategorien;
- der Zusammenarbeit bei der Umstellung der Rüstungsindustrie auf zivile Produktion.

5. Garantien für demokratische Rechte

Es ist unser Ziel, die Bestimmungen der internationalen Abkommen über die Einhaltung der Menschenrechte in nationale Gesetze aufzunehmen. Jedes Mitglied der KSZE soll sich einem internationalen Gerichtshof über die Einhaltung demokratischer Rechte und Menschenrechte unterwerfen.

6. Für eine zivile Gesellschaft in einem Europa der Regionen

Die Schaffung gemeinsamer Sicherheit darf nicht auf einen institutionellen Prozeß beschränkt sein: Kontakte zwischen Menschen innerhalb und zwischen Ländern – im Rahmen eines Europas der Regionen – sind notwendig, um verträgliche Lösungen für viele der drückenden Probleme Europas zu finden. Eine Versammlung der Europäischen Regionen wird als Bürgerforum innerhalb der KSZE entwickelt werden. Die KSZE sollte mehr sein als ein Klub von Diplomaten und Generälen; NGOs (Nichtstaatliche Organisationen) sollten als Partner im KSZE-Prozeß anerkannt werden. Sie sollen das Recht haben, auf KSZE-Treffen zu sprechen, und sie sollten Zugang zu allen bestehenden Dokumentationen und Vorschlägen haben.

7. Reform der Vereinten Nationen

Die UNO muß demokratisiert und dadurch in die Lage versetzt werden, eine zentrale Rolle in der Förderung integrierter regionaler Friedens- und Entwicklungsprogramme zu spielen. Wir werden uns für die Reform des Sicherheitsrates hinsichtlich einer gleichberechtigten Repräsentation der globalen Regionen und für eine Abschaffung des Vetorechtes einsetzen. Entscheidungen sollten von einer qualifizierten Mehrheit getroffen werden.

Die Europäischen Grünen betonen die Notwendigkeit einer Schutzrolle der UNO zur Verhinderung weiterer bewaffneter Eskalationen eines Konflikts („peace-keeping"). Das Ziel aller Formen der Intervention muß es immer sein, einen Prozeß in Gang zu setzen, der zur Konfliktlösung statt zum Einfrieren des Konflikts führt.

Wir fordern weiters die Einsetzung von:

- UN-Zentren für Konfliktlösung mit Vermittlungsteams, die in allen kulturellen und religiösen Bereichen ausgebildet sind, die die Konflikte überwachen und ihre Kenntnisse zum Tragen bringen, bevor Gewalt ausbricht;
- einer UN-Überwachungsbehörde für Konflikt-Frühwarnung und die Kontrolle der Einhaltung von Verträgen.

C. NEUE BÜRGERRECHTE

1. Einführung

Die Grünen sind der Überzeugung, daß es einen dringenden Bedarf der Erweiterung der Bürgerrechte, der demokratischen Mitbestimmung, der Menschenrechte und des Schutzes der Rechte von Minderheiten gibt, um sich den sozialen und ökologischen Herausforderungen des ausgehenden zwanzigsten Jahrhunderts zu stellen.

Menschenrechte, Minderheitenrechte, die Bürgerrechte der ImmigrantInnen und das Recht des einzelnen auf Asyl sind grundlegend für grüne Politik. Die Grünen sind zudem der Meinung, daß soziale Ausgrenzung und wirtschaftliche Ausbeutung gravierende Verletzungen der Menschenrechte sind.

Politische Entscheidungsprozesse entfernen sich mehr und mehr von den Bedürfnissen und der Mitwirkung einfacher Menschen. Dies hat u. a. zu einem Anstieg der Gewalt in Europa und zur Bildung rechtsextremer und ethno-nationalistischer Gruppen geführt. Die Grünen setzen sich für größere demokratische Kontrolle und mehr Offenheit in den Institutionen der Macht ein, wobei sie das Recht zur aktiven Teilnahme aller Bereiche der Gesellschaft an Entscheidungsprozessen betonen.

Außerdem müssen neue Bürgerrechte die Neuverteilung der Regierungsmacht einschließen. Um die Macht des Volkes über Entscheidungen, die sein Leben beeinflussen, auszuweiten, muß entsprechend Macht von den Nationalstaaten hin zu Gemeinden, Bezirken und Regionen dezentralisiert werden.

2. Menschenrechte

Menschenrechte sind grundlegende individuelle Rechte, die nicht eingeschränkt werden können. Sie gelten für alle EinwohnerInnen, ohne Diskriminierung auf Grund der Rasse, der körperlichen Versehrtheit, des Geschlechts, der sexuellen Orientierung, der Religion, des Alters oder der nationalen oder ethnischen Herkunft.

Das Menschenrecht auf eine intakte Umwelt

- Jeder hat das Recht darauf, in einer gesunden und sauberen Umwelt zu leben. Jeder trägt Verantwortung für den Schutz und die Erhaltung der Umwelt zum Wohle jetziger und zukünftiger Generationen.
- Jeder hat ein Anrecht auf vollständige Informationen über Tatsachen, die die Umwelt beeinflussen, einschließlich des Anrechts auf Informationen über Gen-Manipulationen.
- Jeder Mensch hat das Recht auf zivilen Ungehorsam, wenn er sich mit Umweltzerstörung konfrontiert sieht.

Das Menschenrecht auf Befriedigung grundlegender sozialer Bedürfnisse

- Jeder hat das Recht auf bezahlte Arbeit, und die Entwicklung neuer ökologischer, sozialer, ländlicher und kultureller Aufgaben der Gemeinschaft ist notwendig, um dieses Recht zu erfüllen.
- Jeder hat das Recht, Arbeit abzulehnen, die ungesund oder umweltzerstörend ist. Das Recht der ArbeiterInnen und Gewerkschaften auf Mitbestimmung, Information und Konsultation muß ausgedehnt werden auf umweltpolitisch sensible Themen.
- Jeder hat das Recht auf kostenlose Bildung, sozialen Schutz und ein garantiertes Mindesteinkommen. Die Grünen bestehen auf der Einführung bzw. der Aufrechterhaltung eines Sozialleistungssystems, das die Grundbedürfnisse aller Menschen abdeckt und das nicht von bezahlter Arbeit abhängig ist.
- Körperlich und geistig Behinderte haben die gleichen Rechte wie alle anderen Individuen. Sie sollen die Möglichkeit haben, auf allen Gebieten an privaten oder öffentlichen Aktivitäten teilzunehmen.

Das Menschenrecht auf die Gleichberechtigung der Geschlechter

Die Grünen verlangen die vollständige gleichberechtigte Mitwirkung der Frauen an allen sozialen und wirtschaftlichen Bereichen und die Mitwirkung und individuelle Verantwortung der Männer an allen nichtwirtschaftlichen sozialen Aktivitäten.

- Diskriminierung auf Grundlage des Geschlechts muß in allen Bereichen des sozialen und kulturellen Lebens verboten werden.
- Es sollte Quoten und eine Förderung für die Beteiligung von Frauen in öffentlichen und privaten Bereichen geben, bis die Gleichberechtigung der Geschlechter erreicht ist.
- Maßnahmen, die die gleiche Beteiligung der Männer an allen Bereichen der Pflegearbeit herbeiführen, müssen eingeführt werden. Die Unterteilung in bezahlte und unbezahlte Arbeit zwischen Männern und Frauen muß abgeschafft werden.
- Die Diskriminierung auf der Grundlage der sexuellen Orientierung eines Menschen muß verboten werden, einschließlich der Bereiche Fortpflanzung und Kindererziehung. Die Kriminalisierung der Homosexualität ist eine Verletzung der Menschenrechte.

Die Menschenrechte in bezug auf die Justiz

- Die Todesstrafe ist mit den grundlegenden Menschenrechten unvereinbar.
- Jeder Mensch hat das Recht, den Militärdienst zu verweigern.
- In der Frage der Schwangerschaftsunterbrechung geraten zwei wesentliche Ziele der Grünen in Konflikt miteinander: Einerseits hat jede Frau das Recht auf körperliche Integrität und Selbstbestimmung, andererseits wollen wir Leben in all seinen Formen schützen. Die Kriminalisierung der Abtreibung löst diesen Konflikt nicht. Die Schwangerschaftsunterbrechung darf als eine Frage der moralischen Einstellung und der persönlichen Lebensumstände nicht Gegenstand juristischer Verfolgung sein. Alle Frauen haben im Falle nicht gewollter Schwangerschaft das Recht auf objektive, unvoreingenommene Information. Systematische vorgeburtliche Kontrollen mit dem Ziel eventueller eugenischer Schwangerschaftsunterbrechung dürfen nicht entwickelt werden.
- Jeder Mensch hat das Recht auf eine gerechte und öffentliche Anhörung durch ein unabhängiges und unvoreingenommenes Gericht in der Bestimmung seiner/ihrer Rechte und Verantwortung und bei jeder zivil- oder strafrechtlichen Klage gegen ihn/sie.
- Die Diskriminierung auf der Grundlage der Rasse oder der ethnischen Herkunft einer Person muß verboten werden, und alle Menschen müssen per Gesetz vor rassistischer Gewalt geschützt werden.

- Prostitution sollte entkriminalisiert werden – soweit es die Prostituierten betrifft, nicht diejenigen, die sie ausbeuten.
- Der Konsum weicher Drogen sollte entkriminalisiert werden.

Das Menschenrecht auf Asyl

Asyl ist, nach der Genfer Konvention, ein grundlegendes Menschenrecht. Die Aufnahme politischer Flüchtlinge sollte daher nicht eingeschränkt werden. Individuelle Gründe müssen in allen Fällen systematischer Unterdrückung und Situationen, die das Leben oder die Integrität eines Menschen gefährden, anerkannt werden.

Das Menschenrecht auf Immigration

Westeuropa sieht sich einer wachsenden Anzahl von ImmigrantInnen aus weniger wohlhabenden Teilen der Welt, hauptsächlich Ländern der Dritten Welt sowie Mittel- und Osteuropas, gegenübergestellt. Als Reaktion darauf gibt es wachsende Forderungen in Westeuropa zur sofortigen Schließung der Grenzen. Als Folge hiervon werden die Unterschiede zwischen politischen Flüchtlingen und ImmigrantInnen ignoriert, und das Grundrecht auf Asyl wird verletzt. Die Schließung der Grenzen gegen ImmigrantInnen ist weder eine wünschenswerte noch eine realistische Lösung. Eine menschliche Immigrationspolitik eröffnet die Möglichkeit einer regulierten Einwanderungszahl. Diese Politik sollte von Hilfsmaßnahmen für die Entwicklung in den Herkunftsländern der Einwanderer begleitet werden.

3. Demokratische Rechte

Die öffentliche Mitwirkung in Institutionen

Insbesondere die Auseinandersetzungen um Umweltprobleme haben deutlich gezeigt, wie die Friedens-, Frauen-, Umwelt-, Entwicklungs- und Bürgerrechtsbewegungen von politischen Entscheidungsprozessen ferngehalten wurden. Wertvolle Kenntnisse und Erfahrungen haben so für die Institutionen der Macht keine Rolle gespielt.

- Strukturen müssen geschaffen werden, die Offenheit und demokratische Mitwirkung an politischen Entscheidungsprozessen und Verwaltungsprozessen ermöglichen. Individuen und Gruppen haben das Recht, bei Entscheidungen, die sie betreffen, angehört zu werden.
- Eine bestimmte und repräsentative Anzahl von BürgerInnen soll das Recht haben, ein Referendum zu fordern.
- Das Recht der ArbeiterInnen, an wichtigen Entscheidungen im Produktionsprozeß mitzuwirken, sollte erweitert werden.

Das Recht auf demokratische Strukturen

- Verhältniswahlsysteme müssen bei lokalen, regionalen, nationalen und gegebenenfalls bei internationalen Wahlen eingeführt werden.
- Ausführende politische Institutionen müssen auf jeder Ebene demokratisch gewählten parlamentarischen Körperschaften unterstehen, die mit ausreichender Macht und Instrumentarien zur Erfüllung ihrer legislativen und kontrollierenden Funktionen ausgestattet sind.
- Im Interesse der Koordination der Politik auf einer gesamteuropäischen Ebene ist es notwendig, übernationale politische Institutionen, die auf demokratischen Prinzipien aufgebaut sind und die ausreichende Macht haben, einzuführen. Sie sollten auch eine Gesetzgebung entwickeln und deren Durchführung kontrollieren können.

Minderheitenrechte

Die Grünen schätzen die Vielfalt des Erbes und der Sprachen in Europa und bestehen auf der vollständigen rechtlichen, sozialen und kulturellen Mitwirkung der Minderheiten am demokratischen Prozeß, sowie auf dem gegenseitigen Respekt in den Bereichen Gesellschaft, Sprache und Kultur. Dies umfaßt auch das Recht der Gehörlosen auf Zeichensprache.

Die Grünen verurteilen zutiefst sogenannte „ethnische Säuberungen“ und erzwungene Veränderungen der ethnischen Zusammensetzung der Bevölkerung eines Gebietes.

Wir wenden uns entschieden gegen Segregation und Diskriminierung auf Grund von Geburtsort, Abstammung, Rasse, Überzeugung, körperlicher Behinderung oder Sexualität und vertreten den Standpunkt, daß vollständige Rechtsansprüche und demokratische Mitwirkung allein auf Grund des Wohnortes gewährleistet sein müssen.

- Demokratische Prinzipien schließen den Respekt vor Minderheitsmeinungen und das Recht von Minderheiten auf freie Meinungsäußerung, sofern diese nicht die Rechte Anderer einschränkt oder deren Abschaffung propagiert, ein.
- Minderheiten haben ein Recht auf Entwicklung ihrer Kultur, Religion und Sprache ohne Diskriminierung. Maßnahmen zur Gewährleistung sozialer Integration im Geiste einer multikulturellen Gesellschaft, speziell auf den Gebieten Bildung, soziale Gleichstellung und wirtschaftliche Chancen, müssen ergriffen werden.
- Wir fordern eine Europäische Konvention zum Schutz der Menschenrechte und des politischen Status von Sinti und Roma.

VII. LITERATUR

ALTHALER, Karl S., STADLER, Sabine (Hrsg.): Geld und Leben. Diskussion um soziale Mindeststandards, Wien 1990

ALTNER, Günter, u. a. (Hrsg.): Jahrbuch Ökologie 1992, München 1991

ALTVATER Elmar: Die Zukunft des Marktes. Ein Essay über die Regulation von Geld und Natur nach dem Scheitern des „real existierenden“ Sozialismus, Münster 1992

ANTUNES, Carlos, u. a.: Für eine grüne Alternative in Europa. Perspektiven der ökologischen und feministischen Linken, Hamburg 1990

ARBEITSGEMEINSCHAFT ENTWICKLUNGSZUSAMMENARBEIT (Hrsg.): Soll und Haben. Konturen der österreichischen Entwicklungspolitik 1, Wien 1992

BAUBÖCK, Rainer, u. a. (Hrsg.): ... und raus bist du! Ethnische Minderheiten in der Politik, Wien, 1988

BECK, Ulrich: Die Erfindung des Politischen. Zu einer Theorie reflexiver Modernisierung, Frankfurt am Main 1993

BECK, Ulrich: Gegengifte. Die organisierte Unverantwortlichkeit. Frankfurt am Main 1988

BECK, Ulrich: Risikogesellschaft, Frankfurt am Main 1986

BEIGEWUM; (Hrsg.): Vom „obsoleten“ zum „adäquaten“ marktwirtschaftlichen Denken, Marburg 1992

BEIGEWUM (Hrsg.): Steuerungsprobleme der Wirtschaftspolitik, Wien-Bremen 1990

BETZ, Joachim, MATTHIES, Volker (Red.): Jahrbuch Dritte Welt 1992, herausgegeben vom Deutschen Übersee-Institut, München 1991

BIEDENKOPF, Kurt H.: Zeitsignale. Parteienlandschaft im Umbruch, München 1989

BOSSELMANN, Klaus: Im Namen der Natur. Der Weg zum ökologischen Rechtsstaat, Bern, München, Wien 1992

BROWN, Lester R. u. a.: Lebenszeichen. Trends für die Gestaltung der Zukunft, Band 1, Worldwatch Institute, Frankfurt am Main 1993
BROWN, Lester R.(Hrsg.): Worldwatch Institute Report. Zur Lage der Welt – 1992, Daten für das Überleben unseres Planeten, Frankfurt am Main 1992
BROWN, Lester R.(Hrsg.): Worldwatch Institute Report. Zur Lage der Welt – 1993. Daten für das Überleben unseres Planeten, Frankfurt am Main 1993
BÜCHELE, Herwig: Sehnsucht nach der Schönen Neuen Welt, Wien-München, 1993
CAPRA, Fritjof: Wendezeit. Bausteine für ein neues Weltbild, München 1988
CLUB OF ROME (Hrsg.): Die erste globale Revolution. Bericht zur Lage der Welt. Zwanzig Jahre nach „Die Grenzen des Wachstums", Frankfurt am Main 1992
CLUB OF ROME (Hrsg.): Die Grenzen des Wachstums. Bericht zur Lage der Menschheit, Stuttgart 1972
COHN-BENDIT, Daniel, SCHMID, Thomas: Heimat Babylon. Das Wagnis der multikulturellen Demokratie, Hamburg 1992
DERRIDA, Jacques: Das andere Kap. Die vertagte Demokratie. Zwei Essays zu Europa, Frankfurt am Main 1992
FISCHER, Joschka (Hrsg.): Ökologie im Endspiel, München 1989
FISCHER, Joschka: Von grüner Kraft und Herrlichkeit, Hamburg 1984
FORUM ÖSTERREICH (Hrsg.): Religion und Revolution, Wien 1990
GAISBACHER, Johann, u. a.(Hrsg.): Krieg in Europa. Analysen aus dem ehemaligen Jugoslawien, Graz 1992
GALTUNG, Johan: Eurotopia. Die Zukunft eines Kontinents, Wien 1993
GANDHI, Mahatma: Handeln aus dem Geist, Freiburg 1977
GEROSA, Klaus (Hrsg.): Große Schritte wagen. Über die Zukunft der Friedensbewegung, München 1984
GORE, Al: Wege zum Gleichgewicht. Ein Marshallplan für die Erde, Frankfurt am Main 1992
GUGENBERGER, Eduard, SCHWEIDLENKA, Roman (Hrsg.): Mißbrauchte Sehnsüchte? Esoterische Wege zum Heil. Kritik und Alternativen, Wien 1992

GUGENBERGER, Eduard, SCHWEIDLENKA, Roman: Die Fäden der Nornen. Zur Macht der Mythen in politischen Bewegungen, Wien 1993

GUGENBERGER, Eduard, SCHWEIDLENKA, Roman: Mutter Erde/Magie und Politik. Zwischen Faschismus und neuer Gesellschaft, Wien 1987

HENDERSON, Hazel: Das Ende der Ökonomie. Die ersten Tage des nach-industriellen Zeitalters, München 1987

HENDERSON, Hazel: Die neue Ökonomie. Menschliches und ökologisches Wirtschaften im Solarzeitalter, München 1989

HESKE, Henning: Ernte-Dank? Landwirtschaft zwischen Agrobusiness, Gentechnik und traditionellem Landbau, Giessen 1987

HESSE, Gunter, WIEBE, Hans-Hermann (Hrsg.): Die Grünen und die Religion, Frankfurt am Main 1988

IMMLER, Hans: Welche Wirtschaft braucht die Natur? Mit Ökonomie die Ökokrise lösen, Frankfurt am Main 1993

JUNGK, Robert: ...damit wir nicht untergehen..., Linz 1992

KARREMANN, Manfred, SCHNELTING, Karl: Tiere als Ware, Frankfurt am Main 1992

KELLY, Petra, BASTIAN, Gert (Hrsg.): Tibet – ein vergewaltigtes Land, Hamburg 1988

KENNEDY, Paul: In Vorbereitung auf das 21. Jahrhundert, Frankfurt am Main 1993

KLÖCKER, Michael, u. a.(Hrsg.): Ethik der Religionen – Lehre und Leben. Band 5: Umwelt, München 1986

KNORR, Lorenz: Geschichte der Friedensbewegung in der Bundesrepublik, Köln 1984

KÖCK, Christian, u. a. (Hrsg.): Risiko „Säuglingstod". Plädoyer für eine gesundheitspolitische Reform, Wien 1988

KRIPPENDORFF, Ekkehart: Internationales System als Geschichte, Frankfurt am Main 1975

KÜNG; Hans: Die Schweiz ohne Orientierung?. Europäische Perspektiven, München 1992

LAUNER, Ekkehard (Hrsg.): Datenhandbuch Süd-Nord, Göttingen 1992

LEIPERT, Christian: Die heimlichen Kosten des Fortschritts, Frankfurt am Main 1989

LIND, Karl (Hrsg.): Nur kein Rhabarber. Auseinandersetzungen mit Grüner Politik in Österreich, Wien 1988

MAYER, Berthold (Hrsg.): Umweltzerstörung: Kriegsfolge und Kriegsursache, Frankfurt am Main 1992

MEADOWS, Dennis D.: Die neuen Grenzen des Wachstums, Stuttgart 1993

MERCHANT, Carolyn: Radical Ecology. The Search for a livable world, New York 1992

MEYER, Berthold, ZADRA Roberto: Die Grünen und Liste Verdi – Sicherheitspolitische Alternativen für Europa?, Münster 1992

MEYER, Marlies (Hrsg.): In eigenem Namen, auf eigene Rechnung. Vom Recht der Frauen auf Arbeit, Name und Sexualität, Wien 1990

MORIN, Edgar, u. a.: Einen neuen Anfang wagen. Überlegungen für das 21. Jahrhundert, Hamburg 1992

NIEWIADOMSKI (Hrsg.): Eindeutige Antworten? Fundamentalistische Versuchung in Religion und Gesellschaft, Thaur 1988

ODENT, Michel: Die Geburt des Menschen. Für eine ökologische Wende in der Geburtshilfe, München 1980

OPITZ, Peter J. (Hrsg.): Grundprobleme der Entwicklungsländer, München 1991

OPPERMANN, Thomas (Hrsg.): A New GATT for the Nineties and Europe '92, Baden-Baden 1991

PELLERT, Ada (Hrsg.): Vernetzung und Widerspruch. Zur Neuorganisation von Wissenschaft, München 1991

PERNTHALER, Peter: Umweltpolitik durch Recht-Möglichkeiten und Grenzen. Rechtliche Strategien zur Umsetzung des Umweltmanifests, Wien 1992

PILZ, Peter: Land über Bord. Kein Roman, Wien 1990

POSTMAN, Neil: Die Verweigerung der Hörigkeit. Lauter Einsprüche, Frankfurt am Main 1988

PRADER, Thomas (Hrsg.): Moderne Sklaven. Asyl- und Migrationspolitik in Österreich, Wien 1992

PRIGOGINE, Ilya, STENGERS, Isabelle: Dialog mit der Natur. Neue Wege naturwissenschaftlichen Denkens, München 1990

RENOLDNER, Severin: Widerstand aus Liebe. Mahatma Gandhi, die Gewaltfreiheit und die Neuen Sozialen Bewegungen, Oberursel 1990

SAINTENY, Guillaume: Les Verts, Paris 1991

SCHEER, Hermann: Sonnen-Strategie. Politik ohne Alternative, München 1993

SCHILY, Otto: Vom Zustand der Republik, Berlin 1986

SCHÖNHERR, Hans-Martin: Die Technik und die Schwäche. Ökologie nach Nietzsche, Heidegger und dem „schwachen Denken", Wien 1989

SHIVA, Vandana: Das Geschlecht des Lebens. Frauen, Ökologie und die Dritte Welt, Berlin 1989

SLOTERDIJK, Peter: Im selben Boot. Versuch über die Hyperpolitik, Frankfurt am Main 1993

STEINER, Helmut (Hrsg.): Die soziale Funktion der Wissenschaft, Berlin 1986

STRAHM, Rudolf H., Europa Entscheid. Grundwissen für Bürgerinnen und Bürger, Zürich 1992

STRAHM, Rudolf H.: Warum sie so arm sind. Arbeitsbuch zur Entwicklung der Unterentwicklung in der Dritten Welt, Wuppertal 1985

STRATMANN-MERTENS, Eckhard, HICKEL Rudolf (Hrsg.): Wachstum. Abschied von einem Dogma, Frankfurt am Main 1991

TEUTSCH, Gotthard M. (Hrsg.): Da Tiere eine Seele haben... Stimmen aus zwei Jahrtausenden, Stuttgart 1987

UEXKÜLL, von Jakob, DOST, Bernd (Hrsg.): Projekte der Hoffnung. Der alternative Nobelpreis, München 1990

UHL, Siegfried: Die Pädagogik der Grünen. Vom Menschenbild zur Familien- und Schulpolitik, München 1990

VOGGENHUBER, Johannes: Berichte an den Souverän. Salzburg: Der Bürger und seine Stadt, Salzburg 1988

VOVRUBA, Georg: Jenseits der sozialen Fragen, Frankfurt am Main 1991

WEINZIERL, Hubert: Ökologische Offensive. Umweltpolitik in den 90er Jahren, München 1991

WEMMER, Ulrich, KORCZAK, Dieter: Gesundheit in Gefahr. Daten-Report 1993/94, Frankfurt am Main 1993

WÖHLCKE, Manfred: Der ökologische Nord-Süd-Konflikt, München 1993

WÖHLCKE, Manfred: Umweltzerstörung in der Dritten Welt, München 1987

ZEGER, Hans G. u.a.: Alpenstasi, Linz 1991

ZENKL, Maria (Hrsg.): Umwelt- und Sozialverträglichkeit von Projekten und Maßnahmen. Ein erfüllbarer Anspruch? Wien, 1991

ZIPPELIUS, Reinhold: Geschichte der Staatsideen, Erlangen 1970